U0504288

张良悦 著

城乡一体化视域下
粮食主产区的乡村建设

中国社会科学出版社

图书在版编目(CIP)数据

城乡一体化视域下粮食主产区的乡村建设 / 张良悦著 . —北京：
中国社会科学出版社，2017.4
ISBN 978 - 7 - 5203 - 0342 - 2

Ⅰ.①城⋯　Ⅱ.①张⋯　Ⅲ.①粮食产区 - 农业建设 - 研究 - 中国
Ⅳ.①F326.11

中国版本图书馆 CIP 数据核字(2017)第 099909 号

出 版 人　赵剑英
责任编辑　李庆红
责任校对　周晓东
责任印制　王　超

出　　版　中国社会科学出版社
社　　址　北京鼓楼西大街甲 158 号
邮　　编　100720
网　　址　http：//www.csspw.cn
发 行 部　010 - 84083685
门 市 部　010 - 84029450
经　　销　新华书店及其他书店

印刷装订　北京君升印刷有限公司
版　　次　2017 年 4 月第 1 版
印　　次　2017 年 4 月第 1 次印刷

开　　本　710×1000　1/16
印　　张　20.75
插　　页　2
字　　数　339 千字
定　　价　86.00 元

凡购买中国社会科学出版社图书，如有质量问题请与本社营销中心联系调换
电话：010 - 84083683
版权所有　侵权必究

目　　录

第一章

导 论

城乡一体化是解决"三农"问题的根本出路，表明农村区域发展已经纳入一元化的发展战略之中。这就是说，对于发展中国家来说，城乡发展是同等重要的问题。因为，之前在二元发展思路下，农村区域的发展处于附属或服从的地位，导致了乡村经济的衰落，并影响了工业化和城镇化的健康发展，需要在信息化融合的过程中协调新型工业化、新型城镇化和农业现代化的发展。在二元结构下，农村区域长期处于"欠发展"状态，所以，城乡一体化的主要任务在于农村区域的发展，尤其是粮食主产区相对更为落后的农村腹地。因此，研究粮食主产区农村腹地城乡一体化的建设就具有十分现实的意义。本章作为导论部分，提出了课题的研究方向和研究价值，对相关的文献进行了梳理，说明了本书的研究思路、逻辑关系和基本思想。

第一节 研究的意义和价值

一 问题的提出

党的十八大报告提出"城乡发展一体化是解决'三农'问题的根本途径"。党的十八届三中全会进一步指出，"城乡二元结构是制约城乡发展一体化的主要障碍。必须健全体制机制，形成以工促农、以城带乡、工农互惠、城乡一体的新型工农城乡关系，让广大农民平等参与现代化进程、共同分享现代化成果。"这表明农村区域经济发展将成为我国未来经济发展的一个主要方向。而在农村区域发展中，传统二元结构的发展思路将被摒弃，代之以城乡一体化的理念从经济、社会、生态等方面推动乡村区域进行结构性的变革。完成这一任务将是发展中经济的阶段性的突破，具有重大的意义。从目前区域经济发展的实际情况看，粮食主产区一方面相对较为落后，劳动力流动的压力相对较大；另一方面尽快完成现代农业发展方式转型的任务艰巨、责任重大，因此，其农村区域的发展将成为城乡一体化发展的重点内容。

所谓城乡一体化是指城乡之间生产和生活方式逐渐趋于一致的过程，是通过城乡统筹，优化资源配置，促进城乡经济社会全面协调可持续发展的过程。城乡一体化本质上是城市化发展的一个新阶段，是将工业与农业、城市与乡村、城镇居民与农村居民作为一个整体统筹谋划、协调发展的过程。2013 年 12 月，中央全国城镇化工作会议提出了"推进农业转移人口市民化"的问题，强调"解决好人的问题是推进新型城镇化的关键"，要"促进大中小城市和小城镇合理分工、功能互补、协同发展"。这与城乡一体化的发展战略本质上是一致的。

事实上，早在 2010 年前后，我国城镇化的战略思路已发生转变，确定为由"人口转移型"的城镇化转变为"结构转换型"的城镇化，即理想的新型城镇化模式是以人口郊区化为主，人口将不受户籍的影响，可以在小城镇、郊区和中心城市三个区域之间自由流动。[①] 在这一新的城镇化战略下，各地结合"城乡建设用地挂钩"的试点政策和农村劳动力迁移的现实问题，以大城市为依托，在大城市周边农村积极探索了多种形式的就地城市化途径，形成了"中心城市带动"的城乡一体化模式。从区域经济发展的角度看，城乡一体化是区域经济一体化建设最基础、最有效率和最易操控的平台，因此，"中心城市带动"的城乡一体化模式将被十分容易地受到模仿和移植。而现实的问题是，粮食主产区作为人均收入相对较低和国家重要的粮食生产基地，是否也应该走这一路径？我们的回答是否定的。首先，在城乡一体化的发展中，它们不具备东部发达区域大城市带动城乡一体化的区域势能，"钱从哪里来，人往哪里去"，是一个不可回避的现实问题。其次，受制于国家主体功能区规划的限制，粮食主产区多为"待发展"的农业区域，必须解决好新型工业化、新型城镇化和农业现代化之间的协调发展（简称"三化"协调，下同）。基于这一现实

---

① 吴业苗：《城郊农民市民化的困境与应对：一个公共服务视角的研究》，《中国农村观察》2012 年第 3 期。

背景，在城乡一体化大的发展战略下，从农业现代化和乡村城镇化建设的视角，探讨粮食主产区农村腹地的乡村区域发展显得更有意义。

二　研究的理论与现实价值

本书的研究对于粮食主产区乡村建设和中国城乡一体化的发展具有重要的理论意义和实践价值。

（一）理论上进一步丰富区域经济发展思想

目前，我国的城市化面临着资源约束（土地、水资源和能源）、市场狭小（产业升级滞缓和内需不足）、劳动力迁移不畅（户籍制度障碍和土地资产沉淀）、大城市病（城市蔓延和交通拥挤）等多种因素的制约，导致我国城市化的不健康发展。如整齐划一的"摊大饼"式的城市蔓延、产业结构的严重趋同和城市功能的定位不明。城乡一体化或者新型城镇化就是在这一发展背景下提出的健康城市化的理论探索和实践尝试。其中，就地城镇化成为一种普遍的实践模式。其基本理念是：超越传统的以城市为中心，农村—城市分离发展的"二元"模式，将最基本的规划单位从城市转变为城市核心—主城区周边城镇—周边农村的集合体。这样便不需要将农村的绝大部分居民迁移到已有的大城市中，而是在现有的基础上对其进行改造。① 在此过程中，那些快速发展的地点就会在集镇、乡镇甚至一些大的村落中形成类似市中心的区域。

依据这一理念，粮食主产区可选择小城镇或农村新型社区建设的城乡一体化的发展路径。这一路径是基于现代农业发展基础上、农村腹地的就地城镇化模式，具有这样的区域性特点：第一，粮食生产和现代农业是乡村城镇化的产业基础；第二，小城镇或农村新型社区的建设能够提供满足公共产品供给"规模门槛"的要求；第三，乡村城镇化能够激活农村土地资产价值，增加农民土地资产和收益。

城乡一体化首要面对的就是土地问题。人多地少，资源紧缺，既是我国"三农"问题的难点，也是城乡发展的矛盾焦点。农业用地的保护、农村工业化、城镇化和城镇建设用地的扩张等，无一不落实在土地问题上。乡村城镇化的建设需要在土地资产的基础上，探索城乡土地统筹规

---

① 《经济管理文摘》编辑部：《泉州城市形态的演变——就地城市化》，《经济管理文摘》2012 年第 1 期。

划、土地流转与适度规模经营以及农村劳动力转移等问题。这些基本的思想和观点需要在理论上进行分析、认识和提高，反过来用于指导实践并在实践中进行检验和丰富。所以，乡村城镇化的实践探索和理论研究无疑将会进一步丰富区域经济发展理论的内容。

（二）实践中对于粮食主产区城乡一体化的发展具有重要的指导作用

随着我国工业化、城镇化的快速推进，粮食安全问题越来越引起人们的广泛关注。尽管我国粮食生产连续十多年获得丰收，并不断创出新高，但同时，粮食进口也在不断增加，其中，2010 年以来占粮食总供给的10%，突破了 95% 自给率的要求。[①] 近年来，我国粮食生产呈现明显的"北移西扩"趋势，中部粮食产区的产量比重不断上升，在我国粮食安全战略中占据重要地位。所以，保障粮食安全是关系我国国民经济发展、社会稳定和国家安全的全局性重大战略问题。转变农业发展方式，探索建设国家重要粮食生产和现代农业基地的发展路径，以及在此基础上的农村新型社区建设，不仅是"三化"协调发展的题中之义，更是我国全面建设小康社会和推进城乡一体化建设的战略举措。

在我国加速推进城镇化的过程中，城市空间扩张的刚性用地形成了对我国耕地资源的压力，但我国在城市扩张的同时并没有相应地减少农村的居住面积，呈现出城市和农村居住面积"双扩张"的格局。其结果，一方面是城市人口集聚的低下，另一方面则是大量"空心村"的出现。另外，我国的城市化移民是一种"候鸟式"的迁移，农民工尽管为我国经济建设做出了重要贡献，但却不能享有政府提供的公共产品，进而影响其消费结构的升级，延迟需求结构的转换。农村新型社区建设的实施，对于我国耕地保护与粮食生产、"空心村"整治与土地节约集约利用、土地资产化与农村劳动力转移、城乡一体化与公共产品的供给等方面都是一个很好的实践探索。本书对这些问题进行理论和实践方面的深入研究，将对政府的发展决策和各地的实际操作起到现实的指导作用。

（三）对社会主义生态文明建设进行有益探索

党的十八大把生态文明建设放在了突出地位，纳入总体布局，拓展为"五位一体"。以生态文明建设为指引，走生态发展的道路，就是在城乡一体化的发展中，更新观念，转变方式，走新型现代农业的发展路径。首

---

① 2011 年进口粮食占比为 10.16%，2012 年占比为 10.17%，《中国统计年鉴》（2012）。

先，新型现代农业更加强调农业的可持续发展，减少对石化能源和化学合成产品的过度使用，转向对农业内部元素的更佳利用（如传统有机粪肥），逐步向有机农业耕作方式转变等。其次，新型现代农业是一种多功能农业，除了生产粮食的基本功能外，还塑造风景和保护土地，提供对自然资源的可持续管理和生物多样性的延续，以及保持乡村地区社会经济的活力，做到农业地域既是生产的空间，也是生态的空间。最后，新型现代农业的发展应与农村新型社区的建设紧密结合在一起。今天，城市居民对乡村地区有了新的要求和期望，除了食品供应，乡村地区还应该担负起娱乐、教育、度假、休闲、疗养等功能。此时，城乡之间的分工将更为明确，城市提供物品，乡村提供环境，以乡村娱乐、生态旅游为主要内容的休闲服务将成为重要的服务型产业，而且，从发达国家目前的情况来看，乡村旅游是用来解决城乡发展差别最好的再分配方式之一。所以，生态文明建设、现代农业发展和农村新型社区建设是一个三位一体的关系。

第二节　相关问题综述及其理论梳理

一　国内外相关研究的回顾与梳理

从本质上看，城乡一体化解决的核心问题是城乡二元化。一直以来，西方学术界对于城乡二元的研究，基本上从两条平行脉络展开：一条是基于经济二元的研究，侧重点是工农产业关系，发端于刘易斯的二元经济结构论；另一条是空间二元的研究，侧重点是城乡关系，代表人物是弗里德曼、麦吉等。两条脉络平行推进并由此带动了发展经济学和空间经济学的大跨步发展。[1] 我们也以此为基准对我国城乡一体化及乡村建设的相关研究进行回顾与整理。[2]

---

[1]　赵群毅：《城乡关系的战略转型与新时期城乡一体化规划探讨》，《城市规划学刊》2009年第 6 期。

[2]　在我国对"三农"问题和"城乡"问题的研究，除了经济学的研究外，社会学、政治学也是重要的研究学科，本书在一些地方对其研究成果也有所借鉴。鉴于本书主要是从经济学的视角对"城乡"问题的研究，所以，对这两个学科的研究动态不再综述。

（一）发展经济学视域的研究

发展经济学的研究主要遵循刘易斯所开创的二元结构理论，认为经济发展过程就是由"二元"结构向"一元"结构转变的过程，其最终结果必然形成城乡一体化的均衡。这一视域的研究主要侧重于发展内容，强调制度变迁和市场基础上的资源配置，注重产业发展的内容和劳动力的流动。

1. 城乡一体化的基本内涵

城乡一体化这一说法和理论，同"三农"理论一样，是中国特有的。国外只有城乡协调、城乡均衡发展等说法。这一概念最早源自于苏南地区，1983年，费孝通先生提出了"小城镇，大问题"的发展思路，提出了以农村工业化为基础的"农村内生城镇化"思想，将苏南乡镇企业的发展及其社会形态的变化称为城乡一体化。① 程必定先生也认为，改革开放之后20世纪80年代苏南地区受到上海市的辐射和带动，形成了城乡一体化的社会经济形态，乡镇企业快速发展，大量农民"离土不离乡"，就地形成了非农化转型，并且很快作为一种模式传遍中国。②

但是，真正将城乡一体化作为国家发展战略则是21世纪以来的事情，特别是党的十八大把城乡一体化作为解决"三农"问题的根本途径。改革开放之后，随着经济的发展，特别是市场经济的发展，城乡差别呈现出"先缩小，后扩大"的发展态势，直至发展为严重的"三农"问题。为此，2003年提出"城乡统筹"，2004年提出"两个趋势"的判断，2005年提出"建设社会主义新农村"，2007年党的十七大明确提出"建立以工促农、以城带乡长效机制，形成城乡经济社会发展一体化新格局"。2012年党的十八大进一步提出"城乡发展一体化是解决'三农'问题的根本途径"，党的十八届三中全会第一次将城市问题和农村问题一起解决，提出"二元结构是制约城乡发展一体化的主要障碍"。标志着我国城乡发展真正进入到了国家战略主导下的城乡一体化时期。

目前，理论界和决策部门比较一致的认识是，所谓城乡一体化是指城乡之间生产和生活方式逐渐趋于一致的过程，是通过城乡统筹，优化资源

----

① 陆学艺：《城乡一体化的社会结构分析与实现路径》，《南京农业大学学报》（社会科学版）2011年第2期。

② 程必定：《新市镇：城乡一体化的空间载体》，《城市发展研究》2013年第5期。

配置，促进城乡经济社会全面协调可持续发展的过程。其主要内容包括统筹土地利用和城乡规划、统筹城乡产业发展、统筹城乡基础设施和公共服务、统筹城乡劳动就业、统筹城乡社会管理，促进公共资源在城乡之间均衡配置，生产要素在城乡之间自由流动。①②③ 显然，这一认识突出了经济发展的内涵，是针对中国目前经济发展水平和城乡现实状态而提出的如何由二元向一元发展的现实选择。

白永秀和王颂吉认为，城乡二元结构的形成和转化是世界各国发展的必经阶段。目前，发达市场经济国家和地区已经基本实现了城乡二元经济结构转换，而发展中国家和地区则大多处于二元经济结构的转化过程之中。④ 因此，城乡一体化发展，就是把工业和农业、城市和农村作为一个有机统一整体，充分发挥彼此相互联系、相互依赖、相互补充、相互促进的作用，特别是充分发挥工业和城市对农业和农村发展的辐射和带动作用，实现工业与农业、城市与农村协调发展。⑤

既然把城乡一体化看成是一个发展问题，那么，在这个发展过程中必定会发生经济、社会结构的变化。这就是说，随着工业化和城市化的深入推进，发展中国家普遍存在的现代工业与传统农业并存的二元结构，必然向城乡一元的现代化结构转变。⑥

洪银兴和陈雯从以下五个方面概括了城乡一体化的发展内容：（1）体制一体化，消除要素在城乡之间自由流动的各种体制和政策性障碍；（2）城镇城市化，将城市功能向城镇扩散和转移，使城镇成为农村区域中的商贸中心、服务中心，使人们在城镇就能享受到现代文明和现代经济社会生活；（3）产业结构一体化，要求城乡在产业结构上形成有机的整体，既错位又互补；（4）农业企业化，既包括农业转化为农业工业，

---

① 赵群毅：《城乡关系的战略转型与新时期城乡一体化规划探讨》，《城市规划学刊》2009年第6期。

② 尹成杰：《加快推进中国特色城乡一体化发展》，《农业经济问题》2010年第10期。

③ 宋洪远、赵海：《我国同步推进工业化、城镇化和农业现代化面临的挑战与机遇》，《经济社会体制比较》2012年第2期。

④ 白永秀、王颂吉：《城乡发展一体化的实质及其实现路径》，《复旦学报》2013年第4期。

⑤ 冯海发：《对十八届三中全会〈决定〉有关农村改革几个重大问题的理解》，《农业经济问题》2013年第11期。

⑥ 王碧峰：《城乡一体化问题讨论综述》，《经济理论与经济管理》2004年第1期。

又包括农业产供销和市场活动的组织化；（5）农民市民化，取消各种对农民的歧视性政策，使农民在就业、教育、卫生、医疗和社会保障方面与城市居民享受平等的政策与机会。[①]

赵群毅也从三个方面加以解析：（1）从内容主体上看，城乡经济社会发展一体化不仅包括城乡关系，还包括经济与社会之间的关系，是对过去"重经济轻社会"的修正，强调的是多元主体之间的统筹协调；（2）从基本内涵上看，城乡经济社会发展一体化应该包括城乡资源高效综合利用、生产要素在城乡之间自由流动、公共资源在城乡之间均衡配置、城乡经济发展与社会发展相融合四个方面；（3）从发展内容上看，城乡经济社会发展一体化应包括城乡经济发展一体化和城乡社会发展一体化两个方面的核心目标。[②]

针对城乡一体化发展的丰富内容，陆学艺从发展的长期性和艰巨性上强调了其"历史过程"：第一步要着力破除城乡二元结构，形成城乡经济社会发展一体化的新格局，遏制住目前城乡差距还在继续扩大的趋势；第二步通过"工业反哺农业，城市支持农村"，加大对农村的投入，加快农村经济社会发展，逐步缩小城乡差距；第三步实现城乡一体化。[③]

2. 新农村建设与"以工促农，以城带乡"的反哺战略

20 世纪 80 年代中期以来，我国城乡差距呈现出扩大趋势，例如，城乡居民收入比由最低的 1985 年的 1.86：1 发展到 2009 年的最高差距 3.35：1，[④]"三农"问题日益突出。农业生产不稳，农民收入水平增长缓慢，农村环境条件差，已严重制约了我国现代化的整体推进。基于这一背景，2004 年胡锦涛总书记在中共十六届四中全会上提出了"两个趋势"的著名论断，即"纵观一些工业化国家发展的历程，在工业化初始阶段，农业支持工业、为工业提供积累是带有普遍性的倾向；但在工业化达到相当程度以后，工业反哺农业、城市支持农村，实现工业与农业、城市与农村协调发展，也是带有普遍性的倾向"。

---

① 洪银兴、陈雯：《城市化和城乡一体化》，《经济理论与经济管理》2003 年第 4 期。

② 赵群毅：《城乡关系的战略转型与新时期城乡一体化规划探讨》，《城市规划学刊》2009 年第 6 期。

③ 陆学艺：《城乡一体化的社会结构分析与实现路径》，《南京农业大学学报》（社会科学版）2011 年第 2 期。

④ 《中国统计年鉴》（2012）。

从发展经济学的角度看，工业化前，农业是整个经济的基础，强大的农业是工业化的前提条件。工业化的第一步必须由农业部门提供足够的剩余，为城市地区的工业化提供资本积累。一旦工业部门达到维持自我持续成长的起飞点，农业部门的比重就出现相对的和绝对的下降，逐渐成为现代化社会中的一个弱势产业。这是由经济发展的规律所决定的，被称为"配第—克拉克法则"。该法则预示："随着人均收入持续增长，经济活动的重心先从第一产业转移到第二产业，进而转移到第三产业。这种转移是随着经济增长初期工业品需求的快速增长，以及紧随其后的服务需求加速增长而工业品消费处于相对饱和状态，通过部门间资源配置的市场调节完成的。"[①]

蔡昉等针对中国的现实情况，用二元结构的理论总结了中国"三农"问题的规律：（1）农业比较优势下降规律；（2）农业份额下降规律；（3）就业份额与产值份额相匹配规律（如果在农业产值下降的情况下，农业就业的人数不相应下降，就会产生"三农"问题）；（4）随着收入增长城市化水平提高规律（如果城市化水平没有随着收入水平同步提高，人口在城乡之间的分布得不到改变，也将形成"三农"问题）；（5）制度变迁适应经济发展需要规律（如户籍制度、劳动力市场制度等对解决"三农"问题至关重要）。[②]

根据国际经验，人均 GDP 超过 1000 美元、农业占 GDP 比重降到 15% 以下、城镇化率达到 35% 以上，就进入工业化中期阶段，这一阶段处在工农关系调整的转折时期，开始具备工业反哺农业、城市支持农村的条件。当人均 GDP 超过 3000 美元、农业占 GDP 比重降到 10%、城镇化率达到 50% 时，是推动城乡融合、一体化发展的最佳时期。2011 年，中国人均 GDP 超过 5000 美元、农业占 GDP 的比重为 9.3%、城镇化水平达到 51.3%，已经进入"以城带乡、以工促农、城乡互动、一体化发展"的重要阶段。[③]

那么，应该如何建设新农村和对农业进行反哺？从农村区域发展的实

---

① ［日］速水佑次郎、神门善久：《发展经济学——从贫困到富裕》，李周译，蔡昉、张车伟校，社会科学文献出版社 2009 年版，第 32 页。

② 蔡昉、王德文、都阳、张车伟、王美艳：《农村发展与增加农民收入》，中国劳动社会保障出版社 2006 年版，第 8 页。

③ 李红玉：《城乡融合型城镇化》，《学习与探索》2013 年第 9 期。

际情况来看，公共服务落后是一个关键的问题：农村公共产品供给总量不足，具体表现为农村基础设施建设问题突出，农村教育、医疗卫生、文化等社会事业发展明显滞后，社会保障事业城乡差距明显。公共产品供给的严重不足一方面进一步扩大了城乡差距，例如，2010 年城镇居民人均可支配收入是农村居民人均纯收入的 3.23 倍，如果考虑到公共产品的消费，城乡居民收入差距在 5 倍以上。[①] 另一方面对农村居民消费结构的升级和扩大内需产生抑制作用。洪银兴认为，农村居民现有的生活和居住条件之所以严重落后，其主要原因是这些条件的改善与自身的经济发展水平挂钩。在现有的价格水平、现有的投入和现有的发展条件下，仅仅依靠农村的 GDP 水平以及与之相关的财税收入和居民收入，无论如何不可能使农村的生活条件达到城市水平，反而会造成恶性循环：收入水平越低，居住条件差，人力资本减少，收入水平更低。因此，由过去突出解决城乡收入差距转到首先解决城乡居住和生活条件差距。[②]

然而，扩大农村公共产品的供给并非易事，即由于乡村人口过少，经济总量不大，面积小、资源有限，难以形成规模经济。市场经济的发展方向是规模经济和集约经济，村镇规模越大，集约化程度越高，越有利于区域经济发展，增强经济实力，越有利于交通、水利等基础设施的统一布局和土地资源的有效利用，越有利于农业生产区域化、基地化的形成和农村各类生产要素的集聚。[③] 更为严重的问题是，随着农村经济的发展和农民收入的增加，农村人口向城镇流动的数量越来越大，在原有村镇幅员不变的情况下，常住人口会越来越少。许多村庄已经出现"空巢化"的趋势，一些偏僻的小自然村因为变成无人居住的空村而消失。

鉴于这两方面的发展缺陷，城乡一体化的发展战略便应运而生，城乡一体化的推进既有利于城乡之间的要素流动，又有利于乡镇公共产品的提供。因为，无论是扩大农村公共产品覆盖面，还是城市反哺农村，都有个范围经济和规模经济问题。面对我国农村村庄分布广而分散的特点，需要

---

① 宋洪远、赵海：《我国同步推进工业化、城镇化和农业现代化面临的挑战与机遇》，《经济社会体制比较》2012 年第 2 期。

② 洪银兴：《城乡差距和缩小城乡差距的优先次序》，《经济理论与经济管理》2008 年第 2 期。

③ 张本神、赵国友：《我国村镇适度规模探析——基于人口数量和辖区面积角度》，《人口与经济》2012 年第 2 期。

在乡村集中化、城镇城市化和都市圈建设三个方面扩大以城带乡的范围经济。[①] 于是城乡一体化就成为城乡统筹的具体发展措施和目标。例如,邓立丽认为,城乡一体化的基础首先是城乡产业布局一体化;其次是农民的市民化;最后是城乡一体化是在以大都市圈为中心的特定区域内进行的。[②] 江苏省在推进城乡一体化的战略时,结合"三化"协调发展的总体战略,提出了"六个一体化"的战略举措:城乡规划一体化,城乡产业发展一体化,城乡基础设施一体化,城乡公共服务一体化,城乡就业社保一体化以及城乡社会管理一体化。[③]

3. 城乡一体化是解决"三农"问题的根本出路

然而,尽管"以城带乡,以工补农"在决策上是正确的,但在各地的新农村建设中却仍然是一种工业化、城镇化的发展模式,并没有真正将发展的内容转移到农村,没有从农村区域的实际情况,特别是城乡之间的关系上去发展农村,反而进一步强化了"以城统乡"的已有发展模式。

顾朝林和李阿林认为,城乡一体化的核心应该是解决"三农"问题,而不是"以城统乡"的城市蔓延发展。以推进工业化与城市化来推动农村地区的开发,本质是"重城轻乡"和"城乡分割"。这种理论认为,农村的发展需要城市经济的扩散与带动,农村只有变为城市才能得到发展。而实际上,农村城市化建设在农村地区的大面积推进,直接的结果却是大量农地与农村环境的消失,大量失地农民与更多农民工在城市的流动。这一发展模式没有认识到城市问题的根源是农村问题,资源在城市过度集中的背后是农村发展被长期忽略,农村的相对贫困化,农业在全球市场中破产以及农民收入低下。由此,解决城市问题的核心是解决农村问题,是减少农民的数量,提高农业的收入,将城市化的生活方式注入农村地区。[④]

吴丰华和白永秀认为,中国城乡发展一体化水平滞后主要原因和主要表现是"三农"发展滞后:农业基础仍然薄弱,需要加强;农村发展滞

---

① 洪银兴:《城乡差距和缩小城乡差距的优先次序》,《经济理论与经济管理》2008 年第 2 期。

② 邓立丽:《江苏城乡经济一体化研究》,《上海经济研究》2012 年第 2 期。

③ 黄莉新:《大力推进"三化同步"加快江苏省"三农"发展步伐》,《农业经济问题》2012 年第 1 期。

④ 顾朝林、李阿林:《从解决"三农"问题入手推进城乡发展一体化》,《经济地理》2013 年第 1 期。

后，需要扶持；农民增收困难，需要提高。中国要实现城乡发展一体化，必须加快解决"三农"问题，其基本的路径是农业现代化、农村城镇化、农民市民化。①

从发展的观点看，城镇化是农村经济社会发展及转型问题，这种转型不仅是农村人口向城市集中，也是农民生产和生活方式的转变、农业及农村经济社会结构的变化以及农村人居空间、生存环境的改变。② 所以，城镇化从本质上讲，既可以是劳动力向城市集聚的异地城镇化，也可以是劳动力退出农业的就地城镇化，城镇化是人口和资源在城乡空间上重新布局的一个永恒过程。③ 从这一视角看，"三农"问题的解决必须重视现代农业的发展：现代农业需要什么样的生产规模，需要构建什么样的新型经营体系；需要哪些人去经营家庭农场，需要哪些人就地转移从事非农劳动，又需要哪些人转移到城市从事非农劳动。这些问题的解决需要构建现代农业经营体系。④

在现代农业的发展中，农业产业的构建至关重要。需求的多样化、技术创新以及大众消费方式的转变等为农业的产业化和市场化提供了发展环境，由私人企业家引领的新型农业正在兴起，它在广义的价值链上把生产者和消费者联系起来，也把许多组织起来的企业型小农业主联系在一起。⑤ Ganesh Thapa 认为长期以来，小规模农业或家庭农业面临着缺少生产性资源和公共服务的挑战，而今又面临着包括如何融入以价值链为主导的高价值农业的挑战。⑥

农业产业链是围绕大农业体系的城市、城郊和乡村三种各有侧重的涉

① 吴丰华、白永秀：《城乡发展一体化：战略特征、战略内容、战略目标》，《学术月刊》2013 年第 4 期。

② 程必定：《中国两类"三农"问题及新农村建设的一种思路》，《中国农村经济》2011年第 8 期。

③ 叶齐茂：《发达国家乡村建设考察与政策研究》，中国建筑工业出版社 2008 年版，第124 页。

④ 黄祖辉、邵峰、朋文欢：《推进工业化、城镇化和农业现代化协调发展》，《中国农村经济》2013 年第 1 期。

⑤ 世界银行：《2008 年世界发展报告：以农业促发展》，清华大学出版社 2008 年版，第8 页。

⑥ Ganesh Thapa：《亚洲和拉美地区经济转型过程中小规模农业面临的挑战和机遇》，《中国农村经济》2010 年第 12 期。

农经济活动在区域空间延伸与整合而形成的产业链。农业产业链的构建过程是工农间、城乡间涉农产业互动延伸与整合的过程。农业产业链在城乡交融空间上联系城乡经济，成为构建"以工促农，以城带乡"机制的具体途径和重要纽带。主要表现在两个方面：一是以工促农的产业经济效应；二是以城带乡的区域经济效应。

产业链中各产业互相依赖、互相作用而形成"关联效应"，可使农业由以往的第一产业转型为第二、第三产业，建立高度竞争力的优势产业，以克服当前小农经营的困境，达到组织再造的功能。农业产业链的区域构建可以较好地整合城乡经济资源，打破城乡两套封闭体系独自运行局面，激活城乡经济发展要素交流，创造新的劳动就业岗位，从而提升城乡经济效益。[①]

4. 新型城镇化与"三化"协调发展

城乡一体化是城市化发展的一个新阶段，是随着生产力的发展而促进城乡居民生产方式、生活方式和居住方式的变化，将工业与农业、城市与乡村、城镇居民与农村居民作为一个整体统筹谋划、协调发展的过程。[②]2010 年起实施的新型城市化战略，将中国的城市化战略由"人口转移型"的城市化转变为"结构转换型"的城市化。理想的新型城市化模式是以人口郊区化为主，即郊区人口占 50%，中心城区人口占 30%，农村和小城镇人口占 20%，人口将不受户籍的影响，可以在三个区域之间自由流动。[③]

由于在城乡一体化的发展战略上还未有全面、系统的理论认识，在实践探索中又都带有不同的区域特征，因而，在推进城乡一体化的发展内容和切入点上就会出现多样化的现象。[④] 例如，马晓强和梁肖羽总结认为，国内学者关于城乡经济社会一体化模式主要沿着以下四条线索展开：结合具体区域或城市的实例探讨城乡一体化的动力与过程；城乡一体化过程中强调和突出城市模式；城乡一体化过程中强调和突出乡村的模式；强调城

---

① 李杰义：《农业产业链的内涵、类型及其区域经济效益》，《理论与改革》2009 年第5 期。

② 邓立丽：《江苏城乡经济一体化研究》，《上海经济研究》2012 年第 2 期。

③ 吴生苗：《城郊农民市民化的困境与应对：一个公共服务视角的研究》，《中国农村观察》2012 年第 3 期。

④ 张强：《中国城乡一体化的研究与探索》，《中国农村经济》2013 年第 1 期。

乡一体化过程中城乡互动的模式。[①]

　　但这其中也有偏离或违背城乡一体化发展战略的认识和做法。单卓然和黄亚平认为可预见性认知误区有：（1）将城乡统筹理解为将农村变为城市、将农村集体用地变为城乡建设用地或"去农村化"；（2）将城乡公共服务均等化理解为城乡公共服务同等化；（3）将产业转型与升级理解为强调产业高端化、高技术化和产业链条弃下游化；（4）将低碳环保理解为单一的拉闸限电、限制机动车数量、限制私家车出行和植树造林；（5）将集约紧凑发展理解为高密度、高强度与高层建筑；（6）将追求城镇化质量理解为城镇化已达标、放弃城镇化速度或使城镇化停滞。[②]

　　叶裕民也提出了可能的三大误区：（1）将统筹城乡发展的目标和任务狭隘地定位于解决"三农"问题，没有建立城乡之间的良性循环系统；（2）将土地作为城市发展的核心要素，将统筹城乡发展改革重点任务局限于土地制度改革，服务于城市土地扩张的需求；（3）将"耕地不减少、建设用地不增加"作为城乡建设土地管理和用地增减挂钩项目的核心考核指标，使统筹城乡发展被"妖魔化"。为此，她强调指出，统筹城乡发展的出发点和落脚点都在农村，但其实施办法和路径不能止于农村，而是要在城市与乡村之间、工业与农业之间建立良性互动机制。城乡一体化是其最终目标，应以此来衡量新型工业化、新型城市化和农村现代化政策的科学性。[③]

　　从总体和宏观层面看，目前中国的"三化"状况是：城镇化滞后于工业化，农业现代化滞后于工业化和城镇化，"三化"关系明显失衡。例如，2011 年，中国三次产业的增加值比重依次为 10.1%、46.8%、43.1%，三次产业的就业比重依次为 34.8%、29.5%、35.7%。这两组数据反映了一个基本问题，就是中国农业劳动力比重大大高于农业增加值比重。这既表明中国劳动力就业部门结构的演进与产业结构的演进不协

---

　　① 马晓强、梁肖羽：《国内外城乡社会经济一体化模式的评价和借鉴》，《福建论坛》（人文社会科学版）2012 年第 2 期。

　　② 单卓然、黄亚平：《"新型城镇化"概念内涵、目标内容、规划策略及认知误区解析》，《城市规划学刊》2013 年第 2 期。

　　③ 叶裕民：《中国统筹城乡发展的系统架构与实施路径》，《城市规划学刊》2013 年第 1 期。

调，又表明中国工业化和城镇化对农业的带动尤其是对农业剩余劳动力的吸纳不充分。[①]

发展经济学虽然指明，工业化是解决二元结构的根本出路，但也特别强调农业的基础地位。一般来说，在经济起飞的初级阶段，粮食是工业化的基础和支撑，但由于工业化对劳动力需求的快速增加，极易出现粮食生产的下降与供给的短缺。如果粮食出现短缺，必将引起物价普遍上涨并带动工资水平的上涨，从而使工业化成本增加。这一问题被称为"粮食问题"或"李嘉图陷阱"。[②] 同样，工业化过程中也必须适时地推进城镇化。如果没有城镇化的相应发展，一个国家或地区的产业结构与就业结构就难以由第一产业主导的格局，演变为由第二产业主导的格局，再演进到第三产业主导发展的格局。[③] 所以，必须在信息化的基础上，同步推进"三化"协调发展。

中国城乡一体化的不健康发展，可以概括为中国城市经济和农村经济发展割裂的、不健康的发展状态，即城市经济和农村经济都在按照其计划经济的惯性在膨胀，一方面是城市的空间扩大和非集聚效应，另一方面则是农村的"蔓延和凋敝"。

改革开放以来，中国的城镇化率得到迅速发展，由 1978 年的 17.9% 提高到 2011 年的 51.3%。然而，中国的城镇化还存在严重缺陷，即粗放的城镇化、不协调的城镇化和典型的半城镇化。[④] 从社会经济发展的过程来看，城市化与人口的迁移相联系，城市空间扩张、人口积聚与城市经济发展是一个同步过程，而且，三者之间共同决定了城市的边界和规模效应。但目前中国城镇化的主要问题：一是城市建设用地过度扩张，人口积

---

① 黄祖辉、邵峰、朋文欢：《推进工业化、城镇化和农业现代化协调发展》，《中国农村经济》2013 年第 1 期。

② ［日］速水佑次郎、神门善久：《发展经济学——从贫困到富裕》，李周译，蔡昉、张车伟校，社会科学文献出版社 2009 年版，第 72 页。

③ 黄祖辉、邵峰、朋文欢：《推进工业化、城镇化和农业现代化协调发展》，《中国农村经济》2013 年第 1 期。

④ 熊小林：《统筹城乡发展：调整城乡利益格局的交点、难点及城镇化路径——"中国城乡统筹发展：现状与展望研讨会暨第五届中国经济论坛"综述》，《中国农村经济》2010 年第 11 期。

聚相对不足，土地城镇化快于人口城镇化；①② 二是人口与产业集聚不协调，产业城镇化快于人口城镇化；三是城乡发展不协调，城乡居民收入差距呈扩大趋势。③ 同时，中国的城镇化又是一种典型的不完全城镇化：一方面，农民工"被城市化"，"迁而不转"；另一方面则是"转而不迁"，大量农民工虽然到城市就业，但其身份、社保、住房等生活方式没有发生根本性变化，不能享受城市提供的基本公共产品。④ 所以，中国城镇化必须实现由不完全城镇化向完全城镇化，由不协调的粗放型城镇化向协调的可持续的城镇化的战略转变。

不仅如此，在城乡发展上存在明显的割裂和二元的思路和政策。黄祖辉等认为，城镇化发展的偏差主要表现在两个方面：一是城镇化的发展过度偏向于大城市的发展，而忽视已具备产业基础和人口规模的中小城市发展；二是在城镇化进程中存在"要地不要人""要劳不要人"的现象，致使农村人口进城速度慢于城市空间扩张速度。进城农民身份转变速度慢于其职业转变速度，农村非农人口的减少速度慢于农村土地的非农化速度。⑤

从理论上讲，城镇化应该是人口城镇化的过程，也就是不断提高城市人口在整个人口中的比重，或者农民不断市民化的过程，这是城镇化的本质内容，土地城镇化只是人口城镇化的一个刚性需求的结果。但是实际上，由于土地制度、财政制度及户籍制度等方面的原因，在我国推进城镇化过程中，土地城镇化却得到优先推进，而人口城镇化则相对滞后。⑥

在城市化的发展过程中，我国不仅有城市病，比如交通拥挤、城市污染等，也有农村病，其主要表现是农村贫穷，以及农村基础设施不完善，生活条件较差，同时农村环境污染也在加重。其实，城市病和农村病都要

---

① 陶然、曹广忠：《"空间城镇化"、"人口城镇化"的不匹配与政策组合对应》，《改革》2008 年第 10 期。

② 张良悦、刘东：《城市化进程中的若干节点及制度解构》，《改革》2010 年第 1 期。

③ 熊小林：《统筹城乡发展：调整城乡利益格局的交点、难点及城镇化路径——"中国城乡统筹发展：现状与展望研讨会暨第五届中国经济论坛"综述》，《中国农村经济》2010 年第 11 期。

④ 倪鹏飞：《中国城市化的挑战与提升》，《中国土地》2010 年第 6 期。

⑤ 黄祖辉、邵峰、朋文欢：《推进工业化、城镇化和农业现代化协调发展》，《中国农村经济》2013 年第 1 期。

⑥ 李佐军：《我国应该走"新型城镇化"道路》，《小城镇建设》2012 年第 10 期。

高度重视和加以解决。但是有些地方，重视解决城市病，而忽视对农村病的解决。甚至有些地方在治理城市病的过程中，反而加剧了农村病，比如将城市污染转移到农村。① 由于城乡二元经济结构特征明显，很多学者从城乡系统的角度提出了治理城市病。他们主张突破以往就城市论城市、就农村论农村的片面做法，建立互补互促、协调统一的新型城乡关系，确立城乡统筹发展的城市化战略。② 根治城市病必然要寻找新的出路，而逐步消除城乡二元结构，缩小城乡差距，实现城乡发展平衡，则是解决城市病的根本之道。

5. 城乡一体化发展中的制度因素

中国城乡二元结构问题的特殊性在于，不但存在二元的经济结构，而且存在特殊的二元社会结构，存在维系二元经济社会结构的一整套体制机制。③

在统一的城乡系统中，城镇系统能够从农村获得城镇化过程中所必需的资金、劳动力、原材料、产品市场、资源与环境容量，而农村系统则获得城镇反馈的资金、技术、经验和制度，二者形成一种相对平衡的要素交换过程和互动关系，可称之为城乡统筹发展的内生机制。但是，中国长期存在的城乡二元结构，破坏了城乡统筹发展的内生机制，制度性地割裂了城乡之间相对平衡的要素交换过程和互动关系，造成了城乡的分割和对立。在城镇化的过程中实现城乡统筹发展，就必须打破城乡二元结构的束缚和禁锢，理顺城乡之间要素流动的过程。④

城乡差距主要包含三个层面的问题：一是制度层面的问题，即城乡有别的制度规定；二是政策措施层面的问题，即以政策形式确定的城乡差别；三是发展水平层面的差距，即受城乡有别的制度和政策影响而形成的城乡之间居民各类待遇水平方面的差距。城乡一体化属于制度层面的城市化概念。城乡一体化的实质，是要消除由制度因素造成的城乡差距，实现现代社会城乡公平的目标。工业化、城镇化提供了消除城乡差距的物质基础，但不能自然地消除城乡差距。必须在工业化、城镇化的基础上，同时

---

① 李佐军：《我国应该走"新型城镇化"道路》，《小城镇建设》2012 年第 10 期。

② 刘永亮、王孟欣：《城乡失衡催生"城市病"》，《城市》2010 年第 5 期。

③ 郭书田、刘纯彬：《我国农村城市化道路的再探索》，《求是》1988 年第 7 期。

④ 李宾、马九杰：《城镇化能够推动城乡统筹发展吗？——基于 1991—2010 年数据的分析》，《中国农村观察》2013 年第 2 期。

改变二元体制机制。①

　　制度创新和空间一体化组织是保证城乡经济社会发展一体化目标实现的重要支撑，内容应该包括土地、人口流动与就业、基本公共服务均等化、财政转移支付等方面。与此同时，需要从城乡土地利用与居民点体系、城乡基础设施建设、城乡资源统一利用、城乡生态环境统一保护等方面创新城乡空间一体化组织的方式和途径，保证城乡一体化的实现。②

　　城乡统筹政策体系包括基本政策和核心政策以及三个层面的实施主体。基本政策包括经济政策、财政政策、投资政策、社会事业发展政策、环境保护政策、城乡治理政策、乡村规划建设管理政策等；核心政策包括土地政策、人口迁徙政策和社会保障政策；实施主体即中央政府、地方政府以及民众三个层面。③

　　（二）空间经济学理论视域的研究

　　该领域的研究主要侧重于城乡区域空间的角度，分析城乡空间在经济社会发展的基础上相互之间的融合，强调城乡发展的空间形态，其研究的切入点是城镇化的发展，对传统城镇化和新型城镇化从空间形态上进行了比较分析，强调城乡共生的生态环境，并在此基础上得出城乡统筹规划和乡村城镇化的发展内涵。

　　1. 城乡融合的"灰色区域"理论

　　由城乡二元分割发展向城乡融合发展是一个区域由非均衡发展向均衡发展转型升级的过程，很多国家的城镇化都经历了这一过程。④ 20 世纪 50 年代，发展中国家的工业化和城市化进程明显加快，出现了以大城市和周围地区高速增长为基本特征的经济、技术和社会发展模式。中心城市的空间范围迅速扩张，在城市边缘出现了规模庞大的城乡交界地带。⑤

　　加拿大学者麦吉（T. G. Mc Gee）在对亚洲发展中国家城市扩张总结

① 张强：《中国城乡一体化的研究与探索》，《中国农村经济》2013 年第 1 期。

② 杨保军、赵群毅：《城乡经济社会发展一体化规划的探索与思考——以海南实践为例》，《城市规划》2012 年第 3 期。

③ 赵华勤、张如林、杨晓光、周焱：《城乡统筹：政策支持与制度创新》，《城市规划学刊》2013 年第 1 期。

④ 李红玉：《城乡融合型城镇化》，《学习与探索》2013 年第 9 期。

⑤ 孙久文等：《走向 2020 年的我国城乡协调发展战略》，中国人民大学出版社 2010 年版，第 20 页。

的基础上提出了 Desakota 模式。他认为，在亚洲某些发展中国家和地区的经济核心区域出现了一种与西方的都市区类似而发展背景又完全不同的新的空间结构。Desakota 是一种以区域为基础的城市化现象，其主要特征是"高强度、高频率的城乡之间的相互作用，混合的农业和非农业活动，淡化了城乡差别"。①

麦吉等认为，未来的城乡结构将是社会地理系统的相互作用与相互影响而形成的一种新的空间形态，即"泛城市"或"扩大的都市区""城市灰色地带"等。这种模式是靠近大都市的农村地区与大都市相互融合，在都市边缘和都市间，沿铁路、高速公路的交通走廊地带形成城乡融合的新的空间经济及聚落形态。其特征在于：（1）人口密度高；（2）居民的经济活动多样化，经营小规模的耕作农业，大力发展各种非农生产；（3）土地利用方式高度混杂，耕地、工业小区、房地产经营等同时存在；（4）人口流动性很大，大量居民到大城市就业以及从事季节性帮工；（5）区域基础设施条件好，交通便利；（6）妇女在非农产业中占有很高的就业比重。②

美国学者 J. 弗里德曼和道格拉斯从城乡相互依赖的角度提出了"区域网络发展模式"和"农业城镇发展模式"，认为建立城乡联系的区域网络系统可以促进区域城乡共同发展。他认为，"区域城市网络"是基于许多聚落的功能体，每一个地域聚落都有其地方化的特征，相互之间内部关联，而不是在区域中确定单个的大都市作为综合性中心。乡村通过"要素流"与城市的功能和作用相联系，为确保均衡发展目标实现，必须导向一种"城乡联系的良性循环"。③

巴拉查亚（B. N. Bajracharya）提出通过发展小城镇，加强小城镇与乡村的联系，为城乡一体化的发展提供基础来促进乡村的发展。④ 塞西里·塔克里和大卫·塞特思威特提出了"城乡相互作用和区域发展"的关联模式，强调中小城镇在乡村和区域发展以及缓解贫困中的枢纽衔接作用，认为中小城镇是生产效率高于乡村，而生活成本低于城市的城乡相互

---

① 李红玉：《城乡融合型城镇化》，《学习与探索》2013 年第 9 期。

② 罗吉、王代敬：《关于城乡联系理论的综述与启示》，《开发研究》2005 年第 2 期。

③ 李红玉：《城乡融合型城镇化》，《学习与探索》2013 年第 9 期。

④ 马晓强、梁肖羽：《国内外城乡社会经济一体化模式的评价和借鉴》，《福建论坛》（人文社会科学版）2012 年第 2 期。

作用的焦点。

　　2. "半城市化"理论

　　随着全球化和信息化带来的城乡联系加强和城乡边界模糊，20 世纪80 年代以来，在发达国家和部分发展中国家涌现出大量的城乡职能与城乡景观混杂交错的新的地域类型，被称为半城市化。[①] "半城市化"源自地理学概念。20 世纪 50 年代，戈特曼（Gottman）在其大都市带理论中提到了这类独特的地区，1987 年，加拿大学者麦吉提出了"Desakota"的概念。研究表明，半城市化地区是东南亚国家经济增长最为迅速和最具活力的区域类型。

　　在我国特有的制度背景下，半城市化不仅表现在地区景观和空间结构方面，还表现在大量的不完全城市化人口方面。[②]

　　人口半城市化是指农村人口向城市人口转化过程中的一种不完全状态。城市化既是一个经济变革过程，也是一个社会变革过程，只有同时完成这两个方面的转变，才是一个完整的城市化。[③] 农村人口虽然进入城市，也找到了工作，但是没有融入城市的社会、制度与文化系统。具体而言，农民已经离开乡村到城市就业与生活，但他们在劳动报酬、子女教育、社会保障、住房等社会公共产品方面还不能与城市居民享受同等的待遇，也没有选举权与被选举权；在城市的生活、行动得不到有效的支持，在心理上产生一种疏远乃至不认同的感受；被局限在次级的劳动力市场，大多从事非正规就业，有限地参与城市的劳动分工。[④]

　　关于半城市化形成的原因，田莉和戈壁青认为，在我国，半城市化是转轨经济背景下外来投资、乡村工业化进程和我国城乡二元体制的产物，呈现强烈的自下而上城市化的特征，是转型经济中双轨城市化——政府主导下的城市化和自下而上城市化的重要组成部分。[⑤] 而何为和黄贤金认

---

　　① 田莉、戈壁青：《转型经济中的半城市化地区土地利用特征和形成机制研究》，《城市规划学刊》2011 年第 3 期。

　　② 何为、黄贤金：《半城市化：中国城市化进程中的两类异化现象研究》，《城市规划学刊》2012 年第 2 期。

　　③ 孙自铎：《城市化就是人口城市化和农民市民化——与程必定同志商榷》，《安徽决策咨询》2003 年第 6 期。

　　④ 王春光：《农村流动人口的"半城市化"问题研究》，《社会学研究》2006 年第 5 期。

　　⑤ 田莉、戈壁青：《转型经济中的半城市化地区土地利用特征和形成机制研究》，《城市规划学刊》2011 年第 3 期。

为，新时期城市建设、征地拆迁、土地整理等催生了大量进城农民，由于一直实施城乡二元发展格局，特别是户籍制度，结果使"半城市化人口"应运而生。[①]

半城市化是城乡两种力量共同起作用的地区。我国半城市化地区是在复杂的政治、经济、社会环境中形成的，受多种驱动力作用，包括政府主导、市场驱动、社会合力以及其他因素。[②] 根据半城市化地区发生空间和作用机制的不同，可以对其进行归类：一类是位于城乡接合部、城中村，主要是由于大都市的辐射和扩散效应以及其他一些因素，可将其称为城市型半城市化区域；另一类半城市化区域是由于农村地区农民非农化和兼业水平提高以及乡村工业化、城镇化所引起，受多重因素的复合影响所产生，将其称为乡村型半城市化区域。[③] 城市型半城市化地区，以政府推动为主，兼具其他三种力的共同作用；乡村型半城市化地区以市场驱动为主，同时受社会力量、政府力量和其他力量的综合作用。

如何看待半城市化区域？田莉和戈壁青认为，半城市化地区是全球化与地方化两种力量交互作用的地区，已经成为一种全球性现象。[④] 何为和黄贤金认为，与直接城市化不同，半城市化可看作是一种迂回的城市化模式。半城市化区域成为我国工业发展和城市建设重要的空间载体，为适应大规模制造业的集群发展和集聚区建设创造了空间，对化解大城市人口和产业过度集中所导致的交通拥堵、环境污染等大城市病、促进经济增长、缓和城乡二元矛盾都起着重要作用。但另一方面，半城市化也有潜在问题：（1）半城市化人口虽然常年生活在城市，但也占据着农村资源，其长期固化不利于资源的优化配置与高效利用。因为，半城市化人口及其子女不能享受到城市公共产品，且其就业与收入均不稳定，所以，农村土地和住房承担了过多的社会保障功能。（2）城市不断扩张，半城市化地区的农田和林地不可避免地要转化为城市用地。城市边缘快速蔓延，耕地面

---

① 何为、黄贤金：《半城市化：中国城市化进程中的两类异化现象研究》，《城市规划学刊》2012 年第 2 期。

② 同上。

③ 韩非、蔡建明：《我国半城市地区乡村聚落的形态演变与重建》，《地理研究》2011 年第 7 期。

④ 田莉、戈壁青：《转型经济中的半城市化地区土地利用特征和形成机制研究》，《城市规划学刊》2011 年第 3 期。

积迅速减少。由于缺乏规划控制、监督管制和硬性指标的约束，土地粗放利用与浪费现象十分严重。同时，半城市化地区管理体制混乱，不利于空间集聚和基础设施的共建共享。①

作为一种特殊的过度地域类型，半城市化地区最突出的特征是它的过渡性、不稳定性和动态性，其作用方向是城市化。因此，我国城市化的主要难题，并不在于如何把农民转移到城市，而在于如何把这些未完全转化的群体转变为市民，实现从"半城市化"向真正意义的城市化转变。②③

3. "就地城市化"理论

就地城市化的基本理念是：超越传统的以城市为中心，农村—城市分离发展的"二元"模式，将最基本的规划单位从城市转变为城市核心—主城区周边城镇—周边农村的集合体。这样便不需要将农村的绝大部分居民迁移到已有的大城市中，而是在现有的基础上对其进行改造。在此过程中，那些快速发展的地点就会在集镇、乡镇甚至一些大的村落中形成类似市中心的区域。④

传统城市化是在城市的引力场内，乡村人口大量向中心城市集聚的过程。在城市拉力和乡村推力的双重作用下，人口大量向城市迁移，城市地域面积逐渐扩大。这种模式多发生在城乡差距大、中心性强的域面上，并且对城市化发生区域来说，多是外生力量推动的被动性空间扩张的结果。就地城市化模式主要表现为农村人口就地转变为城镇人口，乡村地域就地转变为城镇地域的过程。它不是经过大规模人口迁移积聚而成，而是人口就近靠拢、收敛，往往在县城、乡镇驻地，甚至在中心村的基础上演化为城市的。⑤ 就地城市化多是内生力量增长推动形成的城市化过程。

程必定先生认为，"城市性"是城市化的本质特征。在城市化发展过

① 何为、黄贤金：《半城市化：中国城市化进程中的两类异化现象研究》，《城市规划学刊》2012 年第 2 期。

② 田莉、戈壁青：《转型经济中的半城市化地区土地利用特征和形成机制研究》，《城市规划学刊》2011 年第 3 期。

③ 何为、黄贤金：《半城市化：中国城市化进程中的两类异化现象研究》，《城市规划学刊》2012 年第 2 期。

④ 《经济管理文稿》编辑部：《泉州城市形态的演变——就地城市化》，《经济管理文摘》2012 年第 1 期。

⑤ 王国栋：《中国中部地区和东部地区就地城市化的差异——基于中原城市群与海西城市群的比较研究》，《创新》2010 年第 5 期。

程中，农村地区和城市地区的"城市性"都处于不断提高的发展状态。在农村地区，城市化不仅是农村人口向城市的转移，重要的是乡村经济社会结构逐渐转型，即"乡村性"会逐步弱化乃至消失，"城市性"会逐渐生成乃至提升。传统的城市化理论所主张的，是城市的"单一"发展，由此而出现了两个重大缺陷：一是只强调农村人口向城市的转移，忽视农村地区提高城市性的可能，有人甚至提出农村消亡的主张；二是只强调城市人口比重的提高，忽视了城市本身"城市性"的提升。将"城市性"引入城市化的内涵，就可以将城市化道路分为两种类型，即人口转移型城市化道路和结构转换型的城市化道路。人口转移型城市化道路，是通过农村人口不断向城市转移而提升城市化水平的发展道路；结构转换型的城市化道路，是通过区域经济、社会、管理与空间布局等结构转型而提升城市化水平的发展道路。当人口城市化率达到50%时，结构转换型的城市化就会大面积地出现。相对于人口转移型城市化发展道路，结构转换型的城市化道路则是一种新兴的城市化发展道路。①

就地城市化过程的一般性演进机理：一是人口的就地城市化。一般表现为人口的就业非农化；二是生产过程上的就地城市化，一般是就地工业化和就地第三产业化；三是生产和生活环境上的就地城市化，是乡村地区转变为城市地区的重要标志之一。②

4."城乡共生"理论

1898年，英国学者霍华德提出"田园城市"理论，倡导"用城乡一体化的新社会结构取代城乡分离的社会结构形态"。但当时仅是一种理念或设想，是对工业化发展的反思。随着后工业化社会的到来，这一思想逐步得到了认可和实施。

首先是"流空间"理念兴起的新区域观。传统的区域观导引出传统城镇化，新区域观导引出新型城镇化。传统区域观是指区域范围以行政管辖区域为主，且边界较为稳定：城市发展主要依赖区域内部资源，而区域间的资源是不可交换的，区域资源构成了城市的产业特色，区域发展要素静态化，城市经济运作模式内向化。新区域观则以经济区域、市场区域代

---

① 程必定：《区域的"城市性"与中国新型城市化道路》，《浙江社会科学》2012年第1期。

② 王国栋：《中国中部地区和东部地区就地城市化的差异——基于中原城市群与海西城市群的比较研究》，《创新》2010年第5期。

替行政区域，区域边界是动态的，是竞争下的区域空间。区域要素是变化的，城市发展重在获取和支配更大的区域资源，城市运作模式以外向为主。① 程必定提出的全域城市化与之有相同之处。他认为，从城乡一体化的角度，可以将农村社区的城市化融入全域城市化的范畴。全域城市化可以理解为在特定时间维度和特定地域空间内实现人口、产业、生活环境向城市转型，城乡均质发展，城乡二元结构消失，传统"三农"逐步淡出，城乡实现高度融合的状态。②

其次提出了共生理论。城市自其产生之日起，就与农村之间存在无法割断的密切联系。城乡发展的阶段模式经历了城市依存于农村（农业社会）、城市统治农村（工业社会）、城市与农村融合（工业化中期）、城乡一体化（后工业化）四个阶段。城乡共生是指城乡之间一种健康的互利共生关系。城市和农村彼此之间互利地生存在一起，城市带动农村，农村促进城市，城市和农村在资源、市场、环境、服务等方面互为供给，在人、财、物上相互协调，在经济、社会、环境效益上相互统一。③ 从城乡空间的构成要素来看，城乡之间的共生需求分为五个层次，即共生的用地空间、共生的生态空间、共生的产业空间、共生的设施空间和共生的文化空间。

陈腾在实际研究中提出了"三化同步、三生融合"的小城镇发展模式。"三化"即新型城镇化、新型工业化和新型农业现代化；"三生"即生产、生活和生态。生产包括创业与创新，决定着城乡的动力源泉，体现了城镇的核心竞争力；生活包括物质生活与精神生活，决定着城乡的生活品质；生态包括自然生态与社会生态，决定着城乡的层次品位。"三化同步、三生融合"是现代化发展的必然要求，其中，"三化"同步是手段，"三生"融合是目标。小城镇是"三化"同步的重要节点，也是"三生"融合的重要融合点。④

---

① 岑迪、周剑云：《新型城镇化导向下中小城镇规划探析》，《小城镇建设》2010年第4期。

② 程必定：《区域的"城市性"与中国新型城市化道路》，《浙江社会科学》2012年第1期。

③ 赵敏：《基于链式共生模型的城乡空间发展研究》，《小城镇建设》2012年第2期。

④ 陈腾：《"三化同步、三生融合"理念下的山地小城镇规划研究》，《小城镇建设》2013年第9期。

仇保兴从理论上对共生城市与机械城市进行了比较：（1）共生城市必然是资源能源节约的城市、物质循环利用的城市、遵循生态学原则发展的城市；而机械城市以经济效率至上，必然是掠夺自然资源、低成本排放、遵循物理原则的城市。（2）共生城市必然都是功能混合的、高度紧凑的、相互之间能共生的空间结构，是多样化的，因为多样化能够持续繁荣，是尊重地方文化、尊重自然的，是包容的；而机械城市往往是严格的功能分区，是标准化、同质化、千城一面的。（3）共生城市是扁平化、组团式集群、新陈代谢性、内部基因传承为主；而机械城市是层级制、服务于中心、平等性、外部设计加强为主。（4）共生城市系统内各元素是共生的、感性和理性共存、对异质文化是包容的；而机械城市是二元论、非黑即白的。（5）共生城市是生态文明的依托，以信息化服务业为主动力的；而机械城市是工业文明的依托、以工业化为主动力。共生城市理念上建设的生态城市，是城市可持续发展的必由之路。[①]

二　简要总结与评述

上述文献回顾表明，无论是发展经济学的研究视域，还是空间经济学理论的研究范围，都将城乡发展一体化看成是技术、经济和社会发展的必然趋势。

（1）发展经济学主要从经济发展规律的角度分析说明工业化、城镇化的发展必将使城乡二元最终转化为城乡一体。而在中国的制度环境下，只有城乡统筹、"三化"协调发展，才能从根本上解决城乡之间的要素流动、产业结构转化与人口流动的动态平衡，最终解决"三农"问题。空间经济学理论认为，"二战"后随着技术、经济的发展，经济空间呈现出快速的集聚与扩散，形成了一体化的趋势。这种一体化大到全球一体化、泛区域一体化，小至国内局部区域一体化、城乡一体化。城乡一体化改变了以往城镇化的发展模式，使城镇化在城乡之间成为一个永恒的过程。城乡一体化打破了传统的城市和农村的边界，使城乡发展共荣共生，城乡一体化既是解决"三农"问题的途径，也是解决"城市病"的根本。

（2）发展经济学在城乡一体化的研究中注重的是发展的经济内涵，强调的是市场基础上的资源配置、产业结构的转换与重新布局、人口流动

---

① 仇保兴：《"共生"理念与生态城市》，《城市发展研究》2013年第8期。

与福利水平的均衡，并在此基础上引申出市场在资源配置中的决定性作用和制度变迁的重要作用，提出了"以城带乡，以工补农"的发展战略，以及在基础设施、产业发展、就业转移、公共产品、社会保障等方面的发展措施。空间经济学强调的是城乡空间的融合、城乡形态的建设、城乡基础与环境的不可分割，并在此基础上引申出政府公共产品供给的基本职能与城乡规划的指导意义，强调城镇空间、产业结构与人口集聚的协调发展，强调生态环境与乡村元素的传承。

（3）城乡一体化是解决"三农"问题的根本途径，其基本的政策含义可以理解为通过城乡统筹发展，既解决城乡发展的二元结构，又解决城乡空间的合理布局。但在以往的研究中，对中心城市的带动作用以及城镇的空间扩张研究较多，对乡村本身的内在发展，特别是乡村区域的产业发展与劳动力转移的研究还只是泛泛而谈，有待于理论上的进一步升华；在对乡村的城镇化研究中，仍然存在严重的城市偏向和经济偏向，没有从城乡统筹、城乡融合的发展要求和趋势上进行深入的理论分析；对城乡一体化模式的研究大多侧重于城郊型，而对于农村腹地的城镇化的要求没有引起足够的重视。对于这些有待进一步研究的空间，要求我们在研究中既要注重经济发展的基本内容和经济规律，又要注重空间经济布局的科学性和合理性，要将形式与内容有机地结合起来。因此，发展经济学和空间经济学的相互融合与交叉成为城乡一体化发展的重要理论指导（见表1－1）。

表1－1　　　　　　　　城乡一体化的理论基础与政策内容

	经典理论	国内学者研究	城乡一体化政策
发展经济学	二元经济结构理论；配第—克拉克原理；劳动力迁移理论；城市偏向理论	"三农"问题形成的原因与解决途径；"城乡二元"制度因素，如户籍制度，城乡二元土地制度；经济发展战略（赶超战略）及其城市偏向化	市场基础上的资源配置；三次产业的结构调整与优化配置；城乡人口自由流动；城乡公共产品均等化；"三化"协调发展
空间经济学	空间生产力理论大都市带理论"田园城市"理论；"灰色区域"理论	就地城市化理论；半城市化理论；城乡共生理论	就地城市化；城乡规划一体化；"空心村"整治与乡村城镇化

资料来源：根据相关文献整理。

三 本书的研究空间及其主要解决的问题

就已有的研究文献来看，对城乡一体化的意义、城乡一体化建设的内涵、城乡一体化的具体发展模式都做了大量的研究，并取得一定的共识。然而，在城乡一体化建设中，如何发展现代农业、如何转移农村劳动力、如何通过农村产业的发展来促进就地城镇化等方面的研究还有待加强。特别是，城乡一体化如何在粮食主产区和农村腹地推进，更是薄弱环节。

首先，乡村建设在城乡一体化发展中具有重要的现实意义。城镇化的本质是生产和生活方式的转变及福利水平的提高，城乡一体化就是通过城镇化的发展方式来解决农村活力衰退、农业边缘弱化和农民收入低下问题，所以，必须高度重视农村区域的乡村建设。在我国，城乡一体化因资源禀赋和经济发展的不平衡等区域性差异而有所不同，新型农村社区的建设，既满足了公共产品门槛的要求，又为现代农业发展提供了发展基础，同时又是生态文明建设的重要载体，因而是城乡一体化较好的发展模式。

其次，城乡一体化与乡村建设是顺应社会发展的一种必然趋势。城镇化进程表现为农村居民向城镇不断迁移的过程，然而，农民向城镇转移，需要支付社会成本（公共设施和公共服务）和安置成本，同时，城市的发展并非没有边界，城市的通勤成本和产业发展是其关键因素。当城市的边际集聚效应与城市的边际通勤成本相等时，城市便会停止扩张，此时，经济的进一步发展便会出现逆城市化现象，变为城乡一体化的趋势。从发达国家后现代城市发展的特征来看，城乡一体化是城乡之间经济社会的一种均衡发展：在城乡公共产品均等化的前提下，城乡都成为现代生活的一种形式和品质，中心城市更多地贡献经济增长和工业产品，乡村则更多地提供生态环境和食品。

最后，中国的乡村建设具有城乡一体化发展的实质内容。中国人口数量庞大，单纯依靠大中城市，恐难从根本上解决城市移民问题，需要大力发展小城市、小城镇、农村新型社区。所以，中国的城镇化一开始便面临城乡一体化问题。但中国的城乡一体化不同于发达国家的城乡一体化，中国的城乡一体化是城镇化加速发展的现实选择，发达国家的城乡一体化则是高度发达状态下逆城市化产物。从发展的结果来看可能是一致的，但发展的过程却是相反的。中国城乡一体化所要解决的社会发展问题，主要包括城乡公共产品均等化、农民的非农化（包括城市化迁移和就地非农就业）、现代农业发展和乡村活力的重构，具有非常现实的发展内容。

总之，城乡发展一体化是城市与乡村在发展过程中逐渐形成的一种新型空间结构，是在不改变城市与乡村空间存在的状况下，城乡之间经济社会发展联系的扩展与加深，城乡差距逐渐缩小，城市与乡村逐渐成为互动发展、相互依存的经济社会综合体的过程。① 基于这一基本含义，本书以发展经济学、制度经济学、空间经济学为指导，探讨粮食主产区的城乡一体化的乡村建设模式，即乡村城镇化建设的基本内容。

第三节　本书的基本内容和总体框架

一　相关约束条件的说明②

（一）粮食主产区及其农业生产中的主要问题

1. 13 个粮食主产区

我国粮食主产区主要是指河北、内蒙古、辽宁、吉林、黑龙江、江苏、安徽、江西、山东、河南、湖北、湖南、四川 13 个省（区），是我国粮食生产大省和粮食调出的省份。按照我国的经济带划分，江苏、山东、河北、辽宁 4 省为东部地区，四川、内蒙古 2 省（区）为西部地区，其余 7 省为中部地区。实施市场经济体制改革以来，粮食主产区的粮食生产占我国粮食生产的比重一直稳定在 70% 以上，日益显现出其产粮大省的地位（见表 1 - 2）。

近年来我国的粮食需求与供给表明，需求增长刚性，供给多因素制约，粮食生产和供给处于一种长期的紧平衡状态。2004 年以来，粮食生产连续 10 多年获得丰收，并创新高，但根据国家海关和国家农业部统计，2010 年中国粮食净进口占国内粮食总产出的 10.91%，2011 年进口粮食占比为 10.16%，2012 年占比为 10.17%，已经连续三年超出国家粮食

---

① 程必定：《新市镇：城乡发展一体化的空间载体》，《城市发展研究》2013 年第 5 期。

② 这部分内容主要参考张良悦、程传兴《农业发展中的收入提升与产出增进：基于粮食主产区的分析》，《河南社会科学》2013 年第 12 期。

95% 自给率的目标，粮食需求的对外依存度明显提高。统计显示，目前全国 80% 以上的商品粮和 90% 以上的粮食调出量来自 13 个粮食主产区，而且在产出结构上呈现明显的"北移西扩"趋势。① 这些现象表明，我国粮食生产已经不再是单纯的"粮食问题"，已经呈现发展经济学所称为的"农业问题"或"收入问题"。

表 1 - 2　　　　　　1995—2010 年粮食主产区产出水平及人均耕地状况

	1995 年			2000 年			2010 年		
	总产量（万吨）	比重（%）	人均耕地（亩）	总产量（万吨）	比重（%）	人均耕地（亩）	总产量（万吨）	比重（%）	人均耕地（亩）
全国及占全国比重	46661.8	73.87	2.17	46217.5	70.55	1.98	54647.7	75.36	2.28
河北	2739	5.87	2.02	2551.1	5.52	1.75	2975.9	5.45	1.98
内蒙古	1055.4	2.26	7.31	1241.9	2.69	7.37	2158.2	3.95	9.65
辽宁	1423.5	3.05	2.74	1140	2.47	3.04	1765.4	3.23	3.5
吉林	1992.4	4.27	5.58	1638	3.54	5.52	2842.5	5.20	7.75
黑龙江	2552.1	5.47	8.09	2545.5	5.51	8.56	5012.8	9.17	11.68
江苏	3286.3	7.04	1.31	3106.6	6.72	1.21	3235.1	5.92	1.12
安徽	2580.7	5.53	1.46	2472.1	5.35	1.43	3080.5	5.64	1.87
江西	1607.4	3.44	1.98	1614.6	3.49	1.17	1954.7	3.58	1.61
山东	4246.4	9.10	1.39	3837.7	8.30	1.45	4335.7	7.93	1.56
河南	3466.5	7.43	1.55	4101.5	8.87	1.5	5437.1	9.95	1.68
湖北	2463.8	5.28	1.54	2218.5	4.80	1.44	2315.8	4.24	1.69
湖南	2691.6	5.77	1.25	2767.9	5.99	1.09	2847.5	5.21	1.25
四川	4365	9.35	1.25	3372	7.30	1.03	3222.9	5.90	1.08

资料来源：根据《中国统计年鉴》相关年份整理。

---

① 1996 年全国粮食总产突破 5 亿吨，南方产区的产量占 51.73%，东部产区占 37.55%；2007 年全国粮食产量再次超过 5 亿吨，南方产区和东部产区粮食产量分别下降至 47.49% 和 32.97%，参见王兆华、褚庆泉、王宏广《粮食安全视域下的我国粮食生产结构再认识》，《农业现代化研究》2011 年第 3 期。

2. 农业发展中的"粮食问题"与"收入问题"

"粮食问题"与"收入问题"是经济发展过程中的阶段性问题。[①] 一般来说，在经济起飞的初级阶段，粮食是工业化的基础和支撑，但由于工业化对劳动力需求的快速增加，极易出现粮食生产的下降与供给的短缺。如果粮食出现短缺，必将引起物价普遍上涨并带动工资水平的上涨，从而使工业化成本增加，所以，这一问题被称为"粮食问题"或"李嘉图陷阱"。此时，农业生产最根本的任务就是为经济发展提供粮食保障。这一问题的解决是通过农业革命完成的，农业革命的实质是通过产业化的耕作方式对传统家庭农业的改造，是一种工业化的农业生产，不断通过技术进步提高效率，进而提高农民的收入水平以保障农民对粮食生产的激励。因此，一旦农业步入产业化的发展路径，其产出水平将会持续地提高。然而，尽管农业生产可以得到产业化的改造，但是其产品"食物"却不具有工业产品的需求特征。即人们对农产品的需求缺乏弹性：在农产品短缺时，价格极其昂贵，一旦满足，出现过剩，价格急剧下跌。所以，现代农业生产中，规模化的产出与其价格的下降相伴而随，而且由于价格的下降大于产出的增加，结果，导致劳动的边际产出降低和资本回报的下降，不再具有吸引资本进入的动力和劳动者从事农业生产的积极性，反过来又影响农产品的生产与供给。这一发展现象便是经济发展中的"收入问题"。农业收入问题对粮食生产的影响是，粮食短缺不是由于生产能力的限制所致，而是由于生产过剩引起收入下降所致。

当这一问题出现之后，一般国家会采取支持农业生产的产业政策，以保持农业的稳定生产。中国在改革开放后的工业化过程中，尽管没有出现粮食危机现象，但是，也曾发生过因"收入问题"而导致粮食短缺的隐患，例如，1985 年、1994 年、2003 年先后出现明显的几次产出水平严重下降的波动。也正因如此，2004 年起，中央连续十年出台一号文件来扶持农业生产，遏制粮食产出的下降。但问题是，持续的粮食价格补贴以及其他农业生产的综合补贴，又使中国的粮食生产在全球化竞争下丧失竞争力，并导致粮食价格的"天花板"与扶持政策和大量进口所导致的库存过量增加，形成了粮食"去库存"的发展悖论。所以，必须从供给侧的

---

① 胡霞：《中国农业成长阶段论——成长过程、前沿问题及国际比较》，中国人民大学出版社 2011 年版，第 1—2 页。

视角根本解决农业问题和农村区域发展。

中国农业发展中的"收入问题"还由于两个特殊的因素而变得更为复杂和棘手。首先，由于中国的农业生产从根本上说仍是家庭农业，带有浓厚的"自给自足"传统农业的封闭特征，不具有明显的产业化生产优势。所以，往往使这些政策效应难以得到充分的发挥，并具有实施过程中的"疲惫"效应，需要持续地增加。其次，中国农业劳动力的转移不畅和严重过剩又进一步加剧了"收入问题"。由于农业劳动力的边际产出水平（也即农业工资）持续下降，家庭农业生产配置对农业劳动的投入不断下降，对农业劳动的人力资本的投入不断下降（农村老弱妇幼没有获取现代农业生产所需要的知识要素的动力，农业生产新生代劳动力严重短缺），所以，产出的增长仅仅靠"外在要素"的投入，劳动贡献和制度效应不甚明显。因此，如何将这些产业政策转化为农业产业发展的内生因素和驱动力，需要新的生产体系的构建和发展方式的转变。

（二）农业发展中的区域问题

区域经济发展不平衡是一种客观现象。在市场经济运行中，经济发展过程就是由区域不平衡到区域平衡再到区域不平衡的过程。区域经济的差异主要取决于地域资源的比较优势和制度环境，这其中，既包括自然资源的禀赋差异，更包括以市场环境为主要内容的制度差异：如投资环境、金融环境、商务成本、产业政策、人才机制等。区域经济发展问题主要解决区域经济发展的产业定位，如果这一问题解决不好，将会产生许多"逆配置"现象。

长期以来，中国在农业生产和农产品的供给上实施城市化和工业化偏向策略，其结果导致了粮食主产区产出增长与收入下降的矛盾，出现了粮食生产与经济增长的两难选择：实施区域赶超战略势必影响粮食生产；保持粮食生产会进一步拉大区域发展差距。粮食主产区一般是经济发展较为落后的地区，如果要赶上先进的发展区域，就必须加大对第二、第三产业的投资力度和政策倾斜。而在目前中国的发展模式下，这首先意味着要有大量的耕地转化为工业用地、基础设施用地和城市发展的刚性用地；其次还要通过土地的开发来积累资本。这两方面必然导致大量的农业耕地消失，直接影响粮食生产。另外，由于农业收入低下，不仅农民种粮积极性不高，而且产业资本进入不高，地方政府也因为不能从农业产业中获取足够的财政收入而不具有支持发展的动力。所以，整个农业的发展实际上是靠中央发展政策的"外生"因素推动的。所有这些都对农业发展造成了极为不利的制约。

尽管从发展战略的角度看中国粮食安全问题不容乐观，然而，在农业发展问题上，各级地方政府并没有给予清晰的认识和应有的重视。目前，几乎中国的所有城市都在走忽视农业的工业化道路，除了对农业增长和经济增长的贡献认识不足之外，根本的问题是制度设计问题。中国经济目前主要是以地方政府为主导竞争的经济，政府必须集中足够的资源才能在地方经济竞争中处于优势地位。分税制的财政制度不完善导致了地方政府对城市经济发展的极端偏好，农业和粮食生产作为公共产品则由国家供给和协调。在这样的制度环境下，地方政府作为一个理性"经济人"不可能从经济发展内生的角度重视农业，不仅对农业发展没有给予足够的重视和投资，反而在某种程度上继续延续掠夺式的发展策略。因为农业生产的发展只是为国家提供了粮食安全的公共产品，没有为地方政府的财政税收做出贡献，反而在不少地方出现了粮食生产与财政贫穷的捆绑特征。

表1-2显示，粮食主产区的产出结构也在发生明显的变化：东部地区河北和辽宁两省产出比重基本维持不变，而江苏和山东的生产比重明显下降；中西部地区除湖北和四川两省的产出比重明显下降外，其余省份的产出比重都呈稳步增长趋势，尤其是黑龙江、内蒙古和河南更为明显。从主要的生产要素耕地资源上看，除北方黑龙江、吉林、辽宁和内蒙古四省区的人均耕地大于全国平均水平外，其余9省份的人均耕地面积均小于平均水平，表明这9省份的粮食生产在规模化生产上不具有优势，仍主要依靠家庭生产来进行。基于统计资料的分析表明，粮食主产区普遍地存在农民家庭纯收入与粮食生产不一致或相反的变化，也即严重的"收入问题"。

粮食生产的"收入问题"和农业发展中的区域问题表明，工业化和城镇化的发展使农业越来越处于弱势产业地位，粮食主产区在经济发展中，由于承担了国家粮食安全的重任，区域经济发展相对滞缓和逐步塌陷，粮食主产区的农民相比于非主产区农民更加享受不到经济发展的成果。因此，通过城乡一体化来根本解决"三农"问题，对于粮食主产区来讲更具现实意义；但另一方面，如何在城乡一体化的发展中进一步显现粮食生产主体功能区的作用，也是一个重要的发展任务。因此，探索粮食主产区城乡一体化的发展模式更具有现实价值。

二　研究的基本思路

城乡一体化发展，就其内容来讲主要包括：城乡规划一体化、城乡产业发展一体化、城乡基础设施一体化、城乡公共服务一体化、城乡就业社保一体化以及城乡社会管理一体化。但就其发展本质来讲是处理好"新型工业化、新型城镇化和农业现代化"三者之间的协调发展。而在"三化"协调发展中，城镇化引领无疑是发展方向，但其关键环节却是现代农业的发展。因为，目前农业发展基础薄弱，农业现代化滞后已经成为我国现代化建设的"瓶颈"，不仅会削弱国民经济持续发展的基础和支撑，甚至会造成工业化、城镇化与农业现代化都难以为继。所以，在城乡一体化建设中必须从现代农业发展着手，做好"三化"协调发展。

现代农业的本质是农业产业化，通过农业产业化和农业产业园区建设，形成农业产业集群，为农村劳动力提供足够多的非农就业机会，从而为农村新型社区建设做好产业支撑。而要做好"三化"协调和现代农业发展，一个不可避免的问题是在土地资产的基础上做好土地资源的再配置工作，包括耕地保护、土地流转与适度规模经营、农村宅基地退出及土地置换等内容。据此，本书的研究选择了现代农业发展与乡村城镇化这一视角，对农村腹地的乡村建设进行分析。其总体思路是，以粮食主产区为基本背景，以建设国家粮食生产基地和"三化"协调发展为基本前提，以城镇化引领作为切入点，以乡村建设作为重点分析内容，在对城乡一体化发展的理论基础与规范内容分析，国外发展经验说明与国内先行区域探索分析的基础上，具体分析粮食主产区乡村城镇化建设的目的、内容与要求，并在典型调研的基础上提出相应的发展对策（见图1－1）。

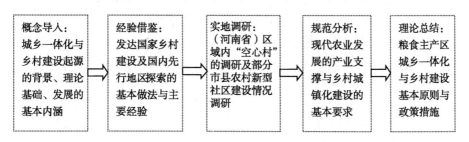

图1－1　本书的研究思路与框架

具体地，除第一章导论之外，主要内容包括四个部分。第一部分内容为理论分析和经验介绍，包括第二章、第三章和第四章的内容。第二章首先从发展理论上就发展中国家城市偏向化的一般情形和中国城市偏向化的具体内容进行了分析，指出中国严重的二元结构与其城市化的偏向政策有重大关系。第三章从城乡一体化的缘起、本质和发展内容等方面，对城乡一体化的发展战略进行了规范分析，认为城乡一体化发展战略是对以往城市化偏向政策的一种纠正，是新时期城乡经济发展的一种现实选择。在此基础上，第四章进一步介绍了发达国家城乡一体化的乡村建设和国内部分地区城乡一体化先行探索的做法与经验。

第二部分是对粮食主产区城乡一体化视域下乡村建设与发展的具体分析，包括第五章、第六章、第七章、第八章的内容。第五章以典型区域（河南省）空心村的调研为基础，说明了目前农村发展的衰落情况与乡村更新建设的必要性。第六章从理论上对农业发展与乡村形态的演变进行了思考，提出现代农业发展与发展方式的转变必然要求农村新型社区形态与之相适应。第七章对农村新型社区的乡村组织形态进行了规范分析，包括建设的目的、基本内容与实施规划。第八章从土地资产化与劳动力流动的角度进一步对乡村建设的重点和难点进行了分析，旨在说明土地资产化已经成为乡村建设不可回避的制度性问题，现代化的发展，特别是城乡一体化的推进必须从根本上解决土地资产问题。

第三部分，也即第九章的内容是全书的一个简要总结和政策建议，提出了粮食主产区城乡一体化进行政策倾斜的要求，按照国家新时期主体功能区的战略定位，应对粮食主产区的乡村发展给予一定的政策资源。根据国内外发展的基本经验，我们提出了土地发展权的基本思路。

第四部分为河南省区域内"新型农村社区"实施情况的调研报告，是本书实践调研的主要内容和理论支撑的实践基础，主要是出于结构安排的原因，将其放入附录部分。这一部分对河南省城乡一体化视域下新型农村社区建设的基本成就与主要问题进行了详细的分析，并提出了有针对性的政策建议。

三 研究的核心内容

（一）城乡一体化是解决"三农"问题的根本出路

（1）城乡一体化是在大力发展生产力的基础上，促进农村人口城市化，逐步缩小城乡差别，实现城乡经济、社会、环境的和谐发展，使城乡共享现代文明。

（2）在一个国家或地区，城乡是一个活的有机体，城乡之间是一种共生的关系。城乡彼此之间互利地生存在一起，城市带动农村，农村促进城市，城市和农村在资源、市场、环境、服务等方面互为供给，在经济、社会、环境效益上相互统一。

（3）城乡一体化是一个发展过程：首先要破除城乡二元结构，遏制城乡差距的进一步扩大；其次通过"以工哺农，以城带乡"，加快农村经济社会发展；最后则是在此基础上实现城乡一体化。

（4）城乡一体化必然促进农村生产和生活方式的变革，包括现代农业生产方式的转变，农民对公共产品的享受和市民化的转变。

（二）城乡一体化必须大力发展农村区域城镇化

农村农业与城市工业有着完全不同的自身发展规律，解决"三农"问题不能采取城市化的"三消灭"办法来进行，而应追求城乡两者差别化互补协调发展的新路子。

（1）大力发展现代农业，提升农业产业竞争力。农业生产存在两种规模经营模式：一是土地规模经营，二是社会服务规模经营，且后者更适合于人多地少的我国，应该从现代服务业的角度大力发展现代农业。

（2）小城镇或农村新型社区应成为政治、文化、商业、卫生、文教等方面的服务中心，使农村居民在社区内能够充分享受社会公共产品和服务。同时，小城镇或农村新型社区还应成为宜居优美的社区。健康城镇化存在两种反馈机制，即农村以生产城市居民必要的农产品和生态环境来支持城市，而城市则应以文明卫生的生活方式、高效的经济模式、创新的科技和充沛的资本来反哺农村。

（3）实现农民就地就近城镇化。农村区域的城镇化更应强调发展方式的转变。城镇化不是单纯的城镇人口增长、城镇数量增加及城镇规模扩大。城镇化是农村经济社会的发展及转型，这种转型不仅是农村人口向城市集中，也涉及农民生产和生活方式的转变、农业及农村经济社会结构的变化以及农村人居空间、生存环境的改变。

（三）现代农业发展必须走规模化、产业化和标准化的发展道路

（1）从根本上重视现代农业。发展经济学的研究表明，如果发展中国家不重视提高农业生产率，不重视农业技术进步所需要的农业投资，不断向工业转移农业资源，通过掠夺农业实现工业化，必然会产生粮食

（短缺）问题，从而使工业化陷入困境。农业发展是工业发展和城市发展的基础，农业经济的增长可以带动工业和第三产业的发展，如果没有农业持续强大的发展，就不可能有有竞争力的工业和充分发展的第三产业。

（2）现代农业的规模化、产业化与标准化。走规模化道路，主要是解决农业技术的推广与应用问题。通过适度规模经营，提高农业技术推广和应用力度，从而提高农业的产出效率和收益水平。走产业化的道路，主要是提升农业产业的竞争力和不断满足人们的多样化需求。一方面，人们食品结构的转换对"加工食品"提出了市场需求，从而推动食品供给围绕食品价值链不断拓展和延伸；另一方面，产业化生产形成的农产食品链，能够克服农业生产的产业弱势，提高农业生产效率。走标准化的道路，一方面是适应产业化的发展，另一方面是食品生产安全方面的要求，便于食品质量的监控。这种标准化生产包括食品链条的产前、产中和产后各个环节。

（3）农业产业化是小城镇或农村新型社区的产业基础，现代农业发展得越好，乡村城镇化的建设越能够健康地发展。

（四）乡村城镇化与农村区域集聚效应

（1）小城镇或农村社区建设要解决的主要问题。乡村城镇化建设应该解决如下三个基本问题：第一，土地流转与农业适度规模化经营，为现代农业的发展创造条件；第二，土地节约集约利用，通过对农村新型社区的规划建设，解决"空心村"问题，释放更多的土地空间和耕地资源；第三，农村公共产品的有效供给。农村新型社区的建设应避免如下三个问题：第一，增减挂钩不但没有带来土地的节约集约利用，反而使城镇近郊的大量土地变为建设用地，"摊大饼"式发展愈演愈烈；第二，整理出来的耕地质量差，而且很难保障耕地占补平衡，即夸大土地整理指标和"占优补劣"；第三，地方政府成为政策执行的主导者和受益者，农民权益得不到保障，土地纠纷不断，导致农民"上楼致贫"现象。

（2）乡村城镇化建设的理想目标。第一，小城镇或农村新社区建设应成为现代农业服务园区的集聚区；第二，小城镇或农村新社区建设应成为农村居民公共产品和服务的提供地；第三，小城镇或农村新社区建设应成为"农民工"的生活园区；第四，小城镇或农村新社区应成为农村劳动力城市化移民的起点和序幕。

（3）乡村城镇化建设的主要方式是土地资产化的运作。第一，多功能农业与农业产业化，推动土地适度规模化经营、提高农业生产附加值以及农民就地非农化；第二，农民土地资产的置换，减少农民的安置成本，增加农民的土地资产收益；第三，如何启动社区资产运作，主要解决"谁来提供启动资本"的问题。

（五）土地流转、劳动力转移与农村新型社区的健康发展

（1）土地之争成为城乡发展的矛盾焦点。农业用地的保护、农村工业化、城镇化和城镇建设用地的扩张等，无一不落实在土地问题上。城乡一体化，首要面对的就是土地问题，应协调城乡经济发展过程中各种用地需求，保证粮食安全和生态安全，保证工业化和城镇化的发展需求。

（2）农地流转与农业产业化。土地流转基础上形成适度规模经营和农业产业化，农业产业化带来农民的就地转移，从而形成农村新型社区的人口集聚，在此基础上，二者相互驱动，形成新型社区的健康发展。

（3）劳动力转移、农地流转与农村新型社区建设。农村人多地少，资源紧缺，大量农村剩余劳动力难以消化，农业劳动力长期被束缚在有限的耕地上，成为我国"三农"问题的焦点和难点。大力推进工业化和城镇化，使农民从土地上转移出来，为农业规模化和集约化生产创造条件，为农民就业和农民增收提供更多的机会，为农村的发展提供更大的空间。

第四节　本章小结

（1）从目前区域经济发展的实际情况看，粮食主产区一方面相对较为落后，劳动力流动的压力相对较大，另一方面，尽快完成现代农业发展方式转型的任务紧迫，因此，其农村区域的发展将成为城乡一体化发展的重点内容。在城乡一体化大的发展战略下，从农业现代化和乡村城镇化建设的视角，探讨粮食主产区农村腹地的乡村区域发展就显得更有意义。

（2）已有文献研究表明，无论是发展经济学，还是空间经济学，都将城乡发展一体化看成是技术、经济和社会发展的必然趋势。发展经济学主要从经济发展规律的角度分析说明工业化、城镇化的发展必将使城乡二元最终转化为城乡一体；空间经济学认为，城乡一体化改变了以往城镇化的发展模式，打破了传统的城市和农村的边界，使城乡发展共荣共生，城镇化在城乡之间成为一个永恒的过程。

（3）在城乡一体化建设中，如何发展现代农业、转移农村劳动力、通过农村产业的发展来促进就地城镇化，特别是，如何在粮食主产区和农村腹地推进，还是一个薄弱环节。所以，粮食主产区和农业生产中的区域问题就成为本书分析的一个约束条件。在此前提下，本书分析认为，乡村城镇化（如农村新型社区）的建设，既满足了公共产品门槛的要求，又为现代农业发展提供了发展基础，同时又是生态文明建设的重要载体，因而是城乡一体化较好的发展模式。

（4）本书的基本思路是，以粮食主产区为背景，以建设国家粮食生产基地和"三化"协调发展为基本前提，以城镇化引领作为切入点，以乡村城镇化建设为目标，对粮食主产区的乡村建设进行理论和实际分析。本书的基本观点是，城乡一体化必须大力促动农村区域的城镇化；现代农业是其产业支撑，必须走规模化、产业化和标准化的发展道路；乡村城镇化与农村区域集聚发展的结果必然是城乡一体化；土地资产化、劳动力转移与农村新型社区是乡村城镇化的主要内容。

第二章

城市偏向化与城乡二元结构

本章主要对城市偏向化的一般理论和中国城市偏向化的事实特征进行描述。发展中国家在经济起飞过程中，或者由于发展战略的选择，或者由于政治利益集团因素，都会产生偏向于城市的发展政策。由于长期忽视农村区域的经济发展，使农业的基础地位严重削弱，农村的市场贡献无法打开，反过来，最终导致城市经济受阻，无法完成既定的战略目标。中国城市偏向化的发展政策主要是由发展战略导致的，无论是计划经济时期，还是市场转轨年代，政府主导的经济发展观念根深蒂固，以工业化和城镇化为发展目标的经济赶超战略成为各级政府的共识和政策取向，从而使中国经济发展过程中带有明显的城市偏向化迹象，并一直保持显著的二元结构状态。中国的"三农"问题与城市偏向化发展政策有很大的关系，农村区域发展的弱化和相应的二元政策制度，使农村经济的发展长期处于被抑制状态，与快速的城镇化和工业化相对比，呈现出相对衰落的状态。因此，要从根本上解读"城乡一体化是解决'三农'问题的根本途径"这一命题，必须首先从源头上理解使农村处于"欠发展"状态的城市偏向化的理论与政策。

第一节　城市偏向化的基本理论

一　城市偏向化的基本内涵

城市偏向化是指发展中国家政府偏袒城市的政策问题，这种政策有利于城市区域的生产者和消费者而不利于农村居民，主要是从内在的视角来分析农村贫困和不发展问题。从本质上看，城市偏向化提出了两个基本命题：（1）第三世界的发展过程呈现出系统的城市化偏向；（2）城市偏向化深深地嵌入了这些国家的政治结构，城市阶层在政治结构中居于支配地位。或者说，农村的经济贫穷是因为他们政治上的无能为力。[①]"目前世界范围内的贫穷国家最大的阶层冲突不是劳动和资本，也不是外国和本国的民族利益，而是城市和农村阶层。农村充满了贫困和丰富的具有发展潜力的低成本资源，城市则具有巨大的凝聚力、组织和权力。所以，城市阶层在与农村阶层的斗争中能够赢得全面的胜利。"[②]

根据城市偏向论的观点，"政府偏袒城市的政策一般包括以下三个方面：（1）宏观经济政策（主要是贸易政策和价格政策）扭曲了经济信号，这种政策想把非农产业附加值提高到世界平均值以上；（2）政府把投资基金主要配置在基础设施建设上，根本不考虑在非城市区域也可以获得较高回报率的可能性；（3）在城市区域（尤其是在主要的城市）公共部门的就业已经达到了任何一种效率标准也都无法证明其合理性的程度"。[③]

城市偏向化的创始人利普顿（Lipton M.）区分了两种不同的城市偏向政策：一是价格政策；二是支出政策。且认为价格扭曲并不是城市偏向的主要源泉，支出偏向才是更为根本的政策因素。

价格政策是指价格的扭曲政策，即农产品价格低于市场价格，而城市生产的商品价格高于市场价格的现象。但价格扭曲的部分校正并不意味着城市偏向的消除，政府可能扩大对城市区域生产的商品和服务的消费使城市偏向仍然存在。

支出偏向是因某种经济结构而加剧的农村发展滞后，在这种结构中，乘数效应在城市地区比在农村地区更强。从某种意义上说，城市偏向化是政府对农村忽视发展的思路而不仅仅是具体政策。[④]

---

① Varshney Ashutosh, "Introduction: Urban Bias in Perspective", *Journal of Development Studies*, Vol. 29, 1993, pp. 3–22.

② Lipton, Michal, *Why Poor People Stay Poor: A Study of Urban Bias in World Development*, Cambridge, MA: Harvard University Press, 1977, p. 13.

③ ［英］保罗切尔希、［美］埃德温·S. 米尔斯主编：《应用城市经济学：区域和城市经济学手册》第3卷，安虎森、朱妍、谌雪莺、袁燕、孙希芳等译，安虎森校订，经济科学出版社2003年版，第343页。

④ 同上书，第344页。

二　城市偏向化的形成

（一）城市偏向论的提出

从渊源上说，城市偏向化的形成是与工业化的战略相联系的。在 20世纪 20 年代，苏联实施工业化和现代化的过程中，不得不在计划经济内考虑资源的配置问题，于是，为工业化和城市化提供农产品以及城乡部门的均衡发展问题就提了出来。20 世纪 50 年代，当理论界提出，发展中国家出现与工业化国家早期相同的发展阶段时应注意城乡部门的平衡发展，许多发展中国家并没有听取这一劝告，而采纳了城市偏向化战略。结果，基础设施资源紧张，城市经济发展缺少充足动力的压力很快凸显。然而，在 60 年代，对这一问题并没有作进一步的探究：理论上没有给出全面的、切合实际的解释；而在政策上，发展中国家在优先发展城市经济的理论假设下，通过进口替代和贸易保护主义，仍倾向于选择现代化的发展战略。70 年代，发展经济学家利普顿在批判贸易保护政策所固有的城市偏向化的政策中，从理论上和政策上对这一现象进行了概括。1977 年，在论述《穷人为什么贫穷》（*Why Poor People Stay Poor*?）时提出了城市偏向化，并在随后与其他学者的争论中得到丰富，包括理论的有效性、经验事实的可靠程度、方法论以及与此相关的经济和政治问题。经济方面的问题主要集中于宏观经济结构和农业政策，在这一方面是明显地向城市倾斜而非农村；政治上则认为，城市经济中有一个包括雇主和工人在内的联合利益体，实施从剥夺农村利益到通过有效地组织去影响政府决策形成不利于农村经济发展的广泛同盟。[1]

（二）城市偏向化经济方面的内容

1. 资源配置的偏向性

城市偏向论一个主要的经济观点是价格形成和资源配置的偏向，其结果是贸易保护和城乡价格扭曲，农村资源被榨取，农村的收入和就业被抑制。

首先，许多发展中国家的政府通过控制市场和设置贸易壁垒，提高工业品价格和压低农产品价格，制造不利于农业的贸易条件，以加快国家的工业化进程。

---

① Pugh Cedric, "Urban Bias, the Political Economy of Development and Urban Policies for Developing Countries", *Urban Studies*, Vol. 33, No. 7, 1996, pp. 1045 – 1060.

　　其次，发展中国家在公共投资政策方面，投资的资金主要来源于农业部门，但投资项目却主要集中于城市工业部门，尽管发展中国家非农业部门的投资收益比农业部门的收益低得多，但农村地区仍得不到应有的机器、道路、水坝和仓储等设施。这不仅是不公平的，也是无效率的。

　　最后，发展中国家不仅公共投资偏向城市地区，私人投资也通过"金融城市偏向"流向城市。农村地区的金融机构吸收存款，然后贷款给城市，农村的资金流向城市。许多发展中国家的证据显示，城市地区是净贷款者，农村地区是净放款者。①

　　2. 明显的城乡收入差距

　　城市偏向通过对价格的控制和对农产品价格的压制，达到保护制造业和降低城市生活成本，并由此限制公共部门工资率的目的。然而，这一政策的结果是反生产性的，造成城乡发展的明显差距。农产品价格的减少导致了农产品供给的减少，最糟糕的情况可能是整个国家高价进口农产品。而且，为了城市和出口，会更多地强调产出替代而减少对作物产出的投入，从而扭曲农业生产部门的特征，进一步导致农业生产部门的停滞和粮食供应的不足。

　　3. 城市贫困人口

　　城市偏向论分析认为，农村中的穷人被城市收入的高概率和较好的就业愿景所诱使迁移至城市区域，而最终结果可能是过度地集中于收入被压得很低的城市非正规部门②，从而形成城市贫困人口，如贫民窟。然而，尽管在贫民窟和非法移民区得不到有效的城市服务，城市较好的基础设施和公用事业对农村居民还是有很大吸引力的。这在一定程度上说明，城市偏向对农村的基础设施和教育的投资是不足的，并由此导致了农村贫困的

---

　　①　成德宁：《论城市偏向与农村贫困》，《武汉大学学报》（哲学社会科学版）2005 年第 2 期。

　　②　在对城市的保护政策上又可进一步地分为正规部门和非正规部门。随着正规部门相对于非正规部门的工资和收入的提高，正规部门并没有相应快地吸收可利用的劳动力的供给。其中，部分的原因是正规部门的价格被抬高和扭曲，从而使正规部门被保护和限制人员进入，导致大量的人口被推向非正规部门。如果减少对正规部门的保护和增加内部经济部门之间的竞争，则流向城市补贴的资金就会转向为城市提供粮食供应的粮食生产部门。这一分析拓宽了利普顿的观点，即农村贫困不仅仅是农村的现象，也包括城市非正规部门的贫困。参见 Pugh Cedric, "Urban Bias, the Political Economiy of Development and Urban Policies for Developing Countries", *Urban Studies*, Vol. 33, No. 7, 1996, pp. 1045 - 1060.

增加。

哈里斯—托达罗（Harris J. & M. Todaro）[1] 的劳动力迁移模型可以看成是对利普顿分析的扩展。该模型建立在严格的正式部门和非正式部门的"二元"劳动力市场上，既可以看作是城市偏向的结果，也可看成是城市偏向的原因。该模型认为，城市正式部门和农业部门工资收入较大差额是农民迁移的重要引诱力，迁入城市区域的移民数量不是建立在正式部门工作的可获取性上，而是凭移民的感觉所想象的在未来几年之内能够获得正式工作的机会上。结果，非正式部门劳动供给的扩张导致其收入的大量减少，形成大量的城市贫困人口。该模型重要的政策含义是，它形成了城市发展的困惑：增加正规就业部门劳动力市场的就业政策将会诱导更多的农村居民向城市的转移，其潜在的结果是可能形成过度的城市化。[2]

（三）城市偏向化的社会政治观点

经济理论分析认为在现代化过程中存在明显的农业部门的下降是不争的事实。然而，从政治的视角看，为什么农村部门必须接受迅速下降的命运呢？是什么在总体上造成了社会对农村的不利？无论何时，农村居民的利益总是在社会收益改变的 T 时刻之后才会得到改善，为什么不在 T－1 时刻就使他们的利益得以改善，为什么农民不能走在历史的前面？这就应该分析在面对工业化的过程中农村方面政治上无权的原因。[3]

农村阶层在社会发展战略上的无能为力（Powerless）是导致城市偏向化和他们贫穷的政治原因。利普顿认为，发展中国家，农村和城市社区之间的差异是最重要的阶层冲突。尽管农村也有精英阶层可以影响政府的决策，但一方面，由于集体行动的逻辑，农村阶层并不能形成有力的声音影响政府决策；[4] 另一方面，农村的精英阶层会被城市阶层所收买，进一步

① Harris, J. & M. Todaro, "Migration, Unempolyment and Development: A Two－Sector Analysis", *American Economics Review*, 60（March）: 1970, pp. 126－142.

② Pugh Cedric, "Urban Bias, the Political Economiy of Development and Urban Policies for Developing Countries", *Urban Studies*, Vol. 33, No. 7, 1996, pp. 1045－1060.

③ Varshney Ashutosh, "Introduction: Urban Bias in Perspective", *Journal of Development Studies*, Vol. 29, 1993, pp. 3－22.

④ 根据奥尔森"集体行动的逻辑"，农民虽然人数众多，但对于政策的影响力小，呈现出人多势弱的"数量悖论"现象。这主要是由两个方面的原因造成的，一是由于农民居住分散导致集体行动中过高的沟通成本；二是单个农民产出比例和预期收益比例微小，容易造成"搭便车"现象。

削弱农村的影响力。这样就使城市阶层能够稳固地占据主导地位并从农村部门抽取资源。国家被看成是城市利益的有力化身（体现），从不平衡的经济发展中导致了经济的无效、加剧了农村的贫困和固化了城乡的不平等。所以，利普顿认为，农村阶层被给予了过重的税负，遭受了贸易保护和逆向贸易条件所导致的价格扭曲的剥夺，相应的政策措施应是减少农村税收和消除价格扭曲，在资源配置上偏向小农。

三　城市偏向化理论的发展

尽管学者们赞同利普顿的城市偏向化理论，但对于其偏向小农的解决方法并不赞同。发展中国家工业化的发展是以农业为代价的看法与城市偏向化理论并不完全一致，城市偏向化只不过是说明了一些典型的事实。城市偏向化的主要缺陷为：第一，忽略了政治制度的具体分析；第二，城市偏向理论没有预期技术变迁的作用，特别是农业的绿色革命；第三，这一概念把农村利益在政治利益方面的表现仅仅限于经济问题；第四，城乡之间不能截然分开。[①]

20 世纪 90 年代之后，随着经济发展的自由化和结构调整，世界银行倡导的城市劳动市场的增长、适应需求刺激的经济政策以及建立在教育和培训基础上的人力资本投资成为城市发展新的方向。

基于印度城市区域的经验，坎纳潘（Kannappan）提出了流动性、企业家和收入增长在非正式部门经济活动中的作用。[②] 他提出在贫困的劳动者中劳动市场具有分离的特征，可归结为低技术水平、低教育水平和不充分的劳动力市场信息。工业化国家在劳动市场上具有全国性的、广泛的信息网络，而发展中国家的穷人只能依靠基于家庭的、社会关系网络和区域性破碎的、有时可能是偏差的信息。因此，他认为贫民有能力识别并获得非正式部门的就业机会，从而放弃农业生产而选择城市就业，包括低收入、不稳定的工作和政府补贴。尽管城市非正式部门的工作是不稳定的、竞争性的和低收入的，但与农村的工作相比已经是较好的收入和很实际的工作。坎纳潘的研究从城市偏向化的观点看具有另一层含义：与流动性

---

①　Varshney Ashutosh, "Introduction: Urban Bias in Perspective", *Journal of Development Studies*, Vol. 29, 1993, pp. 3 – 22.

②　Kannappan, S., "Urban Labour Markets and Development", *Research Observer*, 3, pp. 189 – 206.

（约束性）相联系的而不是与严格的正式部门和非正式部门相联系的劳动力市场表明，平衡的城乡发展将有助于经济增长和降低贫困率。例如，世界银行 1995 年发展报告指出，国内部门的劳动流动将提高经济效率和收入。

进一步的研究发现，城市偏向化对经济发展和贫困有影响，但并不能给予全部解释。贫困的消除和经济的平稳增长在宏观经济和社会决策中只是偶然的事情。发展中国家更重要的事情是，在更广的社会范围内实施社会从前现代化向现代化社会的推进，在个体上改变他们落后愚昧的工作和生活风格。

阿玛蒂亚·森（Amartya Sen）认为，从良性循环的角度看，当公共政策在人力方面取得成就时，同时也就表明是恰当的宏观经济政策和社会发展政策。用专业术语讲，人们的现实和潜在的能力是与贸易的自由发展所提供的增长机会相联系的。人们生而拥有禀赋资源，而这些资源是与不断地"赋权"相联系的。按照森的理论，禀赋是一种能力，包括对工作的认识、技术、获取教育以及在工作经验上进行培训。"赋权"则只能从参与市场、福利分配框架和社会发展的法律和其他权利的角度来理解。"禀赋"和"赋权"都会改变，随经济结构的改变而改变，而这之间的关系十分明显。结构的变化会产生分化，这一观点从贫困的角度为经济发展和社会福利的提高提供了一个认识的视角。①

四　工业化战略与城市偏向化

城市偏向化本质上说明农村贫困是由于城市偏向造成的，是城市对农村资源压榨的结果。然而，在农业社会向工业化社会的过渡中，必定会发生农村资源向城市部门的流动。或者说，从经济社会发展的客观现实看，发展中国家城市偏向化与工业化战略是紧密相连的。因此，对城市偏向化的准确理解和把握必须对农业剩余转移（Transfered）和农村剩余榨取（Squeezed）做出区分。前者在帮助农业发展的过程中推动了工业化的发展；而后者则正如城市偏向论所揭示的那样，对城市和农村两者都造成了伤害。如果从这一意义上理解，自然而然地，发展中国家工业化的发展虽

---

① Pugh Cedric, "Urban Bias, the Political Economiy of Development and Urban Policies for Developing Countries", *Urban Studies*, Vol. 33, No. 7, 1996, pp. 1045 – 1060.

然是以农业为代价，但这并不完全适合于城市偏向化的理论，城市偏向化只不过是说明了一些典型的事实。[1]

　　历史地看待城乡部门的冲突必须首先看到这样的事实，即经济的发展和社会的现代化与农业份额的不断下降相联系。工业化之前，整个社会表现为农业部门，而在今天最发达的工业化国家，农业产出占 GDP 的比重不到 5%；相反，贫穷的国家，农业部门的产值占 GDP 的比重仍在30%—65%。因此，在贫穷国家，发展农业是一个不可回避的问题，没有农业的发展不可能实现粮食供给，但是只强调农业部门的发展又会造成对国内其他部门的影响。所以，一如既往地保持农业和农村社区的原貌是一种不现实的理想主义。无论是否情愿，工业化的发展必定会削弱农业部门。这一发展规律引发了围绕城乡部门的争论：既然农业部门的下降是必然的，那么在什么条件下才是可行的？对这一问题的回答既包括经济效率的内容，又兼有政治公平的意义。在工业化对农业发展作用的研究中，经济学文献集中分析了工业化和工业化对农业发展的意义，而政治经济学文献则主要分析了工业化过程中工农业部门之间的冲突和农业的边缘化，以及农业部门应该如何应对工业部门的掠夺问题。城市偏向化属于政治经济学的范畴，既包含经济也包含政治发展的观点。

　　从经济发展过程来看，农业部门最终必然会归结为如何为工业部门提供资源的问题，尤其是以下三种资源的提供更具有特别重要的意义：(1) 为增加的城市人口提供食物；(2) 为扩展的工业部门提供劳动力；(3) 为工业投资提供资金积累。但这三种资源的转移可能不会同时实现，糟糕的问题是，一个问题最大化的解决会导致另一个问题的最小化，尤其是资本积累与食物供给。如果为工业化提供资本积累，则要保持工农产品的剪刀差（压低农产品价格而人为地提高工业产品的价格），此时，粮食生产就会下降；如果确保稳定增长的食物供给，农产品价格就必须提高，而工业化所需要的充足的投资不可能实现。这一悖论从根本上产生了两个需要系统分析的问题：农业需要怎样的发展，农业资源需要怎样的配置与流动？

　　广义地说，第一个问题主要是农业的微观问题，第二个问题的解决就

<hr />

① Varshney Ashutosh, "Introduction: Urban Bias in Perspective", *Journal of Development Studies*, Vol. 29, 1993, pp. 3 –22.

必须考虑各种宏观问题。首先农业生产效率必须提高，这是解决如何提高农业产出的问题。与此同时，农业资源必须被转出，但同时要求农业剩余的转移又不能伤害农业生产，所以，如何在农业生产的微观和宏观之间把握平衡就成为一个老生常谈但却又是十分现实的问题。

亚当·斯密和大为·李嘉图曾对这一问题持悲观态度，认为尽管工业化的发展需要农业的积累，但与工业部门相比，农业部门的发展却是呈规模递减的趋势。以马歇尔为代表的边际学派也认为，要解决农业部门对工业部门的积累，关键的问题是必须解决农业部门技术滞后的现象。

20世纪20年代苏联开始实施工业化时，围绕如何进行工业化出现了两种观点：一种是以布哈林为代表的"均衡派"，主张工农业均衡发展，另一种是以托洛茨基为代表的"优先派"，主张通过对农业的压榨优先实现工业化。后来斯大林采取优先发展工业化的战略，并实行集体农庄制以保障对农业剩余的转移。但事实证明这一方法是不成功的。农业集体化既没有增加农业剩余，也没有提高农业总产出，只是国家增加了粮食供给。更为严重的是贸易条件并没有偏向工业部门，反而由于通货膨胀和粮食短缺改善了农业部门的贸易条件。

阿瑟·刘易斯认为，工业化和农业化的革命是一同发生的，农业经济的停滞不可能带来工业经济的发展。而且，刘易斯还认识到了工农业发展中农业生产和农业转移内在的矛盾，农业产出的提高可以改变农业部门不利的贸易条件，但如果农业部门利润增长过快又会形成对真实工资上涨的压力。既然贫穷国家还不能通过低工资和高利润提高储蓄水平为工业部门积累资金，那么，工业部门不仅要依靠稳定的粮食供给，同时还要依靠低工资水平，不能让农业部门的高产出转化为高工资，从而阻碍资本的积累和工业化的发展。因此，农业的停滞和农业的繁荣都可能影响到工业化的进行。要解决这一矛盾就必须在提高农业产出的同时增加农业税收以便转移农业剩余。

舒尔茨主要是从微观的角度来考虑农业问题。他和刘易斯在农业发展上既有相同的认识，也有不同的见解。他们都认为，农业起飞的关键是技术；但舒尔茨认为价格激励也同样重要，只有价格激励才能促使农民采纳新技术。不过从政治的角度看，价格激励从微观上看是一个可信赖的方法，对农业部门是十分有利的，但单纯的微观视角会造成一系列无法解决的问题：如何为工业化提供资源？舒尔茨没有涉及这一问题。

原则上说，也存在两种为工业提供非农业来源储蓄的渠道，这就是初级产品出口和依赖外资。但初级产品的出口会造成"荷兰病",从而影响农业部门的发展;完全利用国外资金的方法也是不现实的。根本上说,放慢工业化的速度会减少对农业部门的压力,但很少有国家做出放慢工业化速度的选择。

所以,毫不奇怪,单纯的农业部门微观的发展观点是行不通的,现实的方式是必须把农业发展的微观问题与如何从农业部门中获取资源的宏观问题相结合。在这一方面,应该说刘易斯和舒尔茨的"联姻"是非常现实的。

综合前人的研究,工业化过程中农业部门和工业部门的关系可以概括为如下四种:(1)压榨农业(苏联模式);(2)通过农业部门的出口从农业中获取农业剩余,但不是完全的压榨;(3)通过矿物资源的出口来抽取剩余或者通过国外资源实现工业化;(4)通过技术投资增加农业产出,尔后通过农业税收和贸易条件转移农业资源。

以上分析表明,城市偏向化起源于社会发展战略的选择和工业化的实施,根本问题是如何保持城乡之间的平衡发展。在依靠农业部门向工业部门提供积累的情况下,关键是如何保持农业部门的增长和农村劳动力的转移,否则,在这一问题上很容易形成城市偏向化。同样,当工业化和城市部门发展起来之后,甚至形成了偏向化的后果,又应该怎样加以协调,例如,是否可实施"工业反哺农业,城市带动农村"?这些结论对我国城乡一体化的发展具有重要的借鉴意义。

第二节　中国城市偏向化的表现

一　中国城市偏向化的政策选择与延续

(一)中国城市偏向化的政策形成与延续[①]

中国在新中国成立初期在工业化的发展战略上选择了一条优先发展重工业的经济发展战略,使资本过度集中于城市产业,劳动力过度集中于农业,形成了城市偏向化发展战略。

---

① 张良悦:《城市化进程中的土地利用与农地保护》,经济科学出版社2009年版,第114—115页。

　　1949 年新中国成立之初，主要是一个农业国，资本密集型的重工业并不符合当时的比较优势。在这种情况下，利用市场机制来配置资源，不可能把投资引导到重工业部门，却有可能形成以轻工业为主导的工业化。为此，国家实行计划经济体制，人为压低利率、汇率、能源、原材料、劳动力价格，通过不等价交换将剩余集中起来，使不具有比较优势的重工业在这种扭曲的宏观政策中得以生存和发展。这种重工业优先发展战略一方面需要将大量的农业剩余和资本转移到城市工业部门，另一方面对劳动力的吸纳又十分有限，因此，大量的劳动力被排斥在工业部门之外，需要（通过户籍制度）强制性地滞留在农业部门。显然，这种工业化模式并不能有效地带动农村发展，反而要以限制农村人口向城市流动为前提。

　　然而，中国的工业化发展战略也有明显的个性特征，这就是政府主导和推动的发展战略。按照城市偏向化的理论框架来分析中国的现实，既可以得出支持偏向化的结论，也可以得出反城市偏向化的观点。从政治角度上进行分析，中国对农村和城市区分的意义要小于国家和社会的区分，而且国家的利益高于一切，国家对经济的高参与程度超越了城市和农村居民的部门利益。理解中国的发展战略时"国家偏向"是至关重要的。[①]

　　正是在"国家偏向"发展战略的指导下，中国的社会发展才可能出现时而偏向城市，时而偏向农村的发展政策。例如，在 20 世纪 60 年代前期和 70 年代后期对农业政策的调整，都是在工业化和城市化发展受到严重的粮食供给"瓶颈"的情况下及时地做出农村偏向政策。而一旦粮食供应问题解决之后，对农村发展的偏向政策也就随之淡出，城市偏向化政策便取而代之。可以这样认为，"国家偏向"化的实质仍然是通过转移农业部门的剩余来实施工业化的发展，只不过是由于没有明显的利益集团的驱动而没有造成严重的农村贫困而已。尽管如此，这种政策毕竟是一种偏向，仍然会造成局部的贫困和经济发展的总体困难。

　　改革开放之后，我国在农村地区实行了家庭联产承包责任制，相应地改善了农产品贸易条件，放松了对农民的区域约束，农民可以到城市从事非农生产，城市偏向化政策得到了部分纠正。然而，国家的工业化发展战略并没有改变，工业化资金主要由内部积累（农业和工业）转向内部

---

　　① Nolan Peter and White Gordon, "Urban Bias, Rural Bias or State Bias? Urban – rural Relations in Post – Reverlutionary China", *Journal of Development Studies*, Vol. 20, 1984, No. 3, pp. 52 – 81.

积累和利用外资相结合。特别是在实行市场化取向改革之后，对外开放呈全面和加速的态势，加之前期部分开发区的成功经验，结果使大力利用外资、发展外向型经济促使工业化和城市化的发展成为主导的发展模式。在这种发展模式下，尽管没有出现大量的农村绝对贫困，但从发展的结果上看，仍然可以看出城市偏向化的政策痕迹，城乡收入差距在不断地扩大，尤其是对农村土地的征用表现得更为明显，直接造成局部失地农民的贫困。

（二）中国城市偏向化的原因

如果说1949—1978 年，中国的城市偏向化主要是由于实施以重工业为主的经济赶超战略造成的，那么，改革开放之后，中国放弃了以重工业为主导的赶超战略，相应地，也应放弃城市偏向化战略。但令人遗憾的是，中国的城市化偏向政策并没有发生实质性改变。这其中的原因是什么？中国城市偏向化是发展战略所致，还是利益集团所为？

对于计划体制时期城市偏向化形成的原因，学者们的认识比较一致。这就是说，新中国刚刚成立之后，面临西方国家的经济封锁和政治孤立，从政治、经济、国防到人民生活水平提高的渴望，都急需建立一个完整的工业化体系，因而必须实施全面的赶超战略。所以，起初，中国发展战略的形成不是来自城市利益集团压力的结果，而是来自政府急于赶超工业化国家的渴望，以及领导人坚信这一工业化战略是实现其目标的最佳方式。[1]

对于改革开放之后城市偏向化政策的形成，学者们有不同的解释。首先，蔡昉和杨涛认为这一时期的城市偏向化带有利益集团压力的因素。他们认为改革是一个利益调整的过程，当改革触及了在计划时期所偏向的城市居民的利益时，出于改革的需要，政策的制定者会考虑城市居民的利益。"在改革初期，家庭承包制所针对的仅仅是农民激励问题，财政又承担了提高农产品成本的政策，所以城市居民没有遭受直接的损失。一旦农产品价格的继续上涨导致城市生活费用提高，城市居民的相对收入和福利水平相应地下降，他们便会通过各种方式寻求补偿。由于政府深知政治稳定是进一步改革的前提条件，自然要对来自城市居民的压力做出反应"。[2]

其次，中央和地方财政分权、以地方政府为主导的区域竞争所产生的

---

[1]　蔡昉、杨涛：《城乡收入差距的政治经济学》，《中国社会科学》2010 年第 4 期。

[2]　同上。

负面结果。中国式的财政分权模式和基于政绩考核的政府竞争产生了地方政府实施城市倾向的政策激励。在中国的分权模式下，支援农业的公共支出和城乡发展的各种具体政策都是由地方政府来实施的。近年来，虽然中央政府采取了各种支持"三农"的政策，但地方层面并没有取得明显的效果。财政分权和政治集中的双重激励，使地方政府被驱动的方向更多的是经济增长而不是收入的再分配，这样，城乡间巨大的收入差距就容易被"忽视"，甚至是"熟视无睹"。①

最后，本质上说仍然是经济发展战略选择的结果。中国的城市偏向是内生于政府主导的经济赶超发展模式，经济赶超必然要求政府主导，政府主导则需要相应的政治结构安排，保证政府控制社会资源来实现其经济赶超的目标。计划经济体制下的城市偏向内生于政府的经济赶超战略，市场经济体制下的城市偏向化则与地方政府主导下的经济赶超战略有关。这种模式迄今没有从根本上改变，因而，所有经济政策的安排与权衡均取决于政府在给定的政治制度框架下的行为选择。② 2003 年以来，中央政府对农业的政策发生了显著的变化，开始取消城市偏向化的经济政策，实施"城乡互动，工农互促"的经济和谐发展政策，先后取消了农业税费、加大对农业生产的补贴力度和对农业基础设施的投入力度，以及对农村社会保障体系的建设。然而，地方政府的城市偏向仍有很强的生存空间。取消农业税意味着无法从农业生产中获得好处，地方政府与非农产业的利益一致性更大，因而，他们要么对农业采取忽视的态度，要么变相地实施其他不利于农业的政策。

综合分析，我们认为，中国城市偏向化的根本原因仍是政府发展战略选择的结果。可以说，之前，所有的发展战略都未能突破二元化的发展思路，从而形成了主观上或客观上的城市偏向化。改革开放之后，中国城乡经济都取得了前所未有的发展，在经济总量上都有了显著的提高，但是城乡之间相比，农村发展明显滞后。在二元的发展思路下，城镇化和工业化快速发展，农村为城市经济发展提供了土地、劳动、资金、粮食等资源，但由于自身发展的滞后，未能提供应有的"市场贡献"，结果使城乡经济

---

①　马光荣、杨恩艳：《中国式分权、城市倾向的经济政策与城乡收入差距》，《制度经济学研究》2010 年第 1 期。

②　郑江淮、高彦彦等：《一体化与平等化——长三角城乡互动、工农互促的协调发展道路》，经济科学出版社 2012 年版，第 346 页。

的进一步发展受到阻碍。也正是对传统二元发展思路的反思，才真正形成了城乡一体发展的新思路，从根本上解决"三农"问题。

二　中国城市偏向化的事实特征

中国城市偏向化的经济政策是多方面的，突出表现在财政中农业支出比例的不断下降、城乡劳动力市场的分割、政府对农副产品价格的控制和对城市居民大量的价格补贴、农村居民承受的不合理的税费负担、金融体制中系统性的城市化偏向、社会福利和社会保障的歧视性以及农村土地制度的不合理性等。[①] 我们此处以财政支农资金占全国财政支出的比重、城乡劳动力市场结构为例加以说明。

表2-1是新中国成立以来我国财政支农资金所占比重的总体情况，从中可以看出，财政支农资金呈上升、下降、再上升、再下降的发展状态，且有2/3的年份所占比重低于10%，说明农业的发展是一个基础产业，但并不是重点发展的方向，对农村的发展确实存在资金"不倾斜"的现象。这一政策可以看成是在生产上对农业的歧视。

表2-1　　　　　1950—2013 年支农资金占全国财政支出的比重　　　　单位:%

年份	占比	年份	占比	年份	占比
1950	4.03	1962	12.49	1974	11.54
1951	3.43	1963	16.56	1975	12.06
1952	5.25	1964	17.01	1976	13.71
1953	5.96	1965	11.96	1977	12.82
1954	6.47	1966	10.07	1978	13.43
1955	6.47	1967	10.38	1979	13.60
1956	9.76	1968	9.29	1980	12.20
1957	8.30	1969	9.13	1981	9.68
1958	10.81	1970	7.61	1982	9.80
1959	10.72	1971	8.30	1983	9.43
1960	14.06	1972	8.50	1984	8.31
1961	15.39	1973	10.53	1985	7.66

---

① 马光荣、杨恩艳:《中国式分权、城市倾向的经济政策与城乡收入差距》,《制度经济学研究》2010 年第 1 期。

续表

年份	占比	年份	占比	年份	占比
1986	8.35	1996	8.82	2006	7.85
1987	8.65	1997	8.30	2007	6.84
1988	8.59	1998	10.69	2008	7.26
1989	9.42	1999	8.23	2009	8.81
1990	9.98	2000	7.75	2010	9.05
1991	10.26	2001	7.71	2011	9.10
1992	10.05	2002	7.17	2012	9.51
1993	9.49	2003	7.12	2013	9.47
1994	9.20	2004	8.21		
1995	8.43	2005	7.22		

资料来源：中国国家统计局网站年度数据。

　　表 2-2 是我国 1978—2013 年国民生产总值产出结构与就业之间的对比情况。从表 2-2 中可以看出，我国第一产业（主要是农业）的产值在改革开放初期占 GDP 的比重为 30% 左右，而吸纳的就业人口却达到 70% 左右，说明严重的落后状态。经过 30 多年的快速发展，目前占比下降至 10% 左右，降幅为 64.24%，相应地，就业人口则降至 35% 左右，降幅为 52.43%。说明第一产业就业结构的变化严重滞后于其产业结构的变化。

　　就业结构滞后于产业结构的变化，反映出劳动力流动的不畅。或者说农村劳动力在就业上的"歧视"。这种就业"歧视"或者说是由于工业化、城镇化的发展没有为农村劳动力提供应有的城市就业岗位造成的，或者说是由于没有对农业的工业化进行应有的投入，相应地拓展农业产业链条并提供就业岗位造成的。按照"配第—克拉克"原理，当产业结构发生变化时，相应地，就业结构也应发生变化。如果不能进行相应的结构调整，就会造成相对较多的人分配相对较少的财富份额，例如，以 2011 年的产出结构和就业结构为例，就是 35% 第一产业的就业者分配 10% 第一产业的产出。显然，长期的就业结构调整的滞后会使农村居民收入相对甚至绝对贫困化。

表 2 - 2　　　　**1978—2013 年我国产出结构与就业结构**　　　单位:%

年份	产出结构			就业结构		
	第一产业	第二产业	第三产业	第一产业	第二产业	第三产业
1978	28.19	47.88	23.93	70.53	17.30	12.18
1979	31.27	47.10	21.63	69.80	17.58	12.62
1980	30.17	48.22	21.60	68.75	18.19	13.06
1981	31.88	46.11	22.01	68.10	18.30	13.60
1982	33.39	44.77	21.85	68.13	18.43	13.45
1983	33.18	44.38	22.44	67.08	18.69	14.23
1984	32.13	43.09	24.78	64.05	19.90	16.06
1985	28.44	42.89	28.67	62.42	20.82	16.76
1986	27.14	43.72	29.14	60.95	21.87	17.18
1987	26.81	43.55	29.64	59.99	22.22	17.80
1988	25.70	43.79	30.51	59.35	22.37	18.28
1989	25.10	42.83	32.06	60.05	21.65	18.31
1990	27.12	41.34	31.54	60.10	21.40	18.50
1991	24.53	41.79	33.69	59.70	21.40	18.90
1992	21.79	43.45	34.76	58.50	21.70	19.80
1993	19.71	46.57	33.72	56.40	22.40	21.20
1994	19.86	46.57	33.57	54.30	22.70	23.00
1995	19.96	47.17	32.86	52.20	23.00	24.80
1996	19.69	47.54	32.77	50.50	23.50	26.00
1997	18.29	47.54	34.17	49.90	23.70	26.40
1998	17.56	46.21	36.23	49.80	23.50	26.70
1999	16.47	45.76	37.77	50.10	23.00	26.90
2000	15.06	45.92	39.02	50.00	22.50	27.50
2001	14.39	45.15	40.46	50.00	22.30	27.69
2002	13.74	44.79	41.47	50.00	21.40	28.60
2003	12.80	45.97	41.23	49.10	21.60	29.30
2004	13.39	46.23	40.38	46.90	22.50	30.60
2005	12.12	47.37	40.51	44.80	23.80	31.40
2006	11.43	49.32	42.11	42.60	25.20	32.20

年份	产出结构			就业结构		
	第一产业	第二产业	第三产业	第一产业	第二产业	第三产业
2007	10.77	47.34	41.89	40.80	26.80	32.40
2008	10.73	47.45	41.82	39.60	27.20	33.20
2009	10.33	46.24	43.43	38.10	27.80	34.10
2010	10.10	46.67	43.24	36.70	28.70	34.60
2011	10.04	46.59	43.37	34.80	29.50	35.70
2012	10.08	45.27	44.65	33.55	30.30	36.10
2013	10.01	43.89	46.09			

资料来源：《中国统计年鉴》。

此外，长期以来在社会保障方面，也主要是以城镇居民为对象，这可看成是在社会福利方面的"歧视"。

第三节　中国农村区域发展的相对停滞

一　城乡二元结构强度仍处于较高水平

二元经济结构体现了农业和工业两部门经济的差异程度，可以用两部门的产值比重和劳动力的相对比重，或者说比较劳动生产率加以说明和度量。比较劳动生产率是指一个部门的产值与在此部门就业的劳动力比重的比率，大致能客观地反映一个部门当年劳动生产率的高低。通常农业比较劳动生产率小于1，而工业比较劳动生产率大于1，农业和工业的比较劳动生产率的差距越大，经济的"二元"性越显著。[①] 为了更直观地对二者进行描述和分析，又可以将两部门的比较劳动率直接对比，称为二元结构强度（工业部门比较劳动生产率/农业部门比较劳动生产率）。或者称为二元对比系数（农业部门比较劳动生产率/工业部门比较

---

① 任保平：《论中国的二元经济结构》，《经济与管理研究》2004年第5期。

劳动生产率)。① 我们在此采用二元结构强度加以说明。

　　表 2-3 是 1952—2013 年我国经济二元结构的基本情况。从表 2-3 中可以看出,1952—1960 年前后,我国二元结构比较明显,处于 5.0—6.50;1961—1978 年,我国二元结构强度进一步加强,达到 6.0—7.5,1978 年至今一直在 4.0—6.5 之间波动。这表明,在新中国成立初期就是一个典型的发展中国家,在实施重工业优先发展战略的指导下,二元结构进一步扩大。改革开放之后,尽管二元结构状况有所改变,但仍处于较高的水平状态,目前,仍在 4.5—5.0 的区间波动。其中,经济改革开放初期,1978—1991 年,二元结构强度逐步降低趋势较为明显,最低降至 3.78;1992—1999 年处于波动状态;2000 年之后又处于一种反弹升高状态,反映出在地方政府为主导的竞争状态下,中国经济发展城市偏向化政策的加强。

表 2-3　　　　　　　　1952—2013 年中国的二元结构强度

年份	各产业 GDP 占比 (%)		各产业就业人员占比 (%)		比较劳动生产率		二元结构强度
	第一产业	第二、第三产业合计	第一产业	第二、第三产业合计	第一产业	第二、第三产业合计	
	A	B	C	D	A/C	B/D	(B/D)／(A/C)
1952	50.50	49.50	83.54	16.46	0.60	3.01	5.02
1953	45.87	54.13	83.07	16.93	0.55	3.17	5.76
1954	45.63	54.37	83.14	16.86	0.55	3.22	5.85
1955	46.26	53.74	83.27	16.73	0.56	3.21	5.73
1956	43.18	56.82	80.56	19.44	0.54	2.92	5.41
1957	40.26	59.74	81.23	18.77	0.50	3.18	6.36
1958	34.12	65.88	58.23	41.77	0.59	1.58	2.68
1959	26.67	73.33	62.17	37.83	0.43	1.94	4.51
1960	23.38	76.61	65.75	34.25	0.36	2.34	6.50

────────

　　① 即农业比较劳动生产率与工业比较劳动生产率的比率。二元对比系数理论上处于 0—1,当为 0 时,表明农业比较劳动生产率为 0,经济二元性最显著;当为 1 时,农业和工业的比较劳动生产率相同,二元经济转变成了一元经济,经济的二元性消失。发展中国家的二元对比系数通常为 0.31—0.45,发达国家一般为 0.52—0.86。参见任保平《论中国的二元经济结构》,《经济与管理研究》2004 年第 5 期。

续表

年份	各产业 GDP 占比（%）		各产业就业人员占比（%）		比较劳动生产率		二元结构强度
	第一产业	第二、第三产业合计	第一产业	第二、第三产业合计	第一产业	第二、第三产业合计	
	A	B	C	D	A/C	B/D	(B/D) / (A/C)
1961	36.16	63.84	77.17	22.83	0.47	2.80	5.96
1962	39.42	60.58	82.12	17.88	0.48	3.39	7.06
1963	40.34	59.66	82.45	17.55	0.49	3.40	6.94
1964	38.45	61.55	82.21	17.79	0.47	3.46	7.36
1965	37.94	62.06	81.60	18.40	0.46	3.37	7.33
1966	37.59	62.41	81.52	18.48	0.46	3.38	7.35
1967	40.26	59.74	81.67	18.33	0.49	3.26	6.65
1968	42.15	57.86	81.66	18.34	0.52	3.16	6.08
1969	37.99	62.01	81.62	18.38	0.47	3.37	7.17
1970	35.22	64.78	80.77	19.23	0.44	3.37	7.66
1971	34.05	65.95	79.72	20.28	0.43	3.25	7.56
1972	32.86	67.14	78.9	21.10	0.42	3.18	7.57
1973	33.35	66.65	78.70	21.30	0.42	3.13	7.45
1974	33.88	66.12	78.20	21.80	0.43	3.03	7.05
1975	32.40	67.60	77.20	22.80	0.42	2.96	7.05
1976	32.85	67.15	75.80	24.20	0.43	2.77	6.44
1977	29.42	70.58	74.50	25.50	0.39	2.77	7.10
1978	28.10	71.90	70.50	29.50	0.40	2.44	6.10
1979	31.17	68.83	69.80	30.20	0.45	2.28	5.07
1980	30.09	69.91	68.70	31.30	0.44	2.23	5.07
1981	31.79	68.21	68.10	31.90	0.47	2.14	4.55
1982	33.27	66.73	68.10	31.90	0.49	2.09	4.27
1983	33.04	66.96	67.10	32.90	0.49	2.04	4.16
1984	32.01	67.99	64.00	36.00	0.50	1.89	3.78
1985	28.35	71.65	62.40	37.60	0.45	1.91	4.24
1986	27.09	72.91	60.90	39.10	0.44	1.86	4.23
1987	26.77	73.21	60.00	40.00	0.45	1.83	4.07
1988	25.66	74.34	59.40	40.60	0.43	1.83	4.26
1989	25.00	75.00	60.00	40.00	0.42	1.87	4.45

续表

年份	各产业 GDP 占比（%）		各产业就业人员占比（%）		比较劳动生产率		二元结构强度
	第一产业	第二、第三产业合计	第一产业	第二、第三产业合计	第一产业	第二、第三产业合计	
	A	B	C	D	A/C	B/D	(B/D) / (A/C)
1990	26.98	73.02	60.10	39.90	0.45	1.83	4.07
1991	24.41	75.59	59.70	40.30	0.41	1.88	4.59
1992	21.76	78.23	58.50	41.50	0.37	1.89	5.11
1993	19.91	80.09	56.40	43.60	0.35	1.84	5.26
1994	20.26	79.74	54.30	45.70	0.37	1.74	4.70
1995	20.86	79.14	52.20	47.80	0.40	1.66	4.15
1996	20.71	79.29	50.50	49.50	0.41	1.60	3.90
1997	19.43	80.57	49.90	50.10	0.39	1.61	4.13
1998	18.91	81.09	49.80	50.20	0.38	1.62	4.26
1999	17.96	82.04	50.10	49.90	0.36	1.64	4.56
2000	16.58	83.42	50.00	50.00	0.33	1.67	5.06
2001	15.49	84.51	50.00	50.00	0.31	1.69	5.45
2002	13.74	86.26	50.00	50.00	0.27	1.73	6.28
2003	12.80	87.20	49.10	50.90	0.26	1.71	6.57
2004	13.39	86.61	46.90	53.10	0.29	1.63	5.71
2005	12.12	87.90	44.80	55.20	0.27	1.59	5.88
2006	11.43	88.90	42.60	57.40	0.27	1.59	5.94
2007	10.77	89.20	40.80	59.20	0.26	1.51	5.71
2008	10.73	89.27	39.60	60.40	0.27	1.48	5.45
2009	10.33	89.67	38.10	61.90	0.27	1.45	5.34
2010	10.10	89.90	36.70	63.30	0.28	1.42	5.16
2011	10.04	90.00	34.80	65.20	0.29	1.38	4.78
2012	10.08	89.92	34.80	65.20	0.30	1.35	4.51
2013	10.01	89.98	33.55	64.40			

资料来源：任保平：《论中国的二元经济结构》，《经济与管理研究》2004 年第 5 期；毛飞、孔祥智：《新时期我国农业现代化的基础、问题与展望》，载《农本：新型城镇化——挑战与寻路》，中国发展出版社 2013 年版，第 88 页；中国国家统计局网站年度数据。

二　城乡居民收入差距的逐步扩大

城市偏向化造成区域的相对衰落，可以综合反映在城乡居民收入的逐步扩大上。图 2 - 1 和表 2 - 4 是 1978—2013 年我国城乡的基尼系数和收入差距，从中可以看出，改革开放至 20 世纪 80 年代中期，城乡收入差别逐步缩小，1985 年之后，城乡收入差距开始反弹，并逐步扩大。

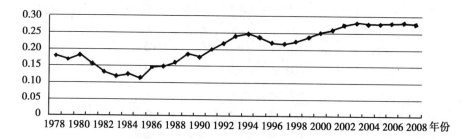

图 2 - 1　1978—2008 年我国城乡基尼系数

资料来源：国家发改委社会发展研究所课题组：《我国居民收入差距问题研究》，《经济研究参考》2012 年第 25 期。

表 2 - 4　　　　　　　　1978—2013 年我国各年度的城乡差别

年份	城镇居民人均可支配收入			农村居民人均纯收入			名义城乡差别指数	实际城乡差别指数
	名义收入（元）	年增长率（%）	实际收入（元）	名义收入（元）	年增长率（%）	实际收入（元）		
1978	343.4		343.40	133.6		133.60	2.57	2.57
1979	405	17.94	397.31	160.2	19.91	159.25	2.53	2.49
1980	477.6	17.93	436.12	191.3	19.41	185.70	2.50	2.35
1981	500.4	4.77	446.08	223.4	16.78	214.29	2.24	2.08
1982	535.3	6.97	468.05	270.1	20.90	256.91	1.98	1.82
1983	564.6	5.47	485.91	309.8	14.70	293.39	1.82	1.66
1984	652.1	15.50	544.98	355.3	14.69	333.33	1.84	1.63
1985	739.1	13.34	550.81	397.6	11.91	359.25	1.86	1.53
1986	900.9	21.89	627.39	423.8	6.59	370.87	2.13	1.69
1987	1002.1	11.23	641.47	462.6	9.16	390.11	2.17	1.64
1988	1180.2	17.77	626.02	544.9	17.79	415.10	2.17	1.51
1989	1373.9	16.41	626.71	601.5	10.39	408.42	2.28	1.53

续表

年份	城镇居民人均可支配收入			农村居民人均纯收入			名义城乡差别指数	实际城乡差别指数
	名义收入（元）	年增长率（%）	实际收入（元）	名义收入（元）	年增长率（%）	实际收入（元）		
1990	1510.2	9.92	680.28	686.3	14.10	415.76	2.20	1.64
1991	1700.6	12.61	729.38	708.6	3.25	424.05	2.40	1.72
1992	2026.6	19.17	799.78	784	10.64	449.16	2.58	1.78
1993	2577.4	27.18	876.01	921.6	17.55	463.46	2.80	1.89
1994	3496.2	35.65	950.53	1221	32.49	486.70	2.86	1.95
1995	4283	22.50	996.89	1577.7	29.21	512.49	2.71	1.95
1996	4838.9	12.98	1035.69	1926.1	22.08	558.58	2.51	1.85
1997	5160.3	6.64	1071.06	2090.1	8.51	584.23	2.47	1.83
1998	5425.1	5.13	1132.88	2162	3.44	609.35	2.51	1.86
1999	5854	7.91	1238.30	2210.3	2.23	632.60	2.65	1.96
2000	6280	7.28	1317.63	2253.4	1.95	645.82	2.79	2.04
2001	6859.6	9.23	1429.57	2366.4	5.01	672.94	2.90	2.12
2002	7702.8	12.29	1621.19	2475.6	4.61	705.27	3.11	2.30
2003	8472.2	9.99	1767.14	2622.2	5.92	735.60	3.23	2.40
2004	9421.6	11.21	1903.26	2936.4	11.98	785.57	3.21	2.42
2005	10493	11.37	2085.81	3254.9	10.85	834.33	3.22	2.50
2006	11759.5	12.07	2303.18	3587	10.20	896.06	3.28	2.57
2007	13785.8	17.23	2584.09	4140.4	15.43	981.16	3.33	2.63
2008	15780.8	14.47	2801.11	4760.6	14.98	1059.72	3.31	2.64
2009	17174.7	8.83	3074.80	5153.2	8.25	1149.76	3.33	2.67
2010	19109.4	11.26	3314.50	5919	14.86	1275.08	3.23	2.60
2011	21809.8	14.13	3592.99	6977.3	17.88	1420.44	3.13	2.53
2012	24564.7	12.63	3937.77	7916.6	13.46	1572.34	3.10	2.50
2013	26955.1	9.73	4213.52	8895.9	12.37	1718.63	3.03	2.45

资料来源：中国国家统计局网站年度数据。

在计算城乡收入差距时，由于数据收集的难度，无法将城镇居民享受的食物补贴（公有住房、单位补贴等）和公共福利项目（住房公积金、公费医疗、养老保障、失业保险等）计算在内，而这些又恰好是农村居民普遍获益较少或目前尚不具备的。因此，有学者认为当前的居民收入差距被低估了。但是，另一部分学者认为，在计算居民收入差距时必须考虑价格因素对城乡居民的实际收入水平的影响。由于农村居民收入和消费中实物所占的比重要高于城镇居民，而城镇居民的收入主要由货币收入构成，因此价格因素对城镇居民的实际收入影响较大。据此，他们认为目前的居民收入差距被高估了。① 表 2 - 4 是剔除过物价因素之后的城乡收入差别，从表 2 - 4 中可以看出，与改革开放之前相比较，实际城乡差别指数最近几年扩大趋势更为明显，实际上反映出经济发展中的规律性问题。

三　农业收入增长迟缓与农业的副业化②

中国农村区域发展的相对滞后，最根本的还是反映在农业发展的落后状态和被边缘化。因为，农业是农村区域的产业支撑，在工业化和城镇化快速发展中，如果农业仍然维持或者固守着传统的家庭小农业生产模式，必然会对整个区域的发展产生影响。

尽管 21 世纪以来，中央连续出台十多个一号文件对农村区域发展进行支持，但是，从实际情况来看，这些政策只是起到了在发展理念上达成"共识"的目的，而在实际发展中，农村区域的发展并没有真正进入地方政府的决策视野中。中国 13 个粮食主产区的发展可以充分说明这一问题。

（一）粮食主产区产出增加与收入滞缓的矛盾困惑

发展经济学研究表明，发展中经济起飞过程中存在着"粮食问题"和"收入问题"。"粮食问题"是指由于技术水平的低下和劳动力的过度转移导致的粮食产出短缺；"收入问题"是指由于粮食生产的进一步增加并没有带来农民收入的增加，反而可能会带来收入的减少，从而使农民不再有动力进行粮食生产。我国目前在粮食生产上划定的 13 个粮食主产区，以及粮食主产区农民人均纯收入增长的迟缓充分说明了这一现象。

表 2 - 5 显示，实施市场经济体制改革以来，粮食主产区的粮食生产占我国粮食生产的比重一直稳定在 70% 以上，日益显现出其产粮大省的地位。但另一方面，粮食主产区的产出结构也在发生明显的变化：东部地区河北和辽宁两省产出比重基本维持不变，而江苏和山东的生产比重明显下降；中西部地区除湖北和四川两省的产出比重明显下降外，其余省份的

---

① 国家发改委社会发展研究所课题组：《我国居民收入差距问题研究》，《经济研究参考》2012 年第 25 期。

② 张良悦、程传兴：《农业发展中的收入提升与产出增进：基于粮食主产区的分析》，《河南社会科学》2013 年第 12 期。

产出比重都呈稳步增长趋势，尤其是黑龙江、内蒙古和河南更为明显。

表 2 - 5　　　　1995—2010 年粮食主产区产出水平及人均耕地状况

	1995 年			2000 年			2010 年		
	总产量（万吨）	比重（%）	人均耕地（亩）	总产量（万吨）	比重（%）	人均耕地（亩）	总产量（万吨）	比重（%）	人均耕地（亩）
全国及占全国比重	46661.8	73.87	2.17	46217.5	70.55	1.98	54647.7	75.36	2.28
河北	2739	5.87	2.02	2551.1	5.52	1.75	2975.9	5.45	1.98
内蒙古	1055.4	2.26	7.31	1241.9	2.69	7.37	2158.2	3.95	9.65
辽宁	1423.5	3.05	2.74	1140	2.47	3.04	1765.4	3.23	3.5
吉林	1992.4	4.27	5.58	1638	3.54	5.52	2842.5	5.20	7.75
黑龙江	2552.1	5.47	8.09	2545.5	5.51	8.56	5012.8	9.17	11.68
江苏	3286.3	7.04	1.31	3106.6	6.72	1.21	3235.1	5.92	1.12
安徽	2580.7	5.53	1.46	2472.1	5.35	1.43	3080.5	5.64	1.87
江西	1607.4	3.44	1.98	1614.6	3.49	1.17	1954.7	3.58	1.61
山东	4246.4	9.10	1.39	3837.7	8.30	1.45	4335.7	7.93	1.56
河南	3466.5	7.43	1.55	4101.5	8.87	1.5	5437.1	9.95	1.68
湖北	2463.8	5.28	1.54	2218.5	4.80	1.44	2315.8	4.24	1.69
湖南	2691.6	5.77	1.25	2767.9	5.99	1.09	2847.5	5.21	1.25
四川	4365	9.35	1.25	3372	7.30	1.03	3222.9	5.90	1.08

资料来源：根据《中国统计年鉴》相关年份整理。

从主要的生产要素耕地资源上看，除北方黑龙江、吉林、辽宁和内蒙古四省份的人均耕地大于全国水平外，其余9省份的人均耕地面积均小于平均水平，表明这9省份的粮食生产在规模化生产上不具有优势，仍主要依靠家庭生产来进行。如果农民纯收入仍主要依赖家庭农业，并且随着粮食生产的增加而增加，那么，就不存在农业生产中的"收入问题"。反之，如果普遍地存在农民家庭纯收入与粮食生产不一致或相反的变化，则说明已经出现了"收入问题"。

表 2 - 6 显示了粮食主产区农村居民人均纯收入在全国的位次及与全国平均水平的比较。首先，我们发现，全国农民人均纯收入最高的省份不是粮食主产区，而是非主产区；在排名前 10 位的省份中，粮食主产区只有 4 省进入。这说明，农民人均纯收入的来源并非主要来自粮食生产。其次，粮食主产区内东部地区省份的农民人均纯收入高于中西部地区，江

苏、辽宁和山东始终保持在前 10 位；中西部地区则只有吉林和黑龙江两省份交替排入前 10 位。这说明粮食产出与农民人均收入水平呈反方向变化，尤其是，黑龙江粮食产出在明显增加之后，农民人均纯收入水平反而被挤出前 10 位。最后，粮食主产区人均纯收入水平与全国平均水平相比较，只有东部地区省份和中西部吉林和黑龙江共 6 省超过平均水平，湖北省在 2000 年与全国水平持平，其余则是全部低于全国平均水平。这说明粮食生产的增加与收入水平增加的矛盾，已经成为我国经济发展中的一个普遍现象：减少粮食生产能提高农民收入的增长，增加粮食产出则会降低农民收入的增长。

表 2 - 6　　1995—2010 年粮食主产区农村居民人均纯收入在全国的位次

	1995 年			2000 年			2010 年		
	实际数	占全国水平的比重	位次	实际数	占全国水平的比重	位次	实际数	占全国水平的比重	位次
全国平均	1577. 7			2253. 4			5919		
河北	1668. 7	1. 06	11	2478. 9	1. 10	9	5958	1. 01	12
内蒙古	1208. 4	0. 77	21	2038. 2	0. 90	16	5529. 6	0. 93	16
辽宁	1756. 5	1. 11	9	2355. 6	1. 04	10	6907. 9	1. 17	9
吉林	1609. 6	1. 02	12	2022. 5	0. 90	17	6237. 4	1. 05	10
黑龙江	1766. 3	1. 12	8	2148. 2	0. 95	14	6210. 7	1. 05	11
江苏	2456. 9	1. 56	5	3595. 1	1. 59	6	9118. 2	1. 54	5
安徽	1302. 8	0. 82	18	1934. 6	0. 86	19	5285. 2	0. 89	18
江西	1537. 4	0. 97	13	2135. 3	0. 94	15	5788. 6	0. 98	14
山东	1715. 1	1. 08	10	2659. 2	1. 18	8	6990. 3	1. 18	8
河南	1232	0. 78	20	1985. 8	0. 88	18	5523. 7	0. 94	17
湖北	1511. 2	0. 95	15	2268. 6	1. 00	11	5832. 3	0. 98	13
湖南	1425. 2	0. 90	17	2197. 2	0. 9	12	5622	0. 95	15
四川	1158. 3	0. 73	24	1903. 6	0. 84	21	5086. 9	0. 86	21

资料来源：国务院发展研究中心网站。

（二）"普惠性"的政策并未解决粮食生产中的"收入问题"

产出增加与收入滞缓的矛盾会带来如下的困惑：第一，容易产生农业副业化现象；第二，地方政府财政补贴负担加重，影响区域经济发展；第三，农业生产过度依赖"外部要素"投入，容易导致生态环境问题。所以，当这一问题出现之后，必须从产业结构和收入结构上进行调整和补偿，实施农业发展的区域政策。事实上，1995 年粮食生产突破 5 亿吨之后，在随后的十多年内，我国的粮食生产呈现出下跌和徘徊趋势，与此相应，在全国范围内出现严重的耕地撂荒现象。为此，中央政府从 2003 年开始先后在全国范围内废除了农业税，并连续出台十多个一号文件来扶持粮食生产。尽管这一系列政策对我国粮食生产起到了有力的提升，使我国粮食生产在 2007 年再次突破 5 亿吨并稳步增长，但同时我们也看到这些政策已经显现"边际递减"效应。[①]

表 2 - 7 显示，从 2000 年到 2010 年，就全国农村居民人均纯收入的平均水平来看，工资性收入、财产性收入和转移性收入所占比重明显增加（可称为非经营性收入），由 2000 年的 37% 增加到 2010 年的 52%，而农户经营性收入占比显著下降，由 2000 年的 63% 下降到 2010 年的 48%，这说明非经营性收入在农民人均纯收入的增长中越来越成为主要的收入来源。

从粮食主产区的情况看：第一，工资性收入，东部地区除辽宁外，江苏、山东、河北的比重大于全国平均水平；中西部地区则只有安徽、湖南、四川、江西 4 省达到或超过全国平均水平；第二，经营性收入，除东部地区的江苏、河北，中西部地区的湖南、四川小于全国的平均数外，其余都大于全国的平均数；第三，转移性收入，除黑龙江、吉林、辽宁和内蒙古人均土地较高的 4 省份大于全国平均数外，其余各省均小于全国平均水平。这看似是一个悖论性的现象，却恰恰说明近年来"普惠性"的农业政策不能解决发展中的"收入问题"。

由此分析，我们可以得出如下结论：第一，粮食主产区农民人均纯收入增长滞缓或者低于全国平均水平的原因，主要在于经营性收入大于工资性收入。而要提高农民的收入水平，必然会进一步增加工资性收入，这种趋势的发展将导致农业的副业化现象越来越严重。第二，粮食主产区多数省份农民的转移收入低于全国的平均水平，说明中央政府对粮食生产扶持的"普惠性"政策，对粮食主产区的生产并没有起到应有的激励作用，反而产生了粮食主产区对非粮食主产区农民补贴的"逆配置效应"，需要从区域发展政策上制定粮食主产区的农业扶持政策。第三，黑龙江、吉

---

① 赵云旗：《我国粮食直补政策"效应递减"问题研究》，《经济研究参考》2012 年第 33 期。

林、辽宁和内蒙古人均土地资源丰富，具有规模经营的条件，不仅其经营性收入所占比重保持较高水平，而且能够获得更多的转移收入，因此，在粮食生产上有助于克服"收入问题"。这为我们解决粮食生产的"收入问题"提供了一个思路，即必须从粮食主产区区域发展增加农民收入上解决粮食生产问题。

表2－7　　　　粮食主产区农村居民家庭人均纯收入来源及构成比重　单位：元

		2000 年				2010 年				
		纯收入	工资	经营	财产	转移	纯收入	工资	经营	财产	转移
全国	总量	2253.42	702.30	1427.27	45.04	78.81	5919.01	2431.05	2832.8	202.25	452.92
	构成		0.31	0.63	0.02	0.03		0.41	0.48	0.03	0.08
河北	总量	2478.86	949.25	1417.99	62.66	48.96	5957.98	2653.42	2729.8	182.45	392.31
	构成		0.38	0.57	0.03	0.02		0.44	0.46	0.03	0.07
内蒙古	总量	2038.21	287.63	1690.81	35.18	24.58	5529.59	1036.78	3669.93	164.26	658.61
	构成		0.14	0.83	0.02	0.01		0.19	0.66	0.03	0.12
辽宁	总量	2355.58	882.96	1353.39	58.19	61.05	6907.93	2649.97	3486.14	234.15	537.67
	构成		0.37	0.57	0.02	0.03		0.38	0.50	0.04	0.08
吉林	总量	2022.50	343.86	1611.20	31.26	36.18	6237.44	1072.14	4085.92	377.45	701.93
	构成		0.17	0.80	0.01	0.02		0.17	0.66	0.06	0.11
黑龙江	总量	2148.22	337.97	1699.37	60.62	50.26	6210.72	1241.59	3941.65	344.1	683.39
	构成		0.16	0.79	0.03	0.02		0.20	0.63	0.06	0.11
江苏	总量	3595.09	1663.11	1770.87	48.09	113.02	9118.24	4896.39	3215.02	398.94	607.89
	构成		0.46	0.49	0.01	0.03		0.54	0.35	0.04	0.07
安徽	总量	1934.57	547.83	1298.40	24.70	63.64	5285.17	2203.94	2626.42	141.95	312.86
	构成		0.28	0.67	0.01	0.03		0.42	0.50	0.02	0.06
江西	总量	2135.30	744.47	1319.94	18.80	52.09	5788.56	2394.62	2919.42	100.21	374.31
	构成		0.35	0.62	0.01	0.02		0.41	0.50	0.02	0.07
山东	总量	2659.20	850.56	1676.90	57.80	73.94	6990.28	2958.06	3456.89	238.29	337.04
	构成		0.32	0.63	0.02	0.03		0.42	0.49	0.03	0.05
河南	总量	1985.82	473.68	1427.24	29.15	55.75	5523.73	1943.86	3240.43	59.29	280.14
	构成		0.24	0.72	0.01	0.03		0.35	0.59	0.01	0.05
湖北	总量	2268.59	547.69	1617.81	19.55	83.54	5832.27	2186.11	3234.94	106.92	304.3
	构成		0.24	0.71	0.01	0.04		0.38	0.55	0.02	0.05

续表

		2000 年					2010 年			
		纯收入	工资	经营	财产	转移	纯收入	工资	经营	财产	转移
湖南	总量	2197.16	789.74	1329.10	20.74	57.58	5621.96	2655.59	2463.9	101.58	400.89
	构成		0.36	0.60	0.01	0.03		0.47	0.44	0.02	0.07
四川	总量	1903.60	606.93	1194.19	29.96	72.52	5086.89	2248.18	2263.34	144.01	431.36
	构成		0.32	0.63	0.02	0.04		0.44	0.44	0.03	0.08

资料来源:《中国统计年鉴》相关年份数据。

第四节　本章小结

（1）城市偏向化是指发展中国家政府偏袒城市的政策问题，主要内容包括宏观政策、基础投资和居民生活方面的价格政策与支出政策。城市偏向化起源于社会发展战略的选择和工业化的实施，根本问题是如何保持城乡之间的平衡发展。

（2）新中国成立以来，中国经济的发展一直实行的是以工业化为主导的"赶超战略"。赶超战略的实施必然是"城市偏向"，造成严重的城乡二元问题。计划经济时期，重工业优先发展战略，农村支持城市，形成了与计划经济相适应的农村集体经济。农村集体经济不能形成很好的激励机制，导致农业生产衰退。改革开放首先从农村开始，实施家庭生产，契合了农业生产自我激励的劳动特征，解决了农村贫困，并出现农村剩余。但市场化取向的改革形成之后，逐渐形成了政府主导的区域间竞争的发展格局，农村区域发展逐步边缘化，形成事实上的城市偏向。

（3）中国城市偏向主要表现在城乡二元结构强度居高不下，城乡居民收入的持续扩大以及劳动力流动的受阻。中国的城市偏向化与发展理念和发展方式有关，由于长期以来不重视农业的发展，特别是近年来，使农业处于边缘化和副业化的状态，最终导致农村区域的衰落。

第三章

城乡一体化的本质及其发展内容与路径

党的十八大报告提出，城乡一体化是解决"三农"问题的根本途径，其基本政策含义是以发展的理念通过城镇化的途径来解决城乡二元结构问题，因此，城乡一体化的本质是一种新型城镇化。城镇化是人口和资源在城乡空间上重新布局的一个永恒过程，基于发展的视角，城乡一体化的根本任务在于乡村区域的发展。粮食主产区农业生产的比重相对较大，其"三农"问题相对更为严重，其乡村区域的城镇化也更为艰巨。所以，要使城乡一体化的发展战略得到很好的贯彻和实施，必须从其起源、本质、发展内涵及实施途径上科学地理解。这一问题构成了本章研究的主要任务和目的。

第一节　城乡一体化的演变与由来

一　城乡一体化的含义及政策演变

所谓城乡一体化是指城乡之间生产和生活方式逐渐趋于一致的过程，是通过城乡统筹，优化资源配置，促进城乡经济社会全面协调可持续发展的过程，其本质是城市化发展的一个新阶段，是将工业与农业、城市与乡村、城镇居民与农村居民作为一个整体统筹谋划、协调发展的过程。①

城乡统筹发展和城乡一体化，是新时期我国解决城乡二元结构的探索。之前，中国经济发展带有明显的"城市和工业偏向化"战略，导致

---

① 赵群毅：《城乡关系的战略转型与新时期城乡一体化规划探讨》，《城市规划学刊》2009年第6期。

了严重的二元结构，并形成新时期的"三农"问题。即经济赶超与城市偏向战略，形成了政府主导的资源配置模式，从而导致工业和城市经济的迅速隆起与农村区域的发展塌陷（见图3-1），直至农村发展活力的丧失、农业的兼业副业化、农民收入增长的递减。

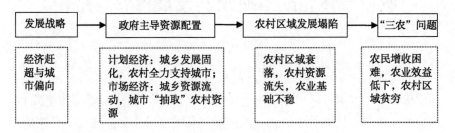

图3-1　发展战略对农村区域发展的影响

　　针对这一发展问题，党的十六大首次提出统筹城乡经济社会发展，开启了破除城乡"二元"体制的历史进程；党的十七大提出建立"以工促农、以城带乡"的长效机制，加快形成城乡经济社会发展一体化的新格局；党的十八大则进一步提出城乡一体化是"三农"问题解决的根本途径。

　　从十多年来政策的演变可以看出，城乡一体化的基本政策含义是：不能再用二元的观点来解决农村发展问题，必须以城乡一体化的理念去重构乡村建设和城乡关系；城乡一体化的本质是新型城镇化，是一种一元化的发展模式，是通过城乡一体化来解决农村问题和城市问题；统筹城乡发展的出发点和落脚点都在农村，但是其实施办法和路径不能止于农村，而是要在城市与乡村之间、工业与农业之间建立良性互动机制。①

　　这一政策含义表明，"三农"问题的解决不仅仅是农村区域的问题，而是一个经济发展的大问题，对"三农"问题的解决必须由原来的"新农村建设"转向"城乡一体发展"，即由原来的"外生"的援助机制转向"内生"的生成机制（见图3-2、图3-3）。

　　作为解决"三农"问题的根本路径和城镇化的一种方式，城乡一体化的乡村必须在生产方式和生活方式上发生质的变化。就生产方式来看，城乡一体化的乡村必须有产业支撑，能够提供就业岗位，增加乡村社区发展的活力；就生活方式来看，能够为社区居民提供完整的公共产品，使居

---

　　①　叶裕民：《中国统筹城乡发展的系统架构与实施路径》，《城市规划学刊》2013年第1期。

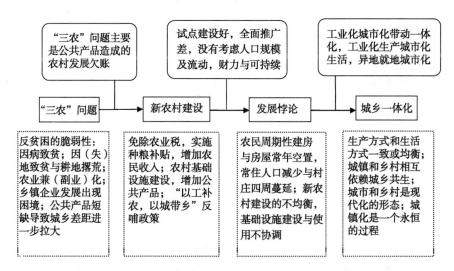

图3－2　从新农村建设到城乡一体化

民在乡村地区过上城镇的生活。当然，之所以强调城乡一体化，主要在于强调其乡村元素。不能将城市的"工业化"模式照搬过去，要从生态环境的角度充分发挥城乡的区域优势；更不能以"土地增减挂钩"作为城乡发展的主要目标，而应该注重城乡产业发展和农村劳动力转移；城乡一体化不仅要注重经济发展和公共产品的均等化，还要彰显城乡之间的功能优势，更加注重现代农业和生态文明建设。①

二　城乡一体化的形成与理论基础

（一）城乡一体化的形成

城乡一体化是中国语境下的概念，最早出现在 20 世纪 80 年代初期的苏南地区，但其思想渊源却早在马克思、恩格斯的"城乡融合"观点中就有所体现。② 从本质上看，城乡一体化解决的核心问题是"城乡二元化"。

发展经济学认为，经济发展是一个由二元结构向一元形态转变的过程，其基本的发展动力是工业化，伴随着工业化和城市化的发展，农村区

---

① 张良悦：《粮食主产区城乡一体化的发展内容与政策扶持》，《区域经济评论》2014 年第 2 期。

② 程必定：《区域的"城市性"与中国新型城市化道路》，《浙江社会科学》2012 年第 1 期。

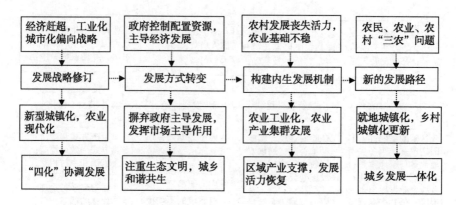

图 3 - 3　发展战略修订、发展方式转变与城乡一体化

域的经济结构和社会形态也必然会发生相应的变化，最终形成城乡一体化。这种发展的标志是以劳动力转移与产业结构的演变为特征的。刘易斯（1954）、拉尼斯和费景汉（1961）、哈里斯和托达罗（1969）、卢卡斯（2004）等学者，基于二元理论的基本思想，解释了人口从农村（传统部门）向城市（现代部门）转移的基本过程和动力机制[①]；克拉克（1940）、库兹涅茨（1955）以及钱纳里等（1975）从产业结构的角度分析了劳动力转移的就业特征，说明城市部门的发展应该如何为劳动力转移提供就业岗位[②]。但城乡一体化的空间形态更主要取决于"二战"后空间经济的发展及其技术支撑，具体来看有如下几个因素：

（1）对工业革命和城市化的反对。1898 年霍华德基于对工业革命初期城市的杂乱无章以及低收入阶层生活环境的恶化，提出了"田园城市"，但彼时也仅仅作为一种思想启蒙而存在。

---

① 刘易斯所开创的发展经济学第一个基本假设是"二元经济"，即"传统"的农业部门与"现代"的工业部门，第二个假设是"剩余劳动"。在这两个假设下，刘易斯把人口流动、现代工业扩张与经济发展联系起来，认为经济发展就是农村劳动力向城市工业部门的转移过程。此后，虽然拉尼斯和费景汉从粮食生产短缺的角度修正了刘易斯劳动力"无限供给"，并提出剩余劳动力供给"拐点"的观点；哈里斯和托达罗提出了城市部门"正式就业"与"非正式就业"的区分，直至卢卡斯认为城市部门是人力资本快速积累的场所等进一步的完善。但是，二元结构的分析框架并没有根本改变。

② 即随着经济发展的不同阶段，劳动力的就业逐步由第一产业向第二产业，由第二产业向第三产业转移，这种转移是与不同的发展阶段相适应的，人均收入水平、就业结构与产业结构之间存在紧密的联系和规律，被称为"配第—克拉克"法则。

（2）对现代战争危害性和破坏的预防。两次世界大战是人类的灾难，战争对人类文明造成极大的损害，尤其是对城市经济、人口和文明。为了预防下一次战争对城市的毁灭性打击，欧美发达国家，特别是美国在战后对城市的发展和规划采取了一种"多中心"的分散布局和"逆城市化"的发展思路，从而使城乡之间逐渐形成一体。

（3）现代交通、通信技术的发展为城市的扩张提供了可能。"铁路在欧洲和汽车在美国、加拿大、澳大利亚成为支配居住在乡村地区居民的交通工具，迅速扩张的道路系统进一步支持了城市的扩张。这些变化形成了蔓延或低密度的发展模式，而这种模式是今天发达工业化国家城镇化的主要模式"。①

（4）经济发展的驱动，主要表现为（跨国）企业寻找区位优势，对发展中国家城市化发展"蛙跳"的驱动。20世纪80年代加拿大学者麦吉基于对亚洲城市化模式的大量实证研究，提出了以城乡一体化区域（Desakota）为基础的城市化空间模式，即建立在区域综合发展基础上的城市化，其实质是城乡之间的统筹协调和一体化发展。20世纪80年代改革开放初期，随着农村温饱问题的解决，我国部分地区首先出现了计划外的"生产剩余"，于是我国苏南地区率先在农村地区兴办了乡镇企业，称为"离土不离乡"的劳动力转移，被学者总结为城乡一体化，其发展内容和实质也具有相同的机理。

（5）发达国家尤其是欧洲国家的乡村建设。随着工业化和城市化的发展，农业作为基础产业，与工业和服务业相比较逐步丧失比较优势，被日益边缘化，致使乡村区域经济日益衰退、失去发展活力。为了重振乡村区域经济，特别是增加乡村的发展活力，提供更多的就业岗位，20世纪70年代之后，欧盟便把乡村城镇化作为一个主要任务。

（二）城乡一体化的理论基础：城乡共生

城乡共生是指城乡之间一种健康的互利共存关系。城市和农村彼此之间互利地生存在一起，城市带动农村，农村促进城市，城市和农村在资源、市场、环境、服务等方面互为供给，在人、财、物上相互协调，在经济、社会、环境效益上相互统一。

---

① 叶齐茂：《发达国家乡村建设：考察与政策研究》，中国建筑工业出版社2008年版，第125页。

　　人类社会发展的早期，城市和乡村是混合在一起的。随着人类文明的发展，城市的功能逐渐凸显，才使乡村从自然状态中逐步脱离出来，形成了与乡村相区别的城市形态。因此，从其产生发展过程来看，城市与农村之间的关系是无法割断的。这种关系可以划分为城市依存于农村（农业社会）、城市统治农村（工业社会）、城市与农村融合（工业化中期）、城乡一体化（后工业化）四个阶段。由此看来，城镇化是人口和资源在城乡空间上重新布局的一个永恒的过程。城乡共生的具体内容包括如下五个方面：[①]

　　（1）共生的用地空间。土地是城市和农村共同的物质空间载体，土地资源的有限性和稀缺性使农田保护、森林保护等与城镇空间扩张之间存在明显的冲突。城镇发展必须采取精明增长策略，在有限的空间内合理确定城镇发展的规模和布局，科学安排城乡用地空间，实现土地的集约化利用，保证城乡生活空间和生产空间和谐发展。

　　（2）共生的生态空间。自然生态环境是城市和农村赖以生存的共同基础，城市和农村的发展和建设都应当把环境保护与生态建设作为重要的前提来考虑，努力实现人与环境的和谐共生。应科学定位城乡产业发展方向，合理布局城乡土地利用结构。

　　（3）共生的产业空间。城乡之间一个重要差别，在于产业发展方向不同。伴随着城市的产生和发展，以农业为主的农村和以工业及服务业为主的城市之间的产业分化越发明显。城乡分别属于不同的产业势能区，承载着不同的产业类型和经济主体，城乡之间的空间临近性，促成相互间的产业扩散和转移趋势，城乡共生的产业空间布局是工业化和城镇化发展的助推器。

　　（4）共生的设施空间。设施空间是指基础设施和公共设施，基础设施包括水、电、路、环卫、防灾等设施，公共设施包括商、文、教、体、卫等设施。要消除城乡差别，实现城乡共生，必须提高农村设施空间的水平，将城镇设施的服务范围向农村延伸，实现城乡之间的设施共享。

　　（5）共生的文明空间。文化是城市的根基和灵魂。城市是由农村逐渐演化而来的，城市文明与农村文化之间血脉相连，既有差异性，也有相似性。因此，城乡共生除了满足物质空间环境的互利共生之外，还应该兼

---

　　① 赵敏：《基于链式共生模型的城乡空间发展研究》，《小城镇建设》2012 年第 2 期。

顾精神文明层面的相生相继。

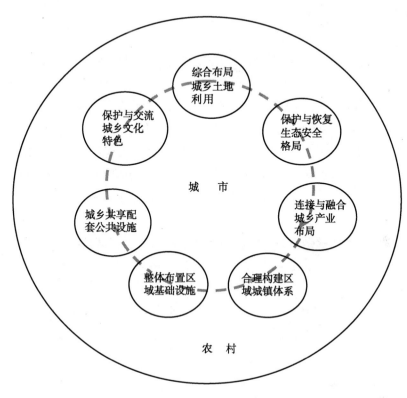

图 3 - 4　链式共生模型

资料来源：赵敏：《基于链式共生模型的城乡空间发展研究》，《小城镇建设》2012 年第 2 期。

三　城乡一体化是一个综合性的发展问题

经济发展中的城乡二元结构是城乡一体化发展战略的缘由。城乡二元的差距主要表现在城乡产业和城乡公共产品的供给，即产业上先进的工业部门与落后的农业部门，公共产品上充足的城市供给与缺失的农村供给。城乡二元结构在当下的中国直接反映为"三农"问题：农民问题主要表现为收入问题，农业问题主要表现为产业问题，农村问题主要表现为区域经济问题。[①] 增加农民收入，提高农业产业优势，活跃农村经济活力，必

---

① 李文钊、谭沂丹、毛寿龙：《中国农村与发展的制度分析：以浙江省湖州市为例》，《管理世界》2011 年第 10 期。

须从根本上促进经济增长和社会发展。所以，从本质上看，城乡一体化是一个综合性的发展问题。

（一）城乡统筹发展的事前要求

（1）农业是"三农"问题产生的根源。农业是农村问题中的产业问题，随着农业在经济份额中的下降和被边缘化，乡村便会逐步衰落和失去活力。这就需要对农业加以现代化的改造，其核心是如何实现高效生产和提高农民收入以及在现代产业格局中保持竞争力。

（2）农村是一个区域问题。其核心是生活环境和便利性，它涉及农民所生活的形态环境变迁，包括基础设施的建设，环境卫生，农村自治，公共事务的治理等。逐步实现农民生活社区化，基础设施城镇化，农村公共服务市民化。

（3）农民问题是最根本的问题。从农民角度看，其核心是提高收入，分享发展的成果，在农村享受城市的生活品质；但从发展的角度则是农民的减少，即"去农化"。

由此可见，"三农"问题是一个发展问题，本质和核心是寻找解决制约农业、农村和农民发展的障碍因素，为农业、农村和农民的发展提供制度环境和制度条件。而城乡统筹是解决这一问题的根本办法，其发展的最终目标是形成城乡一体化。

（二）城乡一体化的事后结果

党的十八大报告提出"城乡发展一体化是解决'三农'问题的根本途径"。党的十八届三中全会决议进一步指出："必须健全体制机制，形成以工促农、以城带乡、工农互惠、城乡一体的新型工农城乡关系，让广大农民平等参与现代化进程、共同分享现代化成果。"[①] 这实际上是指一种事后的发展状态，可以从三个方面来理解。

1. 以工业化时代的产业结构去布局农村经济基础

首先，现代农业是一种高价值农业，是一种在技术进步的基础上与工业化相结合的产物，包括耕作方式、产品加工、物流分送等方面，形成了涉及第一、第二、第三产业的农业产业集群和产业价值链。这需要在现代农业的产业化上下功夫。

其次，要从城乡"共生"的理念上去大力发展生态产业、休闲产业

---

① 《中共中央关于全面深化改革若干重大问题的决定》，人民出版社2013年版，第22页。

和低碳农业。比如，旅游产业、休闲产业、养老产业等去努力挖掘农村传统的自然资源和文化资源。这需要超越传统农业的局限，拓展产业空间。[①]

2. 在社会功能和乡村形态上必须推动三个转变

首先，改变以往自然经济条件下形成的农村地区聚落方式，重构城乡空间聚落形态，形成以中心城市、县城、重点建制镇、一般镇和中心村为核心的城乡居民点聚落体系。

其次，改变以城市为主、为重的公共服务布局模式，形成推进城乡基础设施、公共服务设施和社会保障等基本公共服务均等化建设的制度机制，形成以小城镇为主的农村公共服务中心服务圈。

最后，改变以往以农事为主的社会管理模式，探索新型城乡社区的市民社会管理模式，形成依托小城镇的城乡统一协调的乡村治理机制。[②]

3. 要在统筹发展中加大制度供给释放发展活力

城乡统筹发展必然会在城乡之间的基础设施和公共服务方面加大发展力度，这就需要不断地去破除约束城乡发展的二元制度，比如户籍制度、城乡二元的土地制度、财产税收制度，等等。城乡发展是一个社会制度逐步变革的过程，比如，乡村区域的发展，首先是如何发展？一定是在全球经济发展大背景下市场经济的驱动，固守传统模式很难增进福利水平。但同时，完全同质化地发展又会使乡村地区失去竞争优势，所以，又必须保持乡村的内在优势和独特传承。其次，乡村的发展一定是对传统的发展模式和社会经济格局的瓦解与重构，而在这一过程中，产业基础如何构造、人口如何流动、资产怎么处置、乡村形态又如何规划？这都是需要通过制度的供给才能解决的。

总之，经济发展过程是一个经济和社会结构不断转换的过程。在生产力高度发达的条件下，城市与乡村充分融合，以城带乡，以乡补城，互惠发展，达到城乡之间在经济、社会、文化、生态协调发展的新型城乡

---

① 例如，我们在豫北一个家庭农场的调研中发现，它的产业定位就是休闲旅游。这个农场位于城郊附近一个丘陵地带，农场主依据地域特点，将原来基本撂荒的土地进行绿化，投资兴建了完整的水利、田间道路，主要种植杂粮果木，以及部分养殖。所有这些种养殖业都有一定的时间间隔，能够满足城市居民假期休闲旅游时从春天到深秋各个季节的采摘及乡间休闲活动。

② 李兵弟：《城乡统筹规划：制度构建与政策思考》，《城市规划》2010年第12期。

关系。①

第二节　城乡一体化的本质是新型城镇化

"城镇化是人口和资源在城乡空间上重新布局的一个永恒的过程。城镇化可以是工业革命以来人口向城市核心区集聚的经典形式，也可以是后工业化以来人口向乡村居民点集聚的后现代形式。"② "城镇化必然引起城乡经济、社会和环境方面的各种各样的变化，以及城乡之间关系的变化"③，所以，只要人口和资源在城乡空间上重新得到调整，城镇化仍将继续。

2013 年 12 月，中央城镇化工作会议指出："推进城镇化是解决农业、农村、农民问题的重要途径，是推动区域协调发展的有力支撑。"要"根据资源环境承载能力构建科学合理的城镇化宏观布局，把城市群作为主体形态，促进大中小城市和小城镇合理分工、功能互补、协同发展"。

一　新型城镇化是解决"农村病"和"城市病"的良方

城乡一体化是解决"三农"问题的根本途径，但城乡一体化又不限于对农村问题的解决，也是解决城镇化遇到的发展"瓶颈"（例如，城市蔓延、交通拥堵、环境恶化等）的根本措施。所以，从实施方法和动力机制上看，城乡一体化是一种不同于之前（改革开放之后形成的）城镇化模式的新型城镇化。

作为一种复杂而深刻的结构调整和社会转型过程，城镇化绝不是简单城镇数量的增加和城镇人口比重的增长，还包括基础设施和城市景观的延伸，公共产品和服务水平的提高，城市文明和生活方式的扩散等城镇化质量的提升。④ 大量进城的农民工无法真正融入城镇生活，形成"半城镇化"的社会形态；城镇建设用地无节制地扩张和农村建设用地无法相应

---

① 王碧峰：《城乡一体化问题讨论综述》，《经济理论与经济管理》2004 年第 1 期。

② 叶齐茂：《发达国家乡村建设：考察与政策研究》，中国建筑工业出版社 2008 年版，第 126 页。

③ 同上书，第 127 页。

④ 住房和城乡建设部课题组：《"十二五"中国城镇化发展战略研究报告》，中国建筑工业出版社 2011 年版，第 128 页。

地退出，形成了"土地城镇化"和"农村空心化"并存的空间形体特征；大量农村劳动力流入城市使农业就业不足，但又无法在城市获得充足的就业岗位，形成了大中城市"虚假"繁荣（有发展而无就业）与乡村真实"衰退"共存的经济结构特征。这些都是我国快速城镇化所带来的基本问题，可称为"城市病"和"农村病"。所以，中国城镇化的主要困难是其发展资本、（土地）资源禀赋和产业支撑。一方面，城镇人口的增加提出了公共产品的需求，单是公共产品资本的广化（人均资本）就是一笔不菲的支出，更何况人们所期待的资本深化（人均资本的提高）？巨大的城镇化成本阻碍了城市化进程，政府承受不了，农民负担不起，这就需要在城镇化进程中寻找一种更为节约的方式。[①] 另一方面，耕地资源、水资源全面吃紧，就业岗位严重不足，需要一种新的发展思路。

城乡一体化的发展思路就是以城镇化的方式对农村进行更新建设，是就地城镇化的一种方式，具有可行性。

二　新型城镇化更加侧重于城市、城镇与农村的协调发展

首先，新型城镇化以城乡统筹、产城互动、资源节约、环境友好、生产发展、生活富裕、生态宜居为基本特征，是大中小城市、小城镇和新农村协调发展、工业化和城镇化良性互动、城镇化和农业现代化相互协调的过程。这就是说，在这一发展过程中要从根本上遏制"城市偏向化"，即在未来的发展中不会再走城市"掠夺"乡村资源的路子，不能再以城市等级[②]来对资源进行严格的"权力"控制。从目前来看，我国的城镇化不缺少大城市，反而缺少中小城镇发展；不缺少大城市规模，反而缺少大城市的知识经济、产业集聚和就业岗位以及公共产品提供的财政基础。将发

---

① 麦肯锡在 2011 年发布的《城市可持续发展指数：衡量中国城市的新工具》报告中提出衡量城市可持续发展的 5 个方面的标准：（1）基本需求，包括可获得安全的水资源、足够的居住空间，以及良好的、充足的医疗和教育资源；（2）资源充足性，包括高效利用水和能源以及有效的垃圾回收系统，城市重工业比重不断下降；（3）环境健康，包括减少有害污染物的数量并提高垃圾管理效率；（4）建筑环境，包括通过绿地、公共交通以及密集的高效能建筑提高可达性，提高社区的宜居性；（5）对可持续性的承诺，也即在应对可持续挑战中调动人员和财务资源，显示出政府对履行承诺、实施国家及地方政策和标准的决心。转引自陈明《中国城镇化发展质量研究述评》，《规划师》2012 年第 7 期。

② 在计划经济时代，我国将城市划定为直辖市、副省会城市、地级市、县城和乡镇五个等级，相应地，每个等级的权力与福利待遇都有差别，造成了人为的"权力"经济与城市间的歧视。

展重心转移到乡村区域，一方面可以减少大城市的发展压力，便于大城市走内涵发展；另一方面能够通过"就地城镇化"解决人口转移问题，降低城镇化的发展成本。

其次，新型城镇化必须走可持续发展的路径，注重生态文明建设。新型城镇化的核心在于不以牺牲农村与农民、农业与粮食、生态与环境为代价，而是立足工业反哺农业、城市支持农村，实现人口、资源、环境和发展四位一体的相互协调。① 这就要求我们在大力发展小城镇和农村区域经济时，要以现代农业产业为基础进行规划，而不可将大中城市传统的工业化、城镇化模式"移植"到小城镇和农村，否则，将仍是传统城镇化的一种变相的蔓延。

2010 年起实施的新型城镇化，将我国的城镇化战略确定为由"人口转移型"的城镇化转变为"结构转换型"的城镇化。理想的新型城镇化模式是以人口郊区化为主，即郊区人口占 50%，中心城区人口占 30%，农村和小城镇人口占 20%。② 与传统城镇化比较，新型城镇化有五个特点：（1）把新型农村社区纳入城镇体系，统筹城乡产业规划、基础设施建设、公共服务、劳动就业、社会管理；（2）产城互动，坚持以产业兴城镇、以城镇促产业，同时依托新型农村社区转变农村生产方式和农民生活方式；（3）严格耕地保护和土地节约集约利用，注重城市生态环境建设；（4）破除农民进城的体制性障碍，使农民工与城市居民享有同等待遇，促进和谐社会建设；（5）以人为本，融合城市现代文明和乡村优秀传统文化，建设开放包容、和而不同、尊重差异、多元一体的新文化。③

最后，中小城镇和新型农村社区是城市化人口的主要承载区，是阻止大规模农村人口盲目流进大城市的"拦水坝"。④ 快速的城镇化过程中，容易形成"农村贫困"向"城镇贫困"的转移，特别是在发展中国家起飞过程中。例如，世界银行所列出的 45 个低收入国家中，1980—1993 年

---

① 马永欢、张丽君、徐卫华：《科学理解新型城镇化，推进城乡一体化发展》，《城市发展研究》2013 年第 7 期。

② 吴业苗：《城郊农民市民化的困境与应对：一个公共服务视角的研究》，《中国农村观察》2012 年第 3 期。

③ 国研网宏观经济研究部：《国研专稿：关注中国城乡发展问题》，国研网《宏观经济》月度分析报告，2012 年 9 月 29 日。

④ 仇保兴：《我国小城镇建设的问题与对策》，《小城镇建设》2012 年第 2 期。

城市人口的年均增长率为 3.9%，而同一时期这些国家人口的年均增长率仅为 2%，城市人口增长率几乎是人口增长率的 2 倍。[1] 总体来看，拉美国家和类拉美的东南亚国家，由于未对历史遗留下的严重不平等的土地制度进行根本改革，大量无地又无业的人口涌入城市，城市人口比重远远高于处在同等发展阶段的其他国家的水平，形成了所谓的"贫困的城市化"。[2] 大力发展中小城镇和新型农村社区，能够有效地就地吸纳非农就业人口，从而相应地分流部分农村转移人口。

三　新型城镇化的重点在于"人口城镇化"

新型城镇化本质上是城镇化的转型，就是改变过去大规模造城、粗放的城市化模式，把重心由"土地的城镇化"转向"人口的城镇化"上来。《国家新型城镇化规划（2014—2020）》提出的第一个战略任务就是，有序地推进农业转移人口的市民化，解决 2 亿多农民工的半市民化问题。但是，即使 2020 年城镇化率达到 60%，甚至到 2030 年城镇化率达到 30%，仍会有 5 亿—6 亿人生活在乡村。所以，现在的问题是，要进行人口的城镇化，就必须改变传统城镇化的发展模式。而从现实的角度看，"就地城镇化"成为一种可行的方式。[3]

从理论上说，城镇化的人口流动一般分为异地迁移和就地转移。异地人口流动主要是大城市的"拉力"所致。中国近年来快速的工业化和城镇化，对乡村人口的吸引拉力应该是巨大的（事实上也是巨大的）。但是，这种吸引力并没有形成真正的"城市化"人口流动，而是"农民工"在城乡之间"候鸟式"的周期流动。其中，最主要的障碍就是城乡"二元"制度，如户籍制度和土地制度。由此看来，实施"人口城镇化"进行制度变革是一个前提，但是制度变革又不是一下子能够完成的。这就需要在制度约束下另辟蹊径，这个路径就是"就地城镇化"，或者说是中小

---

[1]　邹微：《发展经济学——一种新古典政治经济学的研究框架》，经济日报出版社 2007 年版，第 6 页。

[2]　刘世锦、张军扩、侯永志、刘培林：《陷阱还是高墙：中国经济面临的真实挑战与战略选择》，载《比较》第 54 期，中信出版社 2011 年版，第 20—47 页。

[3]　2016 年 3 月博鳌亚洲论坛年会上，国家发改委副主任胡祖才提出，深入推进以人为核心的新型城镇化，加快美丽乡村建设，重点是推进解决三个 1 亿人的问题，要实现 1 亿人在城镇落户，要完成改造 1 亿人居住的棚户区和城中村，要引导 1 亿人在中西部地区就近城镇化。

城镇、农村区域的城镇化发展。

传统的城镇化道路片面强调中心城市、大城市的发展，忽略了与中小城镇以及广大乡村地区的联动。新型城镇化发展理念转向关注城乡互相促进、大中小城市和小城镇协调发展。事实上，早在 1983 年，费孝通先生就提出了"小城镇，大问题"的发展思路；近年来，厉以宁先生也呼吁中国的城镇化应包括"老城区 + 新城区 + 农村新社区"三个部分。这是因为，小城镇发展更加体现民生：扩大就业是城镇化发展的原动力；公共物品供给是城镇化质量的直接体现；消费模式升级是城镇化发展的根本目的。这就是说，小城镇和新农村社区城镇化所追求的，是城镇公共服务和基础设施，使群众享受比农村更高层次的生活服务。所以，完全可以通过乡村城镇化来解决"人口城镇化"问题，中心城区—特色镇—新型农村社区，将会成为新型城镇化的主要发展形式。

四　转型时期城镇化"双重性"特征及"存量"的优先解决

（一）城镇化的"双重性"特征

我国经济发展的起飞是与改革开放相伴而生的，同时又是与全球化和信息时代相融的，因此，在发展过程中带有许多时代性的特征。城镇化的发展模式也是如此，在快速发展过程中表现为"双重转型、双重城镇化、双重动力机制、双重发展模式、双重推动主体"等不同于传统发展经济学所分析的一般情形。[①]

我国城镇化快速发展的过程是农业经济向工业经济的一般转型和计划经济向市场经济的特殊体制转型交织在一起的"双重转型"过程。在"双重转型"过程中，我国的城镇化不仅与工业化相联系，同时，与市场化和市场化取向的改革紧密相关；不仅要实现与工业化协调发展，同时还要实现与农业现代化协调发展。在这一大的经济转轨背景下，城镇化进程也相应表现为农村劳动力向城市的异地转移（人口城市化）和农村劳动力的就地转移（农村城镇化）的"双重城镇化"进程。如果实行单一的人口城市化，让农村人口向城市特别是大城市过度集中，不仅给大城市的发展增加过度压力，而且也不利于城镇结构的合理化。另外，如果实行单一的农村

---

① 辜胜阻、易善策、李华：《中国特色城镇化道路研究》，《中国人口·资源与环境》2009 年第 1 期。

城镇化方向，让农村人口滞留在农村地区，虽然能够有效缓解大城市压力，但并不能最终解决我国的城镇化问题。所以，一定程度上，城乡一体化是这种"双重"城镇化的化解方式，通过城乡一体化的发展来逐步消除"双重"城镇化的制度差异，形成一种自然的城乡一体的均衡状态。

（二）新型城镇化优先解决"存量"问题

按照一般的二元经济理论，乡—城人口流动是在城市"拉力"和农村"推力"的共同作用下完成的。但在我国城镇化却体现了"政府推动"和"市场拉动"的双重动力机制，并表现为制度变迁方面自上而下的城镇化和自下而上的城镇化的"双重发展模式"。[①] 按照托达罗模型，农村流动人口在城市的就业可分为正式就业和非正式就业，且正式就业的收入、福利、稳定性要远远好于非正式就业。农村人口向城市流动并非一开始就有一个理想体面的职业，而是一开始从事非正式就业，以便等待机会获得正式就业职位。然而，在中国的城镇化模式下，特别是政府主导推动的城镇化模式下，由于制度的歧视，农民工进入城市从事"非正式就业"是被锁定的。[②] 这样，就造成了有待"市民化"的"存量"农民工。而要解决这个"半城市化人口"的存量问题，必然会引起农村产权制度变革与农村形态的调整，如承包经营权如何解决，房产如何置换，"空心村"如何更新，劳动力是否要分层转移等问题。这些问题是以往传统城镇化路径不曾遇到的问题，需要新型城镇化的模式加以解决。

第三节　城乡一体化的发展内容

一　乡村城镇化是城乡一体化的根本任务

城镇化是人口向非农产业和城镇集聚的过程，它直接带来城乡人居空间布局的调整和变化。从发展的观点看，城镇化是农村经济社会发展及转型问题，这种转型不仅是农村人口向城市集中，也是农民生产和生活方式

---

① 辜胜阻、易善策、李华：《中国特色城镇化道路研究》，《中国人口·资源与环境》2009年第1期。

② 从改革开放以来，农村人口进入正式就业的岗位的主要渠道是大学教育、军人转业与城市创业。

的转变、农业及农村经济社会结构的变化以及农村人居空间、生存环境的改变。① 所以，城镇化从本质上讲，既可以是劳动力向城市集聚的异地城镇化，也可以是劳动力退出农业的就地城镇化。

王士兰从较为宽泛的视角认为，中国的城市是指大城市、中小城市，中国的小城镇主要是指县级市加上镇；城镇的总数量为 36678 个，② 其中小城镇的数量是 34640 个，占整个中国城镇数量的 94.44%。③ 在改革开放之前，建制镇主要以城关镇和工矿镇为主，目前，小城镇正在成为以农业服务、商贸旅游、工矿开发等多种产业为依托，各具特色的新型小城市和农村公共服务中心。足见小城镇在中国城镇化中的地位和作用不容忽视。

叶齐茂认为，"城镇化必然引起城乡经济、社会和环境方面各种各样的变化，包括城乡关系的变化。发达工业化国家的历史经验显示，'二战'后的前 20 年，即人口城镇化率在 50% 左右摆动时，人口大量向城市核心区聚集，以致农业劳动力走失，乡村凋敝，社会分化；其后的 30 年，亦即人口城镇化率跨过 50% 后，住宅、工作岗位和服务设施分阶段向乡村地区扩散，以致农田减少，开放空间丧失，环境恶化，一些村庄繁荣，一些村庄相对贫穷；与此同时，城市核心区开始衰退。这些都是城市和乡村的变化，也是它们之间公共资源的再分配和利益消长。"④ 因而，"进入后工业化时期的发达工业化国家，其城镇化已经从把人口和资源集中到若干中心城市的模式转变为把人口和资源分散到小城镇和村庄的模式"。⑤

为确保区域均衡发展，避免经济和人口过度集中，欧盟于 1999 年在《欧洲空间发展愿景》中提出了"多中心发展"的概念，把城乡伙伴关系作为发展城乡关系的基本目标，并提供了一系列政策选择以推进城乡伙伴关系的建立：（1）加强农村地区的中小城镇（尤其是日益衰败的城镇）的基础设施建设；（2）促进城乡合作，加强功能区建设；（3）把城市周边的农村地区纳入城市空间发展战略中，以建立更加有效的土地利用规

---

① 程必定：《中国两类"三农"问题及新农村建设的一种思路》，《中国农村经济》2011年第 8 期。

② 从统计资料上看，2013 年，中国城市有 658 个，建制镇将近 2 万个。

③ 王士兰：《新常态下小城镇的发展与变革》，《小城镇建设》2015 年第 10 期。

④ 叶齐茂编著：《发达国家乡村建设：考察与政策研究》，中国建筑工业出版社 2008 年版，第 127 页。

⑤ 同上书，第 132 页。

划，并提高城市周边地区的生活质量；（4）通过联合项目及经验交流，促进并支持中小城镇在国家及跨国层面的合作伙伴关系；（5）促进城镇和农村各类中小企业之间的互动。[①]

目前，我国已处于工业化中后期阶段，处于中等收入水平，城镇化率已超过50%。从发达国家城镇化的发展经验和我国的实际情况可以判断：城乡一体化的着力点在农村，乡村城镇化是城乡一体化的根本任务。同时，中国的乡村城镇化还有其特殊的意义：（1）在目前二元制度和"城市偏向化"战略的约束下，农民工的城镇化就业是一种"非正式就业"的"锁定"状态。要从制度上解决这一问题，必然会涉及农村劳动力向城镇化的流动，这种流动又必然会引起土地资源的再分配和房屋财产的城乡置换，从而必然引起原有乡村形态的瓦解，需要通过乡村城镇化来加以解决。（2）城乡土地利用和管理，特别是土地开发的二元化导致了严重的"空心村"，农村资源的"被抽走"现象，需要通过乡村城镇化来遏制乡村的衰退，通过产业的发展来恢复区域经济活力。（3）乡村城镇化通过对乡村土地资源的合理开发利用，既可以避免乡村在土地资源上被城市"掠夺"，又可以避免新农村建设的"静态化"和"输血"的财政负担，通过"造血"机制来解决农村区域发展的贫困问题。

二 现代农业发展与城乡一体化的产业支撑

（一）新型城镇化的"产城融合"

"产城融合"是在我国新型城镇化背景下，相对于"产城分离"提出的一种新的发展思路，要求产业与城市功能融合、空间整合，做到"以产促城，以城兴产，产城融合"，包括两个层面的内涵。[②]

从生产层面看，"产城融合"可归结为通过"产—城—人"之间互动，实现"以产促城，以城兴产"的发展目的。产业是城市发展的基础，城市是产业发展的载体，产业与城市的关系密不可分：一方面若没有产业支撑，城市就没有集聚功能，就会成为"空城"；另一方面若产业缺少城市的依托，缺少市场基础，就没有发展空间。所以，产业决定就业，就业

---

① 刘翠：《欧盟城乡聚合的一体化与多样化研究》，《规划师》2012年第8期。

② 赵科科、孙文浩：《"产城融合"背景下生物医药产业园区的规划策略——以文山三七产业园区高片区为例》，《小城镇建设》2016年第7期。

决定居民，居民安居决定城市的可持续发展，使产城融为一体。反过来，产城只有融为一体，以产业为引领，以城市为载体，以人为根本，实现"产—城—人"的高度互动，才能提高土地的利用效率，节约集约化发展。

从生活层面看，"产城融合"可理解为"产业新城"，即在园区内通过增加生活服务配套设施，促进园区的多元化，复合发展，打造产业功能与居住、生活、休闲等生活功能有机结合的产业新城。在产业新城模式下，园区内的产业、生活配套、开放空间、基础设施等需要在空间、交通、生态等方面进行统筹考虑，共建共享。所以，"产城融合"又将城市产业的发展与城市生活功能及城市空间融合起来。

（二）乡村城镇化中的农业产业发展

现代农业是我国村镇建设和发展的产业基础，农业产业化有利于推动农村剩余劳动力转移，并成为农村区域经济新的增长点。

发展中经济如何由二元结构向一元结构转变，在发展经济学界有截然相反的两种路径：一种是以刘易斯为代表，以农业中存在大量剩余劳动力为由，指出改变二元结构的基本途径是农业剩余劳动力向现代工业部门转移；另一种是以舒尔茨为代表，认为农业部门不存在剩余劳动力，农业中现有生产要素已得到最有效的利用，改造传统农业的路径是在农业中引入新的生产要素。舒尔茨的观点实际上代表了城乡一体化视域下现代农业的发展，是农业工业化的发展思路。通过现代农业的发展，不仅可以解决农业发展和农民收入问题，还可以解决农村劳动力的转移问题。

首先，扶持农业发展是保持乡村经济发展活力的根本。农业是农村区域的产业基础，但经济发展规律表明，农业产出在总产出中的份额和农业容纳的就业随着经济的发展快速减少。如果农业不能随着经济的发展进行产业升级和结构调整，则会造成乡村的极度衰落。欧盟通过"共同农业政策"和乡村发展政策来一直保持乡村经济的发展，其目的是保障农业生产者的基本收入、粮食安全、减少乡村资源和乡村人力资源向中心城市集中。其政策核心是，无论工业和服务业如何发达，保持一个可持续发展的农业部门不可或缺：战后初期，保持乡村经济发展是为了解决粮食问题和农民收入；当粮食生产满足之后，欧盟就把农业发展放在了多功能农业的发展上，实现土地整理和村庄更新，以保护环境和维持生态平衡。

其次，农业的规模经营和产业攀升能够为农村劳动力提供更多的非农化就业机会。农业生产方面事实上存在两种农产品规模经营：一是土地规模经营；二是社会服务规模经营。社会服务规模经营就是通过为农民提供有效的产前、产中、产后服务，延长产业链条，从中提高生产效益。我国大部分农产区，优质产品不足、务农效益不佳的根本原因之一，就是社会服务不足，这与小城镇发育不全有关。据统计，美国全国仅占2%的人口直接务农，但是有20%以上人口服务于农业产前、产中和产后服务，这些人基本居住在小城镇，就近为周边农村和家庭农场提供服务。[①] 另一方面，规模化经营和小城镇也是促进农业科技创新和示范推广的孵化器。科技成果的创新和示范推广离不开专业化分工和合作的演化，只有将服务当地农业农村的新技术、新产品按专业化组织起来，才能高效应用推广，从而为现代农业的产业化提供动力。同时，更为重要的是，这种专业化分工越细，人们越能够在较窄的专业中快速积累相关知识，从而促进科技创新并在不断创新的基础上提高农业产业的竞争力。

最后，发展现代农业是避免"过度城镇化"和"中等收入陷阱"的根本措施。在发展中国家，拉美国家的城市化率一般在70%—80%，但这种城市化实际上是一种将农村贫困转移到城市的不良城市化，或者说是拉美的过度城市化，并由此形成了"中等收入陷阱"。"二战"后，拉美国家大都片面地将工业化等同于现代化，认为工业的发展优先于农业和农村的发展，甚至认为工业化是解决农业问题，特别是农村向城市移民的最好办法。因此，在经济结构的改革中，采取了重工轻农的政策，加剧了农业的衰退和落后。结果，错误的现代化模式导致大批农民被过早地"挤出"农村，被迫无序流进城市，而城市的工业化发展又无法吸纳这些剩余的劳动力，导致城市失业人口过多，形成"过度城市化"。[②] 事实上，

① 仇保兴：《我国小城镇建设的问题与对策》，《小城镇建设》2012年第2期。

② 拉美国家的教训是长期僵化地实施进口替代发展战略。受保护工业的规模难以扩大，无法创造足够的非农就业机会，大量劳动人口长期滞留在传统经济部门，没有形成持续增收的渠道。这反过来进一步影响国内需求和市场空间的扩大。由于土地高度集中于少数人手中，大量无地农民不得不涌入城市，但他们与工业化没有直接联系，成为城市的边缘阶层。劳动力参与不足、土地制度改革滞后，使众多人口无法分享发展成果，而且还使利益格局在人群和代际锁定，引发了严重的社会矛盾和问题。参见刘世锦、张军扩、侯永志、刘培林《陷阱还是高墙：中国经济面临的真实挑战与战略选择》，载《比较》第54期，中信出版社2011年版，第20—47页。早在1945年张培刚就把工业化定义为"一系列基要的生产函数连续发生变化的过程"，它不仅包括工业本身的机械化和现代化，而且也包括农业的机械化和现代化。这种定义可以防止和克服那些惯常把工业化理解为只是单纯地发展制造工业，而不顾及甚至牺牲农业的观点和做法的片面想法。参见张培刚《张培刚经济文选》，中国时代经济出版社2011年版，第198页。

小城镇是周边农村的政治、文化、商业、卫生、文教等方面的服务中心，欧洲、日本、美国等，小城镇占城市总数的 90% 以上，而城市贫民窟泛滥、农业生产效益止步不前的拉美、非洲诸国，人口过分集中在一两个大城市之中，缺乏星罗棋布的小城镇作为中介。①

中国城镇化进程中的一种不良的现象，也是大城市无序发展的"过度城市化"和中小城镇人口严重不足的"有城无市"。所以，城乡一体化必须注重城镇的产业支撑，避免"过度城镇化"和"城市贫困"现象。这一问题的解决，必须依靠现代农业的基础支撑、吸纳就业和保持乡村活力的多功能的发挥。

三　公共产品提供与乡村福利水平的提升

乡村城镇化按照城乡一体化规划，必将打破原有自然村庄的限制，形成一定的人口集聚，从根本上克服公共产品供给的"门槛规模"，使公共产品的供给具有可行性和更加充分。

公共产品，包括基础设施和公共服务，具有自然垄断的特征，固定成本投入非常大，运行成本相对较少，因此，必须有足够大的市场规模才能够分摊其昂贵的固定投入，这就使公共产品的供给有一个"门槛效应"。如果达不到一定的市场规模，公共产品的提供就是无效的，或者是其利用十分低下，或者是其供给的财政负担非常大。例如，新农村建设过程中就出现了这样的困惑：不少村庄修建了完善的基础设施，但其利用率很低，多数成为形象工程；农村居民急需的养老、教育、医疗等公共事业和设施，由于村庄的分散和市场的零碎而无法较好地提供和满足。这也是城乡公共产品差别的主要表现和解决的困难所在。

我们认为，农村公共产品的提供必须考虑两个方面，一是其适用性，一定要考虑农村居民的消费结构和消费需求，比如，农村的文化娱乐设施，农村的健身体育设施就没有必要照搬城市的模式。一般来说，农村的教育、医疗、养老、供水是急需的公共产品。二是公共产品供给的"门槛效应"。这就是说，农村公共产品的供给必须有一定的人口规模，这就需要人口的集聚。所以农村城镇化过程中，不能仅仅就村庄论村庄，需要全面整合村域资源，促进全域合力，强化与相邻地区的协调，并对区域性

---

① 仇保兴：《我国小城镇建设的问题与对策》，《小城镇建设》2012 年第 2 期。

设施建设做出统筹安排，确保农村社区与区域整体发展的协调统一。[①]

概括起来说，乡村城镇化的公共产品可分为如下三类：纯公共产品、准公共产品、政策扶持型产品。[②]

（1）纯公共产品。从其定义上看，是指在消费过程中具有非竞争性和非排他性的产品。由于这种产品特性，容易产生"搭便车"行为，导致产品的供给严重不足，所以，需要通过政府供给加以解决。因此，从实际情况来看，主要是指政府提供的产品，包括行政管理、道路交通、市政基础、环保卫生、园林绿化等内容。

（2）准公共产品。仍然按照供给的视角认识，介于纯公共产品与私人产品之间，由政府与市场共同提供，公众在使用时需要支付相应的费用。这类产品包括文化娱乐、科技教育、医疗卫生、休闲运动等内容。

（3）政府扶持型产品。这类产品按理说应该完全由市场提供，但是，由于涉及区域的整体发展，且对于私人主体可能会出现成本收益的不对称性，以及高风险性所导致的短缺产品，需要政府提供产业政策加以支持。这类产品主要包括土地整治、农田水利设施、战略或幼稚性产业发展、住区建设等内容。

四　生态环境的美化与城乡和谐共生

1. 优美环境是城乡共生中的生态产品

在人们的认识和观念中，城乡统筹发展、城乡一体化更多的是一种发展战略，是通过"以城带乡、以工补农"来促使农村的发展。其实，除此之外，城乡一体化更是一种发展的理念，城乡一体化不仅要解决农村贫困和落后，还要解决城市拥堵和城市污染等问题。健康城镇化进程中存在两种反馈机制，即农村以生产城市居民必要的农产品和洁净的水、空气来支持城市，而城市则应以文明卫生的生活方式、高效的经济模式、创新的科技和充沛的资本来反哺农村。没有美丽的乡村，就没有优美的城市，就不可能实现"城市，让生活更美好"。

---

① 张良悦：《粮食主产区城乡一体化的发展内容与政策扶持》，《区域经济评论》2014年第2期。

② 杨晨：《行动规划下乡镇规划项目库编制内容与方法研究》，《小城镇建设》2015年第3期。

首先，现代农业是一种多功能农业。农业除了生产粮食的基本功能外，还塑造风景和保护土地，提供对自然资源的可持续管理和生物多样性的延续，以及保持乡村地区社会经济的活力。这就是说，农业地域既是生产的空间，也是生态的空间，还是生活的空间，是一个完整的"生存空间"。①

其次，新型农村社区作为小城镇的发展形态，不仅能够解决农村的发展问题，缓解大中城市膨胀的压力，还可以通过其生态产品保证和提高城市的生活品质。现代农业的发展思路不仅仅将农业局限在食物的生产和提供上，还要将生产活动延伸到第二产业和第三产业，通过农业产业集群的发展来恢复乡村的"活力"。今天，城市居民对于乡村地区有了新的要求和期望，除了食品供应，乡村地区还应该担负起娱乐、教育、度假、休闲、疗养等功能。此时，以乡村娱乐、生态旅游为主要内容的休闲服务将成为重要的服务型产业，生态产品将成为乡村经济发展的重要内容。

最后，实施"城乡共生"的发展理念有助于遏制对乡村的"掠夺"和"殖民"。"以城统乡"的传统城镇化模式对乡村资源的掠夺主要表现为对乡村资源的选择性流动。诚如叶裕民所说："中国 30 年的城市化过程犹如一个庞大的筛子，把就业、健康、年轻、创造、活力和财富都留在了城市，而把失业、孤独、疾病、年老、犯罪都留在了农村。更为严重的问题是，巨大规模的两栖人口的存在不仅带来严重的乡村发展问题，同时也导致中国产业结构转型困难、城市社会贫富差距扩大、居民消费和内需拉动难以奏效。"② 殖民化城镇的发展主要是指，在政府主导下在乡村强行推进传统的工业化模式和城镇化的经验。例如，在乡镇甚至村庄招商引资、将污染的企业转移至乡村地区，在乡村进行大拆大建，强迫农民上楼等方式和经验主义。

2. "真、味、宜、美"乡村环境

"真、味、宜、美"既是乡村环境的品质特征，又是乡村建设的具体要求。在建设乡村的优美环境中，必须做到实现"乡村的真实与质朴"

---

① 高宁、华晨、Georges Allaert：《多功能农业与乡村地区发展》，《小城镇建设》2012 年第 4 期。

② 叶裕民：《中国统筹城乡发展的系统架构与实施路径》，《城市规划学刊》2013 年第 1 期。

"乡村的特色与品位""乡村的宜居与宜业""乡村的恬静与优美"。[①]

（1）乡村的真实与质朴。城镇与乡村不是对立的，实现城乡一体化发展并不是抹杀乡村的本质，而是在城乡发展经济社会水平及公共设施整体提高的同时，还原城镇与乡村原本的生产生活与生态面貌。要充分发挥乡村在生产方式、生活节奏、生态环境格局等方面的原本特质，保持美丽乡村应当具有的共性品质。

（2）乡村的特色与品位。在美丽乡村基础品质上，深入挖掘乡村在文化、经济社会、资源禀赋等方面的特色，形成乡村的独特品位。我国多地美丽乡村强调"一村一品"的建设，可以极大提高乡村的品质。当然，挖掘乡村特色时并非要局限于关注地方的历史文化与资源禀赋，也可以在地理区位、经济产业、乡村营销等方面建立乡村的潜在优势，进行乡村的特色塑造。

（3）乡村的宜居与宜业。实现美丽乡村正常、健康的生产与生活，可以保障乡村持续的发展驱动力。这就是说，要处理好经济发展与特色保护之间的关系，既要对禀赋资源进行开发，带来经济收入，又不能对生态环境造成破坏，影响居民生活，乡村建设要注重可持续发展。

（4）乡村的恬静与优美。乡村对于城镇的一大优势就是良好的生态环境资源、淳朴的民风等。通过对美丽乡村的基础设施与服务设施的改造升级，提升乡村的硬件环境；通过乡村集体活动、特色活动的举办，激发村民的活力与主人翁意识，形成优美的环境与恬静的氛围，增强美丽乡村的吸引力。

第四节　城乡一体化的发展路径与模式

一　基于城乡一体的新型城镇化

（一）城镇化质量的内涵要求

从发展的角度看，城镇化并不是单纯地强调城市的建设或者是新农村

---

① 乔文凯、于涛：《新常态下我国美丽乡村建设策略研究——基于世界遗产白川村的经验》，《小城镇建设》2016 年第 5 期。

的建设，而是根据经济社会发展的基本情况，基于城乡一体化发展模式的生产方式和社会方式的转变。中国目前的城镇化具有如下几个背景特征：首先，从国家的层面而言，中国城镇化问题是与现代化、工业化、市场化、国际化以及实现转型发展等问题交织在一起的，也是与全面、协调、可持续发展和社会的文明进步交织在一起的，需要从根本上从发展的高度去理解和把握城镇化的内涵实质。特别是，要将政府主导的城镇化转向市场导向的城镇化，通过市场机制，用价格信号吸引劳动、土地和资本等要素。其次，要高度关注人口迁移问题和特征。既然城镇化是人口由农村向城市迁移的进程，城镇化进程中的许多问题是由人口流动引起的，那么就应该解决制约人口流动的制度性问题。例如，现行的户籍制度、公共服务制度、财税制度以及社会管理制度等已经不能适应新型城镇化发展的要求，必须从体制上解决这些问题。最后，要注意不同区域城镇化的发展阶段，城镇化的质量问题是与城镇化的速度相伴相生的问题。因此，城镇化的发展更应该注重其质量的内涵性建设。[①] 要将粗放式发展的城镇化让位于精益式城镇化，将传统城镇化道路下简单的"铁公基"建设乃至居民生产生活方式，朝着更为高效、更为智慧、更为环保的方向牵引，为经济消费和转型升级搭好平台。[②]

从最宏观的意义上说，中国只有两类城市：一类是有能力创造净需求的城市；另一类是增加净供给的城市。对前者来说，新增净需求意味着国内市场和就业持续增加，新增就业者成为边际消费倾向较高的消费者后，供求相互促进的城市规模效应就成为拉动经济增长的源泉。它不但可以实现城市经济的自我循环，而且可以不断吸收新的转移劳动人口，进而加快现代经济结构的形成。从这个意义上说，国际化大都市是最好的城市化模式选择。但受地理因素、基础设施条件、公共服务条件、经济全球化融入程度不同、就业机会多变和文化历史等多种因素的影响，目前中国极少数特大城市急速扩张，人口和交通承载能力已接近极限。而大中型城市成长相对缓慢，就业机会相对有限，生活吸引力不足。县城镇虽然数量众多，但多是生产供给型产业群。用合理的方式在这三类城市之间进行合理分

---

① 陈明：《中国城镇化发展质量研究述评》，《规划师》2012 年第 7 期。

② 田国强：《中国改革的未来之路及其突破口》，载《比较》第 64 期，中信出版社 2013 年版，第 53—72 页。

工，使更多的城市具备规模经济效益，使之成为吸纳农业转移人口的主体，是中国城市化模式需要解决的主要问题。①

据此，我们可以从经济、社会、生态上简要说明新型城镇化的内涵要求：（1）新型城镇化以质量与可持续发展为导向，强调产业结构转型升级，激发生态、高效的经济发展新动力。而传统的城镇化是以速度为重心，以消耗大量资源为特征的粗放增长模式。（2）从社会内涵上看，新型城镇化以人为中心，致力于修复转型期的社会公平缺失问题，实现包容性增长。要大力推进农民工市民化、城乡公共服务均等化，要厘清政府与市场的边界，最大限度地调动社会力量参与。（3）从空间使用上看，新型城镇化应是"生态改善型"，而非"人为造城型"，是"内涵型"，而非"外延扩张型"。通过小城镇的建设和乡村更新，促进城乡空间统筹，防止城镇无序蔓延，保护生态环境和基本农田，提高城市生活的宜居品质。②

（二）基于城乡一体化的传统城镇化向新型城镇化的转型

传统城镇化模式主要体现为粗放型工业化推动下人口规模的增长、城镇空间无序膨胀、资源大量消耗、城镇环境显著恶化。新型城镇化强调质的飞跃，关注人的需求。其中，最关键的举措在于三个方面：

第一，扩大就业是城镇化发展的原动力。这是城镇化动力观的转型，这就是说，如何将城镇化的驱动由"集聚"转移到"扩散"上来，如何将区域内的发展由"单一中心"转移到"多中心"上来。过去将城镇化发展的动力从外部获取，从中央到地方，从城市到城镇再到乡村，强调城市对周边城镇的"输血"功能。转型后的发展动力将从内部获取，让广大中小城镇形成"造血"功能。扩大就业是政府的职责，要结合城镇的空间规划来进行统筹考虑。

第二，公共物品供给是城镇化质量的直接体现。这是城镇化落脚点的精确化，同时明确政府对于广大市民的责任。过去非常强调面子工程、政绩工程。这些表面上提升了城镇形象，但与公众的需求产生了错位。城市的核心作用决定了城市要以层次、差异化的设施和服务，满足人们生活保

---

① 刘鹤：《"十二五"规划〈建议〉的基本逻辑》，载《比较》第54期，中信出版社2011年版，第1—19页。

② 陈侃侃、朱烈建：《新型城镇化视角下的浙江省小城镇转型发展路径研究》，《小城镇建设》2016年第2期。

障乃至安全和社会归属等心理需求。要将重心转移到人力资本的提升和公共物品的提供上。现代城市化发展的动力在于知识积累和人力资本的提升。伊顿和埃克斯坦（Eaton & Eckstein，1997）、克莱赛尔和玛尔（Glaeser & Mare，2001）、卢卡斯（Lucas，2004）指出，农村人口流向城市是因为城市为积累人力资本提供了很好的场所。在均衡城市现代工业中只有那些人力资本最高的人在从事生产活动，而其他人都专门投资于人力资本。这意味着所有刚刚流动到城市的人口都专门进行人力资本积累，直到他们赶上人力资本最高的人。[①]

第三，消费模式升级是城镇化发展的根本目的。这是城镇化归宿的重新界定。城镇化的目标是多元的，包括区域地位的提升，竞争力的增强，城市个性的凸显。究其根本，以人为本，消费模式的升级才是城镇发展的根本目的，也只有多元化、高层次的消费才能诱发更多需求，推动城市的良性发展。[②] 这就要求城镇化转型过程中，既要把城市作为生产型城市，也要把城市作为消费型城市，要从产业结构和消费结构的优化升级中去规划和发展，将新型城镇化看成是拉动新兴产业需求、推动经济结构转型升级的重要载体。

二　城乡一体化的发展模式

（一）小城镇与乡村社区是城乡一体化的基本模式

转变城镇化发展方式，推动城乡统筹发展，必须把城镇化的发展重点真正地转移到促进中小城市和小城镇发展上来，实现大中小城市的包容性发展。小城镇在城乡发展结构中承上启下，既是工业化的重要载体，又是农业产业化的服务依托，还是城镇化的基础支撑。小城镇的比较优势能就近吸纳农村人口，其相对较低的比较成本可以使大量农民从农村转出来、待得住、能发展。国际城市化发展实践和一般规律也表明，目前还没有一个人口大国、经济大国的城市化是靠单独发展大城市或特大城市实现的，除新加坡外，发达国家的小城镇都是承载人口的主要载体。德国是城镇化体系和区域结构最均衡的国家之一，城镇化率达到97%，其中70%的人

---

① 邹微：《发展经济学——一种新古典政治经济学的研究框架》，经济日报出版社2007年版，第194、202页。

② 岑迪、周剑云：《新型城镇化导向下中小城镇规划探析》，《小城镇建设》2010年第4期。

口居住在小城镇。美国有超过 50% 的人口居住在 5 万人以下的小城镇和小城市。①

城市的辐射力与影响力远远不能覆盖所有的乡村，这就限制了城市对农村发展的带动能力。苏南等地区发展农村小城镇的作用表明，只有在农村范围内发展起一个个小城镇，依托小城镇连接各业，辐射周围农村，才能就地带动农村的繁荣和发展。这可以说是中国特色城镇化道路的重要意义。所以城镇是连接城市和乡村的中间地带，城乡一体化必须高度重视城镇作为连接城市与乡村的"中介点"。城镇不仅是吸收农业剩余劳动力的重要场所，也是改造传统农业的载体。迄今为止，我国农村的城镇有四种类型：一是历史上形成的城镇；二是农村发展乡镇企业所形成的城镇；三是在城市调整结构中进入的城镇；四是村庄集中化形成的农民社区。政府加大对从城市到城镇直至乡村的公共设施建设，就可能放大城市要素对农村的外溢和扩散效应，提高城市对农村的反哺能力。②

乡村城镇化或小城镇的发展，重在城镇城市化。城镇城市化是指增加城市要素的供给，形成区域的集聚效应。农村城镇的城市化水平直接影响城市现代化要素向农村的扩展和辐射能力。城镇具有城市功能，就能成为人力、资本资源的积累和集中的中心，成为区域中的商贸中心、服务中心，从而为建设和繁荣农村集聚要素和能量。首先，城镇城市化要求城镇的集中。城市化包含城镇人口的集聚、经济能量的集聚。达不到必要的规模，集聚不起服务业，集聚不起市场，也就不具有城市功能。例如，苏南地区的四集中为：乡镇工业向园区集中，人口向小城镇集中，服务向中心城镇集中，农田向种粮大户集中。其次，城镇城市化要求城镇设施的城市化包括商业、教育、文化、医疗、购物等设施。最后，城镇城市化要求城镇具有对外开放的通道。

在新形势下，新型城镇化推动的新农村建设会出现两种情况：一种情况是，随着小城镇的发展，一部分农村人口向小城镇转移，形成集聚效应；另一种情况是，随着城镇化对农村辐射作用的增强，一些规模大、条件好、发展快的农村大社区或中心村，经济社会结构逐渐向城镇化深度转

---

① 仇保兴：《我国小城镇建设的问题与对策》，《小城镇建设》2012 年第 2 期。

② 洪银兴：《城乡互动、工农互促的新起点和新课题》，《江苏行政学院学报》2009 年第 1 期。

型，逐步发展为新的小城镇，农民不需要转移，就可以就地实现职业和身份的双重转变。

所以，在继续发挥特大城市、城市群在城镇化发展中的核心引领作用的同时，应大力发展中小城镇，把中小城市和小城镇的发展与区域中心城市功能提升、人口合理集聚和农业现代化结合起来，优化空间布局，承接产业转移、完善城市功能，提升城市品质，提高中小城市和小城镇的吸纳能力、承载能力、特色能力和县域经济带动能力。农村地区要优先发展能够带动现代农业发展的建制镇，为农村特色产业服务的特色镇，有一定产业基础吸纳农民工的工业镇，有效改善周边农村地区人居环境的中心镇。①

（二）就地城镇化的概念

传统意义上，我们把本地区域内（一定的行政辖区）的人口迁居至本行政区域外，从事非农业生产的人口城镇化称之为异地城镇化。由于社会发展水平、地域经济差异等多方面的因素导致的地域平衡被打破，促使一定规模人口从一个地域流向另一个地域，迁移的动力来自城镇的拉力和农村的推力的有机结合。从人口城镇化的本意来说，农村人口变为城镇人口的过程，除部分农村地区变为城镇地域就地转化的人口之外，多数是人口从农村迁移至城镇的过程。从这一意义上来讲，城镇化就是异地城镇化。在此我们不再赘述，下面主要分析就地城镇化的基本概念与内容。

传统城市化理论认为，城市化是在城市的引力场内，乡村人口大量向中心城市集聚的过程。在城市拉力和乡村推力的双重作用下，人口大量向城市迁移，城市地域面积逐渐扩大。这种模式多发生在城乡差距大、中心性强的域面上，并且对城市化发生区域来说，多是外生力量推动的被动性空间扩张的结果。

与传统城市化模式不同的是就地城市化模式。它主要表现为农村人口就地转变为城镇人口，乡村地域就地转变为城镇地域的过程。它不是经过大规模人口迁移集聚而成，而是人口就近靠拢、收敛，往往在县城、乡镇驻地，甚至在中心村的基础上演化为城市的。一般是由于这里的人口集聚、工业发达、交通便利、区位优势较明显，而造成了人口的就近聚拢。

---

① 李兵弟：《城乡统筹规划：制度构建与政策思考》，《城市规划》2010 年第 12 期。

因而，就地城市化多是内生力量的增长推动形成的城市化过程。[1] 例如，"'二战'后，老欧盟的城镇化主流方向是原先的乡村人口就地改变他们的生产生活方式，人口不一定是向人口密度较高的地区转移，而是留住在原先的乡村地区，在那里建设起一座座'新城镇'"。[2]

程必定将传统的城市化称之为人口转移型城镇化，将就地城镇化称为结构转型的城镇化。他认为，在我国人口转移型城镇化还会大规模地持续，但将逐渐弱化，不再成为城市化的主流。所谓农村就地城镇化，从外观上看，在村庄与相邻城镇的空间关系上，逐步形成产业发展的有机衔接、基础设施上的共建共享、社会事业向城镇的全面融入、文化观念受城镇的深度辐射；从界内看，在村庄建设上，逐步形成产业发展园区化、农户住宅成套化、村容村貌街面化、村务管理民主化的新形态。对内对外两个方面的发展互为条件、相互影响，以城带乡、镇乡一体。[3] 为什么就地城镇化会成为主流呢？首先，因为农村人口过多、过快地向城市集中，会造成城市发展的新问题。为避免发达国家和发展中国家早已出现的"城市病"，有必要在规模和速度上适度控制农村人口向城市的转移，人口转移型城市化就会逐渐弱化。其次，农村发展出现的新因素，对农村人口向城市转移会产生"黏性"，一些已经转移到城市的农村人口出现了向农村的回流，也会导致农村人口和劳动力向城市转移的趋缓。最后，在人口转移型城镇化的发展过程中，结构转换型城镇化也在发生，从而会产生一定程度的替代效应。[4]

（三）就地城镇化过程的一般性演进机理

1. 乡村集聚的引力机制

从宏观层面上看，中心性较强的村和镇是经济要素集聚的主要引力源。引力大小是根据距离衰减率和引力源经济势能共同决定的。通过吸入

---

[1] 王国栋：《中国中部地区和东部地区就地城市化的差异——基于中原城市群与海西城市群的比较研究》，《创新》2010年第5期。

[2] 叶齐茂：《发达国家乡村建设：考察与政策研究》，中国建筑工业出版社2008年版，第133页。

[3] 程必定：《中国两类"三农"问题及新农村建设的一种思路》，《中国农村经济》2011年第8期。

[4] 程必定：《区域的"城市性"与中国新型城市化道路》，《浙江社会科学》2012年第1期。

引力场内的小村落，相对中心性较强的中心村会升级为中心镇，而中心镇则会进一步升级为小城市，乡村的聚落空间逐渐被城镇空间所取代。从微观层面上看，就地城镇化是相对均值分布的人口在中心性较强的乡村地区就近集聚，产业从分散到集中有序布局，新的城市地域空间形成的过程。就地城市化一般可能会经过相对均质无序的农村聚落时期、乡镇企业遍地开花时期、人口产业集聚兴起和就地城市化形成时期四个阶段。①

2. 就地城镇化的人口集聚与产业演变特征

从人口流动看，人口转移型城镇化是农村人口向城市的流动，而结构转换型的城镇化人口流动方向发生了变化，一方面，农村人口会就地实现城市化转型；另一方面，城市人口为追求更好的生活环境会向郊区或农村地区流动。从区域"城市性"看，人口转移型城市化是集中而"极化"的空间结构，区域"城市性"程度比较低；结构转换型的城市化是相对"泛化"又相对均衡的空间结构，并出现城市化地区，区域"城市性"程度比较高。从区域产业结构特征看，由于人口转移型城镇化的推动力是工业化，第二产业处于快速发展期，产业结构大体上是第二产业大于第一产业，第三产业尚处于后进地位。结构转换型城镇化的推动力是工业化和信息化，第三产业在经济发展中的地位会上升，第一产业的比重会大幅下降，产业结构大体呈现第三产业高于第二产业，第二产业又高于第一产业的特征。②

3. 就地城镇化的标志

第一，人口的就地城镇化。一般表现为人口的就业非农化。人口就地就业非农化是农民在离土不离乡的情况下，逐渐脱离农业生产，进而从事第二、第三产业生产活动的过程。这种农民身份的实质性改变，使农民投入农业生产的时间和行为大量减少，已经不再是传统意义上的农民了。

农民就地职业化是就地城镇化的关键，职业农民不仅有文化、懂技术、会经营，而且会有较高的经济收入。转入规模化经营的职业农民可以获得财产性、工资性和经营性收入。职业农民以农业为生存和发展的经济依托，有较高的经济收入，不仅不会轻易离开农村，而且有建设新农村的

---

① 王国栋：《中国中部地区和东部地区就地城市化的差异——基于中原城市群与海西城市群的比较研究》，《创新》2010 年第 5 期。

② 程必定：《区域的"城市性"与中国新型城市化道路》，《浙江社会科学》2012 年第 1 期。

理念、技术和组织能力与适应能力，可以推进现代农业和农业产业化的不断发展。[①]

第二，生产过程的就地城镇化，即农业的就地产业化。所谓农业就地产业化，是指农业生产要面向市场、突出特色，在提高种植业、养殖业、林业等产品产量的基础上，拉长农业产业链，就地走上产业化发展道路。农业产业化能提高农业的比较收益，改变农业的弱质地位，提高农民的经济收入，发展和繁荣农村经济。农业就地产业化是新农村建设的基础。传统农业的最大问题就是农业的比较效益低，随着工业化和城市化的推进，这一问题越来越暴露出来，使农村区域经济发展显得没有活力。农业产业化是乡村城镇化建设的产业基础，有了现代农业的充分发展，乡村发展和城乡一体化才能顺利进行。

第三，生产和生活环境上的就地城市化。由以传统农业为主的乡村地区转化为以现代农业为主的城镇地区，并且伴随着人们生活质量的进一步提高、生活节奏的加快和文明程度的提高，人们的生产、生活环境必然要发生巨大的变化。特别是城镇的公共产品的全面覆盖，将会大大提升乡村地区的生活品质。

三　乡村更新是城乡一体化的基本路径

（一）乡镇的不同类型与建设路径

小城镇介于城市和村庄之间，是连接城乡的纽带。按照小城镇发展动力的不同，大致可以分为大城市郊区镇、县域中心镇、一般镇、特色镇和中心村五大类。所以，在小城镇建设过程中，必须强调"城—镇—村"三者之间的关系，改变原来的城乡"二元"体系，实施城乡一体化的建设思路，按照五种类型各自的特征进行建设。在城镇的发展动力上，可以根据绝对优势、比较优势、资源禀赋优势以及区位中心优势进行确定，在产业的选择上可分为工业主导型、商旅主导型、农业主导型和混合发展型。

1. 不同类型的城镇与村域

（1）大城市郊区镇。是指划入大城市规划区的建制镇。这类小城镇

---

① 程必定：《中国两类"三农"问题及新农村建设的一种思路》，《中国农村经济》2011年第8期。

纳入大城市规划区统筹规划，发展动力主要借助所附属的大城市，通过承接大城市功能疏解，吸引大城市人口和消费，实现自身发展。

（2）县域中心镇。是指县或县级市城镇体系规划中确定的县域一定区域的中心镇。这类小城镇是一定区域的中心，一般人口规模和经济实力较强，具有一定的腹地，辐射周边若干小城镇。可通过强化自身的综合服务能力进行发展，在条件具备时，可发展为小城市。

（3）特色镇。是指具有产业集群、专业市场、旅游资源、历史文化等特色的小城镇，如各类产业集群镇、历史文化名镇、旅游小镇等。这类小镇的发展应立足特色，围绕特有的资源禀赋，强化特色，弱化规模，增强核心力。

（4）一般镇。是指未划入特色镇的普通城镇。这类小城镇以服务农业生产和农村生活为基本功能，本质是具有服务功能的乡村社区。

（5）中心村。是指具有一定产业规模的一般乡村，中心村或综合村主要是发展乡村产业，提供乡村综合服务。

2. 不同村镇发展的路径

（1）"大城市辐射"为主驱动力的发展路径。将"大城市辐射"的外来动力作为乡镇发展的主驱动力，是大城市都市区乡镇的共同特点。这类乡镇的发展，依托自身土地人工成本低廉的优势，依据自身的区位条件、资源条件及发展特点，承接大城市不同的产业转移和城市功能，把小城镇的发展纳入都市区整体产业发展战略之内。具体包括与大城市融合、城市组团、借"城"兴"镇"、卫星城市等发展途径。

（2）依靠内生产业发展驱动的路径。这类乡镇主要依靠原有的乡村产业进行发展升级。一方面，依靠原有的制造产业，延长产业链条，实现产业集群发展，提升小城镇工业化水平，以工业化带动城镇化，吸引人口、产业的不断集聚，实现乡镇企业城镇化协调互助发展。另一方面，依托农业产业化和周边特色农业资源，培育特色农业资源深加工、精加工为主导产业，利用小城镇与农业和农村的天然联系，依托农业和农村形成一个完整的经济体系，推动农村、城镇协调发展。具体包括工贸双轮驱动、产业拓展延伸、特色农产品产销一体化、商贸物流、"互联网＋"、区域化服务特色等途径。①

---

① 王卓标、黄亚平：《湖北省21个示范乡镇类型与发展特色研究》，《小城镇建设》2015年第2期。

（3）生态资源型发展路径。生态资源是指山区特色资源的发展路径，这一类小城镇，一方面缺少制造业所需要的发展要素，另一方面又受到生态资源保护的制约，必须将其自然资源与农业资源变成旅游资产。主要依靠生态资源的加工来促进产业发展，并通过产业发展带动城镇发展。比如，通过林果基地、蔬菜基地、药材基地，以绿色食品、无公害食品、有机食品等作为主要产品，以旅游业作为主要产业。

（二）乡村更新与乡村整治

所谓乡村更新是指在城乡一体化的规划下，对乡村进行的空间、产业、人口的重新布局和建设，主要包括对农村空宅和废旧建设用地的整治，对农业耕地的调整与整治，对农村劳动力的有序转移，其核心目标是重构区域性人口集中、产业集聚、土地节约集约的城乡国土空间新格局，为城乡统筹和城乡一体化提供一个很好的实施平台。①

为什么要进行乡村更新或者说乡村城镇化？首先，乡村发展活力丧失，乡村区域经济急剧衰退。目前，乡村经济的发展受到两方面的挤压，一是随着农村温饱问题解决之后，随着工业经济和城市经济的快速发展，农业生产逐渐被兼业化和副业化，由无法外出的农村人口来承担生产；二是在 20 世纪 80—90 年代兴起的乡镇企业或者由于改制不成功，或者由于受到城市民营和国有企业的竞争压力，已经不再成为乡村经济的增长点。由于这两方面的原因，乡村区域经济的发展处于一种萎缩的状态。其次，乡村空心化问题得不到根本的治理。这种空心化既包括村庄内部的空宅增多，也包括村庄的蔓延，而且，即使新建住房也存在半空置状态（只是春节期间回家居住，其余时间长年空置）。最后，城镇化产业结构的调整与配置必定会促使现代农业的发展。随着传统农业生产方式的转变，与之相适应的乡村居住形态和社会服务功能都将发生变化，仅靠简单的"维护"和"修补"已无济于事，需要在产业调整的基础上，在人口流动的环境下进行重构。

基于上述的认识，我们认为乡村更新必须与农村形态建设、现代农业发展、乡村产业结构升级以及生态环境相联系。

---

① 张正峰、杨红、刘静、吴沅箐：《城市边缘区城乡统筹的一体化土地整治策略》，《中国土地科学》2011 年第 7 期。刘彦随等：《中国现存发展研究报告——农村空心化及其政治策略》，科学出版社 2011 年版。

（1）与农村形态建设相结合。主要是对"空心村"的整治。对"空心村"的整治看似对空置的宅基地进行整理，实质涉及村庄农民的分层流动问题（即哪些农民要流入到城镇中去，哪些农民继续留下来从事农业生产）、资产置换问题（流动到城镇的农民如何将自己的承包经营权和房屋财产权置换到流动地）等核心问题，需要通过制度设计来加以解决。通过规划建设新型农村社区、产业园区，以及重新利用农村废弃闲置的土地，不仅可以防止村庄建设扩展蔓延，促进农村土地资本化和增加农民资产性收益，还能促进土地流转和大面积经营，从根本上改变目前农村土地细碎化经营的现状。

（2）与现代农业发展相结合。土地整治与农村的农业现代化建设相结合，能够发挥土地整治的生产功能。在整治过程中通过土地的平整、田块规模的扩大、田块外形的规整、田间基础设施的完善，耕作限制因素的消除为现代农业的发展提供基础条件；同时，整治后的土地由于质量提高、设施完备，必然会引入新技术、新设备与新品种；此外，整治后的土地也会与规模经营结合起来，通过组建专业合作社或引进农业龙头企业实施规模经营，推动传统农业向现代农业转变。

（3）与产业的优化升级结合，构建新型现代农业产业体系。通过产业用地的整治、复垦、挂钩等，实现产业用地布局的调整，从而优化产业体系，推动产业的优化升级改造。发展休闲农业、观光农业、设施农业是城乡一体化的必然要求，应通过土地整治，形成现代农业产业集群和产业园区，使现代农业成为涉及第一、第二、第三产业的大农业，就地吸纳从传统农业中转移出来的劳动力。

（4）重视土地整治项目区生态景观建设。村庄整治项目按照景观的处置方式，可以分为三类：保护、提升和重建。要保护各个村庄原有的历史风貌，在使用中保护，在保护中更新；要注重各个村庄个性的保留和传承，固化村庄的特色和异质性，进而提升景观的价值；村庄废弃地复垦之后要进行景观重塑，景观重塑的过程要注重景观的多功能性。[①]

"二战"后，德国乡村建设改善村庄结构的目的是改善农业结构，特别是通过土地整理，在空间上重新安排土地的拥有结构，使之不至于过度

---

① 张正峰、杨红、刘静、吴沅箐：《城市边缘区城乡统筹的一体化土地整治策略》，《中国土地科学》2011 年第 7 期。

分散，影响农业的现代化。荷兰的乡村发展计划是推动可持续发展的农业，提高农业生产的市场核心竞争力；提高自然环境和自然景观的质量；推进乡村的多样性，乡村旅游和休闲服务业的发展，改善乡村生活质量。法国实施了以土地集中为核心的对小农经济的大规模改造，推行调整农业结构的政策，建立最适合规模的农场——中型家庭农场；鼓励农民建立互助合作组织，并争取国家对互助合作组织的各种优惠。这些都为我们提供了可资借鉴的经验。

（三）区域统筹差异发展是城乡一体化的根本要求

区域空间的差异性决定了我国城镇化发展的多元化。我国东部、中部和西部地区城镇化发展的差异，不仅表现在城镇化发展水平上，同时还表现在城镇化发展所面临的问题及其发展政策的差异上。对于东部地区而言，城镇化发展的重点是如何提高城镇化发展的质量，解决快速城镇化过程中的结构性矛盾，提高社会公共服务水平和生活质量。对于中部地区而言，城镇化发展的重点是如何协调好耕地保护的矛盾，城镇化质量提升主要是解决农村剩余劳动力转移问题，积极提高城镇就业岗位的供给能力，同时还要加大城镇空间载体的公共服务设施，提高服务水平和生活质量。对于西部地区而言，城镇化发展与生态环境保护的矛盾较为突出，城镇化质量的提升主要是解决城镇人口集聚容量问题，在提高农村人口的生活水平和质量的同时，要做好生态环境的保护与恢复。[①]

这就是说，统筹城乡发展具有鲜明的地域性和阶段性，绝不能盲目追求"普适性"。地域性主要是指经济发展的不平衡，要在经济发展条件较好、产业高度密集的地区先行推动、重点推进；阶段性主要是指城乡一体化是一个逐步发展的过程，是一个伴随着公共财政实力不断增强、公共财政支出不断向农村倾斜、公共服务在农村不断提升的过程。推进城乡一体化建设，政府必须加大公共财政支出、加大对农村公共事业建设的公共财政扶持。例如，浙江嘉兴为推动城乡一体化发展，政府已经承担了80亿元的地方债务。近年来，浙江省省级公共财政支出的30%放在农村，成都的公共财政支出70%放在农村，都取得了积极的成果。所以，不能脱离国情和各地实际追求城乡一体化，否则会削弱政府发展能力，甚至加重

---

① 住房和城乡建设部课题组：《"十二五"中国城镇化发展战略研究报告》，中国建筑工业出版社2011年版，第67页。

居民尤其是农民负担。①

第五节　本章小结

（1）城乡一体化是我国在探索解决二元经济社会结构和"三农"问题的基础上，逐步形成的新时期的区域发展战略，是一种一元化的发展思路，是旨在从根本上解决城乡差距和农村区域发展问题的思路。

（2）之前，在对农村区域的发展上一直采用二元的发展方法，实施城市偏向化战略，未能从根本上解决农村发展滞后的问题。从本质上说，城乡一体化是用先进的工业化、城市化的发展方式来解决农村区域问题，是新型城镇化的一种发展途径。但是，在发展过程中又不能等同于传统的城镇化模式，在乡村大搞工业化开发和城镇基础扩张，或者说消灭农村大搞城市扩张，而是应根据城乡统筹发展、和谐共生的理念，大力发展小城市、小城镇和农村新型社区。

（3）城乡一体化的发展内容主要体现在乡村建设上，现代农业发展是其产业化的支撑，公共产品的提供是其现代化的必需品，生态环境建设是社会可持续发展和城乡共同发展的内在要求。

（4）在城乡一体化的视域下，就地城镇化成为新型城镇化的一种主要途径，中小城镇和农村新型社区发展成为城镇化可行模式。因此，在城乡一体化的发展规划下，大力进行乡村更新和乡村城镇化成为城乡一体化的现实发展路径。

---

① 李兵弟：《城乡统筹规划：制度构建与政策思考》，《城市规划》2010 年第 12 期。

第四章

城乡一体化乡村建设的国际经验及国内探索

城乡一体化从理念的提出到发展战略的形成，在发展经济学中还是一个新的理论问题，未形成相对成熟的发展规则，需要在实践发展中去不断地探索与总结。因此，对已有的发展实践经验加以借鉴和总结就显得非常必要。发达国家在城镇化的发展过程中已经走过了"城镇化—逆城镇化—再城镇化"完整的发展周期，其中，其逆城镇化的乡村城镇化为我们提供了应避免的问题和可借鉴的方法；国内部分地区在先行探索实践中，也形成不同的发展模式，需要我们从理论上加以总结。因此，出于这一目的，本章主要介绍了欧盟乡村建设的发展政策和成功经验，以及国内先行区域的实际做法。

第一节　城乡一体化与乡村更新：发达国家的经验

一　乡村城镇化日益成为城镇化的建设内容

乡村城镇化贯穿于整个人类文明。城镇化的早期阶段经常出现"过度城镇化"，即城镇的核心区域人口过分集聚，乡村趋于萎缩，以致原有的城镇结构无法维系，这是典型的发展中国家的情况。"发达国家的城镇化则走过了一个城镇化—逆城镇化—再城镇化的完整周期。在逆城镇化阶段，城镇核心区域和郊区人口均减少，居住在乡村的人口不是萎缩而是维持稳定；而在城镇复苏更新时，城市核心区人口有所增长，同时，居住在乡村的人口持续维持稳定增长。所以，乡村建设仍然与城市建设一样，是人类社会、环境和经济建设的重要部分"。①

---

① 叶齐茂：《发达国家乡村建设：考察与政策研究》，中国建筑工业出版社 2008 年版，第124 页。

　　国外乡村规划建设虽然从 20 世纪初就陆续开始，但是，对于乡村建设的重要性和真正的实施却是在"二战"之后。由于各国政治经济条件的差异，所采取的办法也不一致，收到的效果也大不相同（见表 4 – 1）。

　　（1）美洲国家。美洲国家注重乡村发展，保护农民利益，强调乡村基础设施建设，但是没有建立起系统的乡村规划法规，在乡村可持续发展问题上考虑欠佳，以致后来的乡村建设没有很大的进步。

　　（2）欧洲国家。欧洲各国工业革命导致了严重的城市问题，19 世纪末欧洲开始注重乡村的发展，借鉴美洲国家经验的同时注重建设法规的重要性，关注乡村环境问题，注重乡村的可持续发展。欧洲城乡一体化主要从欧盟层面来推动，该模式的主要手段是地区政策，指向着力于促进相对落后国家和地区发展，包括工业衰退地区、失业严重地区、农业和渔业结构调整地区以及人口稀少地区。欧盟实施城乡经济社会一体化的执行主体是成员国及地区政府，主要工具是各类开发与援助基金。①

表 4 – 1　　　　　　　　　　全球乡村建设的内容与进程

	"二战"前	"二战"——20 世纪 70 年代	20 世纪 70 年代以后
美洲国家	"新城镇开发"（美国） 注重农民利益 制定了相关农村法律 运用现代生物工程技术改造传统农业 农民合作组织机构 强调农村基础设施建设	建立了全国合作社组织 重视中小城市和中心镇的发展	加强农村第二、第三产业的发展，为农村居民提供了大量的就业机会 注重理论的支撑
欧洲国家	"田园城市理论"（英国） 住房与城市法规诸法（英国） 利用城市与区域规划；着手人口疏散工作 鼓励基础设施建设，利用基础设施的发展带动农业经济的转变	《乡村规划法》（英国） 大规模的新镇建设，提供就业机会 加大对农业扶持力度，制定有关有利于农村发展、提高农民生活水平的政策，注重科学技术在农业发展中的作用，注重农村可持续发展问题 关注如何保护环境 注重对村庄的更新和政府对落后农业区的支持	制定一系列规划标准 通过扩大新镇规模，带动广大乡村地区发展 注重新能源利用

---

　　①　马晓强、梁肖羽：《国内外城乡社会经济—体化模式的评价和借鉴》，《福建论坛》（人文社会科学版）2012 年第 2 期。

续表

	"二战"前	"二战"——20 世纪 70 年代	20 世纪 70 年代以后
亚洲国家	有关乡村规划内容较少	制定一系列政策和措施实施土地改革和推广合作化	建设"村镇综合建设示范工程"和田园式小城市"一村一品"运动和兴建卫星城，改造老城镇（日本） 加强农业基础，支持农村工业发展，加强基础设施的建设、注重保护农民利益、针对农民提供各种公共服务，满足农民的基本需求 转变农村建设模式，由政府主导型农村建设模式向农民主导完成（韩国"新村运动"），重视民间组织的参与，实行自下而上的决策

资料来源：李欢：《城乡统筹下重庆市乡村规划的探讨》，《小城镇建设》2011 年第 8 期。

（3）亚洲国家。乡村建设比较晚，"二战"以后，吸取欧美国家的经验教训，开始大规模进行乡村建设。注重农民利益，制定相关法规，开展乡村建设运动，发挥政府主导作用，同时调动农民的积极性，从"自上而下"的发展模式转变为"自下而上"的模式。例如，日本政府在统筹城乡发展上的主要做法为：一是制定和实施扶持农业和振兴农村的法规政策；二是实施财政转移支付制度；三是增加农业基础设施建设和农村社区公共事业建设的财政投入；四是大力发展各种农民组织，实行"农协＋农户"的基本经营体制。[1]

二　欧盟乡村建设与乡村更新计划

（一）乡村建设的重要性

进入后工业化时期的发达工业化国家，其城镇化已经从把人口和资源集中到若干中心城市的模式转变为把人口和资源分散到小城镇和村庄的模式。工业技术的进步，加之消费主义的刺激，改变了城镇化的条件，形成了城市蔓延。城市蔓延实际上是城市对乡村的"殖民化"，它不是自然的过程，而是投机开发、私有土地囤积居奇和私人对公共投资所创造价值的占有。因此，"在实现城镇化率50%之后，西方发达工业化国家的政府开

---

[1]　马晓强、梁肖羽：《国内外城乡社会经济一体化模式的评价和借鉴》，《福建论坛》（人文社会科学版）2012 年第 2 期。

始关注乡村，研究乡村发展政策，投入大量的公共财政资金来建设和发展乡村，以解决城镇化问题"。① 这并非出于道德的考虑，而是城乡发展的需要，例如粮食安全问题、居住问题、社会冲突问题、环境问题、城乡协调问题。因为，"消费主义所许诺的物质生活的美好愿景已经被工业污染、文化堕落和社会分化所替代，整个发达工业化国家的城乡发展呈现不可再持续的状态"。②

　　从最理想的结果讲，城乡结合可以使城市和乡村的负面影响最小化，而使正面影响最大化。农业除了提供农产品外，还承担着三个基本功能："保持人与自然的直接接触；人化和使人的居所更能兼容自然界的其他物种；使食品和我们需要的农产品变得鲜活起来。所以，乡村更新并非反对工业化，只是不同意排除农业和乡村的工业化政策，而主张工业和农业协调发展，通过工业的进步使乡村生活更容易，生产更有效率，生活更为有保障和可以持续"。③

　　在发达工业化国家城镇化率达到 50% 后，相关乡村建设的政策变化可以分为 5 个里程碑：

　　（1）村庄基础设施建设阶段。通过整理土地，调整乡村生产结构和劳动力就业结构，通过村庄更新和建设村庄居民点基础设施，改变居住模式和提高生活水平，以乡村城镇化来解决大规模城镇化所引起的一系列基本生活问题，如粮食安全问题或居住问题。

　　（2）乡村郊区化阶段。在城镇核心区 5—15 千米半径范围内，提高和改善乡村基础设施和公共服务设施，使乡村变为城镇郊区，以解决城镇就业者的居住和生活问题，同时解决交通、第二产业和仓储业的用地问题。

　　（3）反郊区化阶段。主要解决郊区化所带来的负面影响，如乡村特征和城市特征保护问题。

　　（4）郊区的成熟阶段。主要解决全面提高城市建设水平的问题，如把乡村生态环境纳入城镇发展的保护范围。

　　（5）城镇区域化阶段。所有城市问题都必须在区域的尺度上才有可

---

① 叶齐茂编著：《发达国家乡村建设：考察与政策研究》，中国建筑工业出版社 2008 年版，第 142 页。

② 同上，第 126 页。

③ 同上，第 134 页。

能得到解决。①

（二）欧盟乡村建设的"第二支柱"

欧洲的乡村发展和城乡关系已经进入农业政策、乡村政策和区域政策的文件中，足见欧盟对乡村更新发展的重视。其中，被称为"第二支柱"②的乡村发展政策最具代表性。

2005年6月，欧盟农业理事会达成一项关于2007—2013年财政时期乡村发展规则的政治协议：《关于欧洲乡村发展及近来支持乡村发展的条例》。其焦点不再仅仅是农业和农场，而是农村环境和农村经济。它从食物链、土地管理、农民的需求以及农村人口方面考虑问题，强调农业和林业部门的重要作用，强调保护环境与农村的文化遗产以及改善农村地区人们的生活质量，强调促进经济活动的多样化。提出了农业与林业活动中的创新与重构问题、促进环境保护以及在农村地区创造与重构问题、促进环境保护以及在农村地区创造更多的就业与机会等问题。③

在第二政策支柱中，四个"轴心政策目标"是核心要素，且每一项目标必须有最低比例的资金作为支持。（1）轴心政策目标1：提高竞争力，至少需要10%的资金支持；（2）轴心政策目标2：促进环境和土地管理，至少需要25%的资金支持；（3）轴心政策目标3：提高农村生活质量并促进多元化，至少需要10%资金支持；（4）轴心政策目标4：基金的5%用于领导层支配，政府部门和私营部门在农村经济中的联合投资涵盖轴心政策目标1、目标2和目标3。④

---

① 叶齐茂编著：《发达国家乡村建设：考察与政策研究》，中国建筑工业出版社2008年版，第144页。

② 直接支付计划是欧盟共同农业政策的第一政策支柱。所有国家必须每年对农民进行直接支付，在提供给农民的资金中所占比例最大，其资金的主要部分来自欧盟基金，其余部分来自各国政府。具体按照耕作的公顷数执行补贴，目的在于确保农民有更稳定的最低收入。直接支付中有一部分不是直接补贴给农民，而是由政府保留，作为共同农业政策第二政策支柱的基金，由欧洲基金提供给农村的发展基金，旨在扶持农村发展。参见高尚宾等编著《农业可持续发展与生态补偿：中国—欧盟农业生态补偿的理论与实践》，中国农业出版社2011年版，第36—40页。

③ 姬亚岚：《欧盟共同农业政策的第二支柱及其启示》，《世界农业》2008年第1期。

④ 高尚宾等编著：《农业可持续发展与生态补偿：中国—欧盟农业生态补偿的理论与实践》，中国农业出版社2011年版，第40—41页。

第二政策支柱的具体措施包括如下内容：①

（1）支持农民提前退休。针对 55 岁以上，但没有达到退休年龄、在农场工作至少 10 年并决定要停止一切商业活动的农民（农场主）。目的是保证年长的农民有足够的收入，以便能被年轻人取代或者将他们的土地变为非农业用地，例如，退耕还林和其他环保方面用途。

（2）农业—环境计划和动物福利。鼓励那些与环境保护、粗放化、高自然价值农场环境的保护和农业景观维护等目标相容的农业生产方法。对环境保护和动物福利补贴申请的农民，必须至少参加农业环保协会或动物福利协会 5 年，这种协会应当保障良好的农业生产方式并提供市场服务。

（3）食品安全。目的是为消费者提供安全保证并创造附加值。

（4）条件不利地区或环境受限制地区。低产农田由于气候条件恶劣或土地坡度较大，导致农业成本较高甚至耕作困难。这些地区土地贫瘠、产量低于平均水平、人口递减，存在弃耕和移民的可能性。该地区可以得到补偿性津贴以保证农业用地和农业活动的延续、保护农村并实现其他环境要求。

（5）标准的交叉遵从。即有条件的直接支付，是指为了获得全额的单一农场支付，农民必须达到环境保护、粮食安全、动物健康、动物福利以及职业安全等标准。交叉遵从的焦点是支持良好的农业耕作方法。

（6）农场投资。支持的目的是提高农业收入、改善农民生活、工作和生产条件。这类投资必须满足以下目标：降低生产成本、改善多样化生产活动、提高产品质量、改善自然环境、改善健康与卫生条件或动物福利。

（7）年轻农民开业。支持的目标是年龄不满 40 岁、拥有足够能力并首次开业的农民。他们必须有增值能力，还必须遵从最低环境、卫生与动物福利标准。

（8）职业培训。目的是要提高农民和其他从事农业和林业活动人员的职业技能，帮助他们重新部署生产，遵守与维护改善景观、保护环境、

---

① 姬亚岚：《欧盟共同农业政策的第二支柱及其启示》，《世界农业》2008 年第 1 期；高尚宾等编著：《农业可持续发展与生态补偿：中国—欧盟农业生态补偿的理论与实践》，中国农业出版社 2011 年版，第 123—125 页。

满足卫生和动物福利标准的要求。

（9）改进农产品的加工与营销。目的是通过改善其加工程序、扩展营销渠道、使用新的技术、监督质量和卫生条件、鼓励创新和保护环境来增强其竞争力和产品的附加值。

（10）林业用于改善非农用地、农地植树造林和林地保护。

（11）推动农村地区的发展与结构调整。支持提供给以上措施中没有但有利于改善和促进农业的活动，包括土地的重新划分，建立农业咨询机构，高质量农产品的市场营销，在农村地区开发重点服务，改造村庄，保护遗产等。

（三）乡村建设的指导原则

"一体化与多样化"成为欧盟发展的指导原则。1999年《欧洲空间发展愿景》（European Spatial Development Perspective）就是在这一原则指导下为促进欧盟地区均衡发展而颁布的一个重要文件。

为确保区域均衡发展，避免经济和人口过度集中，《欧洲空间发展愿景》提出了"多中心发展"的概念。"多中心发展"被认为是提高欧盟地区国际竞争力的重要手段，该模式为农村地区的发展提供了一个新的视角。过去农村地区的发展存在同质化倾向，即农村地区被认为具有大致相同的发展困境和发展机会。虽然它们有许多相似的特征，比如人口密度低、农业用地比例大等，但是它们的发展模式和发展前景却各不相同，因此，农村地区发展不可能参照某一特定模式。农村发展不仅需要考虑自身的特征，还需要考虑其所在的更大范围包括城市地区在内的区域特点。因此，把城乡伙伴关系作为发展城乡关系的基本目标，并提供了一系列政策选择以推进城乡伙伴关系的建立：

（1）加强农村地区的中小城镇（尤其是日益衰败的城镇）的基础设施建设；

（2）促进城乡合作，加强功能区建设；

（3）把城市周边的农村地区纳入城市空间发展战略中，以建立更加有效的土地利用规划，并提高城市周边地区的生活质量；

（4）通过联合项目及经验交流，促进并支持中小城镇在国家及跨国层面的合作伙伴关系；

（5）促进城镇和农村各类中小企业之间的互动。

欧盟的结构政策试图通过影响经济活动和社会福利在不同区域的分

配，以缩小地域差距，并促成各成员国的均衡发展。它包括四项结构基金：欧洲区域发展基金（European Regional Development Funds，ERDF），欧洲农业指导和保证基金（European Agricultural Guidance and Guarantee Fund，EAGGF），渔业指导金融工具（Financial Instrument for Fisheries Guidance，FIFG）和欧洲社会基金（Eurpean Social Fund，ESF）。

在这四项结构基金中，欧洲农业指导和保证基金与农村地区的发展直接相关，它有助于推动农业部门的结构改革并促进农村地区的发展。渔业指导金融工具是影响农村地区尤其是以渔业为主要经济来源的农村地区的另一项结构基金，其目标是实现渔业资源的可持续开发，增强渔业部门的竞争力，促进渔业地区的发展。欧洲区域发展基金旨在通过缩小不同地区之间的差距，加强经济和社会的凝聚力，其实施覆盖了所有发展领域，当然也包括城市地区和农村地区的发展。欧洲社会基金是欧盟实现与就业相关的战略目标的金融工具，它的目的是预防和消除失业、开发人力资源并将其融入劳动力市场，这有助于平衡城乡之间的劳动力分布。这四项结构基金以不同的方式运用经济手段从各个领域带动城市发展，并通过影响欧洲农业发展模式及加强经济和社会凝聚力促进农村建设。[1]

（四）乡村建设的内容

1. 扶持农业发展，保持乡村经济发展活力

欧盟通过"共同农业政策"和乡村发展政策来一直保持乡村经济的发展。其目的是保障农业生产者的基本收入、粮食安全、减少乡村资源和乡村人力资源向中心城市集中。其政策核心是，无论工业和服务业如何发达，保持一个可持续发展的农业部门不可或缺。

起初，保持乡村经济发展是为了解决粮食问题和农民收入。"二战"后初期，欧洲的农产品基本上都是进口的，因此，当时共同的农业政策是以农产品直接补贴为核心，农产品的直接补贴可以大规模减少农业产品的进口费用，保证粮食安全，同时保证农民的收入有所增长。但是，欧盟后来发现，解决农民增收问题的办法不能依赖直接补贴，而最好依赖于乡村经济的结构调整。一方面允许农民对他们的经济活动进行调整，另一方面政府应为他们的结构调整提供条件。

"当粮食生产满足之后，欧盟就把农业发展放在了多功能农业的发展

---

① 刘翠：《欧盟城乡聚合的一体化与多样化研究》，《规划师》2012 年第 8 期。

上，实现土地整理和村庄更新，以保护环境和维持生态平衡，改变乡村单一提供农产品的传统结构，向多功能的乡村转变"。在《2007—2013年的乡村发展政策》中，欧盟吸取过去经验教训，明确了乡村建设的三项基本目标：实施农业结构调整以提高农业的竞争性；加强土地管理以改善环境和改善乡村；推动乡村地区的经济多样性以提高乡村地区的生活质量。①

2. 控制土地开发，严格保护耕地

欧盟对乡村的发展实施"填充式"开发模式，严禁土地的随意开发。现在老欧盟国家的农田、牧场、山林和未利用的土地仍然保留了国土面积的90%以上，而整个建筑面积仅为国土面积的10%。

填充式的再开发，基本点是在保持原有村庄规模不变的前提下，在原有村庄边界内，提高居住密度，吸纳更多的城市人口到乡村社区居住。通过填充式开发，把有条件的农村改造成为小城镇。在欧盟及其他的发达市场经济国家，尽管土地是私有的，但是开发的数量和空间以及怎样使用这些土地，都是可以进行管理的。例如，1947年，英国《城乡规划法》规定，土地拥有者只有按照现有目的使用土地的权利，没有开发或改变它的使用目的的权利。没有任何一个人可以在规划边界外建造住宅、工厂、商业设施，农田被很好地保护起来。再如，美国乡村居民点长期受到《分区规划》《宅基地规范》《清洁空气法》《清洁水法》《濒危物种法》等法规的影响，从区位和形体上把乡村居民点的建设限制在生态环境所允许的范围内。美国的城乡建设十分注重开放空间的保护，美国乡村居民点的更新和开发建设是由那里的基础设施承载能力控制着的。

3. 对环境的保护

现行的农业生产仍是以"石化农业"为主导的常规农业生产，大量依靠化肥、农药、人工合成饲料等外部要素。这些要素在提高粮食产出的同时，也带来了严重的环境问题，如土壤退化和沙漠化、土壤风蚀、水土污染、肥力降低等，使农业的可持续发展受到严重威胁，使生态环境受到极大的破坏。欧盟在乡村城镇化建设中不断对城镇化的扩张和工业化模式进行反思，他们认为，把乡村建设发展等同于单纯农业生产发展，把乡村基础设施建设等同于生产性基础设施建设，把乡村功能限制在单纯的农业

---

① 叶齐茂编著：《发达国家乡村建设：考察与政策研究》，中国建筑工业出版社2008年版，第352页。

上，已经被战后前 25 年的实践证明是错误的政策导向。应该把土地建设的重点放在土地整理和村庄更新上，发展多功能的村庄。装在"绿盒子"里的村庄所产生的社会环境效益要远远大于村庄蔓延产生的经济效益。

4. 注重对文化的传承

欧盟认为，摧毁村庄的历史空间形态，改变已经存在的乡村居民点村庄布局，在乡村地区通过拆并方式建设中心居民点已经证明不是一个成功的模式。把经济增长和发展其他"非经济"建设分开考虑，采用决定城市土地价值的方式来决定乡村土地价值也是错误的。以上相关内容见表 4 - 2。

欧盟共同农业政策在 2013 年改革之后，在农村发展方面将重点支持 6 个领域："鼓励林业与农村地区的知识转移与创新；增强现存所有类型农业和农场的竞争力；推进食物链组织和农业风险管理；恢复、保护和优化农林生态系统的发展；提高资源效率，支持农业、食品和林业向低碳、气候适应型经济的转变；推动农村地区的社会包容、减贫和经济发展"。

其具体的政策措施包括，"知识转移和信息行动计划；咨询服务、农场管理和救济服务；固定资产投资；农业经营发展；基础服务和农村改造；农产品与食品质量计划；生产者集团建立支持；农业—环境—气候；有机农业；自然 2000 和水框架直接支付；对自然条件恶劣地区的支持；动物福利支持；合作促进计划 13 项，以及造林与林地养护，农林生态系统建立、林业生态系统、林产品加工与营销、森林火灾与病害预防及灾后恢复措施 5 项与林业相关的措施"①。

表 4 - 2　　　　　　　　欧盟部分国家乡村发展的主要内容

国家	乡村城镇化的主要内容
英国	(1)《斯库特报告》规定了战后英国新乡村规划政策：在严格的土地和空间规划管理下开展乡村建设；无人可以更改农业用地，不增不减；(2) 乡村居民点政策分为三类：发展、静止和衰落；(3)"乡村住宅"政策，是最基本的民生问题，涉及政府如何投入与住宅相连的基础设施和公共服务设施，如道路、给水排水、公共卫生、垃圾收集和处理等
法国	(1) 乡村的城镇化，一个村庄在空间规划上被划为城市，实施填充式发展，乡村变化成为城市郊区或者城市；(2)《2005 年 2 月 23 日法》的乡村复苏政策：鼓励人们到乡村或留在乡村经营农业、农产品加工业和手工业，通过乡村社区间的合作，提高乡村的基础设施和公共服务设施的水平，改善居住条件，以便有效阻止农业人口衰退，解决乡村社会和经济的结构性问题；(3) 乡村从单一生产型的乡村向多功能的乡村转化、多功能的服务转化；(4) 法国的乡村发展计划

① 牛盾主编：《国际农业研究报告 (2013)》，中国农业出版社 2013 年版，第 54 页。

续表

国家	乡村城镇化的主要内容
德国	德国的乡村自然经济状况和乡村发展计划：（1）以环境保护为核心，整治乡村土地，改善乡村道路、实施村庄改造、保护文化遗产等；（2）改善农产品质量和市场机制，鼓励投资农业，开发有机农产品市场和地方农产品市场等；（3）对那些地处贫困地区或农业发展受到环境约束的农民给予补贴，同时对土地实施市场导向的管理，如增加草地和改变农作物品种；（4）改善林业地区的基础设施，如道路
意大利	意大利乡村发展计划的核心项目是提高农业的竞争性，保护和改善自然环境和自然资源，乡村发展；发展乡村观光旅游成为关注重点
西班牙	西班牙乡村发展计划由四条措施构成：（1）推进乡村发展，乡村综合发展；农业、经济、基础设施和公共服务；水资源重点发展和保护；（2）发展林业；（3）农产品加工和市场化；（4）改善农业生产环境
比利时	比利时乡村发展计划由三条措施构成：（1）保护农业环境，政府与农户签订合同，有机农业转换；（2）政府向农户提供农业经营管理的咨询服务，免费制定战略，必须执行；（3）建立若干个乡村综合发展项目区，进行实验
荷兰	荷兰的乡村发展计划：（1）推动可持续发展的农业，提高农业生产的市场核心竞争力；（2）提高自然环境和自然景观的质量；（3）对水资源进行可持续发展管理；（4）推进乡村的多样性；（5）推进乡村旅游和休闲服务业的发展；（6）改善乡村生活质量
卢森堡	乡村发展计划由五条措施组成：（1）农业结构调整；（2）农业发展受到环境约束的农民给予补贴；（3）改善农业生产方式以保护环境、生物多样性、乡村景观和水资源；（4）推进林业的可持续发展；（5）协调乡村地区的各项发展，阻止乡村地区人口的进一步流失，创造更多新的工作岗位

资料来源：叶齐茂：《发达国家乡村建设考察与政策研究》，中国建筑工业出版社2008年版。

（五）乡村整理与农业结构调整

20世纪50—60年代，德国乡村建设是在农业发展和农业结构调整、环境规划和城市发展、区域经济和政治战略的框架内展开的。

改善村庄结构的目的是改善农业结构，特别是通过土地整理，在空间上重新安排土地的拥有结构，使之不至于过度分散，影响农业的现代化。德国的乡村发展计划（2000—2006）由四条措施构成：（1）以环境保护为核心，整治乡村土地，改善乡村道路、实施村庄改造、保护文化遗产等；（2）改善农产品质量和市场机制，鼓励投资农业，开发有机农产品市场和地方农产品市场等；（3）对那些地处贫困地区或农业发展受到环境约束的农民给予补贴，同时对土地实施市场导向的管理，如增加草地和改变农作物品种；（4）改善林业地区的基础设施，如道路。[①]

---

① 叶齐茂：《发达国家乡村建设：考察与政策研究》，中国建筑工业出版社2008年版，第227页。

德国土地整理和村庄更新的经验证明：农田重新组织和管理大大提高了农业生产效率；进行村庄更新的村庄质量增长了；土地整理和村庄更新的产出高于其他公共投资的 7 倍；对土地整理和村庄更新的公共投入直接或间接创造了就业岗位，支持了地方经济的发展。

《荷兰土地整理法》是荷兰为解决经济、社会和环境的重要乡村建设而颁布的。荷兰的乡村发展计划为：推动可持续发展的农业，提高农业生产的市场核心竞争力；提高自然环境和自然景观的质量；对水资源进行可持续发展管理；推进乡村的多样性；推进乡村旅游和休闲服务业的发展；改善乡村生活质量。

"二战"后，法国开始了以土地集中为核心的对小农经济的大规模改造。主要是推行调整农业结构的政策，该政策的目的是通过土地集中，扩大小农场规模，同时限制农场面积的无限扩大，建立最适合规模的农场——中型家庭农场。

法国建立了土地整治和农村安置公司。这种公司是受国家控制的区域性非营利性机构，公司董事会由政府官员和农业行业的代表组成。其股东主要是各省的农业行业组织，资金来源于政府资助、地区农业信贷银行的低息贷款和购买土地的提成。土地整治和农村安置公司有收购土地和农场的优先权，分散的土地收买之后通过合并、整治、改良和规划，使土地达到"标准经营面积"再出售。整治后的土地按规定转卖给下列人员：具有资本意愿投资的人；具有较高农业技术和经营管理水平的人；对土地最需要的人；有经营能力的小农场和代表着农业未来的青年农民。[①]

三　亚洲的乡村建设与乡村保护

（一）日本的乡村规划与整理[②]

20 世纪 50—70 年代，随着日本经济的高速增长，人口由农村向城市流动，以及城市经济集聚，日本的乡村开始出现衰落：农业生产规模缩小，农田和农业人口减少，农村丧失活力。他们把这种社会现象称为城市的"密集化"与农村的"稀疏化"。

---

① 杨澜、付少平、蒋舟文：《法国小农经济改造对中国的启示》，《世界农业》2008 年第 10 期。

② 关研二、中村茂树：《日本农村的现状及今后的发展方向——面向未来构筑新的农村社会》，郑波译，《小城镇研究》2016 年第 6 期。

1. 高度工业化中的乡村变化

日本的农村形态，大多是"聚居村落"形式，其主要居民为农民（稻农）。日本人均耕地面积较少，每个家户拥有土地面积较小，专职农业生产不足以维持生计，所以，兼职农户占据多数，约占73%。

在日本经济高速发展时期，城市的密集化必然是乡村的稀疏化与发展活力的减弱。其主要表现为：一是村庄减少，例如，1970年为142699个，2010年减少到139176个；二是农户数量减少，1970年总农户数为5342千户，2010年为2528千户，仅为1970年的47%；三是农业就业人口老龄化。

2. 日本的农村环境整治事业

日本于1961年颁布了《农业基本法》，1969年颁布了《农业振兴地域整治法》，绝大多数的市町村①编制了《农业振兴地域整治规划》，作为农村环境整治事业最基本的法律依据。日本的乡村整治可以分为三个阶段。

第一阶段，农村的生活环境整治主要依靠"农业结构改善事业"加以推进，被称为农业基本法的重要支柱。农业结构改善事业以生产环境整治为主，即以"提高生产力"和"培养自立经营农家"为目标，配置以"生活环境的整治"，共同构成农村综合整治的基本内容。

第二阶段，"农业和农村环境整治事业"，力求完善生活环境设施。主要包括：（1）村庄排水设施，即收集处理并排放生产、生活污水，打造安全、安心的排水设施系统；（2）村庄道路，按照交通性道路标准进行改造完善，适应农业机械化耕作，以及应对汽车社会对农村生活性道路的要求，主要是梳理地区间联络道路与农业生产专用道路；（3）公园绿地广场，为当地居民提供绿化空间；（4）防灾安全设施，针对雨雪灾害、地震、海啸等自然灾害，保证生活环境的安全性而设置；（5）土地利用高效化，生活环境整治项目所必需的土地，依靠一体化与复合化手段，尽可能使土地利用高效化。

第三阶段，农村活性化的新方向。这一阶段确立了新的发展方向，即由原来的"改善基础设施""消除城乡差别"为目标的整治，向"构筑重

---

① 日本的"市—町—村"是日本的基层行政体制，市、町与中国的城镇类似，村是最小的行政单位。

视地域个性、多样性的新农村"转换，包括这样几个内容：（1）农业与旅游业的合作。以农村特有美丽的风景和传统文化的魅力吸引国内外游客，谋求地方经济的创新式发展，实现观光立国目标。具体形式有旅行社与农村合作、体验型旅游、特色食品加工等。（2）景观农业振兴整治规划。目的是力求保障与景观协调的良好的农业经营条件，为此，对土地利用进行适度引导。（3）田园空间博物馆构想。在农村，除了美丽的景观和丰富的自然资源外，人们共同生活形成的传统和文化等都存在各种各样的魅力，同样是一种旅游资源，把这些魅力看作博物馆的展示物，把农村区域作为一个"没有屋顶的博物馆"进行保全与活用。有魅力的农村地域资源包括美丽肥沃的田野、山川、湖泊等自然资源，寺院、神社、祠堂等历史建筑资源，农家建筑和村落风景等各种元素。目前，日本已有56个地方实施了该构想。（4）农村村落的持续发展。在农村人口减少与老龄化的过程中，如果65岁以上的人口占半数以上，则称为"界限村落"。界限村落意味着未来将失去劳动能力，因为没有产业基础，村落的社会属性将难以维持。针对这样的界限村落，尽可能有效利用自然环境使村落再生，或者，在全体居民赞成的基础上，将村落组织整体搬迁到适合的地方。

（二）我国台湾地区的农村再生计划

1. 实施背景①

我国台湾地区经过几十年的经济发展，无论是生产还是生活方面，城乡差距逐步拉大，农村区域就业机会减少，人口外流加速，人口老龄化日益严重，农村发展活力不足。同时，农村土地利用长期以来缺少规划，自由发展，结果使农村住宅新旧杂陈，传统且有地方特色的农村住宅逐渐凋敝，农村风貌和景观极不协调。另外，先前对农村的建设与投资有待改进。之前对农村的投资与建设虽然能够增强农村社区公共设施的功能，但是，对农村纹理的思考与农村人力资源的开发，对于在大范围内的农村生态景观的塑造与维护，以及对于农村基础设施环境与生活空间、水土保养等关注较少。

台湾地区农村再生计划主要反映在《农村再生条例》上。《农村再生条例》实施的目的在于突破农村长期滞后的发展"瓶颈"，关注农村弱势

---

① 陈武雄：《通过农村再生条例不能拖》，《桃园区农业专讯》1998年第68期。

群体，使农村恢复活力，并促使人口回流，形成城乡一体。总体来看，实施《农村再生条例》之后，对农村的发展将带来如下的好处：（1）改善现有农村社区生活品质。农村再生强调农村社区内部的活化及整体环境改善，推动农村朝着土地活化利用，环境、文化与经济等整体规划发展，促进农村社区内部的活化再生，满足生活功能需求，重建人与土地和谐共处的生命之需，打造美丽富饶的新农村。（2）引导农村更新建设。将生产与生活空间作为整体规划与调整，鼓励农民将房屋集中于社区范围内，解决散乱分布状态。（3）保存挖掘农村文化与资源。改变长期以来对农村分布、资源、文化、环境与生活品质等全面资料缺乏的困境，进行农村资源调查，全面建档立案，分门别类给予改善、保护与发展。

2. 农村再生计划的措施[①]

我国台湾地区的农村改造与再生计划规划包括宏观、中观和微观三个方面：（1）宏观上自上而下的系统化规划。首先，量化管制，非都市土地地区划定 10 种使用分区和 18 种使用地[②]，明确使用地的主管部门和控制指标；其次，容许管制，即明确 18 种使用地的"容许使用之项目"及"许可使用之细目"；最后，许可管制，非都市土地实行开发许可制。（2）中观上上下协同的法治化规划。依据《农地重划条例》，改善农业生产环境，提高农业生产效率；依据《农村社区土地重划条例》，对零碎的土地使用进行整理，从而使各块土地成为大小适宜、权属清晰、能够有效利用的土地。（3）微观上自下而上的差异化规划。依据《农村再生条例》对农村社区进行改造。以社区为基本单位，以地方社会所具有的资源与潜在能力为基础，非一致性的形态要求对农村社区进行缓慢的软硬环境的营造。

3. 农村再生计划的内容

根据《农村再生条例》，农村再生计划以促进农村永续发展及农村活化再生，建设生产、生活、生态"三生"共荣的富丽新农村。（1）在规划方面，采取政府引导、农民自主参与的形式，再生计划由社区内的本地

---

① 罗异铿：《面向城乡一体的广东省村庄规划编制体系》，《小城镇建设》2015 年第 12 期。

② 10 种使用分区：特定农业、一般农业、工业、乡村、森林、山坡地保育、风景、国家公园、河川和特定专用。18 种使用地：甲种建筑用地、乙种建筑用地、丙种建筑用地、丁种建筑用地、农牧用地、林业用地、养殖用地、盐业用地、矿业用地、窑业用地、交通用地、水利用地、游憩用地、古迹保存用地、生态保护用地、国土安全用地、坟墓用地和特定目的事业用地。

组织及团体依据社区居民需要进行编制。（2）规划内容上，规定农村再生计划应包括农村社区整体环境改善、公共设施建设、个别宅院建设、产业活动、文化保存、生态保护、土地分区规划及配置公共设施构想、后续管理、财务计划、推动项目十项内容。（3）在资金资助方面，主管机关设置1500亿新台币的农村再生基金，十年内分年编列预算。（4）在人力培训方面，要求农村社区本地组织及团体，在编制农村再生计划前，应首先完成由直辖市或县（市）主管机关组织的农村再生培训计划。

第二节　我国城乡一体化的实践探索

一　我国城乡一体化不同区域的实践探索

自实行统筹城乡发展战略以来，全国不同地区形成了各具特色的城乡统筹发展模式，大致上可分为三种：第一种是城市主导，以城带乡的城乡统筹发展模式；第二种是乡村主导，乡镇企业拉动城乡经济发展的城乡统筹发展模式；第三种是以城乡为整体，统筹规划的城乡统筹发展模式。[①]

（一）以城市为主辐射农村的统筹城乡发展模式

以城市辐射带动农村的统筹城乡发展模式认为，在城乡互构主体的关系方面虽然认可城市和农村相互依存、彼此建构的关系，但城乡互构缘起于城市，城市占据相对优势地位，主张在城市带动、辐射农村发展的基础上实现工农协作与城乡互构。具体而言应积极发挥城市在工业发展上的带头作用，在产业发展上的优势地位，在先进科技上的引领作用，以城市工业带动农村工业的发展，实现城乡工业的渗透与对接；以城市龙头企业带动城乡产业发展，实现农村产业结构的优化调整，促进农业产业化的发展。将城市科研、技术、人才和资金优势与农村发展相结合。

这种模式比较适合"大中心城市带动小而落后的郊区"的地区，中心城市由于工业化已获得了相当的发展，有足够的辐射能力，产业由此向

---

① 向德平、雷蕾：《社会互构论视野下的统筹城乡发展模式研究》，《云南民族大学学报》（哲学社会科学版）2012年第2期。

郊区扩散，同时与保护、发展现代农业相结合。其典型地区是珠江三角洲。

珠江三角洲位于我国广东省沿海，主要包括广州、深圳、珠海、厦门、中山、佛山、东莞等地，是我国城市化水平最高的地区，也是我国城乡统筹发展进程最快的地区之一。珠江三角洲的城乡统筹，至今大致经过三个阶段：第一，商品农业阶段，重点提高农业劳动生产率，为农村剩余劳动力创造条件；第二，农村工业化阶段，以农村工业化带动农村城市化；第三，完善基础设施阶段，按现代化城市要求，构筑现代化城市框架。珠江三角洲经过不断地探索总结出实现城乡一体化的十条标准：农业生产现代化、农村经济工业化、基础设施配套化、交通通信网络化、市场经营商品化、文明卫生标准化、群众生活小康化、服务体系社会化、行政管理法律化、环境净化美观化。①

（二）以小城镇发展为中心的统筹城乡发展模式

认为城乡互构缘起于农村，主张以农村为主要立足点，以农村的自身发展间接带动城市建设，然后进一步推动辐射农村，实现两者的互构。不少农村地区以改善农村环境、提高农民生活水平为目标，以发展现代农业为着力点，以开展农村基础设施建设为基础，促进小城镇发展，形成了以小城镇发展为中心的统筹城乡发展模式。这种模式尤其关注小城镇发展对增强农村自身竞争力的重要作用，积极鼓励中心镇建设，通过对主导产业突出、经济发展较好、基础设施建设完备的镇进行重点规划和建设，吸纳周边村镇人员和资源向城镇集中，实现渐进性的城镇化。它一方面要求以现代农业发展为依托提升农业竞争力，另一方面要求以农村基础设施建设为手段，改善农村投资环境，积极开拓农业市场，缩小城乡差距。

这种模式必须建立在农村有足够资源和发展条件的地区，如苏南（苏锡常）地区的发展主要依靠农村工业和集体经济，实现小城镇发展，不断推进农业现代化、农村工业化的实现，间接带动城市建设。

江苏省是我国沿海经济发达省份之一，按照"城市现代化、农村城镇化、城乡一体化"的发展思路，把城市和农村作为一个整体，统筹规划，合理布局，大力推进城乡经济融合、产业联动、设施共享。苏南乡镇

---

① 欧阳敏、周维崧：《我国城乡统筹发展的主要模式及其对成渝地区的启示》，《农村经济与科技》2010年第10期。

企业的发展，促使该地区能够采取"以工补农、以工建农"的措施，用于协调工农关系、稳定农业生产。苏南全区建立了优质高效的农业生产基地，推动农业机械化、服务社会化，保证了三大产业的协调发展。由此打破了传统的"城乡二元经济结构"，农村经济社会结构发生了深刻的变化，大批小城镇脱颖而出，成为连接城乡的纽带，从而加快了农村产业结构的调整，实现了农村人口的城镇化。所以，苏南"乡镇企业发展带动"模式，就是指大力发展乡镇企业，以增强农村经济实力，从而破除城乡二元结构。这种城乡一体化是一种自下而上的发展模式。[1]

（三）城乡整体互构共生的发展模式

认为城市和农村是两个平等独立的协商主体，相互构建，共生共荣，同步协调发展，没有主次之分，因此主张以城乡为整体，打破城乡"二元"结构。该模式主张以制度建设为切入点，调整城乡体制和相关政策，以综合全面提高城乡社会经济效益为核心和落脚点，通过科学调整和布局城乡产业结构，促进城乡生产要素合理流动和优化配置，使城乡资源得到有效的综合开发，城乡得以互构共生。首先，从体制改革、制度变更入手，改变城乡二元关系的户籍制度、教育制度、社会保障制度等。其次，处理好市区与郊区诸市县农村关系，以行政管理为基础，以经济联系为补充，增进城乡生产要素的合理流动。最后，加强郊区与市区互构联动。通过有效的融资、集资等手段，促进郊区发展资金融入城市，同时大力推进郊区基础设施建设，为城乡互构提供硬件基础。这种模式对地区发展的条件限制较少，适用范围较广泛。

上海市在城乡一体化建设中始终坚持四个原则：城乡统筹，协调发展；以工补农，以城带乡；分类指导，稳步推进；体制创新，利益公平。在这四个原则的指导下，上海市建立了推进城乡一体化的工作重点，分为四个层面：第一，加速城乡经济一体化步伐，明确各个郊区的产业定位，加快建设现代制造业中心，郊区主要定位于通过实现"三个集中"，形成承接世界产业转移的基地。第二，加快推进城乡基础设施一体化，进一步加大对农村基础设施建设投入力度，加快城市基础设施向农村延伸，城市、乡村双向发展，促进城乡一体化。第三，加快推进城乡社会事业一体化，把公共财政对社会公共事业的投资重点放到郊区。第四，加快推进城

乡生态环境一体化。①

（四）县域城乡一体化

按照"少取、多予、放活"的原则，加大公共财政向"三农"的倾斜力度，规划、产业、基础设施和公共服务的一体化，积极推动城市资金、技术、信息等要素向农村流动，实现城乡基础设施共建共享，城乡基本公共服务均等化。

山东省近年来在统筹城乡发展方面，形成了颇具特色的县域城乡一体化模式，使县域范围成为城乡一体化的主要平台。例如，山东龙口市在县域一体化方面探索出了一套农村新型社区的建设方法②，主要做法有：

（1）城市改造模式：主要是城郊范围内社区改造，改造和城区建设，运用房地产开发模式进行整村拆迁改造，连片开发建设，对相邻村庄迁村并点，对节约出来的土地进行商业开发。

（2）多村联建模式：以中心村为依托，统一组织建设社区，试行城乡建设用地"增减挂钩"政策，并将周边村庄整体拆除复垦。通过多种形式将城郊村和镇街驻地村建设改造成为社区，吸纳周边村庄农户入住，并将周边村庄整体拆除复垦。通过该项目的建设，改善农村生活居住环境，使农村村民充分分享受到城乡统筹带来的变化和实惠。

（3）强村兼并模式：鼓励引导经济强村通过兼并周边经济欠发达村，建设农村新型社区，实行以强带弱，共同发展。

（4）村企共建模式：以互惠互利为导向，引导支持各类企业对相关村庄进行搬迁建设、整体改造，对腾空的土地及相关资源进行开发，实现企业扩张发展、村居条件改善的"双赢"。由企业筹集资金改造村庄、建设社区，村庄拆迁改造后将节余的土地通过法定程序优先给企业使用。通过大企业的发展，壮大经济实力，带动非农产业的发展，为农村居民提供丰富的就业机会和岗位，推动农村劳动力的转移，转变农村居民的生产和生活方式，为农村社区化发展提供物质基础和发展条件。

二　不同区域城乡一体化模式的基本经验

城乡一体化的改革与发展有利于转变经济发展方式，优化资源配置，

---

① 张金富：《我国东部地区城乡一体化探索与实践》，《特区经济》2012 年第 5 期。

② 同上。

进一步拓宽工业化、城市化的发展空间；也有利于推进农业适度规模经营，进一步加快农业现代化建设。各区域城乡一体化发展的共同内容和基本做法总结如下。

（一）现代农业发展放在突出地位

城乡一体化为改造传统农业提供了新的思路。各个地区无论采取什么样的模式，都很关注农业问题，尤其是产业结构升级的问题。如珠江三角洲总结出的十条标准，首要的两条就是农业生产现代化、农业经济工业化；苏南地区城乡统筹发展的措施之一就是在全区建立优质高效的农业生产基地，推动农业机械化、良种化、水利化和服务社会化。浙江义乌积极培育现代农业，努力打造现代农业园区、特色农业产业基地、休闲观光农业带三大发展平台，优化农业产业结构布局。高度重视对新型农业经营主体的培育，重点抓好农业龙头企业、专业合作组织和会展农业三大经营主体。有效构建农业科技、农业生态、农民增收三大保障体系。在农业发展中做到了，一是与土地流转相结合，实施经营组织方式的改革，发展多种形式的合作社，大力发展集体经济；二是突出科技的龙头作用，加大科技攻关与科技推广力度。

（二）产业结构升级成为重要的发展内容及经济支撑

用产业结构的优化升级来带动农村经济发展能力的提高，用农村自身经济发展能力的提高来促进产业结构的优化升级。协调城乡产业结构，促进农业生产现代化，规范农村商品和劳动力市场，提高农村自主发展能力，最终达到城乡统筹发展的目标。

农村现代化有四大基本趋势：一是农业内部的产业分化和产业化趋势，即由多种经营向多种产业分化转变，围绕区域主导产业建设产业体系，提高农民的产业化组织水平；二是农村的产业结构变革和工业化发展趋势，社队企业的发展以及集中建设产业园区，成为农村工业化的主要特征，使农村进入产业革命阶段；三是农村的城镇化发展趋势，农村的工业化必然导致产业结构发生根本性变化，导致农业劳动力的产业转移和人口的城镇化，为小城镇的发展创造条件；四是城乡一体化发展趋势，农村工业化发展不断提升农村的社会化发展水平，最终在城乡统筹的基础上实现城乡一体化。

（三）城镇化是主要的发展路径

统筹城乡发展并不意味着把农民转移进城市、转移进城镇就万事大吉了，通过行政推动、自主流动进入城市与城镇的农民，其生产、生活的习惯也还是农民，要使农民融入城市，不仅需要引导农民逐步改变生产、生活、居住与社交等多方面的习惯，还要为农民转市民提供政策与机制上的保障。农户居住条件、生产条件的改变需要农村家庭经营方式的转变；居住条件的改变，职业方式的转变，必然会带来生活方式的转变，特别是转向以对公共产品消费相结合的生活方式的转变；当生产方式、生活方式转变之后，其行为决策方式也必然发生转变。这样一个过程完成之后，农民就基本转换为市民。

（四）土地流转和土地资产置换成为普遍的发展方式

通过土地要素的确权、赋能与流动，产生土地资产的增值效应，在推动区域土地要素多元化配置的基础上，推进农民就业非农化，居住城镇化、保障公平化和生活现代化。将农地拆迁、农地流转等制度创新获得的财富增值、效益提升引入二次再分配，大力推动城乡社会保障、医疗保障和教育、交通等公共服务的均等化，使制度创新的利益惠及全体居民，并用土地增值收益来推动农民居住条件、生活条件和区域基础设施建设，以及公共服务水平的提升。土地指标、土地资源的跨区域流动使区域间的级差地租得以体现，为统筹城乡发展提供了巨大的资金支持。

（五）政府主导与市场调节成为重要的动力机制

无论哪个地区的城乡统筹，都离不开政府的引导、支持和监督。要做好城乡统筹规划，政府应该从总体上来考虑。城乡均衡发展，并不是要使城市农村同一发展，更不是使城市农村一致化、一样化，而是要走出一条协调发展、互补发展的路子。江苏省按照"城市现代化、农村城镇化、城乡一体化"的发展思路，把城市和农村作为一个整体，统筹规划，合理布局。

总之，国内不同区域城乡统筹模式既有相似性，又各具特色。主要相似点是关注农村自身发展、重视城乡基础设施建设和产业联动、以城市化和工业化为根本动力，不同点集中体现为产生和适用于不同的历史背景、基础条件、政策制度环境和采用各异的统筹路径和手段等。

第三节　城乡一体化典型模式简介

2009 年 8 月，重庆、成都、苏州、嘉兴一起被国家发改委列为中澳管理项目"消除城乡一体化的体制障碍，促进农民富裕与城乡统筹发展"主体试点地区。重庆、成都是国家统筹城乡综合配套改革试验区，苏州、嘉兴是省级统筹城乡改革试验区。四地结合自身特点，先行先试，创新改革，在统筹城乡发展的重点领域和关键环节进行了积极的探索和实践，积累了很多好的做法和经验（见表4-3）。

表4-3　　　　　　　　城乡一体化不同区域建设模式比较

地区	基本内容	创新（动力）机制	战略决策
嘉兴	（1）以"两分两换"推动土地节约集约：宅基地与承包地分开、搬迁与土地流转分开；以承包地换股、换租、换保障，以宅基地换钱、换房、换地方。（2）以"1+X"创新网络型城市架构：对人口集聚进行了城市、城镇、农村新社区的三级梯度安排。（3）以"十改联动"实现公共服务均等化：将农地拆迁、农地流转等制度创新获得的财富增值、效益提升引入二次分配，通过就业、社会保障、户籍制度、新居民管理、涉农体制、村镇建设、金融体系、公共服务、规划统筹等"十改联动"措施，推动城乡社会保障、医疗保障、教育等公共服务均等化	在产权制度改革方面，嘉兴对农村宅基地、农房、农地承包经营权进行产权确认，将农房、农地承包权视作特殊产权进行运作，创建了农业投资公司主体，为农地流转提供了交易平台与储备主体	2008年7月被浙江省政府列为统筹城乡综合配套改革试点
苏州	（1）推行"三集中"：工业企业向开发园区和工业规划区集中，"退二进三""退二还一"、异地置换；农业向适度规模经营和现代都市农业规划区集中，发展规模现代农业；农民向城镇或新型居住区集中，实现人口集聚。（2）发展"三大合作"：按照"量化存量，按股分红，谋求增量，促进发展"的原则，发展社区股份制，资产变资本，农民变股民，农村变社区；按照"依法、自愿、有偿"的原则，把农户土地承包权入股组建土地股份合作社，发展现代农业；按照入社自愿、退社自由的原则，发展农民专业合作社，助民增收，如劳务合作社。（3）实行"三置换"：集体资产所有权、分配权置换社区股份合作社股权；土地承包权置换基本社会保障或入股换股权；宅基地使用权换城市住房，实现"资源资产化、资产资本化、资本股份化"。（4）建立"六项机制"：三产协调发展机制；城乡统筹就业机制；覆盖城乡的公共财政体制；城乡改革协同推进机制；县域经济、小城镇和新农村协调发展机制；城乡规划统筹机制	（1）注重实现"三农"与"三化"互动并进，形成了以城带乡、以乡促城、城乡共同繁荣的发展格局。（2）产权改革特征：农村集体土地产权的股份化，农村宅基地换安置房，承包地经营权换社会保障。（3）通过"三大合作组织"富民强村，促进了农村资源资产化、资产资本化、资本股份化，形成了集体经济与农民持续共享资源增值收益的长效机制，创新了苏南模式的共同富裕之路	2008年9月被江苏省批准为全省城乡一体化发展综合改革试点，随后被国家发改委列为全国城乡统筹联系点

续表

地区	基本内容	创新（动力）机制	战略决策
成都	（1）用"三集中"推动城乡一体化：推进工业向集中发展区集中；引导农民向城镇和新型社区集中；推进土地向适度规模经营集中。（2）以"四大基础工程"夯实农业农村发展基础：推进农村产权制度改革；推进农村公共服务和社会管理改革；推进农村土地综合整治；推进农村新型基层治理机制建设。（3）以"六个一体化"构建城乡协调发展新格局：推进城乡规划一体化，推进城乡产业发展一体化，推进城乡市场体制一体化，推进城乡基础设施一体化，推进城乡公共服务一体化，推进城乡管理体制一体化	（1）"确权—产改"进行土地产权改革，集中表现为"还权赋能"：首先是重新确权，其次是将产权的权能赋予农民。（2）"挂钩—置换"进行流转。（3）利用土地增值的地方收益来实现城乡统筹，同时，提高农村和农民在土地增值收益中的分配份额。（4）通过土地整治增加土地收益	2007年6月，国家批准成立全国统筹城乡综合配套改革试验区
重庆	（1）统筹城乡规划与协调发展。（2）健全劳动力转移的服务与保障机制。（3）创新土地流转和节约集约利用制度，创建了"地票"交易制度。（4）五个一体化：推进城乡基础设施一体化，推进城乡经济发展一体化，推进城乡劳动就业一体化，推进城乡基本公共服务一体化，城乡户籍管理一体化	创建了"地票"凭证的土地市场化交易制度。建设用地需求主体（城市）和供给主体（农村）之间对建设用地指标进行交易的票证化过程，包括申请复垦、整理验收、市场交易和城区使用地票四个环节，真正实现了农村建设用地与城市建设用地的挂钩	2007年6月，国家批准成立全国统筹城乡综合配套改革试验区

资料来源：笔者根据相关文献整理。

一　"还权赋能"的成都城乡一体化模式

2007年6月7日，国家批准成都市设立全国统筹综合配套改革试验区，积极探索。成都城乡一体化改革的经验可以概括为："三个集中""四大基础工程""六个一体化"。

（一）成都城乡一体化的发展过程

2003年首次确立城乡一体化战略，创造性地提出并大力实施三个集中的战略和运作思路；2004年城乡一体化战略实施破土启动，以红砂村为代表的"五朵金花"新农村改造成为开篇之作；2006年创建、提出"全域成都"的理念，深入探索"城乡一体化"的系统化规划和全方位推进；2007年争取到国家批准，设立"统筹城乡综合配套改革试验区"；2008年用城乡统筹的经验和办法推进地震的灾后重建；2009年深层次改革探索，源于土地的"农村产权制度改革"，实施了"确权颁证，还权于民"的制度改革，促进土地流转，极大解放和发展了农村生产力，实现资源向资本的转变。

（二）成都城乡一体化的主要内容

1. 成都模式的基本思路

（1）对城乡一体化条件下市郊"三农"的改造思路。对农村进行"城镇化＋社区化＋集聚化"改造；对农民力争促成其"工人化＋市民化＋素质化"转变；对农业实施"产业化＋特色化＋现代化＋市场化"战略。（2）城乡一体化条件下对传统工业企业的整合。在城乡一体化的总体规划下，对传统工业企业整体外迁，园区化发展；实施主导产业导向，发展产业集群。（3）城乡一体化条件下的城市扩张与功能定位。产业发展"圈层化"布局、循序渐进发展思路；城市扩张走"卫星城"和"周边组团城"的逐渐建设完善之路；地块、地域功能遵循"统一规划、重新定位、集中开发"原则。①

2. 城乡统筹的"三个集中"

三集中就是：工业向集中发展区集中，强力推进新型工业化；农民向城镇集中，梯度引导新型城镇化；土地向规模经营集中，稳步实现农业现代化。城乡统筹的实质是协调城市与乡村的各类资源要素，打破城、镇、村的脱节格局，通过将公共服务设施与交通等市政基础设施由城市向农村覆盖，逐步实现城乡一体化。成都选择以"三个集中"为核心，以市场化为动力，以政策为保障，推进城乡一体化，积极探索破解城乡二元结构和"三农"难题的新途径。"三个集中"既是联动推进工业化、城镇化和农业现代化、统筹城乡发展的根本方法，也是转变发展方式的重要途径，是解决"三农"问题的必由之路。统筹推进"三个集中"、就是统筹推进城乡一体化。

（三）成都农村产权制度改革

1. 基本目标：推动农村资产资本化

资本化的本质是资产可交易，核心是流转，关键和难点是推动集体建设用地的"可流转"，前提是建立健全"归属清晰、权责明确、保护严格、流转顺畅"的农村产权制度。为此，成都市专门制定了《关于加强耕地保护，进一步改革完善农村土地和房屋产权制度的意见（试行）》，

---

① 甘立勇：《对成都市在"城乡一体化"改革中创新突破的调查和研究》，《学术探索》2012 年第 5 期。

从此，关于城郊农村土地的合理转让、使用、租赁、转型有了法规依据和政策支持，成为规范化的稳定和常态行为。[①]

2. 长远目标："还权赋能，农民主体"

还权是把法律法规已经赋予农民的土地、房屋等要素的权益确实还给农民；赋能是按照市场经济的要求，赋予农民更多的关于土地、房屋等要素的权益，并留下了充分的想象和探索空间。

3. 成都模式农村产权制度改革的创新与突破

（1）开展农村集体土地和房屋"确权"登记。确权登记是土地和房屋得以流转的技术基础。从2008年年初开始，成都市结合全国第二次土地调查和集体林权制度改革，明确农村集体土地所有权、农村土地承包经营权、集体建设用地使用权、农村集体林地使用权、农村房屋所有权五项权利。明确了"所有权＝使用权＋转让权＋收益权"的内涵。

（2）创新耕地保护机制。成都市探索引入经济手段保护耕地，建立耕地保护基金（基本农田每亩400元，一般耕地每年300元），用于农民养老保险补贴，极大地调动了农民保护土地的积极性。[②]

（3）推动土地承包经营权流转。成都市允许农民以转包、出租、互换、转让等形式流转土地承包经营权，并且以地方法规的形式予以规范。主要内容为：农村土地承包经营权的抵押贷款；农村土地承包经营权流转服务体系；对农民自愿放弃土地承包经营权的补偿机制。

（4）推动集体建设用地使用权和农村房屋产权流转试点。法律不允许集体建设用地流转，但政策允许在一定条件、用途和范围下流转集体建设用地。成都市的集体建设用地80%以上是宅基地，要转变为一般的集体建设用地才符合政策。集体建设用地大多数以宅基地的形式存在，集体建设用地确权在农户那里表现为宅基地确权。[③]

---

① 黄宝连等：《产权视角下中国当前农村土地制度创新的路径研究》，《经济学家》2012年第3期。

② 同上。

③ 甘立勇：《对成都市在"城乡一体化"改革中创新突破的调查和研究》，《学术探索》2012年第5期；黄宝连等：《产权视角下中国当前农村土地制度创新的路径研究》，《经济学家》2012年第3期。

二　土地"地票"交易的重庆城乡一体化模式

重庆市被国务院批准统筹城乡发展综合配套改革试验区以来,在经济基础相对薄弱的情况下,直接抓住城乡发展的根本内核:土地、劳动力转移和城乡经济社会协调发展三个关键问题,在统筹城乡发展实践中走出了一条具有自身特色的统筹城乡发展之路,并创造了"地票"交易制度。

(一)　重庆市城乡一体化的历程

1997 年提出了重庆市的乡村发展方式——"大城市带动大农村",并明确了乡村发展的三大支撑点。2001 年政府开始大力扶持农村经济的发展,制定了《重庆市农村扶贫开发十年纲要(2001—2010)》。2003 年以经济发展、社会发展指标、人口素质、生活质量、民主法治评价、资源和环境评价为指标,发展乡村规划。2005 年正式部署落实"以工促农、以城带乡"的城乡统筹发展战略。2006 年提出"社会主义新乡村",进行"千村推进百村示范"的尝试。2007 年 6 月,重庆市成为全国统筹城乡综合配套改革试验区,开始了乡村土地流转试点。2008 年提出未来重庆的城乡统筹模式为"大城市带小农村",并明确了五大城乡统筹范围和城乡统筹三级模式。2009 年推出"地票"交易制度,推进土地流转,成为全国土地流转的创举。结合重庆市城乡发展情况,可以把重庆市城乡发展大体分为四个阶段。[①]

(1) 1997—2000 年,属于理论发展阶段。这一阶段提出了重庆市的乡村建设将以"大城市带动大农村"的形式展开,并确定了"大城市带动大农村"的支撑点。但由于此阶段农村经济结构存在很大的问题,乡村工作主要围绕整顿乡村经济、发展农业生产展开。

(2) 2001—2002 年,属于经济扶贫阶段。这一阶段农村工作的主要任务是围绕乡村的扶贫工作展开,农业发展和乡村经济运行总体情况较好,乡村经济发展速度加快。

(3) 2003—2004 年,属于小康发展阶段。这一时期,乡村发展的主要评价标准是"全面小康实现程度",同时把"大城市带大农村"作为发展重点,注重乡村旅游的发展,把乡村建设的重点从经济建设转向物质文

---

① 彭作军、段立志:《农村集体建设用地权益资本化探析——基于重庆地票实践》,《建筑经济》2011 年第 5 期。

明和精神文明建设发展。

（4）2005 年至今，属于城乡统筹阶段，从 2005 年开始城乡统筹正式被提出并启动，直到现在，乡村建设均围绕城乡统筹展开工作。

（二）重庆城乡统筹的"地票"制度

1. "地票"制度的基本内容

（1）"地票"的本质是一种土地发展权证。"地票"是一种权利凭证，其交易对象是在农户和农村集体经济组织完全自愿的前提下，将农村建设用地复垦为耕地，经过严格验收且留足农村发展空间之后，形成的建设用地指标。重庆"地票"是指《重庆农村土地交易所管理暂行办法》中规定的"指标"的表现形式，该"指标"全称为"建设用地挂钩指标"，是根据非农业建设占用耕地"占一补一"的要求，立足于耕地总量动态平衡，将农村宅基地及其附属设施用地、乡镇企业用地、农村公共设施、农村公益事业用地等农村集体建设用地和部分荒地，经过复垦和扣除拆迁安置占地，并经土地管理部门严格验收后产生的城乡建设用地增减挂钩指标。"地票"的出现，使农村建设用地和城镇建设用地有了"挂钩"之处，而"地票"交易市场建立，更为"携地入市"提供了现实可能性。[1]

（2）"地票"交易的运作过程。重庆"地票"的运作主要是建设用地需求主体（城市）和供给主体（农村）之间对建设用地指标进行交易的一种票证化过程。其主要运行程序包括四大环节：申请复耕、整理验收、市场交易和城区使用"地票"。[2]

（3）在申请复垦环节，经过 2/3 以上的村民同意，向有关部门申请将规划范围内的农村集体建设用地复垦为耕地，诸如农村宅基地、乡镇企业用地、农村公共设施和公益事业用地等农村集体建设用地均属于可复耕范围，批准之后进行土地整理与复耕。从而做到"先造地，后用地"，保证区域内耕地面积总量不减少。

（4）在整理验收环节，由土地行政主管部门根据相关规定，对复垦整理的耕地进行评估预验收，扣除农民安置用地与留用的集体事业用地指

---

① 杨继瑞、王锐、马永坤：《统筹城乡实践的重庆"地票"交易创新探索》，《中国农村经济》2011 年第 11 期。

② 程世勇：《"地票"交易：模式演进与体制内要素组合的优化》，《学术月刊》2010 年第 5 期。

标后，将其余复垦土地面积确定为待流转的农村建设用地指标，并对原土地使用权人发给相应面积的"地票"。其农村建设用地复垦整理之后释放出来的指标即"地票"，属于作为使用者的村民组织。

（5）在市场交易环节，经过 2/3 以上的村民同意，他们把该指标拿到重庆农村土地交易所交易，其让渡人获得交易价款，受让人获得在城市用地的指标。因此，"地票"交易不是土地使用权的交易，而是农村建设用地权转为城市建设用地权的指标交易。

（6）在城区使用环节，"地票"受让人可根据所购买"地票"额度，将郊县农村建设用地指标或城市远郊区农村建设用地指标"飞"到城市郊区，在规划区域内征地，实现建设用地的城乡空间置换，获得近郊区的土地进行项目建设。

2. "地票"：统筹城乡的创新价值

长期以来，农村集体建设用地"经营性"地权的市场化流转由于受土地固定区位空间的限制，难以实现建设性用地的"级差地租"，难以形成要素集聚和产业协同的优势。"地票"交易是基于城乡建设用地产权一体化的基本制度框架，以稀缺的农村集体建设用地指标为交易对象，将农村集体建设用地嵌入城市建设用地价格形成机制，通过资产性地权交易在集体资产价值获得实现的同时，实现城乡建设用地实物资产的增减挂钩、要素的优化组合和产业的集聚。具体来说，"地票"制度可以起到有效地保护耕地，更好地维护农民权益，积极探索新型城镇化道路的作用。[①]

三 "三农"与"三化"互动并进的苏州城乡一体化模式

苏州是我国经济较为发达的地区之一，是"苏南模式"的发源地之一。20 世纪 80 年代乡镇企业异军突起和 90 年代开放型经济蓬勃发展，加快了工业化、城市化、经济国际化进程。进入 21 世纪以来，特别是党的十六大以来，城乡统筹和城乡一体化发展已经成为苏州发展新阶段的重要特征。2008 年苏州被江苏省批准为全省城乡一体化发展综合改革试点区，此后又被国家发改委列为全国城乡统筹联系点，与成都、重庆共同成为全

---

① 程世勇：《"地票"交易：模式演进与体制内要素组合的优化》，《学术月刊》2010 年第 5 期；杨继瑞、王锐、马永坤：《统筹城乡实践的重庆"地票"交易创新探索》，《中国农村经济》2011 年第 11 期。

国城乡统筹改革实验区。

（一）城乡一体化是苏州发展的必然选择

多年持续高速发展之后，苏州和许多经济发达地区一样，也面临着一些突出问题：土地资源紧缺，人均耕地已经不到半亩；农户分散居住较为突出，农房闲置不断增多；农业规模经营不够，产出水平不高；城乡发展不平衡，农民收入偏低等。这些"瓶颈"的存在，是长期存在的二元结构造成的，急需用创新的发展思路破解发展"瓶颈"。城乡一体化的改革与发展有利于转变经济发展方式，优化资源配置，进一步拓宽工业化、城市化发展空间，也有利于推进农业适度规模经营，进一步加快农业现代化建设。简言之，苏州经济与社会发展到现阶段，迫切需要通过推进城乡一体化改革和发展为城镇化提供资源空间，迫切需要形成工业反哺农业、城市支持农村的新机制。因此，必须把推进城乡一体化发展作为破解二元结构的举措，作为加快转型升级的助推器和经济社会发展的引擎。[①]

（二）城乡一体化的基本内容："三集中""三置换"和"三大合作"

1. 推行"三集中"

三集中是通过资源整合，合理规划空间布局，引导工业、农业、人口向工业园区、农业规模集中区、农户新型社区集中的过程。三集中是推进土地向节约、集约利用方向转换的重要路径和措施。

工业企业向开发园区和工业规划区集中，分别进行"退二进三""退二还一"、异地置换；农业向适度规模经营和现代都市农业规划区集中，发展规模现代农业；农民向城镇或新型居住区集中，实现人口集聚。

2. 发展"三大合作"

按照"量化存量，按股分红，谋求增量，促进发展"的原则，发展社区股份制，资产变资本，农民变股民，农村变社区；按照"依法、自愿、有偿"的原则，把农户土地承包权入股组建土地股份合作社，发展现代农业；按照入社自愿、退社自由的原则，发展农民专业合作社，助民增收（如劳务合作社）。

3. 实行"三置换"

集体资产所有权、分配权置换社区股份合作社股权；土地承包权置换

---

① 张振龙：《城乡一体化规划理论与实施机制研究：以苏州市为例》，《现代城市研究》2012 年第 4 期。

基本社会保障或入股换股权；宅基地使用权换城市住房，实现"资源资产化、资产资本化、资本股份化"。①

（三）苏州城乡一体化的主要特征

1. "三农"与"三化"互动并进

苏州注重实现"三农"与"三化"互动并进，充分发挥工业化、城镇化对农村发展的带动作用，在同步推进农村现代化、工业化和城镇化方面取得了重大进展，形成了"以城带乡，以乡促城、城乡共同繁荣"的发展格局。苏州探索形成了推进"三个集中"、实施"三个置换"、深化"三大合作"、完善"三大保障"、强化公共财政、推进农业保险和担保、统筹城乡就业、建立生态补偿机制、创新社会建设管理体制机制等一系列政策措施。②

2. 建立"六项机制"

三产协调发展机制；城乡统筹就业机制；覆盖城乡的公共财政体制；城乡改革协同推进机制；县域经济、小城镇和新农村协调发展机制；城乡规划统筹机制。

3. 产权改革特征

农村集体土地产权的股份化，农村宅基地换安置房，承包地经营权换社会保障。

4. 实施"共享发展"

通过"三大合作组织"富民强村，促进了农村资源资产化、资产资本化、资本股份化，形成了集体经济与农民持续共享资源增值收益的长效机制，创新了苏南模式的共同富裕之路。

在城乡统筹中，政府一方面要盘活农村宅基地资源为城市发展置换出发展空间，另一方面能够通过制度改革及公共福利的供给来改善居民的生活环境。苏州并没有像成都那样进行产权的界定，而是直接按照户籍、婚龄等进行房屋、宅基地的产权置换。苏州的宅基地产权置换中更多的是偏重于以户籍为标准的置换和补偿。原因在于，如果苏州以确权方式对农户宅基地使用权、房屋所有权进行界定，那么在之后的资源盘活以及政府进

---

① 曲福田、田光明：《城乡统筹与农村集体土地产权制度改革》，《管理世界》2011年第6期。

② 同上。

行空间格局的调控时，交易成本将变得非常高昂。①

四　"两分两换"的嘉兴城乡一体化模式

（一）嘉兴模式的基本原则

嘉兴模式的主要内容不仅涉及农村土地利用制度、产权制度、户籍制度、就业制度等基本制度的改革与突破，涉及社会保障、公民教育、公共服务均等化等政府改革，还涉及农民生活服务与社区管理的变革等方面。从创新的角度看，嘉兴模式的核心主要体现在产权理论、公共服务转型与城乡融合三个层面。核心理念是"平等、自愿、有偿、梯度、分享、融合"12字精神。②

（二）嘉兴模式的主要做法③

1. 创新"两分两换"工作，土地利用制度改革有突破

所谓"两分两换"就是在坚持"三不变"，即农村集体土地所有权性质不变、农用地的用途不变、农用地的量与质不变的基本前提下，按照宅基地与承包地分开、搬迁与土地流转分开的总体思路，全面推进"以承包地换股、换租、换保障，以宅基地换钱、换房、换地方"，协调推进工业化、城镇化和农业现代化新格局。操作上强调"依法、自愿、有偿和'双赢'"，即通过土地要素的确权、赋能与流动，产生土地资产的增值效应，在推动区域土地要素多元配置的基础上，推进农民就业非农化、居住城镇化、保障公平化和生活现代化。

2. 创新网络型城市架构，城镇化进程形成良性互动

为了避免在城镇化进程中，中心城市人口集聚过快带来的城郊贫民化，嘉兴模式在制度设计中对人口集聚进行了城市、城镇、农村新社区的三级梯度安排，使农民在融入城市过程中有了一个低成本发展路径，实现了城乡统筹、城镇化与城市化三阶段发展目标的统一，并在运行模式上实现了无缝对接。在操作上推动两个层次的转变，一是扩权强镇，构建新型

---

① 曲福田、田光明：《城乡统筹与农村集体土地产权制度改革》，《管理世界》2011年第6期。

② 嘉兴市统计局课题组：《统筹城乡发展中"嘉兴模式"研究》，《调研世界》2012年第3期。

③ 同上。

发展中心；二是实现有限积聚，构建城市化梯度流动机制。制定出台了《关于推进农房改造集聚加快建设现代新市镇和城乡一体新市区的意见》，大力推进农房改造集聚，加快新市镇和新社区建设，加快新型工业化、新型城市化和"三农"现代化步伐。

3. 创新利益分配机制，公共服务均等化实现突破

与以往城镇化进程中征地发展所不同的是，嘉兴"两分两换"过程中，将农地拆迁、农地流转等制度创新获得的财富增值、效益提升引入二次分配，大力推动城乡社会保障、医疗保障和教育、交通等公共服务的均等化，使制度创新的利益惠及全体居民。在操作中，将就业、社会保障、户籍制度、新居民管理、涉农体制、村镇建设、金融体系、公共服务、规划统筹等改革统称为"十改联动"，重点突出公共服务均等化。

4. 创新城乡融合机制，引导区域和谐发展

统筹城乡发展并不意味着把农民转移进城市、转移进城镇就万事大吉了。通过行政推动、自主流动进入城市与城镇的农民，其生产、生活的习惯也还是农民，要使农民融入城市不仅需要引导农民逐步改变生产、生活、居住与社交等方面的习惯，还要为农民转变为市民提供政策和机制上的保障。2006 年 11 月 3 日，嘉兴市委、市政府两办下发了《关于加强嘉兴新居民服务管理工作的若干意见（试行）》，2008 年 5 月 4 日，下发了《关于改革户籍管理制度进一步推进城乡一体化的若干意见（试行）》，2010 年 3 月又制定了《农村居民跨行政区域集聚和身份转换处置办法（试行）》《关于加强城乡一体新社区管理服务的意见》，将历史上农民的村民自治管理转变为辖区管理，最大限度地解除了农民流动的制度障碍。城乡统筹的嘉兴模式，就是通过制度创新，将本地人口和外来人口分步、分阶段地转变为真正的城市居民。

5. 创新发展支持机制，城乡统筹形成良性循环

城市化与城镇化进程中需要解决农民进城后的就业、居住与生活问题，而上述三个核心问题中，除就业成本有一定的弹性外，居住问题、生活问题和居住设施建设都需要大量的资金支持。为此，嘉兴就城乡统筹发展在金融制度、产权制度与管理制度方面进行了创新，发挥了区域建设中各个市场主体的作用。

（1）产权制度。一是谋求产权制度的突破，对农村宅基地、农房、

农地承包经营权进行产权确认，使长期模糊的农村基础产权得以明确。二是实现了农村基础产权的流转、转租、抵押创新，将农房、农地承包权视作特殊产权进行运作，实现了农民资产权益的释放。三是创新农村产权主体运营模式，整合农村资源。在产权交易领域中，除农民、经营者之外，创新了农业投资公司主体，为农地的流转提供了交易平台与储备主体，大幅度地降低了市场信息的发现成本。

（2）金融制度。农地等农村资产产权的创新，使农村金融制度创新有了依托，并为农村产权的使用提供了新的工具与手段。一是实现了农村产权的抵押与交易支持。二是创新了新农村建设主体，降低了建设中的资金风险。嘉兴以镇（街道）为单位组建建设投资主体，独立法人、独立运作、独立核算，使不同的金融创新、组织模式、运行模式都有了比较，统筹城乡发展的模式选择更为快捷、方便与有效。三是开创了银团融资模式，为统筹发展提供保障。为了加快"两分两换"进程，嘉兴在统筹城乡发展中采取了"项目组合，银团支持"的融资模式，为统筹城乡发展提供了庞大的资金支持。

第四节　本章小结

（1）欧盟在乡村建设中非常注重多功能农业的发展和乡村区域发展的活力，将农业发展和乡村发展捆绑在一起加以扶持，以共同农业政策"第二支柱"作为平台加以推进。在乡村发展内容上，集中体现在扶持农业发展，保持乡村经济发展活力；保护乡村耕地，实施填充发展；加大生态环境保护；注重乡村文化传承。在发展方式上将农业发展与乡村整治相结合。

（2）国内先行地区在城乡一体化发展上依据不同的优势，进行了各有特色的探索，创建了不同的发展模式，即城市为主导以城带乡的城乡统筹发展模式；乡村主导乡镇企业拉动的城乡统筹发展模式；以城乡为整体统筹规划的城乡一体化发展模式、县域一体化发展模式。各地在发展过程中都十分注重农业的发展和农业产业化的升级，注重政府主导和市场配置相结合，注重公共产品的供给和制度建设。

（3）成都、重庆、苏州、嘉兴四地在城乡一体化的试验中各有特色，取得了可供借鉴的经验。成都的经验集中体现在"确权赋能"的土地制度创新上，重庆的经验主要体现在城乡建设用地的"地票"交易制度上，苏州的经验体现在将"三农"与"三化"互动并进的发展策略上，嘉兴的做法可浓缩为"两分两换"。

第五章

粮食主产区乡村区域发展的衰落

——基于河南省乡村的调研分析

前面四章内容分别从理论和经验的角度阐述和介绍了城乡一体化的政策背景、基本含义、发展内容和实际做法。第二章从理论上说明了中国二元结构和"三农"问题主要是由城市化偏向政策造成的，所以，城乡一体化的主要任务在农村，应该用工业化的方式和城市化的理念实施乡村城镇化。那么，粮食主产区农村区域实际情况怎样？是否有因城市偏向化导致的发展滞后或衰落现象？是否需要对之加以城市化的改造？本章针对这些问题，从农村"空心化"的角度进行了实地调研，主要选择在河南省市级区域范围内的农村地区进行抽样。

第一节 乡村衰落与农村空心化

一 农村空心化及其内涵

农村空心化是在我国二元结构下，随着城市化进程而出现的一种乡村衰落的现象，是农村发展转型中乡村地域系统性退化的一种不良现象，是农村与城市发展严重不协调的产物。自1978年改革开放，特别是20世纪90年代以来，在市场化经济体制的冲击下，乡村在组织、产业、人口、住宅、生态等方面发生了深刻的变化，呈现出一种全面的衰落景象，致使原有的乡村逐步由紧密的共同体状态衍化为松散的"空心化"状态。

1. 农村空心化表现为村庄空间形态的空心化

村庄空间形态的空心化是指村中心居人宅基地不断减少，空置、废弃的房屋逐渐增多；而村庄边缘、主要道路沿线区域的新建房屋和居人宅基地面积不断增加，造成农村聚落的"外扩内空"和土地资源的严重浪费。这又包括三个方面的内容，一是村庄中心的部分住宅完全废弃，或者称之为完全的空置。新房围村而建，村子内人口迅速减少，村内存在大量闲置宅基地或残败老屋，无人开发和维修，形成了宅基地双重占有的现象。①二是村庄不断向外蔓延，表现为新建住宅向外扩张。随着我国农村居民生产、生活条件大幅度改善，生活水平不断提高，农村建房持续升温，且不断向四周"摊大饼"式扩张，而位于村庄中心的老村区却存在大量的空闲宅基地和闲置土地，并保留了大量的无人居住的破旧民房，形成了外实内空的用地现象。②三是多数住宅常年无人居住，处于半空置状态。农民工将大量的积蓄投入到农村房屋上，但由于其职业已经发生了转换，必须外出打工，所以，他们盖起来的漂亮的房屋常年在家空置，只是到了过年的时候才回来居住一段时间。总之，"农村空心化"是指城乡转型发展过程中农村人口非农化引起"人走屋空"，以及宅基地普遍"建新不拆旧"，新建住宅向外围扩展，导致村庄用地规模扩大、原宅基地闲置废弃加剧的一种不良演化过程。

2. 农村空心化表现为人口和产业的空心化

随着工业化和城市化进程不断加快，农村青壮年劳动力大量外出，致使农村留居人口呈老龄化、贫困化趋势。农村空心化从形态上看首先表现为房屋的空置，进一步分析发现，这种空置主要是人口非正常流动的结果。工业化和城镇化的发展，城乡之间的人口流动是必然的，如果乡村人口能够完全融入城镇区域，也不会表现为住宅空心化现象，但这种迁徙由于户籍制度等原因导致的是一种不完全的迁移，即"非农劳动力"的流动而非家庭的流动；"候鸟"式迁移而非永久性迁移。在这样的情况下，劳动力的迁移受到了严格的筛选，仅仅是农民工的"非农化"就业。所以，"人口空心化"是指农村青壮年劳动力大量流入城市，导致农村人口下降和农村青壮年人口比例下降，农村剩下的人口大多数是老人、妇女和儿童的一种现象。③

农村产业的空心化是农村人口、资金等要素流向城市，引起农村主体

---

① 陈乔柏：《中国乡村的"空心村"现象原因分析》，《古今农业》2012 年第 2 期。

② 庞兵：《社会主义新农村建设过程中治理"空心村"的探讨》，《西南农业大学学报》（社会科学版）2012 年第 7 期。

③ 周祝平：《中国农村人口空心化及其挑战》，《人口研究》2008 年第 2 期。

弱化、经济衰退和社会结构变革的结果。工业化和城镇化的发展，使农业的弱势产业愈加凸显，农业收入在农民纯收入中所占比重逐步下降，农业兼业化和副业化现象越来越明显。在农村推力和城市拉力的促进下，农村劳动力不断大规模地涌入城市，导致农村人口和青壮年劳动力比重下降，村庄人口不断减少。因此，农村人口和产业的空心化是经济意义和地理意义上的衰落相互交织的结果。①

3. 农村空心化表现为基础设施和社会服务的空心化

农村基础设施、文化等资源相对匮乏，在村庄常住人口减少、大量房屋闲置的状况下，公共生活服务设施保障条件进一步衰退，村庄整体格局和景观风貌受到极大破坏。其中，最为突出的，一是农村基础设施衰落所导致的农村整体风貌的破旧，村容不整，卫生堪忧，活力不存；二是农村基础教育步步衰退，不少村庄小学教育都无法保留，九年制义务教育的质量提高还有艰难的路程；三是传统的乡村文化和历史传承逐渐被遗忘。造成这些状况的原因，最主要的是农村经济发展的活力消失引起了整个乡村形态、组织运行、村容村貌支撑基础的丧失。特别是由于农村集体经济的衰退，使整个原来维持村庄运行的一整套制度和设置近乎瘫痪。

二 农村空心化形成的主要原因

农村空心化是改革开放以来城乡发展不平衡导致的乡村衰落，快速的经济发展使乡村经济和社会形态无法及时调整是其根本原因，但是，现有的制度缺失是一个重要的促成因素，这些制度包括劳动力迁移制度、土地财产制度以及城乡二元制度。

1. 人口流动的制约因素

从劳动力迁移制度上看，没有形成农村向城镇移民完整的迁移制度和机制。在城镇迁入地，农村居民受到户籍制度的"阻隔"，无法融入城市生活；而在迁出地，农村居民又受到"土地资产"无法置换的退出障碍阻障。中国的户籍制度具有福利性质，城市户籍具有城市住房、教育、社会保障的制度性福利，以及几乎免费的其他城市公共产品；农村居民具有无偿使用农村集体土地的福利性质。农民工迁入城市，如果没有城市户籍

---

① 刘祖云、武云龙：《农村"空心化"问题研究：殊途而同归——基于研究文献的理论考察》，《行政论坛》2012年第4期。

制度，就不会享受城市居民应有的户籍福利①，其城市生活成本就会大幅提高。比如，能否正常享受低收入住房政策，孩子能否按城市户籍一样正常入学，等等。这些安置成本仅仅靠农民的工资性收入是无法解决的，所以，在城市的高生活成本"阻碍"了农民工的迁入。如果农民工能够用其农村的资产来解决城市的安置成本，依靠其工资性收入来解决其日常的生活支出，那么，也可以部分解决农村移民的迁入问题。但问题是，农村居民无法将其农村的资产转移到城市中去。或者说，农民在农村中房产不具有资产性价值，在农村居民流动时无法进行置换。所以，这又从退出方面增加了农村居民迁入城市的难度。

既然农民无法依靠自己的辛勤努力实现城市移民，那么，作为理性的经济人，他们在农村修房盖屋进行不动产投资也就是合理的选择，所以，农村蔓延和空心村同时并存也就成为一种必然的发展现象。

2. 土地财产制度的制约因素

从土地财产制度上看，我国的土地财产制度助长了农民对宅基地的占有、扩张冲动、违规违法行为。一方面，取得的无偿性、使用的无期限性和持有的"零成本"，使村民倾向于占有更多的宅基地；另一方面，宅基地限制流转，使众多已经城市化的原农村居民不能通过让渡宅基地使用权来实现宅基地的财产权益，使这些宅基地长期处于空置状态，造成空心村的普遍存在。②

我国农村宅基地的使用是一种福利性质的分配，《土地管理法》第62条规定："农村村民一户只能拥有一处宅基地""农村村民出卖、出租住房后，再申请宅基地的，不予批准"。这就是说，凡是可以自立家户的，都可以获得应有的宅基地。所以，随着目前农村人口的增加和核心家庭的增多，宅基地的扩张是必然的。另外，宅基地收回制度不健全，缺乏

---

① 同样，我们也可以说，如果没有享有与城市居民同等的户籍福利，他也不可能是城市居民，即使政府宣称放开户籍制度，所有农民工都是城市户籍，也是枉然的，是一种虚假的城镇化。

② 我们在调研中发现这样几种现象：一种是一个村庄一半以上的居民沿公路周边又重新建设新的住宅，老的住宅或者让其荒芜，或者在其院内进行简单的复耕；村庄内老住宅无法改造，成片"连锁"废置，在调研中，一位村民曾对我们抱怨，其邻居房屋已经闲置，自己进行置换对住宅进行翻修，无论是自己，还是村委会都协商不动；我们还了解到一种情况，一户村民已经到城市安置落户，希望将自己的宅基地出让，但几年来因为价格问题就是卖不出去。

可操作性。《土地管理法》规定，"农村集体经济组织报经原批准用地的人民政府批准，可以收回土地使用权"，并原则性规定了宅基地收回的几种情形，但对宅基地收回设计的具体政策界限、收回程序、补偿标准等却没有做出具体规定，特别是宅基地的资产置换无法实施，所以，现行宅基地收回制度基本失效。这种分配制度在农村实际执行的结果是，宅基地只能分配出去，不能收回，从而使农村建设用地不断增加，村庄不断蔓延。按理说，无主人的土地应该自动转归国家或集体，但在农村却行不通，即使无人居住，无直系亲人继承，也不能收回，因为，在农村血缘家族关系下，其他的非直系亲属会阻挠收回，从而自己占用。还有一个重要原因，是农村宅基地的使用的无偿性，无论宅基地的面积是大是小，都是不需要支付费用的。因为，没有持有成本的约束，所以，导致了农民对宅基地占有的冲动：有权势者利用权势多占有宅基地，一户多宅，无权势者则违法开发自己的承包地，违法建宅。

总之，宅基地无偿无期限使用及限制性流转，造成农户退出宅基地的动力完全丧失，这是宅基地低效利用、空心村大量出现的根本原因。

3. 城乡二元制度对农村衰落的影响

长期以来，在计划经济思维的影响下，对工业和城市实行偏向化发展战略，忽视农村经济的发展。特别是改革开放以后，实施家庭承包责任制，农村集体经济逐步缩小甚至消失，农村的形体规划便失去了权力的约束和支撑，使农村处于一种散乱的蔓延发展状态。城镇化加速发展之后，农村土地成为城市发展被征用的对象，但农村发展无人问津。即使后来的城乡建设用地"增减挂钩"政策在实施过程中也被异化，将增减挂钩视为低成本扩张城市用地的突破口，农民"被上楼"，补偿安置不到位，农民的财产权益得不到充分保证。

应该承认，要对农村衰落的形态进行整治，需要重新规划和大量投资。这些规划和投资如果仅靠乡村内部的经济实力和资源难以解决。在宅基地的退出方面的困难主要是资金条件约束。不管是主动退出，还是被动退出，不管采用哪一种补偿形式（货币补偿、置换补偿、社保补偿），都需要庞大的资金做支持。在宅基地复垦方面的约束主要是规划约束，准备复垦的宅基地就其区域性而言有以下三类：村庄周边紧邻农用地、相对独立的宅基地，此类宅基地易于复垦；位于村庄里面的夹心房或连体房，此类宅基地只有实施村庄整体退出才能进行复垦；通过集体经济组织内部置换宅基地，使置换后退出的宅基地达到独立复垦条件。[①]

所以，要真正解决乡村的衰落和空心村问题，必须破除原来的二元发展思路，改变城镇化的偏向，实施城乡统筹发展和城乡一体化的新理念。

三 乡村衰落及空心化所带来的问题

农村空心化是乡村衰落的一种发展现象，农村的衰落既阻碍了农村经济的发展，形成了"三农"问题，又导致了资源的严重浪费，还影响了城市化的健康发展。

1. 农村空心化导致了土地资源的严重浪费，加重了耕地资源保护的压力

我国农村居民在建设用地上实行的是"一户一宅"制度，出现了大量的空心村现象，表明存在着"一户多宅"，或者是"住户空宅"的现象，大量的住宅空置本身就是一种对土地资源的浪费。不仅如此，在村庄蔓延的过程中，还出现了建筑面积不断膨胀的现象。例如，根据国研网统计资料显示，1990—2010 年农村居住人口由 7.92 亿人减少到 7.69 亿人，人均居住面积由 1990 年的 20.3 平方米增加到 2010 年的 31.6 平方米。[②]

2. 农村空心化加剧了乡村的衰落，助推和固化了"三农"问题

农村空心化是农村资产沉淀和乡村资源价值塌陷的结果。从形态上来看，农村空心化反映的是农村发展的蔓延状态，是村庄周边房屋的兴起和村庄内部的颓废。这种现象是农民发展无奈的结果。因为农民无法在城市获得合理的不动产，所以，他们只能将自己的收入转化为农村的不动产，并将其不动产作为社会保障的替代。尽管是空心村，但农民在其房屋建筑上的成本并不低。然而，农民建成之后，在外出打工期间又不常住，所以，房屋的使用价值并没有很好地发挥。因此，从这一角度上说，房屋的建筑是一种资产的沉淀，不利于农村经济的发展。另一方面，由于农村住宅实施免费使用，没有完善的退出机制，这样，即使已经转移出去的农民，他们也会仍然保持其原有的住宅。在这种情况下，农村的整个建设规划就会受到影响，特别是在道路、公共设施上受到影响，进而影响到村庄整洁和生态景观，使整个乡村资源呈现价值塌陷的状态。

---

① 傅介平：《宅基地退出机制解析——以江苏省为例》，《中国土地》2012 年第 12 期。

② 国研网数据中心。

3. 农村空心化和乡村衰落对城镇化健康发展的影响

农村空心化和乡村衰落也会影响到城镇化的健康发展，这就是城镇的空间扩张而非人口集聚，城市发展的投资驱动而非消费驱动，城市经济的粗放发展而非服务型升级。农村空心化的一个主要驱动力是，农民工将从城市打工挣回的钱投入农村建房，使正常的国民经济循环发生了农村住房的"漏出"。① 这种漏出对城市化有两个不利的影响：一是不利于城市的房地产业发展，我国在城市化率的统计中，将农民工作为常住人口统计进去，一般来说，房地产的开发是依据城市人口的规模进行的，农民工无法在城市正常购买开发出来的房产，不利于房产的销售和房产投资的回收；二是无法形成真正的内需，特别是对服务型产品的需求。由于户籍制度和城市移民的安置成本，农民工并没有真正融入城市生活之中，所以，其生活方式仍是农村的消费模式，不断地进行农村住宅建设和更新是其生活的一部分，他们对非耐用型商品和服务型商品的消费没有期望的那么高。

总之，农村衰落和空心化问题涉及面广、危害严重，不仅破坏了乡村地区的人居环境，造成了土地资源和经济资源的双重浪费，进而阻碍了我国农村地区土地资源的可持续利用和农村经济社会的可持续发展，还影响城镇化的健康发展，影响我国经济的转型升级，已经成为统筹城乡和城乡一体化面临的首要难题。

第二节　河南省空心村现状的调研

河南省是我国 13 个粮食主产区之一，是粮食生产大省，年产粮食占全国粮食总产量的近 1/10。同时，河南省又是相对落后的人口大省，2013 年城镇化率仅有 43.80% 左右，低于全国水平 10 个百分点，农村经济发展相对落后，农村剩余劳动力较多，工业化和城镇化的快速发展对其冲击较大，乡村发展处于快速的转型之中。因而，城乡一体化建设对于未来河南省的经济社会发展具有更为重要

---

① 农民工的收入没有正常加入城市经济循环，而是转移到农村进行消费。在低收入时期，消费主要表现为食品和耐用性商品的消费，无论是在农村还是在城市，对内需的总量影响不大。但是，进入中等收入和高收入阶段之后，温饱问题已经解决，非耐用性消费品，特别是服务型消费成为重要的消费内容，此时，农民工的收入再转入农村消费，将会对内需造成很大的影响。

的战略意义。

在城乡一体化的发展过程中,河南省结合中原经济区发展战略,提出了"新型农村社区"的发展平台,以此来解决农村发展的停滞和衰落问题。那么,河南省农村发展状况如何,乡村建设怎么发展,城乡一体化如何推进,新型农村社区建设是不是恰当的发展平台等问题,需要我们从理论上和实践中加以澄清。为此,我们围绕河南省空心村现状、形成的原因、农民的收入、对空心村的认识、房屋空置对资源的浪费、空心村的解决办法,以及新型农村社区建设的认识等问题进行了实地调研。为了便于对乡村建设和城乡一体化的比较分析,我们同时还选择了对浙江嘉兴市的调研,对部分分析内容会进行比较。这次调研共发放问卷600份,回收450份,回收率75%。在回收的450份问卷中,其中有效问卷441份,调查有效。

一　调研的基本情况分析

(一) 总体情况

本次调查在河南调研430个行政村,这些行政村共有212053个农户,每个行政村平均493户,行政村最少的农户只有1户,最多的农户有3320户,行政村户数的中位数为400户。从河南省的总体情况看,农村空心化问题相当严重,其中,旧房完全空置的农户占9.61%,旧房废弃的农户占4.62%,两项合起来完全空置的农户占14.23%;半空置占33.73%;到村外另建新房的农户占18.66%。从地区的情况来看,驻马店地区较为典型,不仅房屋空置率较高,而且在村外建房也比较严重;洛阳和漯河两市空置现象最低 (见表5-1)。

表5-1　　　　　　　　　河南省空心村与乡村蔓延基本情况

城市	户数	村外新建率 (%)	旧房完全空置率 (%)	旧房废弃率 (%)
安阳市	74163	24.02	10.26	4.88
鹤壁市	8798	7.99	2.84	1.81
焦作市	12490	13.26	3.31	0.50
开封市	17765	7.90	4.53	2.18
洛阳市	5822	6.20	3.18	0.88
漯河市	100	5.00	1.00	1.00

城市	户数	村外新建率（%）	旧房完全空置率（%）	旧房废弃率（%）
南阳市	3559	17.34	20.76	9.13
濮阳市	4548	2.62	4.97	2.42
三门峡市	1544	18.65	13.60	5.89
商丘市	2994	20.57	6.98	2.07
新乡市	5236	7.18	4.98	1.93
信阳市	19792	22.33	11.54	5.48
许昌市	3898	16.14	17.27	5.67
郑州市	14124	17.03	9.90	6.27
周口市	19151	6.39	5.26	2.74
驻马店市	18069	38.39	22.77	11.74
总计	212053	18.66	9.61	4.62

在调研中我们发现带有普遍性的现象是：（1）村子越大，离县城越远，离公路越近，空心现象越严重；这表明农村也存在严重的"蔓延"现象，土地资产价值的高低和土地的稀缺程度是决定房屋"空置"的一个重要因素。

（2）空置分为完全空置和半空置状态。完全空置表现为房屋的坍塌和宅基地的废弃，多为村庄中心的老建筑；半空置则表现为新建房屋和宅基地的空置，多在村庄边界。完全空置和废弃的旧房与宅基地主要是无法进行土地使用的整合造成的，而半空置则主要是农民外出打工造成的。表5-2显示，由于外出务工房屋处于半空置状态占33.73%，充分表明农村经济发展缺乏活力。

（3）如果村庄有产业，能够带动当地农民就业，空置现象就不严重，否则就较为严重。表5-2表明，驻马店和周口的半空置现象十分严重，几乎占到住户的一半，而这两个区域是典型的农业生产区域，与其人均耕地占有量多少有关。洛阳市和漯河市半空置率较低，与其产业发展有关。特别是漯河市，虽然是典型的农业生产区域，但是农产品加工企业非常发达，能够带动当地就业。比如，临颍县的南街村、龙云、北徐三个村庄以加工面粉、饲料等为主形成了农业产业集群，带动了周边村民的就业。

表 5 - 2   河南农村房屋半空置状况

城市	总户数（户）	半空置（户）	半空置率（%）
安阳市	74163	23971	32.32
鹤壁市	8798	2771	31.50
焦作市	12490	1640	13.13
开封市	17765	5955	33.52
洛阳市	5822	332	5.70
漯河市	100	3	3.00
南阳市	3559	1217	34.19
濮阳市	4548	894	19.66
三门峡市	1544	306	19.82
商丘市	2994	530	17.70
新乡市	5236	1267	24.20
信阳市	19792	7952.8	40.18
许昌市	3898	351	9.00
郑州市	14124	3421	24.22
周口市	19151	10056	52.51
驻马店市	18069	10867	60.14
总计	212053	71533.8	33.73

（4）农村空心村与不健康的城镇化有关。在所调研的 430 个行政村中，有 83.26% 的行政村认为，农村空心化的出现与不健康的城镇化发展有关（见表 5 - 3）。他们认为，不重质量"摊大饼"式的城镇化，势必"侵占"农民的土地，农民希望到城市打工，但这种转移又不彻底，农民无法在城市彻底安家落户，村内不能没有房子，导致农村空置房处于持有与不持有两难选择的境地。例如，我们在调研时发现，多数村民认为即使已经在城市安家落户，只要户口仍在农村，就应该保留其宅基地。

表 5 - 3   空心村与城镇化的关系

城市	行政村（个）	有（%）	没有（%）
安阳市	122	81.15	12.30
鹤壁市	26	50.00	50.00

续表

城市	行政村（个）	有（%）	没有（%）
焦作市	22	95.45	4.55
开封市	29	82.76	17.24
洛阳市	8	50.00	50.00
漯河市	1	100.00	0.00
南阳市	9	100.00	0.00
濮阳市	14	100.00	0.00
三门峡市	16	93.75	0.00
商丘市	6	100.00	0.00
新乡市	11	100.00	0.00
信阳市	47	82.98	17.02
许昌市	11	100.00	0.00
郑州市	49	77.55	18.37
周口市	46	91.30	8.70
驻马店市	13	84.62	15.38
总计	430	83.26	14.19

（二）空心村形成的主要原因

空心村是如何造成的，是我们调查的一个主要任务，我们在备选答案中给出三个主要的备选因素，即农民变富、无须持有成本、无法律和政策约束，还给出一个农民自己来分析的"其他"因素。

从调研情况来看（见表5-4），农民认为，房屋无须持有成本是造成目前农村空置房的主要原因，占所调查村的89.30%；其次是农民收入的提高，占62.09%。在农村建房是个大问题，农民一生大量积蓄都投入到房屋建设中。农民富裕之后，农村房屋建设成本相对低廉，农民可以支付得起，而在改革开放以前，农民收入水平低，盖房子几乎占去了农民的全部收入，相对建设成本较高，就不存在农村空置房问题了；无法规约束也是一个主要因素，占33.26%，表明在宅基地的获取和持有上没有严格按照《土地管理法》执行。

在对农民收入来源的调查中，我们发现，尽管农民认为种粮是收入的主要来源，占调查农户的65.81%，但外出务工更为重要，占调查农户的68.14%。可是，让我们不解的是，通过种植结构的改善来增加收入没有被农民认为是一种主要途径，只占调查农户的 19.53%。这说明农业在农村的经济发展中既是农民不可脱离的产业，又是一个十分明显的弱势产业，而且，也没有形成发展现代农业的基本理念。这从一个侧面表明，农民对乡村的发展比较困惑，或许也是乡村衰落的一个原因吧（见表5-5）。

表5-4　　　　　　　　　　河南省空心村形成的主要原因

地区	行政村（个）	农民变富占比（%）	无须持有成本占比（%）	无法规约束占比（%）
安阳市	122	75.41	86.89	39.34
鹤壁市	26	50.00	100.00	34.62
焦作市	22	63.64	95.45	22.73
开封市	29	62.07	100.00	34.48
洛阳市	8	37.50	100.00	50.00
漯河市	1	0.00	100.00	0.00
南阳市	9	77.78	100.00	22.22
濮阳市	14	57.14	100.00	71.43
三门峡市	16	31.25	93.75	50.00
商丘市	6	100.00	16.67	0.00
新乡市	11	72.73	100.00	0.00
信阳市	47	42.55	91.49	21.28
许昌市	11	72.73	100.00	45.45
郑州市	49	67.35	79.59	10.20
周口市	46	47.83	80.43	36.96
驻马店市	13	76.92	100.00	76.92
总计	430	62.09	89.30	33.26

表5-5　　　　　　　　　　河南省各区域农民收入来源构成

地区	行政村（个）	种粮占比（%）	经济作物占比（%）	外出务工占比（%）
河南省	430	65.81	19.53	68.14
安阳市	122	68.85	20.49	71.31
鹤壁市	26	73.08	7.69	23.08
焦作市	22	95.45	18.18	59.09
开封市	29	62.07	31.03	65.52
洛阳市	8	50.00	0.00	75.00

续表

地区	行政村（个）	种粮占比（%）	经济作物占比（%）	外出务工占比（%）
漯河市	1	0.00	0.00	100.00
南阳市	9	11.11	0.00	33.33
濮阳市	14	85.71	0.00	85.71
三门峡市	16	100.00	25.00	62.50
商丘市	6	83.33	0.00	66.67
新乡市	11	72.73	36.36	63.64
信阳市	47	51.06	14.89	68.09
许昌市	11	81.82	9.09	63.64
郑州市	49	57.14	20.41	77.55
周口市	46	47.83	15.22	78.26
驻马店市	13	92.31	84.62	92.31
总计	430	65.81	19.53	68.14

（三）如何解决空心村问题

如何解决空心村问题？首先是如何看待这一问题，然后才是如何解决这一问题。

1. 如何看待空心村问题

虽然大家已经认识到空心村这一现象，并对其形成的原因也基本能够讲明，但是怎样去解决它，却显得很无奈。这就是说，村民对这一问题既不满，又很麻木，甚至又认为"很正常"。例如，我们调研发现，占63.02%的行政村认为房屋空置没有法律和政策的约束，其中，驻马店市、商丘市、漯河市的村庄百分之百地认为不受法律和政策约束。可见，农民将空置房屋看成是一种自然现象，农民空置房屋无须法律和行政责任，也无社会责任。这既说明我国的《土地管理法》《土地承包经营法》等法律在农村土地资产管理中执行不力，也说明农村社会组织在农村转型发展中处于"空缺"状态，同时更表明城乡"二元"传统的城镇化发展理念不仅没有减弱，反而进一步加强（见表5-6）。

表5-6　　　　　　　　　河南省农村空置房各区域处置状态

地区	行政村（个）	有（%）	没有（%）
安阳市	122	37.70	55.74
鹤壁市	26	50.00	50.00
焦作市	22	18.18	81.82
开封市	29	10.34	89.66
洛阳市	8	50.00	50.00
漯河市	1	0.00	100.00
南阳市	9	55.56	44.44
濮阳市	14	57.14	42.86
三门峡市	16	31.25	68.75
商丘市	6	0.00	100.00
新乡市	11	63.64	36.36
信阳市	47	36.17	63.83
许昌市	11	9.09	90.91
郑州市	49	32.65	67.35
周口市	46	47.83	52.17
驻马店市	13	0.00	100.00
总计	430	35.12	63.02

2. 如何解决农村空心化问题

在对空置房的解决方案中，我们提出了强制收回、房产置换、新型农村社区建设、征收房产税、其他五个备选方案。总体来看，所调研的行政村有58.37%的选择通过拆村并点进行新型农村社区建设来解决，其次有29.77%的选择通过房产置换解决，对于政府强制收回以及征收房屋财产税，农民的呼声并不高，分别只有10.70%和11.63%。这表明，随着生活水平的提高，农民对城镇化的生活品质要求在逐步增加，农民对土地资产的诉求非常强烈。但从各地区情况来看，又有很大的差异性，比如，濮阳市主张强制收回的占71.43%，南阳市主张通过房产置换的占88.89%，新乡、漯河、许昌、洛阳等地区主张通过拆村并点建设新型农村社区的方法占比较高，在90%以上，而驻马店地区无论是什么方式都不太高（见表5-7）。

表5－7　　　　　河南省各区域空心村解决方式的调研情况

地区	村数（个）	强制收回（%）	房产置换（%）	拆村并点（%）	征房产税（%）
安阳市	122	13.93	35.25	67.21	17.21
鹤壁市	26	0.00	30.77	69.23	3.85
焦作市	22	4.55	13.64	54.55	0.00
开封市	29	6.90	20.69	79.31	10.34
洛阳市	8	0.00	0.00	87.50	12.50
漯河市	1	0.00	0.00	100.00	0.00
南阳市	9	0.00	88.89	22.22	33.33
濮阳市	14	71.43	42.86	50.00	35.71
三门峡市	16	18.75	43.75	68.75	0.00
商丘市	6	0.00	33.33	66.67	0.00
新乡市	11	0.00	9.09	90.91	0.00
信阳市	47	8.51	19.15	40.43	14.89
许昌市	11	0.00	18.18	90.91	9.09
郑州市	49	12.24	40.82	34.69	8.16
周口市	46	6.52	26.09	58.70	8.70
驻马店市	13	0.00	7.69	7.69	0.00
总计	430	10.70	29.77	58.37	11.63

　　在我们进一步对新型农村社区调查中，我们设置了"本村是否有合村并点进行新型农村社区建设"的问题进行访问，调查结果显示，66.74%的农村还没有进行拆村并点（见表5－8）。河南虽然各地市都有合村并点进行新型农村社区建设，但由于河南行政村较多，大面积进行合村并点还未形成，只是在城市郊区经济基础较好的行政村进行。例如，在新型农村社区比较典型的安阳、新乡、焦作，合村并点的比例非常低，而在郑州市社区建设比较高，这与郑州市的城市辐射有很大关系，符合预期，但是在比较落后的驻马店地区却是最高的，说明传统的农业区域人们对城镇生活的期盼较高。

表5－8　　　　　　河南省各区域乡村合并建设情况

地区	行政村（个）	有合村占比（%）	无合村占比（%）
安阳市	122	22.95	70.49

地区	行政村（个）	有合村占比（%）	无合村占比（%）
鹤壁市	26	34.62	65.38
焦作市	22	27.27	72.73
开封市	29	20.69	79.31
洛阳市	8	50.00	50.00
漯河市	1	0.00	100.00
南阳市	9	33.33	66.67
濮阳市	14	28.57	71.43
三门峡市	16	25.00	75.00
商丘市	6	16.67	83.33
新乡市	11	9.09	90.91
信阳市	47	23.40	76.60
许昌市	11	9.09	90.91
郑州市	49	75.51	24.49
周口市	46	19.57	80.43
驻马店市	13	84.62	15.38
总计	430	31.40	66.74

这些差异可能与各地区新型农村社区建设选择有关，也可能与我们的调研取点有关，但至少说明，新型农村社区建设在全省还没有全面展开，其建设既与村庄的经济状况有关，也与周边的发展环境有关。而在浙江嘉兴已经全面进行新型社区建设，已经具备了乡村城镇化的基本条件。

但在另一个问题，即对新型农村社区建设的预期中，在回答"您认为进行新型农村社区建设有助于农村土地节约利用吗"的问题中，却得到高度的赞同，82.33%的村庄认为有利于土地节约集约，鹤壁、洛阳、开封、商丘、新乡等地都超过了90%的比例。但是，在前面合村建设比例较高的驻马店和郑州，比例却相对较低，只有84.62%和73.47%（见表5-9）。而且，我们参考浙江嘉兴的情况，认同的比例也只有90%。由此可见，这里面存在一个预期与实际情况的反差，反映出在新型农村社区建设中还存在诸多问题，需要我们在推进新型农村社区建设中加以注意。

表 5 - 9　　　　　　河南省新型农村社区建设土地资源节约的预期

地区	行政村（个）	有利节约集约土地占比（%）	不利节约集约土地占比（%）
安阳市	122	78.69	14.75
鹤壁市	26	96.15	3.85
焦作市	22	72.73	22.73
开封市	29	93.10	6.90
洛阳市	8	100.00	0.00
漯河市	1	100.00	0.00
南阳市	9	100.00	0.00
濮阳市	14	100.00	0.00
三门峡市	16	68.75	31.25
商丘市	6	100.00	0.00
新乡市	11	90.91	9.09
信阳市	47	80.85	19.15
许昌市	11	90.91	9.09
郑州市	49	73.47	26.53
周口市	46	78.26	21.74
驻马店市	13	84.62	7.69
总计	430	82.33	15.35

总之，通过对农村空心化的认识、解决方法与建设途径的综合分析，我们认为，在河南通过拆村并点进行新型农村社区建设是一个发展方向，但并不是所有的地区都能认同，需要一个发展过程加以实践检验。

（四）房屋空置对土地资源的浪费

房屋空置对土地资源浪费的情况，我们主要从两个方面进行分析：一是新的房屋建设有没有侵占耕地；二是原有空置的房屋有没有进行复耕。

在对第一个问题的调查中，我们发现河南农村农民建房，侵占耕地还是普遍存在的，所调查的430个行政村，有67.21%的行政村农民认为建房时侵占过耕地（见表5-10），这种现象也是私下侵占，比较隐蔽，而且难以制止和管理。不少村民反映，在农村建房问题上，村干部对宅基地的审批程序不规范，私下交易的情况较普遍。因为，有好多居民无法通过私下交易获得正常的宅基地，或者认为获得合法的宅基地私下交易费用较高，不值得花费，因而，采取非法行为进行宅基地建设。而且，他们认为大家都这样做，法不责众。

表5－10　　　　　　　　河南农村宅基地建设对耕地的占用

地区	村数（个）	占用耕地比例（%）	未占用耕地比例（%）
安阳市	122	69.67	22.95
鹤壁市	26	80.77	19.23
焦作市	22	59.09	40.91
开封市	29	79.31	20.69
洛阳市	8	50.00	50.00
漯河市	1	100.00	0.00
南阳市	9	100.00	0.00
濮阳市	14	28.57	71.43
三门峡市	16	31.25	68.75
商丘市	6	100.00	0.00
新乡市	11	36.36	63.64
信阳市	47	72.34	27.66
许昌市	11	90.91	9.09
郑州市	49	55.10	44.90
周口市	46	65.22	34.78
驻马店市	13	100.00	0.00
总计	430	67.21	30.70

在问及"本村是否有将废弃的建设用地恢复为耕地的情况"时，回答有复耕的村庄只占26.51%，而没有复耕的行政村占比为73.49%，说明河南省对农村废弃建设用地复耕力度不够。但这一问题确实是一个难题，既涉及对农民土地资产的调整，又涉及土地复耕的资金问题，单纯从一个村庄来进行几乎是不可能的，必须从新社区规划的全域范围进行，才有可能启动和见成效。例如，相比较的浙江嘉兴地区，其村庄的复耕率也只有70%（见表5－11）。

表5－11　　　　　　　　河南农村废弃宅基地复耕情况

地区	行政村（个）	有复耕占比（%）	没有复耕占比（%）
安阳市	122	20.49	72.95
鹤壁市	26	3.85	96.15

续表

地区	行政村（个）	有复耕占比（%）	没有复耕占比（%）
焦作市	22	27.27	72.73
开封市	29	37.93	62.07
洛阳市	8	0.00	100.00
漯河市	1	0.00	100.00
南阳市	9	11.11	88.89
濮阳市	14	21.43	78.57
三门峡市	16	31.25	68.75
商丘市	6	0.00	100.00
新乡市	11	18.18	81.82
信阳市	47	59.57	40.43
许昌市	11	0.00	100.00
郑州市	49	32.65	67.35
周口市	46	15.22	84.78
驻马店市	13	7.69	92.31
总计	430	26.51	73.49

（五）土地资产产权改革

在土地资产产权改革方面，我们主要关注农村房产和宅基地的确权问题。确权登记，目的是便于农村房产流通，进而能让空置房流转到需要的人手中，同时，也便于部分前往城镇的移民进行资产置换。

目前，在全国范围内，农村土地承包经营权的确权工作进展情况比较好，但是对于宅基地的确权工作还不太理想。而这一问题是关系到农村房地产持有和处置的基础，同时也是乡村建设和城乡一体化必须解决的前提条件。为此，我们设计了"您认为将农村房产进行确权登记，然后流通有助于解决房产空置"的问题。调查显示（见表5-12），71.63%的回答是肯定的。这说明了乡村建设过程中制度建设的迫切性，已经成为农村居民的一种共识，需要我们在乡村建设和城乡一体化推进中引起高度重视。

表5-12　　　　　　河南农村宅基地确权意愿调查

地区	行政村（个）	有（%）	无（%）
安阳市	122	72.13	21.31

续表

地区	行政村（个）	有（%）	无（%）
鹤壁市	26	69.23	30.77
焦作市	22	77.27	22.73
开封市	29	82.76	17.24
洛阳市	8	62.50	37.50
漯河市	1	100.0	0.00
南阳市	9	55.56	44.44
濮阳市	14	42.86	57.14
三门峡市	16	43.75	56.25
商丘市	6	66.67	33.33
新乡市	11	81.82	18.18
信阳市	47	70.21	29.79
许昌市	11	90.91	9.09
郑州市	49	79.59	20.41
周口市	46	86.96	13.04
驻马店市	13	15.38	84.62
总计	430	71.63	26.51

二　调研所反映的一些基本问题

（一）如何理性地认识和处理农村居民的宅基地

农村空心化从根本上说是乡村发展衰落的结果，但农村宅基地管理机制混乱也是一个主要的制度性原因。农村宅基地管理仍然沿用计划经济体制的制度模式，严重滞后于农村经济社会的发展，不能适应市场经济体制下的乡村发展。

1. 农村宅基地制度的主要弊端

（1）宅基地的获取与农村组织管理、农村地域位置以及农村土地稀缺程度等有关。调研发现农民自建房的审批程序的严格与否、合理与否、规范与否、合法与否，对于村庄空心程度有很大关系。通过本次调查发现，凡是农民自建房程序宽松的行政村，空心村较为严重；程序较为严格的行政村，村庄的空心程度较轻。同时还发现地域偏远与否、交通便利与否与村庄空心程度也有很大关系，地处偏远和交通不方便的村庄空心程度较重，交通便利和经济基础较好的村庄空心程度较轻。土地资源富有的农业区域空心村严重，而土地资源较为短缺及有产业发展的区域空心村较轻。

（2）宅基地具有福利性质，是农村户籍福利制度的一种表现。农村宅基地取得权是一种基于身份的权利，与集体经济组织的成员权有关，而不是通过交易方式获得，权利取得主体只能是集体经济组织成员，且只能是自然人。宅基地使用权的成员权形成了产权的无偿性和无期限性，同时，由于缺少法律和制度的规定，房地产资产又表现为一种静态的和沉淀的性质。

（3）宅基地在一定程度上具有社会保障功能。吃、穿、住、行是人们最基本的需求，而住宅是一种以资产形式存在的耐用消费品，在低收入阶段占收入的比重比较大。如果住宅问题能够解决，人们就会感到心中有依靠，所以，宅基地就成为农民安身立命的处所，是农民最低的生存保障和住房保障。即便是外出务工经商也是离乡不离土，大多保留农村的宅基地。

（4）缺少惩罚性措施，不能阻止人们对宅基地资产的贪婪追求。随着收入水平的提高和家庭小型化，对宅基地的需求快速增加。在不少农村拥有两处住宅的现象比较严重。由于没有持有成本约束，且容易获得，所以，导致了对宅基地贪婪的追求。调研发现过去农民自建房取得情况：有大约10%的行政村无审批程序，自己直接建设，需要占用耕地的，用钱买或用自己的耕地与他人交换。有大约80%只需要经过村委会审批就可以了。只有大约10%的行政村有严格的审批程序，即个人申请—村委会研究—上报批准，这主要是地处郊区和经济基础较好的行政村。

（5）宅基地是农村的一种固定的土地资产，具有不可转移的缺陷；宅基地只有进入机制，没有退出机制。我们在调研期间发现，农民将住宅看成是其重要的投资，只要有储蓄，到了一定的时间就要进行住宅投资。现在，农民为了孩子上学、儿女结婚，也开始在城镇地区购置房产，特别是在县城，有村民将之戏称为"丈母娘经济"。① 但是，农村的住宅也照

---

① 即只有男方在县城购买了房子，女方才能答应嫁给男方，这也成为部分农村青年结婚的一个先决条件。

样建设。为什么要占有两处房产，或者说，为什么有的人已经不在村庄居住，却仍要占据农村的住宅？农民们认为，宅基地空置没有人居住，但它表明是自己的财产，放在那儿"心中踏实"；如果让别人居住，他们到时候不归还你怎么办？这种朴素的认识反映出农村居民对自己农村财产的珍惜，以及农村土地资产不可转移（置换）的缺陷。

随着市场经济的快速发展，我国农村居民的财产性质也在不断地显化。目前，农民完整的财产权利包括土地承包经营权、宅基地使用权、集体经济的收益权，这些都是农村居民作为村集体成员的资格权利，或者说是社区成员权，是均等的和与生俱有的。集体土地"共有"的性质必然限制个体成员自由处置其名下的财产权，这对于保障土地的"共有制"和社区集体的发展与福利是非常必要的。① 但问题在于没有社区成员的退出通道，一旦土地资产的价值显现之后，就会刺激人们对土地资产的贪婪和追求，产生类似于"公地悲剧"的问题。现有土地制度规定农民迁移城市需要无偿放弃宅基地和承包地，这就从根本上卡住了宅基地的退出机制，其结果必然是宅基地"只能进入，不能退出""宅基地越来越大，空心化越来越严重"。

2. 农村宅基地完善的制度要求

理性地处置农村宅基地必须做到这样几个方面：

（1）推进农村土地产权改革，明晰农民财产权利。开展农村土地和房屋确权登记颁证，量化农村集体土地和集体资产股权，赋予农民土地使用权、收益权和转让权相对完整的财产权利，并逐步探讨产权转让的合理机制。

（2）实施户籍对价制度，完整地转移农村居民。宅基地是农村居民的福利产品和制度，具有一定保障功能的替代作用，所以，它是乡村稳定和发展的一个基本的制度框架，应该给予完整的保留。但问题是，这一制度不能封闭运行，应该和城市区域实施科学的交换机制，才能保证其功能的有效发挥。所以，在这一点上，既不能废止，也不能静止不变，而其与外交换的基本途径，我们认为应该是户籍对价。这就是说，如果某个农村居民长期不在农村居住，或者已经在城镇区域重新安置落户，那么，该居民就不再具有农村居民的"资格权"，应该放弃对农村资产的占有。当

---

① 张良悦：《农地功能、制度变革与产权完善》，《改革》2008 年第 1 期。

然，这种放弃并不是无偿的，没有任何收益，而是将其农村资产对价到城镇区域，即放弃农村的土地资产，获取城镇的市民户籍，享有相应的城市户籍福利，如能够获得住房保障、子女教育、医疗保障、社会保障等城镇福利。[①]

（3）实施惩罚性约束机制。各国土地制度在土地的利用上都有约束机制，因为土地资源是给定的，具有不可再生性。如果某人占有土地资源而不有效利用，必然会影响其他人的使用权利。所以，在土地资产上具有多种公共产品的性质，不是完全私人的产品。国外发达市场国家明文规定，土地可以私有，但是其利用却是被管理的。在土地的利用上，土地的空置就是一种被严格管制的方面，要对其实施惩罚性措施，主要是惩罚性税收。当然，为了鼓励更好地对土地资源的利用，一般在土地资产上都设置一种税收，增加其使用成本，以便阻止其贪婪的追求。同样，农村宅基地的使用也应该增加使用成本，比如一定的税收，对于应该退出的宅基地而拒不退出就应该征收其惩罚性税收。

（4）实施村庄边界，控制村庄蔓延。针对村庄目前蔓延的情况，首先，对村庄应设置一个发展的边界，边界之内可以开发，边界之外必须禁止，任何人不得开发，必须对农民违法违规的土地开发进行遏制；其次，对村庄内部的宅基地进行再开发，按照一定的程序，对确实需要的农户安排在村庄内进行开发，或者对已经退出的宅基地进行再分配；最后，要引导农民对原有的宅基地和房屋进行维修，继承传统的建筑和文化风格，不鼓励经常性的房屋更新，尤其是大拆大建，严禁将城镇的"工业化模式"搬进农村。

（二）如何理性地认识和处理农民的退出

空心村的形成与农村劳动力的城市化迁移有很大的关系，因为农民工进入城镇之后不能享受其公共产品，无法在城市购买和安置房产，所以，必须在农村保留其原有住宅，即使常年不住也必须进行投资。因此，我们认为，农村土地不能进行正常的资产化，无法通过土地资产化进行城乡之间的资产置换，从而造成了农村劳动力城市化迁移的制度障碍，进而形成

---

① 张良悦：《户籍对价、劳动力迁移与土地流转》，《财经科学》2011 年第 1 期；程传兴、张良悦、赵翠萍：《土地资产置换与农村劳动力城市化迁移》，《中州学刊》2013 年第 9 期。

了严重的空心村现象。[①]

1. 农民的分层转移与宅基地的逐步退出

就目前我国农民收入的构成来看，非农收入已成为其主要的收入来源，对于部分农民来说，放弃农业生产，从事非农就业已经成为可能。之所以没有放弃对土地的成员禀赋权不外乎有如下几个原因：第一，土地是社区成员的一种资源禀赋。对于非农就业机会低的农民来说，是一种生计和就业依赖；对于非农就业机会高的农民来说是一种重要的低成本的保障期权。第二，户籍制度及农民转移的高成本。第三，退出的高机会成本。按照我国法律规定，一旦获得城市户口，就必须放弃土地保障权。放弃土地的保障权对原有的使用者来说就丧失了其资产价值，但反过来，如果想获得土地保障权，则几乎是不可能的。所以，农民退出土地就有了退出成本。[②]

"土地退出"困难的根本原因在于农村土地制度安排。目前的家庭承包责任制是一种对农村集体土地进行平分的农地租赁制度。当农户完全从事农业生产时，他就以土地和农业生产为就业载体，并以农业收入为生。当农户从事非农业生产时，他可以做出如下的选择：第一，实施兼业化生产，既从事农业生产，又从事非农就业；第二，保留土地（保障权），从事非农生产，此时，土地对于农户的功能主要表现为保障功能，农户可以将土地的耕种权转租给其他农业从业者；第三，转让土地（保障权）并消失成员资格，永久转移到城市。如果这三个层次能有效地分离开来，那么就会随着工业化出现一种有序的城市化的劳动力转移。[③] 当部分农民能够彻底脱离土地，转移到城市时，宅基地就可以实施逐步地置换和退出。

2. 农民个体特征与理性退出

农民对宅基地的退出是一个综合预期的产物，即使与宅基地退出相关

---

① 程传兴、张良悦、赵翠萍：《土地资产置换与农村劳动力城市化迁移》，《中州学刊》2013 年第 9 期。

② 张良悦、刘东：《农村劳动力转移与土地保障权转让及土地的有效利用》，《中国人口科学》2008 年第 2 期。

③ 张良悦、刘东：《农村劳动力转移与土地保障权转让及土地的有效利用》，《中国人口科学》2008 年第 2 期；程传兴、张良悦、赵翠萍：《土地资产置换与农村劳动力城市化迁移》，《中州学刊》2013 年第 9 期。

的制度供给较充分，农民最终是否退出宅基地，可能还受到农民年龄及教育状况等个体特征、家庭收入状况等家庭特征、宅基地状况以及农民对宅基地退出补偿及生存保障状况的预期等因素的综合影响（见表5－13）。[①]

表 5－13　　　　　　不同年龄段的农民对于未来居住模式的考虑

年龄分段	考虑因素	居住倾向	搬迁时间
60 岁以上	生活方式、生产方式已经定型	散居	永不搬迁
45—60 岁	翻修过老宅；个人习惯	散居	永不搬迁
	居住在高海拔地区；未翻修老宅	大型集中居民点	短期内
30—45 岁	对未来的预期；愿意做一番事业；教育、医疗、服务；生活便利性	大型集中居民点	短期内
30 岁以下	城市无法定居的情况下，在乡村希望获取更好的服务	大型集中居民点	中长期

　　资料来源：罗赤、王璐：《农工因素与生活需求影响下的县域村镇空间——以宜都为例》，《小城镇建设》2015 年第 3 期。

　　从个体特征上看，一般而言，农民年龄越大，在城镇获得工作的机会越少，且思想趋于保守，如传统的叶落归根的观念，其宅基地退出意愿可能会越弱。农民受教育程度越高，从事非农经济活动就越多，其宅基地退出意愿可能会越强。农民主要从事非农经济活动时，宅基地对其"住房保障作用"就越弱，其宅基地退出意愿可能会越强。

　　从家庭特征上看，家庭收入状况越好的农民，可能越具有更高层次的住房需求和购买力，因而其退出意愿可能越强。家庭需要赡养的老人数量和需要抚养的子女数量越多，家庭经济负担越重，如果农民预期退出宅基地后的经济补偿能大大减轻家庭的经济负担，则宅基地退出意愿就会越强；反之，若不能有效减轻家庭的经济负担，而且迁往城镇生活成本越高的情况下，其宅基地退出意愿就会越弱。

　　从宅基地本身情况来看，一般而言，当宅基地处于闲置状态时，退出意愿会强。现有住房面积和宅基地面积越小，农民改善现有住房状况的愿

---

　　① 张怡然、邱道持、李艳、骆东奇、石永明：《农民工进城落户与宅基地退出影响因素分析——基于重庆市开县 357 份农民工的调查问卷》，《中国软科学》2011 年第 2 期；王兆林、杨庆媛、张佰林、臧波：《户籍制度改革中农户土地退出意愿及其影响因素分析》，《中国农村经济》2011 年第 11 期；罗赤、王璐：《农工因素与生活需求影响下的县域村镇空间——以宜都为例》，《小城镇建设》2015 年第 3 期。

望会越强，退出意愿可能会越强。如果农民已经在城镇购置了住房，宅基地对它提供的"住房保障"功能很弱，其宅基地退出意愿可能越强。① 所以，在农民退出土地的问题上必须实施分层考虑的策略。

（三）如何合理地建立空心村的整理机制

1. 宅基地退出机制的根本目标

农村宅基地退出机制的根本目标是要建立切实可行的宅基地主动退出机制，具体目标分三个层次：促使宅基地面积超标、违法占用或一户多宅的农户退出多占的宅基地；促使已在城市就业并已移居城镇、不再依赖农村土地的农户退出闲置不用的宅基地；促使农户主动放弃宅基地申请。②

2. 宅基地退出机制的原则与思路

退出的基本原则：一是规划管控，总体设计，分类管理，统筹城乡土地利用规划；二是依法强制原则；三是合理补偿原则③，充分保障农民宅基地用益物权；四是统一管理原则；五是用途管制原则，农村宅基地的退出与利用应当符合土地利用总体规划、村镇规划，退出的宅基地应进行复垦。

退出机制的思路：建立起能促使农户主动退出宅基地的激励机制与补偿机制，其中，关键是要通过适当的福利政策安排及补偿（如房屋置换政策），使农户退出宅基地后的得益大于申请宅基地或保有现有宅基地的收益，在制度设计上，要建立健全宅基地退出补偿制度，对退出宅基地进行合理补偿（货币化补偿、房屋置换、社会保障）。④

---

① 陈宵：《农民宅基地退出意愿的影响因素——基于重庆市"两翼"地区1012户农户的实证分析》，《中国农村观察》2012年第3期。

② 王兆林、杨庆媛、张佰林、臧波：《户籍制度改革中农户土地退出意愿及其影响因素分析》，《中国农村经济》2011年第11期。

③ 应当承认，目前，在农村土地的开发过程中存在对农民土地财产权诉求忽视的情况，并造成不少的失地农民。但同时也应该客观地承认，目前，在多数村庄中也同样存在大量"无偿获取和占有，任其荒芜也不转让的闲置土地"。如果不采取强制的原则和适当补偿的原则，很难对农村宅基地和建设用地进行置换与规划。我们在一个村庄进行调研时发现，几个自然村由于区域位置不合适，多数居民希望通过新社区的方式进行置换，但就是由于对涉及的原有宅基地的调整问题而无法完成土地征用规划，结果使新社区建设也搁浅。所以，我们认为，在土地的开发利用上，只要符合经济效益原则、符合公共利益和多数人原则，就可以对原有宅基地进行强制置换。

④ 傅介平：《宅基地退出机制解析——以江苏省为例》，《中国土地》2012年第5期。

3. 宅基地逐步有序的退出

在宅基地的退出上，应实施逐步分类退出的方法。具体可分为四类：一是已经移居城镇，在城镇实现充分就业，并在城镇拥有固定住所，原有农村宅基地长期闲置；二是主要劳动力在城镇就业，但在城镇没有固定住所，农村宅基地仍需继续使用；三是子女已移居城市，且年事已高并具有基本劳动能力的老人所拥有的宅基地；四是特殊群体如孤寡老人和五保对象的宅基地。第一种情况宅基地退出的愿望最为迫切；第二种情况宅基地和城镇住房如能进行置换，并给予原有农村居民基本社会保障，同样可以形成宅基地退出需求；第三、第四种情况，通过以宅基地和土地承包经营权换养老保险、以农村住房置换中心社区住房，则也可以有序地退出。[①]

第三节　城乡一体化是解决农村空心化的根本出路

一　空心村整治是乡村更新建设的综合整治

空心村是农村在城乡二元结构下综合发展的结果，相应地，空心村整治应是空心住宅、劳动力转移、现代农业发展等发展内容的综合整治。在空心村整治中，应以土地资源的集约化利用为契机，以新型城镇化为动力机制，以城乡一体化为最终目标，实施土地开发资产化、经济发展产业化、社区建设城镇化，推动劳动力城镇化转移、现代农业大力发展和农村更新建设，最终实现城乡经济社会一体化。

首先，空心村整治必须走农村新型社区的路径，因为，单纯一个村庄无法完成空心村的整治。农村社区规划建设中，不能仅仅就村庄而论村庄，需要全面整合村域资源，促进全域合力，强化与相邻区域的协调，对区域性设施建设做出统筹安排，确保农村社区与区域整体发展的协调统一。在进行新型农村社区布点过程中要依据农村村庄优势、大小、产业发展、区域地位进行整合。比如，有的村庄非常大，已经有 4000—5000 人的规模，就没有必要将其拆掉，而应该将附近小的村庄并入进去。再如，

---

① 傅介平：《宅基地退出机制解析——以江苏省为例》，《中国土地》2012 年第 5 期。

有的村庄具有交通优势，可考虑作为新社区建设的选址，还有，有的村庄具有产业优势，也可考虑作为选址。

其次，农村新型社区建设必须按照城镇社区化的模式进行建设，在基础设施、公共服务、住宅等方面进行城乡统筹规划。城镇化就是追求城镇公共服务和基础设施，就是让群众要享受比农村更高层次的生活服务。应该有"通畅的交通系统、完善的社区服务系统和医疗文化等公共服务设施，一应俱全的通信、供水、供电、供气和环卫等基础设施"。在社区建设中，最主要的是三个问题，即就业、居住与资金。就业关系到劳动力转移和农民生活水平的持续提高问题，没有非农就业，就不可能有农民从土地上的彻底退出，也就不会有土地的综合治理；居住是社区建设的关键，只有将农民住房安排好，才能入住新区并对原有的空心住宅进行更新建设；新区建设既涉及新的住宅建设问题，又涉及部分老住宅拆迁问题，所以建设资金非常重要，但农民一般会将储蓄都投入到已有的房产建设中，政府需要统筹加以解决。①

再次，要想从根本上对空心村进行整治，必须从制度上进行改革，包括两个方面：一是土地资产化改革；二是农村劳动力转移。产业支撑是农村劳动力转移和农村新型社区建设的根本。农村社区健康发展需要强有力的产业支撑，一方面要通过优化产业结构和生产力布局，谋划村庄产业发展类型和路径，提高经济增长率，保障社区居民生产和生活需要；另一方面要促进社区空间和产业发展有效结合，制定合理的功能布局，逐步通过产城一体化发展模式，为农村社区整体健康发展提供有力支撑。在农村的更新建设中必须实施土地由单纯的资源属性向"资源—资产—资本"属性转变。土地不但具有资源属性，还具有资产属性和资本属性。随着市场经济发展，土地资产资本属性不断显化和强化，这成为农村空心化的主要原因和农村更新建设制度供给的关键。一方面，土地可以作为自然资源为人类提供食物需求，保障城乡建设和支撑生态修复，此为土地的资源属性；另一方面，通过市场交易，商品化的土地以财产状态存在，便形成了土地的资产属性；第三方面，当土地资产能够为所有者带来稳定的预期收益时，便具有了资本属性。

---

① 胡东东、黄晓芳、莫林玉：《新型城镇化背景下农村社区规划编制思路探索》，《小城镇建设》2013 年第 6 期。

最后，在农村更新和新社区建设中，应将地方政府的主导作用与制度建设结合起来。城乡发展支撑体系主要包括实体性服务设施和制度性政策供给两类内容：实体性服务设施主要包括城乡公共服务设施、城乡交通工程设施、城乡市政设施等内容，是城乡统筹发展的物质基础；制度性政策供给则主要涉及土地、户籍、社会保障、教育、医疗等方面的制度设计和政策内容。① 而这两类内容实际上是城镇化发展中的公共产品和发展政策措施问题，都离不开政府的主导与支持。

二 土地整治是落实城乡一体发展的有效工具

从空心村土地整治潜力类型来看，既涉及建设用地，又涉及农用地和未利用地。空心村土地整治不仅仅局限于农村土地整理和农村住房建设，而是要以农村土地综合整治为切入点，系统解决农村土地闲置、浪费和低效利用问题，解决农村生产和生活条件差、城乡二元结构的问题。土地整治要基于对农村经济社会发展规律和趋势的把握，通过农村土地价值的显化和城乡统筹制度的创新，排除影响农村发展的障碍因素，推进农村空间整合、产业整合和组织整合，发挥空心村土地整治在促进农村土地合理高效利用、推进新农村建设和构建城乡统筹平台方面的独特功能。

土地整治核心任务，就是要根本扭转现有土地管理体制与产权制度制约下的农村空心化及农村价值塌陷问题，科学定位农村土地整治价值，围绕提升农村产能、发展农村产业和明晰土地产权，实现城乡同地同价化、农村土地物权化和城乡一体化的综合目标（见图 5–1）。②

（一） 土地整治是推动城乡一体化的重要动力

农村土地整治必然与农村建设用地流转、农村土地承包经营权流转、农村劳动力转移相联系。通过土地整治和土地流转，使部分农村劳动力迁移城市，使部分村庄整合在一起，形成新型农村社区，使现代农业发展逐步产业化，形成新的农业园区和生态园区；通过城乡规划一体化、产业一体化、资源配置一体化等措施，做好城乡建设用地增减挂钩和产业布局，逐步走向城乡一体化。

---

① 朱海波：《城乡统筹背景下的县域城乡总体规划编制探索》，《小城镇建设》2013 年第 6 期。

② 刘彦随等：《中国乡村发展研究报告——农村空心化及其整治策略》，科学出版社 2011 年版，第 176 页。

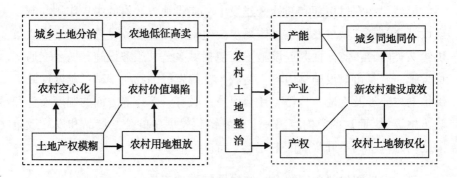

图 5 - 1　中国农村空心村土地整治价值的取向与目标

资料来源：刘彦随等：《中国乡村发展研究报告——农村空心化及其整治策略》，科学出版社 2011 年版，第 177 页。

　　农村土地整治的核心目标是重构区域性人口集中、产业集聚、土地集约的城乡国土空间新格局，为城乡统筹和城乡一体化提供一个很好的实施平台。其基本的思路是，以农村土地整治为切入点，以农民自愿、兼顾各方权益为前提，在国土资源部门的协调下实施跨区域联合整治，通过市场机制吸纳经济发达地区的资金支持欠发达地区有序开展农村土地综合整治；新增耕地依法确权、合理流转，推进适度规模经营；部分新增建设用地指标通过市场手段配置到经济发达地区使用，优先保障产业转型升级；推动异地就业安置，吸引经济欠发达地区的剩余劳动力向发达地区转移，加快人口城镇化，以此促进区域和城乡一体化发展（见图 5 - 2）。①

　　其具体运作机制是：首先，土地和资金区域间配置。欠发达地区地方政府及国土资源管理部门吸引经济发达地区资金，组织开展农村土地综合整治，整治之后部分新增建设用地指标经审批、置换纳入城乡土地市场，然后再通过市场配置给用地企业，指标收益返还欠发达地区，用于持续推进土地整治。其次，产业在区域间不断优化。发达地区由于土地使用成本的不断提升，在市场机制的作用下，形成倒逼机制迫使其产业不断转型升级，并使部分产业向欠发达地区转移。同时，欠发达地区整治新增耕地优先用于高标准基本农田建设，依法确权，适度规模经营，推动农业现代化。由此使区域产业结构整体优化。最后，劳动力区域间流动。在土地整治过程中，必须为区域间转移就业的劳动力提供就业培训、医疗、居住、

---

① 张衍毓等：《江苏省统筹区域土地利用战略构想》，《中国土地科学》2012 年第 2 期。

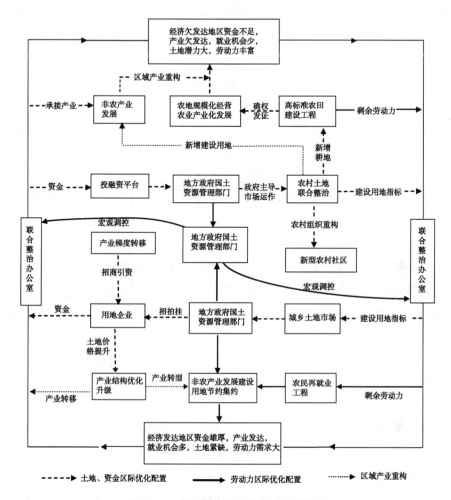

图 5-2　联合整治模式构想与运行机制

资料来源：张衍毓等：《江苏省统筹区域土地利用战略构想》，《中国土地科学》2012 年第 2 期。

子女教育等优惠政策，引导欠发达地区剩余劳动力向发达地区就业，推动劳动力要素区域间流动。[1]

　　当然，在农村土地整治工程中，必须坚持政府主导、市场运作的基本原则，否则，有可能会出现盲目的土地开发与流转，导致新的土地资源配置的扭曲。一是推进新型农村社区工程建设，要遵循乡村系统演变的生命

<hr />

　　① 张衍毓等：《江苏省统筹区域土地利用战略构想》，《中国土地科学》2012 年第 2 期。

周期规律和村庄整治建设的基本原则，依照相关规划，开展村庄整治建设，推进城乡一体化。二是加快高标准基本农田建设工程，推进农业现代化。三是实施农民创业就业工程，加快人口城镇化。四是开展产业梯度转移工程，打造新的产业增长极，加快产业转型升级，促进区域一体化。

（二）土地整治与乡村更新

农村空心化和整体乡村衰落虽然是城镇化快速发展时期的一个普遍性问题，但在中国由于户籍制度和土地资产制度方面的制约，这一问题显得尤为突出，即严重的"三农"问题。所以，在对农村土地整治中必须赋予乡村更新的建设内容。在乡村建设中，村庄的"组织整合、产业整合、空间整合"三整合是推进乡村空间重构、推进中心村镇建设的系统性整体策略。组织整合是基础，通过组织整合提高农村基层组织的领导能力，为产业整合和空间整合提供保障；产业整合是核心，通过产业整合推动农村经济发展，促进农民增收，为推进空间整合积累资金；空间整合是目标，通过空间整合可以进一步提高农村组织的效率，促进农村产业集聚发展。[①]

（1）组织整合。空心村整治是一个系统工程，涉及农村经济、社会、自然、生态诸多方面，需要一个结构合理、功能完备的农村组织体系来推动和管理。高效的农村基层组织不仅是空心村整治的需要，也是推进城乡统筹的坚强堡垒。因此，推进空心村整治，必须进行农村组织整合，建立结构完整、功能完备、等级有序的农村基础组织体系。建设农村经济合作组织是实现农业家庭经营与大市场对接的有效途径。农业家庭经营在市场经济体制下具有先天的局限性，随着空心化的发展，农业家庭经营体制下小规模生产及其农户技术、管理、知识水平的局限性尤为突出。小生产与大市场之间的矛盾使农民在市场竞争中总是处于极为不利的地位。应依据未来农村发展与空间布局的长远规划，建立专业性的农村经济合作组织，农民依靠专业组织获取信息、资源和帮助，调整生产经营，适应不断变换的市场，为产业整合奠定基础。

（2）产业整合。通过整合农村产业，建立现代农业生产体系，促进农村非农产业集聚发展，实施乡村品牌发展战略，提升农村整体竞争力，

---

① 刘彦随等：《中国乡村发展研究报告——农村空心化及其整治策略》，科学出版社 2011 年版，第 184—188 页。

为提高农村基层组织的凝聚力和推动空心村空间整合提供保障。

建立农村现代农业生产体系，科学规划农业生产布局。根据未来农村发展的长远规划和发挥比较优势的要求，科学确定乡村多功能农业发展重点，整合乡村优势农业资源，形成优势互补、分工明确的农业生产布局。推进农业结构调整，在保障基本良田种植的基础上，充分发挥乡村农业优势资源，瞄准市场需求，加快发展畜牧、水产、园艺类产品，因地制宜发展特色产业和乡村旅游业。推进农业规模化、专业化和现代化，开展农村土地综合整治，创新农村土地制度，推进农业适度规模化经营，促进农业分工和合作，提高农业专业化和现代化水平。实施农业生产的标准化，通过实施农产品生产、收购、储运、加工、销售各环节质量进行把关，提高农产品质量，提升农产品竞争力。

（3）空间整合。通过对空心村生产、生活、生态及基础设施的空间整合，重构新时期农村发展的有序结构形态，促进乡村集约化发展。在乡村发展转型进程中，乡村聚落由"生活"功能转向"生活、生产、生态"的综合功能，农村宅基地的生活、保障功能逐渐弱化。

建立等级有序的村镇空间体系。随着农村空心化的发展，原有村镇数量多、规模小、水平低、实力弱、分布散等问题日益突出，难以适应新形势下农村发展的需要。应结合区域城镇化进程推进空心村整治，实施城乡一体化空间布局规划，实施城乡之间的有序分工协作和村庄内部生产力空间整合；通过实施农村居民点拆迁、改造、合并，引导农民向中心村、城镇社区集中。通过完善农村基础设施网络，推动农村人口集中和产业集聚。

完善农村基础设施网络。完善农民最急需的生产生活设施，包括农村饮水安全、农村道路、农村水利设施、农村信息网络建设等。加强集中供水、公厕改造、垃圾处理、污水处理等建设。推动农村人口集中和产业集聚。

建立农村公共服务网络体系。根据乡村发展规划，建设农村医疗卫生、商贸服务、文化娱乐等公共设施，提高社会公共服务能力，引导农村人口集聚，推动乡村空间重构。

优化农村生态环境。农村整治应尊重自然生态，对水源涵养、生态敏感区进行重点保护，改善农田生态系统，优化乡村生态空间布局，提升农村生态服务价值。

三　宅基地整治的基本模式

就已有的城乡一体化土地资产运作来看，乡村土地整治和宅基地置换是其重要内容。宅基地的资产置换分为两类：直接置换与间接置换，其中直接置换又包括宅基地换房、宅基地换宅基地、宅基地换货币；间接置换又包括土地银行、地票交易和宅基地收购储备。[①]

（一）宅基地资产直接置换模式

上海的宅基地置换始于 2003 年，大都采取"中心村"建设方式。置换方式分为货币置换与非货币置换两类。其中，货币置换是指农民将宅基地使用权有偿出让给集体经济组织，原有宅基地复垦为耕地，或由原集体组织用于批租经营等；非货币置换指住房或宅基地置换，农民宅基地出让后，在政府规划的城镇或中心村置换相应的住宅面积或宅基地。宅基地置换后，农民将转为城镇户籍，并纳入"镇保"。

浙江嘉兴"两分两换"（也是直接置换）模式。具体而言，先由政府投资成立国有投资开发公司，再到银行融资，然后在安置区先行占用一定面积的土地（从其他地方调剂的建设用地指标）建设大片住宅公寓。在农民自愿的前提下，以其宅基地换取一套住宅，然后政府将农民的宅基地收归国有并复垦为耕地，这些耕地将为城市换来一定比例的建设用地指标。银行贷款的偿还大部分依赖新增建设用地的出让收入。

天津宅基地换房模式。首先统一规划建设一批现代化的新型小城镇，农民以其宅基地（包括村庄用地）按一定标准无偿换取小城镇中的一套住宅，集中居住；其次由区统一组织在原有村庄范围内对相当于农民还迁住房占地面积大小的土地进行复耕，实现占补平衡。由此节约集约的建设用地一部分整理后进入土地市场出让，用土地收益弥补小城镇建设的资金缺口，另一部分作为区内经济社会建设储备用地。此外，新的小城镇内还规划出一块商务区或经济功能区，用未来这部分土地的出让收入平衡小城镇建设资金和增加就业岗位。

（二）宅基地资产间接置换模式

宅基地的间接置换模式主要是通过市场交易来完成，因此又称为宅基

---

① 这一部分内容主要参考蔡国立、徐小峰《地方宅基地退出与补偿典型模式梳理与评价》，《国土资源情报》2012 年第 7 期。

地的"虚拟化"模式。

（1）土地银行。土地银行是农业资源经营专业合作社的简称，是指由政府组织成立的具有存贷、置换、整合、土地质押、出租和农业保险等业务，承担信用中介的土地流转机构。其运作模式是：首先由中介机构对农户的土地确定一个储存价格，然后农户自愿将土地使用权（承包地使用权、农村集体建设用地使用权以及"拆院并院"之后的农民宅基地使用权）存入土地银行，获得存入利息；土地银行再将土地贷给土地需求者（农业企业，种植、养殖大户），后者根据约定的用途经营土地，并支付利息。农民存入土地后，还可以就地务工，获得务工收入。

（2）地票交易模式。成都2008年、重庆2010年开始实施。地票制度基于城乡建设用地增减挂钩和耕地占补平衡。其基本原理是通过集中居住等方式，节省出农村建设用地，复垦后折为虚拟的建设用地指标，飞到城市，增加城市的建设用地。这方面内容前文已经分析过，在此不再赘述。

（3）宅基地收购储备。2009年江苏宿迁政府在各区、县设立农村集体建设用地储备机构，对农民自愿退出的闲置宅基地以及其他集体建设用地使用权进行统一收购储备。其运营方式是，通过市场化手段直接收购进城农民退出的房屋及宅基地，并由村民小组组织复垦，购房进城（中心镇）居住的农民，其原有土地承包经营权不变，并探索以土地承包经营权置换社会保障的新机制。其补偿方案为，对退出的宅基地，政府按照不低于农村征收同类土地的补偿标准给予补偿。其中，在集中居住区建房的，补偿面积按照原宅基地面积扣除新建房屋占地面积后计算。到中心城市、县城或省市重点中心镇购房居住的，给予全额补偿。对购房进城农民原有住房的收购，参照同等区位农村征地拆迁补偿标准执行。

四　土地整治与现代农业园区

城乡产业一体化，应充分发挥城市经济和农村经济的比较优势。城市应主要发展资本密集型、技术密集型、智力密集型和劳动密集型产业，农村经济主要围绕现代农业、农业加工、农业物流、生态旅游等产业发展。在现代农业发展中注重生态建设，实施低碳农业、有机农业和循环农业。现代农业发展，只有实施集群发展才能更好地增加其竞争力，因而其发展必然又以园区为依托。这就需要做好土地的统筹利用和产业的统筹规划。

从统筹土地利用的视角推动区域协调发展具有明显优势：一是土地的

空间属性和承载功能决定了土地利用在空间开发布局中的先导作用。通过土地利用合理布局，明晰区域主体功能，引导其他要素空间优化，进而对区域发展总体格局产生影响。二是土地的资本属性决定了土地要素和其他生产要素一样，可在地域系统内流动，推动土地要素在市场机制作用下跨区域配置，引导其他要素有序流动，提高资源配置效率。所以，土地整治有助于农业产业集群和现代农业园区的发展。

首先，村庄整治新增耕地的再配置可为优化调整长期散乱的土地承包关系、促进土地流转与规模经营、建设永久性基本良田开辟新途径。通过规划建设新型农村社区、产业园区，以及重新利用农村废弃闲置的土地，不仅可以防止村庄建设扩展蔓延，促进农村土地资本化和增加农民资产性收益，还能促进土地流转和大面积经营，从根本上改变目前农村土地细碎化经营的现状。

其次，土地整治与农村的农业现代化建设相结合，能够发挥土地整治的生产功能。在整治过程中通过土地的平整、田块规模的扩大、田块外形的规整、田间基础设施的完善，耕作限制因素的消除为现代农业的发展提供基础条件；同时，整治后的土地由于质量提高、设施完备，要多引入新技术、新设备与新品种；此外，整治后的土地要与用地规模经营结合起来，通过组建专业合作社或引进农业龙头企业实施规模经营，推动传统农业向现代农业转变。

再次，土地整治与产业的优化升级结合，发挥土地整治的产业功能。通过产业用地的整治、复垦、挂钩等，实现产业用地布局的调整，从而优化产业体系，推动产业的优化升级改造。发展休闲农业、观光农业、设施农业是城乡一体化的必然要求，应通过土地整治，形成现代农业产业集群和产业园区，使现代农业成为涉及第一、第二、第三产业的大农业，就地吸纳从传统农业中转移出来的劳动力。

最后，重视土地整治项目区生态景观建设。土地整治的目标必然会从短期的、单纯的地块合并、调整和村庄改造、增加耕地等转向区域生态环境保护和建设、景观的维持以及民族历史、文化遗产的继承和保护。农田整治项目区生态景观建设可以分为三个层次：第一个层次是宏观上景观格局的塑造；第二个层次是田块层次的景观设计；第三个层次是土地整治单体工程生态型设计，包括生态缓冲区域的构造、生态化土地平整、生态化道路等工程措施。村庄整治项目按照景观的处置方式，可以分为三类：保护、提升和重建。要保护各个村庄原有的历史风貌，在使用中保护，在保护中更新；要注重各个村庄个性的保留和传承，固化村庄的特色和异质性，进而提升景观的价值；村庄废弃地复垦之后要进行景观重塑，景观重塑的过程要注重景观的多功能性。①

第四节　本章小结

（1）农村空心化主要是指农村住宅的废置、农村劳动力的短缺以及农村产业发展相对滞后的现象，使农村呈现出"外扩内空"的村庄蔓延，老、妇、幼常年居住的人口主体，公共设施与服务短缺、环境差乱的村容风貌等方面的衰落特征。农村空心化与城市偏向化的发展政策，特别是二元的户籍制度有关。农村空心化的发展，既造成了资源的严重浪费，又阻碍了农业的工业化和乡村的发展。

（2）调研发现，河南省农村空心化总体相当严重，旧房完全空置的农户占 9.61%，旧房废弃的农户占 4.62%，两项合起来完全空置的农户占 14.23%；半空置的农户占 33.73%；到村外另建新房的农户占 18.66%。由于农村土地产权制度、劳动力迁移制度、农业土地经营制度等方面的二元制度因素，农村空心化似乎成为一种自然而无奈的发展结果，单纯的一个村庄或者个体农户根本无法解决，空心村整治成为农村区域发展亟须解决的现实问题。

（3）城乡一体化是解决农村空心化的根本出路，包括农村产业的重构与村庄的整治。以农村新型社区为建设单元，以乡村更新建设为主要方式的乡村城镇化是可行之法。

---

①　张正峰、杨红、刘静、吴沉箐：《城市边缘区城乡统筹的一体化土地整治策略》，《中国土地科学》2011 年第 7 期。

第六章

现代农业的产业支撑及乡村发展

　　工业化是一个广义的概念。所谓工业化，就是指国民经济中一系列基要的生产函数（或生产要素组合方式）连续发生由低级到高级的突破性变化（或变革）的过程。工业化不仅包括工业本身的机械化和现代化，而且也包括农业的机械化和现代化。发展中国家的工业化过程中，农业一方面为推进工业化做出重要贡献，另一方面农业和农村本身又是工业化和经济发展的重要内容。发展农业不仅是为了支持和促进工业化，更重要的是促进乡村社会的转型。随着农业现代化的发展，农业的生产组织方式和乡村产业结构也会发生改变，进而导致乡村形态的转变。[①] 乡村区域的衰落，与其说是乡村资源外流或者被抽取所致，还不如说是由于制度因素制约传统农业不能及时工业化现代化发展的结果。工业化和城镇化的发展对农村区域的渗入与影响产生了不同的城镇化萌芽形态，尤其是离中心城市较近的城郊地区。所以，为了更好地促进农村腹地城镇化的建设，必须首先大力发展现代农业，为城乡一体化提供产业支撑。中国现代农业发展的主要任务是产业化，通过产业化的发展拓宽现代农业的产业链条，提升产业竞争力，并带动相应的非农就业。本章主要就现代农业发展、现代农业与乡村形态转变进行分析。

---

　　① 张培刚、张建华：《发展经济学》，北京大学出版社 2009 年版，第 325、367 页。

第一节　中国农村区域城镇化萌芽及其形态

一　中国传统农村社区的瓦解及其发展

（一）中国农村社区的含义

1. 农村住区

农村住区（社区）是以自然村落为基本单位，集生产、生活、社会管理于一体的社会基层组织。

在计划经济时代，农村集体土地所有制是其经济基础，无偿获取土地经营权和宅基地居住权是其生活的物质保证，家族血缘和宗法关系是其维系的基本纽带，集体农业大生产是其基本的生产方式。显然，这种村落形态具有封闭性和稳定性，与传统的计划经济相适应。随着改革开放和市场经济的深入发展，特别是农业生产的家庭经营和农村多数劳动力的非农化就业，农村居民赖以就业的土地资源（承包经营权）逐渐减弱，原有村庄的经济基础开始瓦解，社会组织管理功能退化，人员流动、建筑布局、公共设施、村庄形态等诸多方面逐渐嬗变。于是，农村住区作为一个社会基层组织，其社会功能和组织形态必将发生根本转变，社会主义市场经济条件下，如何建设农村新型社区就成为一个十分现实的问题。

2. 农村住区类型

要建设农村新型社区必须对农村区域内的村庄进行规划，而村庄规划的前提是对全国农村住区类型进行界定，从而依据其不同的区位、自然、文化优势进行不同的规划与转型。农村住区千差万别的特点不仅表现在其社会、经济及文化的区别，还表现在其主体——农民思想、认识、传统、习俗的迥异，同时还包括其自然条件的变化差异。学者们从不同的角度对其进行了分类，如从边缘地区、农村社区与周边城镇关系的角度可将农村社区分为偏远型、旅游型和交通型；从动态发展的角度可以将村庄分为城镇化整理型村庄、迁建型村庄、保留发展型村庄；从自然地理条件的角度又可分为山地、平原、河谷型村庄等。这些类型的划分为农村新型社区的规划和发展提供了依据和针对性解决方案的原则。

3. 新型农村住区

因为经济社会正处于急剧的转变过程中，什么是农村新型住区并不能进行准确的描述，只能从经济社会发展的方向进行原则性的构想。如果说在农业经济时代和"二元"经济时代，农村的功能主要是粮食生产和为城市经济提供资本积累，那么，在城乡一体化的发展背景下，农村将成为现代文明的一种组织形态，其经济、社会与管理也将发生相应的变化。此时的农村只是一种名义上的延续，其实质已经是一种城市化的形态，而其与城市最大的区别则是其乡村自然性的体现。例如，邻艳丽[1]认为，新时期农村住区的建设应该根据具体情况，以产业为基础形成新的社会居住单元，建成以行政村或中心村等一定的地域为范围，主要以农民为主体的同质人口组成的、以多种社会关系和经济关系相连的、以多种社会群体结成的社会生活共同体。再如，潘晓棠等[2]认为，未来农村社区的建设，应考虑城镇化的内容和生态文明的建设要求，认为社会主义农村新型社区应以自然和历史划定为单元，充分发掘村域范围内的自然景观、历史文化遗迹和产业资源基础，对山、水、林、田、路、村庄和产业发展进行整体规划和建设，集成生态涵养、旅游观光、民俗欣赏、高新技术、文化创意、科普教育等内容，建成绿色生态、产业融合、特色鲜明的社会主义新农村社区，以达到服务区域发展和农民致富的一种社会组织形态。

（二）中国传统农村社区的瓦解及其演变

1. 传统的家庭农业逐步瓦解

尽管我国目前在农地制度上仍然而且必须坚持家庭承包责任制，但这一制度更大的意义在于维持农村的公平发展，以及在实质上的社会保障功能，家庭生产已经不能完全适应我国现代农业发展的基本要求。在家庭经营的生产方式下，由于农业生产的规模局限，劳动生产率极其低下，农民依靠其农业收入已经不能满足其发展的需要，仅仅能够维持生存。所以，农民外出从事非农生产成为其首要选择，农业生产越来越处于兼业化或者副业化的状态。但是，在目前中国"二元"制度的约束下，这种家庭农业生产还不能通过自然的发展生成现代农业生产体系，从而使农业无法形成现代经济的产业化体系。

2. 农村形态呈现空心化的蔓延发展

由于传统农业生产方式无法向现代农业生产方式正常转变，导致了劳

---

① 邻艳丽：《浅议城乡统筹背景下乡村发展格局的调整》，《小城镇建设》2012年第5期。

② 潘晓棠、李捷、魏曦、张晓彤：《新农村社区发展模式研究》，《小城镇建设》2010年第8期。

动力无法进行正常的城市化移民，相应地，其住宅形态和社区布局也无法进行正常的转换。在这样的情况下，农村社区就出现了扭曲的发展形态，即农村住宅主要承担居住、社会保障、资产储存载体的功能，已经不再考虑与农业生产相关的功能。因此，在这样的情况下，农村内部空心化与四周向外蔓延也就成为农民的一种理性选择。多数农村社区缺乏统一的规划、建设和管理，用地布局混乱，住宅质量良莠不齐，空间景观差乱。村民农宅乱搭乱建严重，拆旧建新、扩大建筑面积的违章私建行为缺乏有效管理。

3. 生态环境污染及乡村景观风貌差乱

农村社区的传统经济增长方式导致资源粗放利用和环境被破坏。由于违法建房占用了大量的耕地，为了弥补损失，不少村庄对生态涵养的未利用土地大量开垦，同时，再加上在农业生产中对农药、薄膜和化肥的过度依赖，造成严重的面源污染。由于传统的集体所有制基础减弱，功能退化，结果导致乡村管理无序，生活垃圾乱扔乱丢现象严重，生活污水随意排放，直接影响乡村景观风貌。有些农村社区的新建农宅盲目追求时髦风格，与地方特色建筑和风貌极不协调，破坏了景观稳定性，极大地破坏了乡村景观的整体风貌。

4. 特色资源和历史文化传承逐步消失

在工业化和城市化的快速发展中，城乡之间的关系在发展初期主要为城市所主宰和影响，城市的工业文明和生活方式对农村有着极强的渗透作用。这样，在城市工业文明价值的主导下，乡村传统的特色资源和文化传统逐渐丢失。多数乡村因经济发展的需要常把所在乡村的古建筑拆除、破坏，或在古文物、古建筑周围盖起新房；有些乡村甚至将古建筑随意挪作他用，常常因管理的缺失造成古建筑被人为破坏或毁于火灾。[1]

（三）农村住区发展趋势

未来农村处于什么样的地位，将发展到什么程度，又应该具有哪些特征，实际上是规划从目标设定角度进行的前瞻性研究，其发展不可回避以下三个方面的问题。[2]

---

[1] 潘晓棠、李捷、魏曦、张晓彤：《新农村社区发展模式研究》，《小城镇建设》2010 年第8 期。

[2] 邻艳丽：《中国农村住区规划建设的思考与借鉴》，《小城镇建设》2011 年第 11 期。

（1）农业生产方式。农村住区产业从传统农业经历现代农业直至生态农业的转变是中国近几十年发生的变化。传统农业生产方式经历了4000多年的演变，在新的历史时期发生的突变对农村住区的空间演进产生深刻的影响，大农业、生态农业的生产方式将直接影响居民生产生活习惯，可能有些内容是颠覆性的。

（2）城乡关系。从农业社会城乡空间共生到城乡空间分离、城乡空间对立直到21世纪城乡空间平等发展，最终实现城乡的融合过程，城市化进程不断加速。也许城市化过程和本质并不是到处出现城市，而是到处能享受到和城市一样的现代物质文明和城市生活方式，城乡融合的新的农村形态将成为城乡关系演变的重要内容。

（3）农村住区演进。农村住区的演进与城市有着极大的差异。农村住区从原始的聚落开始，经历漫长的自给自足式传统农业的村落发展时期，20世纪80年代后开始逐步演变到多种产业支撑的现代村落，未来将会逐步向生态村落发展。未来的农村住区面貌如何，我们不能准确地把握，但是，从西方发达国家的农村住区的发展来看，我们可以对其给出一种理想式描述：优美的自然景观、健全的配套设施、精致齐全的住宅、朴素的乡村文明。

二 中国农村区域的城市化萌芽

（一）农村区域的城镇化

虽然我国二元的城乡制度阻碍了二元结构向一元的转变，但是，发达国家城市化较为完整的发展规律表明，城乡一体化也可以作为解决农村二元问题的一个基本途径。

事实上，任何一个国家都会面临乡村分布格局调整的问题。美国自20世纪30年代以来，一直重视农村基础设施及社会事业建设，实施一系列措施加强农村各项基础设施和公共服务设施建设，为缩小城乡差距提供基础保障。从80年代开始发展了许多景观优美、环境优雅、设施齐备的"都市化村镇"。现在都市化村镇已吸引了大约50%的美国人口居住，实现了真正意义上的城乡一体化。以色列通过乡村服务中心建设引导村庄格局调整，基层村庄保留最基本的服务设施。英国建设新村（key settlement），促进乡村人口的集中，并出台了一系列综合性政策，促进基础设施向中心村集中，提高乡村服务设施利用率。印度通过乡村综合开发，使分散的小村落逐步联合成新型居民点。①

当然，城乡一体化的城镇化是一种不同于传统城镇化的途径，是一种直接就地由落后的"农业部门"向先进的"城市部门"（可理解为现代化产业部门）的转变。仇保兴认为，农村农业与城市工业有着完全不同的自身发展规律，解决"三农"问题不能采取城市化的"三消灭"办法来进行，而应追求城乡两者差别化互补协调发展的新路子。促使我国大多数农村能超越传统工业化的发展阶段，直接进入以服务业和传统农业相结合的经济增长模式，并在此基础上形成城镇化了的农村新型社区，逐步形成城乡一体化。② 程必定通过对新农村建设的总结和反思，提出了一种农村就地城镇化的思路，这就是推进"农业就地产业化、农民就地职业化、农村就地城镇化和户籍就近市民化"。③ 美国经济学家盖尔·约翰逊针对在城镇发展新的非农工作机会和大批农民工进入城市就业的城镇化途径指出，如果进城就业者连同其家庭都从农村转出的话，这种城市化的费用会很高。由此他提出，即便不是绝大多数也应有大部分的非农就业，出现在大多数乡村农民可以每天乘车往返上班的距离之内。④ 这样，就提出了不是就业在农村而是居住在农村所要满足的条件问题。

农村区域的城镇化主要表现为乡村小城镇的发展。近 2 万个小城镇（2011 年末 19683 个镇）为广大的农村地区和数亿农民提供了现代生产和生活服务的基地，是农村和农业现代化的直接依托，它们的发展成为乡村城镇化的直接体现：小城镇成为农村或者覆盖周边农村的政治、文化、商业、卫生、文教等方面的服务中心。例如，据统计，美国全国仅占 2% 的人口直接务农，但是有 20% 以上人口服务于农业产前、产中和产后服务，这些人基本居住在小城镇，就近为周边农村和家庭农场提供服务。⑤

（二）农村区域的城镇化是对发展制度约束的一种挑战

由于二元制度的约束，我国的乡村居民无法进行合理的分层和流动，

① 邬艳丽：《浅议城乡统筹背景下乡村发展格局的调整》，《小城镇建设》2012 年第 5 期。

② 仇保兴：《我国小城镇建设的问题与对策》，《小城镇建设》2012 年第 2 期。

③ 程必定：《中国两类"三农"问题及新农村建设的一种思路》，《中国农村经济》2011年第 8 期。

④ ［美］D. 盖尔·约翰逊：《经济发展中的农业、农村、农民问题》，林毅夫、赵耀辉编译，商务印书馆 2004 年版，第 148 页。

⑤ 仇保兴：《我国小城镇建设的问题与对策》，《小城镇建设》2012 年第 2 期。

无法实现农村居民的异地城镇化。在这样的情况下，乡村区域的就地城镇化也就成为自然而然的事情。另一方面，中国在改革开放之后，作为一个后发国家和转型经济，在极短的时间内经济迅速起飞，社会组织形态和管理功能相对滞后，城市化的发展尤其如此。目前，我国的城市化发展受到产业发展制度、人口流动制度，尤其是财政税收制度的约束，已经呈现出发展过程中的"城市病"，无法正常吸收农村的剩余人口。在这样的情况下，如果农村剩余人口全部进入城市，很有可能出现城市"贫民窟"问题，而发展小城镇，对人口的城市化流动能够起到很好的"拦截"作用。[1]

这里面的关键问题是如何从发展的本质上认识城市化。虽然人们对于城镇化或城市化有不尽相同的解释，但是，普遍都将"城镇化"视为一个"化"的过程，例如，农村人口城镇化、农村经济的非农化、农村社会的现代化、人居系统集中化等视为城镇化或城市化的表现和内容。显然，城市化或城镇化不是单纯的城市问题，也非简单的城镇人口的增长、城镇数量的增加及城镇规模的扩大。究其实质而言，城镇化是农村经济社会发展及转型问题。这种转型不仅是农村人口向城市集中，也涉及农民生产和生活方式的转变、农业及农村经济社会结构的变化以及农村人居空间、生存环境的改变。不仅如此，城镇化过程导致的经济社会的变化也引起乡村社会组织、管理及服务方式的转变，对农村的自然生态、文化传统及政治生活都将产生直接而重大的影响。[2]

三　中国农村区域城镇化及新型城乡形态

(一)　农村区域城镇化过程中的新型社会形态

新型城乡形态不是简单的"农村变城市"或者"城市覆盖农村"，而是在由农村向城市转变过程中或者由城市向农村扩展过程中，出现的新的社会形态。一种城乡形态向另一种形态转变表现为各种经济社会构成的变化，包括所有制结构、城乡人口、空间功能、产业和就业结构等，结构变化改变了人们的工作和生活方式。

---

① 仇保兴：《我国小城镇建设的问题与对策》，《小城镇建设》2012 年第 2 期。

② 程必定：《中国两类"三农"问题及新农村建设的一种思路》，《中国农村经济》2011年第 8 期。

（1）就业以非农为主。传统"二元"结构理论假设整个社会只有农村和城市两个部门，城市化就是农村剩余劳动力向城市迁移（即非农化）的过程，城市化水平也通常以城镇人口占总人口的比重作为衡量指标。与传统理论描述所不同的是，受户籍制度的限制，我国农村改革所释放的农业剩余劳动力起初并没有进入城市，而是通过就地创办乡镇企业进入非农领域，并由此衍生出更多的非农就业领域。城市周边的农村在城市功能和空间布局调整中，或者因为土地转变为城市建设用地，或者主动调整经济结构，农民很少或者不再从事农业生产经营，传统的农业转向都市农业。

（2）专业化分工与集聚。在新型城乡形态内，按照具有比较优势的要素禀赋结构发展起来的产业，随着市场和生产规模的扩大，专业化分工、产业集聚与合作越来越强。首先是产业和职业的分工与合作，如农业、工业和服务业之间的分工，农民有农业、非农业和兼业的职业分工。其次是城乡之间的合作与竞争，城乡合作体现在农村为城市提供劳动密集型产品与服务，如农产品、日用品、旅游等，而城市为农村提供生产资料、资本品和技术支撑。随着农村非农产业资本积累和技术水平提高，生产的产品质量和种类相应提高，逐渐出现了与城市相适应产品的竞争和替代关系，城乡之间的产业分工、集聚与合作不断加强。

（3）物质和生活条件显著改善。城乡差距表现在居民收入、物质形态和生活条件等方面。尽管政府采取了一系列支农扶农的措施，城乡收入差距还是在不断地扩大，但是相比收入差距的扩大，城乡物质和生活条件差距的缩小相对容易。与传统的农村相比，新型城乡形态内的物质和居民生活条件得到很大的改善。

（二）新型城乡社会的乡村形态

1. 城镇化农村

江苏和浙江等省的比较富裕的农村地区，农民和当地政府（村、乡镇）通过多种方式创办乡镇企业，迅速走上工业化道路，小城镇星罗棋布地涌现出来，农村的产业结构由以农业为主转向以非农为主，农业劳动力就地转移到非农领域和小城镇就业。工业化成为推动传统农村向城镇化转变的强大动力并促成了农村的分工合作。一部分农民开始专业化于非农职业，一部分农民通过土地流转或专业化合作实现了农业的规模化经营。这些城镇化了的农村在改善基础设施和生活工作条件的同时，也实现了农民自身的城镇化，如农村公共服务水平提高、养成城市生活方式、迁居城镇、居住于农村而在城镇就业或者居住在城镇而在农村就业。随着乡镇企业转型升级、民营企业壮大和村镇合并，农村的城镇化水平也相应提高。[①]

2. 城郊化农村

随着城市经济结构和空间结构调整的需要，如建设各类开发区、园区、大学城以及企业和居民外迁等，城市周边农村由此就地转换为城市经济的组成部分而得到快速城郊化。这种转化有的是在政府主导下的被动转型，有的是村集体主动地对接城市。在主动或被动的转型中，城郊农村以土地、居住和农业生产积聚的方式改变了传统农村的经济社会结构。土地使用方式变更是把分散农户承包的小规模土地集中起来，以及农民集中居住后节约的土地，一部分转变为城乡建设用地发展非农产业，一部分由农户承包经营扩大农业经营规模，或者用于耕地的占补平衡。不论是农业还是非农产业都与城市对接，以城市为消费中心，如开发满足城市消费的现代农业、休闲、制造业、商业卖场、房地产等。[②]

农村的城郊化彻底改变了传统农村的经济社会组织形态和农民的生活工作方式，村集体和村居民拓宽了收入结构。收入水平提高之后，反过来投资农村基础设施，使农村面貌得到改善，拉近了农村与城市的距离，促进城乡一体化。

3. 城中村

城中村是随着城市空间扩展、基础设施建设和地产开发，把那些位于城市边缘的农村包围其中而形成的一种城乡形态，或者说是城市扩张"蛙跳"的结果。在城中村，土地租金非常高、村集体分发类似工资的居家费用、自己建房出租、经营小生意等获得收入。城中村的居住者有村民、租房者及市民，城中村已经变成复杂的经济社会体。加上邻近市民生活小区，不同群体共享社区环境，如超市、集市、公共场所等，村民的生活方式已经发生了很大变化。

4. 都市圈

受多重因素的影响，距离比较近的城市和农村（包括小城镇、城镇化农村等）往往形成以城市为中心的都市圈。城市经济发展对农村土地、劳动力等的需要，农村经济发展对城市技术、人才以及资金的需要，或者

---

① 张建华：《城乡一体化进程中的新型城乡形态》，《农业经济问题》2010 年第 12 期。

② 同上。

城乡经济规模达到一定程度产生的相互需要，为满足这些需要而建设的连接城乡的基础设施和制度变革，既适应又促进了要素和产品在城乡之间的交流，进而深化城乡之间的分工合作，使区域内城乡经济社会发展日益表现为一个个都市圈形态。在都市圈内，农村社会形态、农业生产结构和经营组织、农民的就业和消费行为都具有城市导向性。如中心城市的消费和城乡间的时间距离缩短对农业的生产结构和空间布局产生显著影响，农村地区的非农就业依赖于邻近的大城市中心和中小城市。同时，中小城市企业的外迁增强了农村的城市功能，农民在城市和非农领域的就业和兼业机会扩大，由此引起生活方式的变化。城市里的一些劳动力也开始在农村地区工作，往返于城乡的工作和生活模式正在形成。

5. 农村综合体

农村综合体是四川省城乡一体化建设的一种探索模式。所谓农村综合体是一个相对于城市综合体而言的乡村城镇化，旨在为一定区域范围内从事各种生产活动，以及为在农村生活的居民提供一个融生活生产为一体的基础设施配套完善、公共服务均等、环境优美的新型城镇。是在该乡村区域内，以旅游为先导，产业为载体，文化为灵魂，物流为支撑，体验为价值，集创意农业、文化旅游、商贸物流、养生养老等为一体的新型城镇。"农村综合体"的内涵是一个城镇产业集群，力求避免单一产业受市场经济的冲击，通过产业联动来壮大集体经济，复兴乡村文化。所以，"农村综合体"本质上是农村发展理念和发展方式的变革，是调整和优化农业产业结构，创造区域竞争优势，加快推进城乡经济社会发展一体化新型空间形态。[1]

6. 新型农村社区

新型农村社区是河南省中原经济区城乡一体化的主要发展模式。按照城镇化的建设标准和就地城镇化的模式，新型农村社区具有基础设施城镇化、公共服务社会化、社会管理社区化、生活方式市民化、产业结构现代化、就业结构城市化的基本特征。新型农村社区这一模式产生的背景是，中原经济区是国家粮食生产和现代农业基地，是走不以牺牲农业和粮食，不以牺牲生态和环境为代价的新型工业化、新型城镇化和新型农业现代化

---

[1]　陶特立、潘奕伟、严寒、翁勇祥：《小城镇总体规划创新理念的探索——基于"农村综合体"理念导向下的小城镇规化》，《小城镇建设》2015 年第 12 期。

"三化"协调发展的路子。新型农村社区是在农村腹地、在现代农业基础上的农村城市化。新型农业社区是现代农业服务园区的集聚区，农村公共产品和服务的提供平台，是农民工的生活园区，是农村人口流动的起点和序幕。①

第二节 城乡一体化中的现代农业及乡村形态的演变

农业与农村区域经济的发展是天然的、不可分割的，农业的现代化与农村城镇化的社会形态演变是相互促进的。如果没有现代农业的产业支撑，农村区域的城镇化要么是缺少集聚与扩散的产业动力，要么是没有乡村文化与特色的工业化的"移植"。反过来，如果没有农村区域的城镇化，传统（农业）部门的剩余要素仍将固化于原有的村落形态，或者任其自然衰败，或者任其无规则地肆意蔓延。所以，城乡一体化中的现代农业是其重要的发展内容。如何在城乡一体化战略背景下在粮食主产区推进乡村城镇化，需要我们从全球的角度对农业生产发展的脉络有一个全面清晰的认识，科学地理解现代农业的内涵。

一 农业生产中耕作方式的变迁

现代农业是相对于传统农业而言的，是一个相对的、动态的历史性概念，而且不同地区农业发展水平也不尽相同，所以，人们对于农业现代化的理解会随着时代背景和发展条件的不同而不断扩展和演变。② 但是，无论对现代农业的理解有何不同，农业耕作方式的变革是基本的内容，是时代发展的产物。所以，为了更好地理解现代农业，我们首先介绍农业耕作方式的变迁。从全球和农业耕作的历史来看，我们可以将农业生产大致分为传统农业、常规农业、有机农业和多功能农业几种耕作方式。

（一）传统农业

传统农业是一种用传统农业生产要素进行生产的家庭农业。所谓传统

① 张良悦：《粮食主产区城乡一体化的发展内容与政策扶持》，《区域经济评论》2014 年第2 期。

② 毛飞、孔祥智：《新时期我国农业现代化的基础、问题与展望》，载王曙光主编《农本：新型城镇化——挑战与寻路》，中国发展出版社 2013 年版，第 81 页。

要素主要是指传统的人力、畜力、种子、农家肥及传统的耕作方式，特别是，传统农业依靠身传口授的低人力资本要素，是一种世代积累的经验耕作方式，生产技术不变。传统农业主要的技术特征是人畜耕作，受自然气候的制约、空间地域的限制以及动植物生命周期的内在调解，产出水平十分低下。其基本的生产方式是家庭生产，自给自足，农业生产成为劳动就业的主要产业。受技术进步和社会分工的限制，自给自足的生产表现为一种传统的田园生活方式，成为一个个家庭生产的"孤岛"，尽管在家庭生产中，人们能够通过对传统要素的最佳配置来获取家庭效用的最大化，但这并不能否定其生产方式的封闭性：粮食剩余非常有限，不足以为大量的城市人口提供足够的基本食物需求，不能够支撑起现代社会的工业化和城市化的物质基础。

（二）常规农业

常规农业（conventional agriculture）是一种通过引入新的生产要素进行产业化耕作的现代农业，是指"绿色革命"后形成的一种稳定的农业生产方式。新的生产要素包括机械动力、优良的种子、化肥、农药和规模化的生产方式，特别是，能够对新引入的外部要素有较好了解与掌握的人力资本，更是产业化生产的一个关键。在常规农业中，农产品越来越不断地被非农业原料和工业替代品原料生产出来，而且，这些非农业要素和生产过程的加工，一道成为农产品增加值的主要来源。现代农业的技术特征主要是机械动力、生物技术、化肥投入和水利工程。农业科学和生产的新技术被置于这一发展模式的心脏地位。[①] 由于政策和财政参与的激励，许多农业生产企业开始大量投入研发部门用于开发新的农业技术，农业化学的耕作方法因一系列公共和私人研究机构网络的支持而加速发展。现代农业由于技术进步和规模生产、农业剩余的持续增加和劳动力人口的逐步释放，为第二、第三产业的发展提供了物质基础和条件。同时，现代农业生产方式是一种工业化的生产方式，是在社会分工下的专业化生产，其技术进步所造成的产业内劳动力就业的减少促使第二、第三产业快速发展。可以这样说，离开现代农业的发展，工业化和城市化就失去了发展的基础。但是；另外，现代农业对外在要素的过分依赖，特别是对石化能源和化学

---

① Morgan K., Murdoch J., "Organic vs. Conventional Agriculture: Knowledge, Power and Innovation in the Food Chain", *Geoforum*, 2000, Vol. 3, pp. 1159 – 1173.

合成产品的过度使用，造成了一系列严重的问题。首先，大量投入的化肥和农药严重污染了生态环境，其残留物流入江河湖泊已经影响到人们的饮水安全；其次，食物农药残留、各种激素和添加剂的使用已经严重影响到人们的健康问题，食品安全被提上日程；最后，现代农业化肥的过度使用以及传统有机粪肥的放弃，造成了土地肥力的严重下降，诸如，土壤退化和沙漠化、土壤风蚀、水土污染、肥力降低等问题，使农业的可持续发展受到威胁。①

（三）有机农业

有机农业（organic agriculture）是一种能够促使环境、社会和经济改善的农业产品生产体系。在这样的生产体系中，土壤的肥力被看作是成功生产的关键因素，从事有机生产农户的主要目标是依据植物、动物和生态风景的自然属性从农业和环境的各个方面优化产品的质量。农业中的有机耕作强调环境保护、动物福利，食品的质量和健康，资源的可持续利用和社会公正的目标，而且强调通过市场的方法来取得这些目标和对外部利益的补偿。可以说，有机生产是在农业技术高度进步的前提下对常规农业的一种反对和对传统农业的一种回归。有机农业首先兴起于欧洲，其产品市场主要分布在欧美。尽管有机耕作的概念已经有 80 多年的历史，但只是到了 20 世纪 80 年代，它才变成一个焦点，引起政策制定者、消费者、环境主义者和农民的充分关注。② 今天，消费者对有机耕作的典型认识，是把有机产品作为健康、安全的象征，并且愿意为有机产品支付溢价；政府对有机耕作的支持现在也转向诸如研究、市场开发和消费者品位升级方面。有机农业最初的目标是，在土壤活力、植物、动物和人类相互依赖的社区内做到健康与产出的最优配置组合。然而，有机农业不能被孤立地看待，而是通常与地域性、社会和经济环境相联系，是将有机生产系统融入当地经济系统和社会的潜在发展。在这一可持续农业系统内，农民转变成一个企业家，通过有机作物和土地管理、地域产品加工和营销来组织其农场。所有这些需要农民自己有一个新的认知，在产品加工和营销方面更积

---

① Prandl – zika Veronika, "From Subsistence Farming towards a Multifunctional Agriculture：Sustainability in the Chinese Rural Reality", *Journal of Envirnmental Management*, 2008, No. 87, pp. 236 – 248.

② Stolze Matthias and Lampkin Nicolas, "Policy for Organic Farming：Rationale and Concepts", *Food Policy*, 2009, No. 34, pp. 237 – 244.

极主动地形成自己的经营理念并通过地域网络来付诸实施。这些新的活动必须在经济上使农民更加稳定，并通过自己的定位来形成区域化的特征认同。[①]

（四）多功能农业

现代农业是一种多功能农业（multifuntional agriculture）。农业生产有很强的正外部性，除了生产粮食之外，还提供净化环境的功能。随着农业技术的开发和应用，粮食生产能力不断增加，当农业满足粮食消费需求之后，农业生产的副产品——生态环境的价值将日益凸显。所谓多功能农业，就是农业除了生产粮食的基本功能外，还塑造风景和保护土地，提供对自然资源的可持续管理和生物多样性的延续，以及保持乡村地区社会经济的活力。这就是说，农业地域既是生产的空间，也是生态的空间，还是生活的空间，是一个完整的"生存空间"。

从历史的角度看，农业的基本功能是为城市和农村人口生产粮食，为农村人口提供工作岗位和收入，传统农业就是局限在这些功能范围内。由于对农业实施价格保护和贸易补贴政策，结果在欧洲多数国家，食品短缺变成了食品过剩，农业就业人口大幅度地减少。为了克服常规农业对环境带来的严重的负面影响，科学家开发了各种各样的耕作体系，这些耕作体系除了农业生产、就业岗位和收入外，还将环境作为第三个目标。多功能农业就是指动植物生产与环境保护的结合（水资源、土壤和空气的管理、气体排放的明显控制），自然和农业历史景观的保护，气候和全球变暖的控制（二氧化碳的储存，大量生物能源的使用，水资源保护）和健康与福利的关怀。[②]

二 农业的迂回发展

（一）农业的工业化与现代化

要理解农业的工业化，首先要理解工业化的概念。从发展经济学的角度看，工业化分为狭义的工业化和广义的工业化。狭义的工业化认为工业化就是工业（特别是制造业）的发展，表现为工业产值比重和就业人口

[①] Porceddu E. and Rabbinge R. , "Role of Research and Education in the Development of Agriculture in Europe", *European Journal of Agronomy*, 1997, No. 7, pp. 1 – 13.

[②] Vereijken P. H. , "Transition to Multifuntional Land Use and Agriculture", *NJAS*, 50 – 2, 2002, pp. 171 – 178.

比重的不断上升，农业产值比重和就业人口比重不断下降的过程。广义的工业化将工业看成是一个广义的产业概念，既包括制造业，也包括农业和新的产业形式，因此，工业化是指整个经济的现代化。[①] 例如，张培刚先生早在20世纪40年代就提出："所谓的工业化，就是指国民经济中一系列基要的生产函数（或生产要素组合方式）连续发生由低级到高级的突破性变化（或变革）的过程。""工业化不仅包括工业本身的机械化和现代化，也包括农业的机械化和现代化"。进一步，"工业化首先表现为生产技术和生产力的变革；然后表现为由此引起的国民经济结构的调整和变动；最终必然会导致并表现为人们思想和文化素质上的变化；在一定情况下，它将导致整个经济体制或社会制度的改革"。[②]

狭义的工业化将工业发展看成是农业的替代性产业，这就是说，如果一个国家工业部门的产值和就业人口比重在国民经济中达到优势地位，就被认为实现了工业化。这种将工业和农业发展相对立的观点，在"二战"后对发展中国家的指导过程中造成了严重的危害。由于在理论认识上的偏狭，"二战"后发展中国家都认为实现工业化就是单纯地发展制造业，特别是发展重工业，而不顾及或不重视发展农业。结果，不仅工业化没有成功，农业也被人为地搞垮。

农业的工业化是指传统农业在工业化过程中本身的工业化，农业工业化是与制造业的工业化一同发展的，农业本身就包含在工业化过程之内，是工业化过程中不可分割的部分。甚至，从历史上工业化国家的经验看，工业化的第一阶段在某种程度上是一次农业革命的副产品，工业的发展需要由相应的农业发展来促进和推进[③]，因此，也必须由农业的工业化来保证。按照广义工业化的含义，农业的工业化包括两个方面：一是技术的进步。因为，工业化从本质上是一种社会生产力（包括一定的生产组织形式）的革命或变革，所以，农业的工业化也不例外，也应该表现为一系列的技术进步和生产力的突破。而且，在农业生产技术变革场合，除了引用机械耕作、兴修水利等基础设施外，也包括改进作物种子、改进饲料牲畜、改良土壤性能、使用先进农药等。[④] 二是产业化。产业化主要是指生

---

①　张培刚、张建华主编：《发展经济学》，北京大学出版社2009年版，第324—325页。

②　张培刚：《张培刚经济文选》，中国时代经济出版社2011年版，第88、89页。

③　张培刚、张建华主编：《发展经济学》，北京大学出版社2009年版，第362页。

④　张培刚：《张培刚经济文选》，中国时代经济出版社2011年版，第89页。

产方式的变革，是用工业化的产业组织方式对农业生产进行嫁接，在适应农业自然生产规律的基础上，尽可能做到农业生产的商业化和社会化，从而提高农业的竞争力。这一方面更多地表现为农业的现代化。

农业的现代化是从另一个角度，或从社会发展的高度上对农业工业化的描述。现代农业是相对于传统农业而言的，是一个动态的概念，因此，可把传统农业转变为现代农业的过程称为农业现代化。传统农业是指工业化前的农业形态，是一种主要依靠农业内部要素进行生产的、稳定的、封闭的家庭生产模式。具有农业技术长期停滞，生产效率低下；以土地和劳动为主要生产要素，市场化程度低；农民有很强的风险回避倾向等特征。农业现代化就是用现代科学技术和现代工业来为农业提供生产的技术手段和物质手段，用现代经济管理方法提供农业生产的组织管理手段，把封闭的、自给自足、停滞的农业转变为开放的、市场化的、不断增长的农业。这一过程分为三个阶段：生存农业阶段，即自给自足的传统农业阶段；多样化混合农业阶段，即作物种植多样化的混合家庭农业，部分为家庭自给生产，部分为商业交换生产；现代农业阶段，即专业化的商业化农业阶段。[①] 在商业化的生产阶段，又会经历机械化的动力阶段、经营管理化阶段和产业组织化阶段。[②]

因为引导传统农业改造的长期诱因，是工业化和城市化所引起的对农产品需求的增加，以及由此而导致的价格上升，这种变化，是引导农业生产者改变自给自足的生产目的，而转向为市场生产的关键诱因；工业化将增加农产品的需求数量和改变对农产品的需求结构，农业生产将会逐步由粮食生产为主，转变为更多地生产肉、蛋、奶、蔬菜和水果；饲料作物在农业生产中的比重将逐步提高；工业原料性作物在农业中的比重上升等方面的结构转换。所以，必须高度重视工业化对农业的改造和转型的作用。[③]

（二）现代农业的迂回发展

从目前发展中国家的实际情况看，因为在之前都或多或少地采取了"重工轻农"的城市偏向化发展战略，所以，必须从发展战略上加以纠

[①] 张培刚、张建华主编：《发展经济学》，北京大学出版社 2009 年版，第 364 页。

[②] 毛飞、孔祥智：《新时期我国农业现代化的基础、问题与展望》，载王曙光主编《农本：新型城镇化——挑战与寻路》，中国发展出版社 2013 年版，第 81 页。

[③] 张培刚、张建华：《发展经济学》，北京大学出版社 2009 年版，第 366 页。

正，重视对农村区域和现代农业的发展。从世界经济发展的经验看，高度发达的工业化国家都采取了支持农业发展的补贴和扶持政策，所以，发展中国家目前实施农业的现代化可采取迂回的发展路径。所谓农业的迂回式发展是指，在政府的主导下优先发展工业，然后通过先进工业改造农业，或者工业剩余反哺农业的发展路径。

舒尔茨认为，传统农业社会处于一种高效的低水平状态，如果没有任何外生冲击的影响，农业的发展很难自发实现从传统到现代的过渡。在技术或者政策的冲击下，传统农业社会的均衡状态被打破，农业处于非均衡的转型阶段。在转型的初期，非均衡主要来自政府"重工轻农"的政策冲击，而转型后期则来自惠农政策和先进部门对落后部门的改造。这种打破均衡，先发展工业和城市部门，然后通过发展了的工业和城市来反哺和支持农业的发展，实现农业现代化的过程，称为政府主导下的迂回农业发展模式。①

从经济发展规律上看，农业发展并不在农业本身，而在工业和服务业的发展以及与之相伴的城市化。现代农业的一个典型特征是，大量需求和大量生产以及与之相对应的巨大的农产品市场。大量需求和大量生产的形成则要求全国的产业结构、人口结构以及农业生产组织形式发生根本性的变革：产业结构高度化，农业占全部产业的比重下降到较低的水平；人口结构城市化，农业人口占总人口的比重很小；国家实现工业化，为农业提供大量生产的技术基础；农业生产企业化，为大规模的现代生产提供制度基础。

在工业化初期，农业部门具有竞争优势，并有丰厚的产业剩余，因此，农业剩余向工业部门转移就成为工业化资本积累的重要来源。但是，当工业部门发展起来，整个经济起飞之后，农业就变为相对弱势或者边缘化的产业。此时，就需要工业部门的剩余资本对农业进行产业化的改造，即工业反哺。工业反哺农业不仅意味着加大对农村和农业的资源投入，还要将工业的组织形式和现代管理要素引入现代农业经营中来，通过农业产业化经营组织模式的制度创新，实现农业的标准化、规模化和市场化的生产。工业反哺农业的核心在于工业通过其对农产品的需求沿着农产品市场

---

① 郑江淮、高彦彦等：《一体化与平等化——长三角城乡互动、工农互促的协调发展道路》，经济科学出版社2012年版，第5页。

价格对农业和农民进行反哺，而不仅仅是财政转移意义上的反哺。所谓的"城乡互动"更多的是建立城乡统一的大市场，取消阻碍城乡要素和产品自由流动的制度安排。惠农政策应该是"市场增进型"的，增进农业发展的市场基础的重要财政政策包括农业基础设施建设、农村教育文化和社保投入、农村信息工程建设、农业技术服务体系建设以及农业科技创新和研发投入等。这些措施可归结为两个方面：一是引导、培育和完善农业发展的市场基础；二是支持农业研发。

　　总之，农业的现代化并不是一个自发演进的过程，因为它依赖于工业化以及由此带来的城市化。农业和农村在工业化的初期处于"被遗忘"的边缘化状态，优先发展工业和城市，然后通过"工业反哺农业"、"城乡互动"来改造农业，这似乎是一条不可避免的"迂回式"的农业发展道路。

三　农业发展与乡村形态演变

　　一定的生产方式必然会产生一定的社会组织，这一规则同样适应于最基本的乡村社会组织单位。随着传统农业向常规农业、有机农业和多功能农业生产方式的转变，乡村的组织形态也将随之发生演变（见表6-1）。

表6-1　　　　　　　　　　农业生产方式与城乡关系演变

	农业生产方式特征	城乡关系演变
传统农业	传统的家庭农业，生产封闭，技术进步缓慢，生产效率低下，产业组织单调	城市依附于乡村（工业革命前），城乡"二元"明显：先进的城市部门与落后的农村部门（工业化初期）并存
常规农业	现代化的家庭农场，生产开放，技术进步快，或者劳动生产率大幅提高（机械化耕作），或者土地生产率大幅提升（生物化生产方式），农业日益产业化	工业化、城镇化使传统的农村形态解体，城镇化快速发展，农村要素逐步向城市转移（劳动力迁移尤为重要），更多地表现为以城市为中心的集聚
有机农业	现代化的家庭农场、农民合作组织、涉农企业所构成的新型农业经营体系，以产业链和物流链为基础的高价值农业，以价值链为依托的现代农业产业组织	在高度城市化基础上开始出现"逆城市化"，涉及第一、第二、第三产业的农业产业体系的重构使乡村区域经济重新焕发活力，小城镇和新型农村社区成为就地城镇化的中心
多功能农业	在现代农业发展的基础上，乡村休闲、旅游、文化成为一种新型的服务产业，生态环境成为乡村区域发展的一个重要内容	城乡共生，乡村和城市都成为城市化生活的形态，城乡发展一体化，城镇化成为城乡之间一个动态永恒的过程

　　资料来源：笔者整理。

　　传统农业的耕作方式主要与家庭农业相联系，土地和劳动生产率都十分低下，农民以农业为职业，收入相对低下，乡村区域相对稳定和封闭。这一阶段，乡村形态最基本的功能是为农民提供就业和生产生活的组织单元。在工业化的初期，城乡"二元"特征十分明显。

　　常规农业是工业化的结果和"绿色革命"的产物，有两种稳定的耕种方式：一种是机械化的耕作方式，大规模提高劳动生产率；另一种是生物化的耕作方式，大规模提高土地生产率。家庭农场是这两种生产方式的主体，家庭农场在规模跨度上很大，可以从几十亩到上千亩或上万亩，可以采用机械化的耕作方式，也可以采用生物化的耕作方式。这一阶段乡村的功能除了提供部分农民就业之外，主要为城市提供粮食和积累剩余资源。常规农业是开放的，打破了传统农业封闭性的特征，与工业化、城市化高度联系，对种子、化学合成产品、城市消费市场都有严重的依赖。常规农业可以看成是工业化的生产，在城乡关系上表现为城市化的扩张和乡村要素向城市的转移。

　　有机农业是对传统农业的一种回归，是对常规农业负面因素的校正和克服。有机农业强调农业的可持续发展，强调对水资源和耕地的合理利用，强调对化学合成产品的谨慎使用，强调对土壤的保护和修复。有机农业适应了消费者高品质消费的要求，形成了现代农业的高价值农产品产业链，因而，在生产方式上又表现为一种在高度社会化基础上的产业价值链的产业组织形式，家庭农场、农民合作组织、现代涉农企业从纵向和横向的角度构成了完整的新型农业生产体系。此时，乡村功能的发展是如何应对工业革命所带来的经济、社会及生态方面的挑战。

　　在多功能农业阶段，城乡一体化成为其基本的形态。按照常规的农业生产模式，随着农业规模化和专业化的生产之后，从事农业的人口下降，乡村就业机会减少，地区活力丧失，大量的"空心村"和农村的凋敝景象便应运而生。多功能农业的发展思路不是将农业仅仅局限在食物的生产和提供上，还要将生产活动延伸到第二产业和第三产业。今天，城市居民对于乡村地区有了新的要求和期望，除了食品供应，乡村地区还应该担负起娱乐、教育、度假、休闲、疗养等功能。此时，城乡之间的分工将更为明确，城市提供物品，乡村提供环境，以乡村娱乐、生态旅游为主要内容的休闲服务将成为重要的服务型产业。

第三节　中国现代农业发展的方向和任务

一　"三化"同步发展必须加快推进农业现代化

中国经济发展和起飞过程中实施的是不平衡发展战略，主要体现在重工业优先发展的赶超战略、出口导向和创汇战略，以及城乡差别化战略。虽然经济总量获得快速发展，但也造成了发展方式粗放、城乡差距进一步拉大、居民福利水平相对低下的发展弊端，工业化、城镇化和农业现代化呈现出极度不协调的状况，急需转变经济发展方式，实施"三化"协调发展。①

"三化"协调发展的主要内容是：城镇化是发展的主要引擎和目标，城镇化的发展应以农村劳动力转移、产业集聚和就业岗位的提供为主要内容；新型工业化应向"加工组装类重化工业"和现代服务业（第三产业）方向转变，提升产业竞争力，推进价值链攀升，为城镇化和现代农业发展提供技术、装备和就业支撑；农业现代化应在稳定粮食生产的基础上，大力发展高价值农业和食品加工与物流产业，满足城市化和居民饮食结构的变化。如果没有城镇化的大力发展，基础类重化工业难以向装备制造业高端演进，第三产业和价值链的攀升会受到市场狭小的阻压，无法承接农村"剩余"劳动力的转移，延滞农村经济的发展；没有新型工业化的大力发展，就不会形成有效的城市产业集聚效应，就不会有更多的就业岗位和接纳更多的城市化移民，无法支持和促进现代农业发展；而没有现代农业就不能保证粮食安全，不能保障城镇化和工业化的基本物质基础，也不能通过对土地的集约化利用而为城镇化提供更多的土地空间需求。所以，新型工业化、新型城镇化和农业现代化必须协调发展，不可偏废（见图6-1）。但问题是，城乡一体化过程中往往不重视甚至忽视现代农业的发展。

从经济发展的过程来看，粮食问题应是发展中国家经济起飞过程中重点关注的问题。发展经济学的研究表明：如果发展中国家不重视提高农业

---

① 党的十八大提出了"促进工业化、信息化、城镇化、农业现代化同步发展"是一种更为全面准确的表述，将信息化融入工业化、城镇化和农业现代化。此处的"三化"协调发展主要是描述新型工业化、城镇化与农业现代化，本质上并不矛盾。

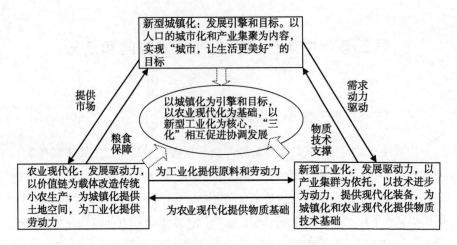

图 6 – 1　现代农业与"三化"协调发展

资料来源：张良悦、郭素玲等：《现代农业发展、城乡一体化与生态文明建设——地方区域经济发展研究》，经济科学出版社 2013 年版，第 129 页。

生产率，不重视农业技术进步所需要的农业投资，不断向工业转移农业资源，通过掠夺农业实现工业化，必然会产生粮食（短缺）问题，从而使工业化陷入困境。[①] 农业发展是工业发展和城市发展的基础，农业经济的增长可以带动工业和第三产业的发展，如果没有农业持续强大的发展，就不可能有有竞争力的工业和充分发展的第三产业。当然，农业的这种基础和支撑作用是建立在现代农业基础之上的。粮食主产区一般产业结构演化滞后，城市化率低于全国平均水平，农业生产方式相对低下。这些基本的经验提出了在"三化"发展中必须解决好如下几个问题：（1）经济发展

---

① 张培刚教授早在 20 世纪 40 年代出版的《农业与工业化》一书中就指出：工业化是"一系列基要的生产函数连续发生变化的过程"，工业化不仅包括工业本身的机械化和现代化，而且也包括农业的机械化和现代化。农业国家或经济落后国家，要想做到经济起飞和经济发展，就必须全面（包括城市和农村）实行"工业化"，提出了农业在工业化过程中发挥着食粮、原料、劳动力、市场、资金的作用与贡献。但在"二战"后的二三十年里，在西方经济学界一直采用了传统的比较狭隘的概念，即认为实行"工业化"就是单纯地发展制造工业，而不顾及或不重视发展农业，把实行工业化与发展农业看作是相互对立的，两者不能同时进行。后来的经济发展证明这种观点是错误的，并给依据这些理论所制定的工业化战略的国家带来重大失误。1961 年西蒙·库兹涅茨发表的《经济增长与农业的贡献》，以及随后 1984 年印度经济学家苏布拉塔·加塔克和肯·英格森在其合著的《农业与经济发展》中进行了更正，提出了农业在工业化过程中的"产品贡献、市场贡献、要素贡献和外汇贡献"四大贡献的观点，印证了张培刚教授的观点。参见张培刚《张培刚经济文选》，中国时代经济出版社 2011 年版，第 76—78 页。

中的市场问题；（2）经济发展中的资金问题；（3）经济发展中的就业问题；（4）粮食主产区的粮食生产能力问题；（5）经济发展中更高的民生需求问题。这些问题的解决要求必须重视现代农业的基础地位，通过现代农业的发展提供非农就业岗位，提供劳动力供给以及提供内需市场。

现代农业的本质是农业的产业化，是指利用现代技术和工业装备以及市场基础上的产业经营理念对传统农业的改造，并极大地提高农业产出水平。要发挥农业对经济增长的促进作用，必须尽快转变农业发展方式，包括土地的适度规模经营，土地的节约集约化利用、农村劳动力转移，农业产业集聚的构建等。一般来说，这些社会经济内容的完成是一个二元经济形态向一元经济形态的转换过程，但在目前中国经济发展过程中存在着两个方面的制约：一是资源环境的制约，包括土地资源、水资源、能源以及生态环境，在一定程度上制约了城市规模的扩张；二是制度供给的约束，包括土地产权制度、户籍制度、社会保障制度，严重影响农村劳动力的城市化移民，并导致城市化的不健康发展。这样就使乡村城镇化成为城乡一体化的重要内容与路径。如果认识到这一点，就不难理解，在中国经济制度环境下，粮食主产区的乡村城镇化具有发展的内在合理性，而且，在某种程度上和某一发展阶段可以对城镇化引领起到部分替代和助推作用。

二　中国农业现代化的方向及发展路径

（一）农业发展方式的转变

中国家庭承包责任制实质上仍是一种传统的农业生产方式，是在传统家庭生产方式下使用现代农业技术进行的家庭农业生产，没有从根本上改变"自给自足"的社会生产特征，没有完全加入社会分工，并依靠商品生产融入社会经济的运行，仍表现出浓厚的"维生经济"原始痕迹。尽管在这一制度下家庭生产成功地解决了农村温饱问题，但是，在解决温饱之后农业生产并没有表现出现代化的产业特征，劳动力不能自由地转移，农业收入占国民收入的比重持续走低，粮食生产问题逐步转化为农业收入问题。如果说1978年的家庭承包责任制释放的制度效应，主要是解决农民在计划经济束缚下"不能生产而导致的粮食短缺"，那么，现在的家庭承包责任制并未能很好地解决农民"收入低下不愿种田而导致的粮食短缺"问题。事实上，家庭承包责任制虽然仍是中国农业生产的主要形式，但是目前正在逐步蜕变为农村居民社会保障的组织形式，不能从根本上保持农业的可持续发展。必须尽快转变农业发展方式，发展现代农业，促进农业生产经营的专业化、标准化、规模化和节约集约化。

（二）中国现代农业发展的主要目标

中国农业现代化的主要目标有：一是首先保障粮食安全，保持谷物消费的高自给率，大幅度提高粮食产出水平仍是主要的努力方向；二是提高农业收益，增加农民就业岗位，改变农业弱势产业的地位和农民收入低下的境况，在大力推进工业化、城市化中同步发展农业现代化；三是农业的可持续发展，必须考虑资源、环境的客观约束，从长期上考虑粮食安全和农业生产；四是食品健康与安全，在保障宏观粮食供给的前提下，应该从食品生产链的角度保障居民获取健康与安全的食品。可以说，这也是目前中国农业供给侧结构改革的主要目标与内容。

（三）中国现代农业发展面临的主要问题

中国现代农业发展面临的主要问题：一是一方面中国未来人口仍在增加，预计2030年达到顶峰，另一方面城市扩张和基础设施增加对土地的需求，将会减少越来越多的耕地。二是农业生产普遍面临水资源短缺，传统的水利灌溉工程需要更新与升级。三是长期以来化学方法的生产所造成的土地风化和沙漠化是中国农业的一个主要风险，也会不断减少可耕用土地，必须引起高度重视。[①] 四是"农业收入"问题对粮食生产的影响已经显现。在家庭经营模式下，农业劳动边际生产力严重低下（农业劳动工资水平极端低下，影响对农业生产的劳动投入），土地边际产出水平达到极致，虽然物质投入在逐步增加，技术进步在不断提升，但农业的产出水平似乎已到极限。五是随着生活水平的提高，居民（尤其是城市居民）营养习惯的改变也将影响农业生产，即从谷物消费占主导的营养结构向更高比例的蔬菜、水果、奶制品和肉制品营养结构转变。这一方面要求农民转变其产出结构，另一方面同样的人均消费会要求更多的土地和能量。

（四）中国现代农业发展的基本路径

中国现代农业发展首先必须解决由家庭承包制向常规农业的方向发展，即依靠科学进步和适度规模化经营，进一步提高粮食产出水平，进一

---

① Prandl – zika Veronika, "From Subsistence Farming towards a Multifunctional Agriculture: Sustainability in the Chinese Rural Reality", *Journal of Envirnmental Management*, 2008, No. 87, pp. 236 – 248.

步提高土地产出效率，保障粮食安全。其次，必须考虑劳动力的转移与农业产业化的发展，所有的农业政策应该围绕食品生产和供应链去设计，并在食品生产和配送的环节上去增加就业岗位，用解决农民收入的问题去解决粮食保障问题。最后，注重农业的可持续发展，用有机生产的理念来提升现代农业经营水平，在保障粮食供应的前提下，更加注重土壤肥力的保护与提升，注重产品的质量与健康，注重农业的多生态功能。简言之，中国现代农业的生产应该在坚持技术进步的条件下，充分考虑劳动力就业与转移，在用常规农业完成对家庭承包责任制经营模式的同时，兼顾有机农业生产耕作方式，实现农业的可持续发展。

三　中国现代农业发展的主要任务

（一）现代农业与农产食品价值链

随着工业化和城市化进程的推进，现代农业的发展不仅体现在产出效率和规模经济上，更体现在农业的产业化、市场需求和发展模式的转变等方面，包括农业生产方式的转变、食品加工业、消费结构以及正在兴起的有机农业。所以，对现代农业的理解必须持动态和发展的观点，有学者称之为第二次农业革命[1]，其中，产业价值链成为推动这次农业革命重要的组织形态。需求的多样化、技术创新以及大众消费方式的转变等为农业的产业化和市场化提供了发展环境，由私人企业家引领的新型农业正在兴起，它在广义的价值链上把生产者和消费者联系起来，也把许多组织起来的企业型小农业主联系在一起。[2] 通过产品价值链使农场生产由农村生活方式（rural lifestyle）转变为农业商业部门（agri – business sector），并使农业产业在对价值链增值机会的不断开发中获取丰厚利润和持续发展。[3] 产品价值链是现代经济中基于产品竞争力的一种产业组织形式，它使人们将对产品竞争力的聚焦从单一生产商转向包括产品配置与市场开发在内的涉及产品供给与服务的其他经济活动，且所有这些活动都可以对产品的价

---

① Ganesh Thapa：《亚洲和拉美地区经济转型过程中小规模农业面临的挑战和机遇》，《中国农村经济》2010 年第 12 期。

② 世界银行：《2008 年世界发展报告：以农业促发展》，清华大学出版社 2008 年版，第 8 页。

③ Martin, M. A. , "The Future of the World Food System", *Outlook on Agriculture*, 2001, Vol. 30, No. 1, pp. 11 – 19.

值增值做出贡献。

农业产业化是一种高价值农业，是从低附加值到高附加值、从谷物生产为主到非谷物生产为主、从自给自足的农业模式向高效开放的现代农业模式的转变。食品领域的产业革命使食品服务产业不再仅仅是食品的供应和配送，而是食品价值链中一系列价值的增值点和追求回报的资本进入点。从产品价值链上看，食品产品加工向后可以追溯到农业生产的投入及农产品生产过程，向前则是食品的运输、零售和消费等服务环节的延伸；从消费模式上看，农产品生产链已经成为农业生产者、食品加工者、环境保护者、消费者以及政府部门等相关领域和相关利益群体高度关注的产业形态。[1] Ganesh Thapa 认为，长期以来，小规模农业或家庭农业面临着缺少生产性资源和公共服务的挑战，而今又面临着包括如何融入以价值链为主导的高价值农业的挑战。中国是个农业生产和农产品消费大国，但农业经营组织规模小，农业产业的竞争力还很弱，必须尽快实施以农产品价值链为特征的农业革命。[2]

（二）现代农业新型经营体系的构建

现代农业产业体系的构建主要包括农业生产体系、农业产业体系与农业组织体系。由于农业生产的自然特性和农业劳动的高监督成本，决定了家庭生产仍是现代农业生产体系的基础。但是，现代农业生产又是一体化的生产，所以，家庭生产又需要涉农企业拓展产业链条，农民合作组织提供社会化服务。从整个生产体系的构建上看，家庭农场的发展起着举足轻重的作用。

家庭农场是家庭经营的一种形式，是自我雇佣型企业，具有农民生产的职业化、家庭收入的农业化、生产经营的市场化等特征。世界农业发展表明，由于农业生产具有很强的经验和直觉的劳动特征，高成本的劳动监督，决定了家庭经营既适应传统农业，也适应现代农业，成为我国农业从传统家庭经营向现代家庭经营转变的发展方向。[3]

---

① Jackson, P., Ward, N., Russell, P., "Mobilising the Commodity Chain Concept in the Politice of Food and Farming", *Journal of Rural Studies*, 2006, Vol. 22, pp. 129 – 141.

② Ganesh Thapa：《亚洲和拉美地区经济转型过程中小规模农业面临的挑战和机遇》，《中国农村经济》2010 年第 12 期。

③ 黄云鹏：《农业经营体制和专业化分工——兼论家庭经营与规模经济之争》，《农业经济问题》2003 年第 6 期。

　　传统家庭农业的主要缺陷是土地经营的细碎化，以及外部效率与规模经济的缺乏，逐步形成农业"收入问题"，并进而形成严重的农业副业化现象。家庭农场，一方面因其生产者的职业化、家庭收入的农业化，有利于提高土地的利用效率和农业劳动生产率[①]；另一方面在利润驱动下，能够很好地引入技术与管理等外部要素，拓展农业功能，延长产业链条，提高市场竞争力[②]，从而克服经营主体老化与素质不高、经营规模狭小与产业组织虚弱、技术转化滞后与发展功能单一等问题。[③]

　　现代农业经营体系建构要处理好两个关键问题：一是实现农业经营主体或者说生产主体和农业服务体系的有效结合。如果没有一个集产业化、合作化和社会化于一体的完善的农业服务体系，就不可能有农业生产主体或经营主体的集约化、规模化和专业化；另一方面，如果没有农业生产主体或经营主体的集约化、规模化和专业化，则农业生产主体或经营主体对服务就会缺乏需求，进而产业化、合作化和社会化的农业服务体系也不可能形成。二是建立农业新型双层经营体系和新型规模经营体系。双层经营可以说是现代农业的普遍现象，一个层次是农户的家庭经营，另一个层次是农业的服务体系。所谓建立农业新型规模经营体系，就是要建立多种类型的农业规模经营体系，农业规模经营不能仅局限于土地的规模经营，而应该拓宽思路，比如农业服务的规模化、农业设施利用的规模经济、农业综合经营的规模效应等。[④]

　　（三）农产品品牌与农产品产地间竞争

　　当农产品的生产开始出现过剩时，产地间的竞争则开始显现。影响农产品产地竞争力的因素主要包括产地的自然条件、地区条件、资本投入以及制度因素。综合我国目前学者的研究成果，可以认为自然因素对农产品产地的影响正日益缩小，而社会经济因素、技术因素正在迅速增强。我国农产品生产正在逐步实现从自然布局到经济布局的转变。

---

　　① 郭熙保：《"三化"同步与家庭农场为主体的农业规模化经营》，《社会科学研究》2012年第3期。

　　② 袁赛男：《家庭农场：我国农业现代化建设的路径选择——基于家庭农场与传统小农户、雇工农场的比较》，《南方农村》2013年第4期。

　　③ 黄祖辉：《现代农业经营体系建构与制度创新——兼论以农民合作组织为核心的现代农业经营体系与制度建设》，《经济与管理评论》2013年第6期。

　　④ 同上。

　　综观欧美等发达国家，随着现代农业的发展，农产品的生产往往会出现集聚现象，其中某些产品还会逐步发展成为在一国市场内占有较高市场份额的主产地。这种主产地在直接生产成本、交易费用、销售渠道、组织程度、市场议价能力以及竞争手段与策略方面具有明显的市场优势，能够增加农民收入并促成农业的转型升级。我国在改革开放后的三十多年的发展中，部分农产品也初步显现了集聚之势，如大蒜、黄瓜等蔬菜的集中度日益提高，农产品的生产布局出现了竞争导致的集中和变动，真正意义上的农产品主产地在我国正快速形成，农业的区域化布局、专业化分工已成必然趋势。[①]

　　农产品的竞争力实际上就是农业内部不同农产品产业的竞争力，即在农产品的生产、集中、加工、运输、销售等过程中所形成的相互作用、相互联系的各种组织的效率在市场上的体现。农业的经济活动具有范围广泛而边界模糊的特点，从初级农产品到食品之间的产品形态也多种多样。国外学者将农业的经济活动划分为三个类别：初级农产品生产，将饲料转化为动物性产品，食品产品的市场营销。根据由农业到食品产业的各环节及其产品与最终消费者之间的关系，将农业经济活动划分为四种类型：无差异的初级产品的生产，差异性初级产品生产，由初级产品向半加工产品转化，由初级产品和半加工产品向可消费品的转化。[②]

　　农产品产地竞争力的影响因素可以分为两类：（1）直接因素。主要包括成本、质量、品牌以及产品差异性。随着农业产业化的不断深入以及一级市场竞争的日益激烈，品牌以及农产品的差异性对竞争优势所起的作用越来越大，也是农产品产地间竞争日益成熟的表现。（2）基础因素。主要包括农业的自然资源、基础设施、科技水平、农户经营水平、产业组织化程度以及产业政策。农业的基础设施属于农业生产的高级要素，主要影响农产品的成本，进而影响其竞争力。农业的技术水平包括技术开发与技术推广，属于高级生产要素，是提高产品竞争力最有效的途径。农产品经营水平及产业的组织化程度则直接影响产品的质量与成本以及产业规模，从而影响产品的竞争力。产业政策是政府指导产业发展的重要手段，

　　① 朴玉、金洪云：《农产品产地间竞争研究：一个动态研究框架》，《烟台大学学报》（哲学社会科学版）2012 年第 2 期。

　　② 李春海等：《农业产业集群的研究现状及其导向：组织创新视角》，《中国农村经济》2011 年第 3 期。

可以优化资源配置，最终提高产业竞争力。①

（四）现代农产品物流

1. 我国农产品物流现状

我国现行农产品物流是以批发市场为主导的模式，农产品供应链条以批发市场为界分为两段：一段是"生产—流通"环节，即从农户到批发市场，另一段是"流通—消费"环节，即从批发市场到消费者。两个环节的结合处是批发市场，但批发市场只是为交易双方提供了交易场所，场内缺乏有活力的经营主体，服务功能单一，还停留在初始原材料性农产品的集散和销售上，大多数市场无法为交易主体提供专业物流服务。

（1）物流主体专业化和组织化程度偏低。与农业生产经营的小规模和分散化相对应，现阶段我国农产品物流的经营者也多以实力有限的个体商户和农产品加工企业为主，仅靠自身力量进行一些简单而分散的运输和仓储活动，农产品加工企业数量少、规模小、农产品消化能力亟待增强。

（2）专用物流技术和设备投资不足。农产品多属生鲜易腐产品。提高农产品竞争力，必须在包装、运输、储藏及装卸等环节上统筹考虑，尽可能降低物流成本。目前的问题，一是农产品专用运输工具缺乏，运输技术相对落后，现代化的集装箱、散装运输发展不快，高效专用运输车辆少，造成农产品物流时间过长，风险损失较大。二是存储保鲜技术落后，仓储条件和机械设备差，分布不合理，特种仓库（如低温库、冷藏库、立体仓库）严重短缺，损耗大的鲜活农产品物流以常温物流或自然物流形式为主，冷链物流还未真正建立，使相当一部分农产品由于运输和产品保鲜技术原因而损失巨大。三是装卸搬运机械化、自动化程度比较落后，谷物类农产品物流缺少必要的散装计重设备，难以大范围开展发达国家普遍采用的农产品"四散"作业，即散装、散卸、散储、散运。

（3）农产品物流环节多，降低了运作效率。我国现阶段农产品商流和物流无法彻底分离，农产品从生产商到零售商的流通过程中，要经过从产地批发市场到销售地批发市场，再从销售地批发市场到消费者两个甚至多个环节。例如，我国水果蔬菜等农产品在采集、运输、储存等物流环节上损失率高达25%—30%，1/4的农产品在物流过程中损失。而发达国家

---

① 朴玉、金洪云：《农产品产地间竞争研究：一个动态研究框架》，《烟台大学学报》（哲学社会科学版）2012年第2期。

的果蔬损失率则控制在 5% 以内，美国的蔬菜水果在物流环节的损耗率仅有 1%—2%。我国每年有 3.7 万吨蔬菜、水果在运输路上腐烂，每年损失达到 1000 亿元以上。

（4）我国农产品物流成本高昂。我国果蔬、肉类、水产品物流成本一般占产品总成本的 62%、68% 和 70%，而世界发达国家物流成本一般只占总成本的 10%。导致了我国农产品价格高，与国外产品相比不具有价格优势，影响农产品的国际竞争力。[①]

2. 组建我国农产品第三方物流的模式与途径

（1）大型农产品批发市场：一是对大型农产品批发市场的现有物流基础设施进行升级改造，吸引大型现代物流中心、大型配送中心、仓储中心、运输企业等入驻，逐步实现批发市场范围内物流产业的集聚；二是依托优越的物流环境吸引农产品加工业、大型零售企业在批发市场内发展，开展基于供应链的农产品生产与流通加工、仓储配送、物流信息处理、电子商务等一体化综合服务，增强农产品批发市场的辐射和服务能力。

（2）连锁超市：连锁经营在经营环境、经营理念、质量控制、管理服务等方面具有明显优势，有利于实现生产与市场的有效对接，减少流通环节、降低成本。超市和连锁店是销售终端，基地为供货源，中间或与加工企业合作，或与批发市场、配送中心合作，形成了一个完整的农产品第三方物流产业链。

（3）农产品配送中心：以农产品配送中心为第三方物流，可以联结农户、供应商、经销商、超市等农产品供应链所有环节点。农产品配送中心既是商流中心又是物流中心，它对辐射区域内的广大农户和经营业者提供流通、储存、运输等功能。配送中心通过为农户提供技术与资金支持来实现标准化生产，通过流通加工来实现价值增值，通过与目标市场的连锁超市、大型批发商建立业务合作关系，统一农产品运输和配送。其优势在于专业化程度高，便于打造农产品品牌。

（4）农产品物流园区：农产品物流园区是由拥有多种类型物流服务和物流设施的第三方农产品物流企业在空间上集中而形成的场所，是现代农产品物流的先进模式，它是基于将农产品物流集约化、一体化思想而提

---

① 胡铭：《以第三方物流为中心的农产品交易规制研究——基于交易费用理论的分析》，《农业问题研究》2012 年第 3 期。

出的。现代物流不但包括物流、信息流、商流和资金四个基本环节，还包括物流加工、包装、仓储、运输、分销等诸多物流活动，更重要的是包括改善和提高物流水平的物流技术和物流管理。因此，结合农产品批发市场的集散功能和农产品中介组织的集约功能，建立农产品物流园区，可以实现农产品物流的集约化、一体化、规模化，进一步促进农产品物流的发展。[①]

第四节　农业产业化与乡村城镇化

一　现代农业发展为乡村城镇化提供了产业基础

（一）农业产业化与生产方式转变

1. 现代农业的产业化发展

从理论上说，农村新型社区是粮食主产区城乡一体化的一种就地城市化模式。所谓就地城市化就是在农村的土地上直接进行城市化建设，并同时将农业的生产方式转变为非农业生产方式，其根本动力在于一定的产业基础和就业驱动。

产业集群和产品价值链是现代农业产业化的一个重要载体。现代经济的竞争，已经不是单个企业、单一商品之间的竞争，而是以产品价值链为主导的产业之间的竞争、区域之间的竞争。产业价值链在龙头企业的驱动下，从产品的研发、设计、制造、营销、服务等各个环节呈现给市场和消费者，每个环节都能够成为价值增值的空间，更加发挥专业化分工的优势和产品的综合产业优势。农业产业化同样也存在着产品价值链，而且，更加体现出地域特征。所以，农业现代化为未来经济的发展提供了一个极佳的机会和空间。

农业产业化的路径是指，在市场竞争的基础上，围绕食品链去扩大社会分工，提供精深加工，增加就业岗位，发现增值空间，促进技术进步，提高产业竞争力，将传统的弱势农业改造成包含研发投入、产品加工、物

---

① 胡铭：《以第三方物流为中心的农产品交易规制研究——基于交易费用理论的分析》，《农业问题研究》2012 年第 3 期。

流服务、餐饮配送等在内的现代农业。农业现代化主要是围绕食品提供所构造的具有产业化特征（规模经济和范围经济）的产业链条和产业集群，所以，在农产品的产前、产中、产后各个环节及各环节之间都可以构建产业价值链和产业集群。现代农业非常重视技术在农业生产中的贡献，在农业产业化的生产中必须加大研发投入，加大技术应用和推广力度，这就为种子产业、农机产业、农业生产资料、水利设施等产业提供了发展的空间。在农业生产和农业加工方面应通过制度创新进行适度规模经营，大力发展设施农业，优化种植和养殖业的比例结构，积极关注有机农业，实现农业的可持续发展；在产后的市场开拓方面，应紧紧围绕居民食品结构转化的需求，开发满足不同层次需求的食物产品，做大包括冷链物流、餐饮配送、城乡超市在内的第三产业，为农村劳动力提供最大规模的就业岗位。

2. 农业的产业化经营与生产方式转变

现代农业的本质是农业的规模化、专业化与产业化，是指利用现代技术和工业装备以及市场基础上的产业经营理念对传统农业的改造。农业的规模化是指农业生产的规模经营，包括生产的规模化和服务的规模化，土地流转是实施土地规模的必然路径。土地流转不仅仅是一种土地要素的流转，更是一种社会转型和经济发展方式的转变，因而，土地流转必然包括农村劳动力转移，家庭农户经营、新型农业主体的构建以及地方政府在土地流转过程中的制度供给等多方面的内容（见图6-2）。

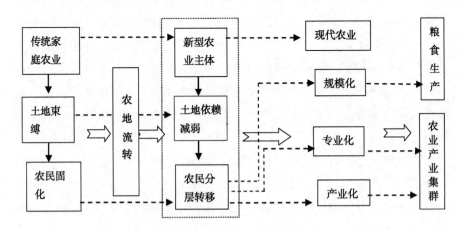

图6-2 农地流转与经营方式的转变

（二）生产方式转变与乡村城镇化的实现

1. 大力发展现代农业能够有力地促进乡村城镇化

现代农业的发展是对传统农业生产方式的转变，是农业微观主体的再造。尽管在中国耕地资源和人口约束下，未来中国的农业经营主体不会形成发达国家的大型农场，但是，一定会发展成基于适度规模经营的家庭农业。这样，就会促进农村居民的大规模分化，产生需要非农就业的劳动力，需要从农业中转移出去。但现代农业的发展必然形成农业产业集聚和产业集群，形成大量的非农就业岗位，从而吸纳更多的农业劳动力。在这一过程中，如果大中城市不能充分地吸收转移出去的农村劳动力，就需要通过就地转移的方式加以解决，所以，农业产业化本身从客观上产生了就地城镇化的需要。

2. 农村新型社区成为乡村城镇化的形态

农村新型社区建设在目前的经济发展水平和现有的制度约束下，为城乡一体化均衡发展提供了一个很好的发展平台。农村新型社区是按照城乡一体化规划构建的新型农村居住区域，打破了原有自然村庄的限制，形成一定的人口集聚，从根本上克服了公共产品供给的门槛规模，从而使公共产品的供给具有可行性和更加充分。在此基础上，使农民的土地资产资本化，增加农民的资产性收入，便于农民从传统农业生产中退出。

二 乡村城镇化与现代农业发展相互促进

1. 现代农业发展与农村新型社区建设互为驱动

一方面，现代农业发展为农村新型社区建设提供了产业基础。一般来说，产业是城镇的支撑。如果没有产业的良好发展，就不可能有很好的人口集聚，就不会有城镇的健康发展。比如，一些资源型城市，原来主要是靠资源开发来支撑城市，当资源开发完之后，如果不及时转型，城市发展就会衰落。这给我们的启示是：新型社区在短期内完全可以建设起来，但要持续地发展下去，还必须有一定的产业基础。有了产业基础，就有了就业岗位，就能够集聚人口，就能够有财政收入；有了人口集聚就会有财富积累，就可以有财产税收。而这些都是社区公共产品供给的资金来源。另一方面，农村新型社区为现代农业产业的发展提供了产业工人、人力资本和市场空间。现代农业的发展需要一定的劳动投入（比如，德国现代农业产业占其就业人口的1/10），需要大量的农业产业工人。很显然，农村新型社区产业工人要比城镇产业工人从事农产品加工更具有优势。同时，农村新型社区为农业产业的发展提供了部分市场空间。比如，现在大家收入水平提高了，食品结构也发生了变化，粮食的直接消费在减少，肉食、水果、蔬菜在增加，即使粮食消费，成品、半成品、加工过的产品等需求一直在增加。这些被加工过的食品（或者称为工业化食品）需要分送，这就需要大量的生产性服务，包括食品加工、冷链物流、农超对接、餐饮服务等。除了城镇居民外，在农村腹地，只有在农村新型社区才有更大的市场。

在目前家庭经营模式下，粮食生产提高有很大的阻力，只有通过适度规模经营才能够提高粮食产出水平。因为种粮收入低下，农民不会对农业做出进一步的投资，特别是劳动投入，因而粮食产出的提高和维持主要靠种子和化肥获得。这表明我国已经进入"农业收入"问题阶段，即因农业收入低下而导致的粮食短缺。要解决这一问题必须提高劳动产出水平，即农民的务农收入，这就要求实行土地流转，适度规模经营。从现实情况来看，要实施顺畅的土地流转，必须对农村劳动力进行分层，发挥各自优势，只有这样才能使专业化农民保障对农业生产的劳动投入，而非农就业者在土地流转之后可以在外安心打工，所以，在土地流转价格合适的情况下他们也非常愿意将土地流转出去。这里面的问题是，如果多数农村劳动力不再从事农业生产，那么，他们是否还有必要继续留在原有村庄保持传统的生活习惯呢？从社会发展的角度和实际调查的情况来看，他们不愿留在农村，而是希望过上城市生活。农民的这一意愿实际上就为农村新型社区的建设提供了社会发展的客观要求。

2. 土地流转、适度规模经营与农村新型社区

现代农业的发展必须适度规模经营，规模经营的前提是土地经营权流转，土地流转的要求是非农就业岗位的提供和劳动力的转移，新型农村社区成为就地城市化的模式。在这个过程中三者相互影响，例如，如果农村新型社区建设得好，农民十分满意，那么，土地流转就比较顺畅，土地流转顺畅农业产业化发展就会较好，非农劳动力就业机会就会增加，从而形成良性循环。所以，在农村新型社区建设中，必须做好农地流转和劳动力转移工作。这就要求：

（1）从根本上重视农业产业的发展，农业的发展要围绕食物的生产、加工与配送，形成涉及第一、第二、第三产业的大农业，要通过现代农业

的发展推进城镇化的健康发展，形成食品加工产业集群，增加农民的非农就业岗位。

（2）土地流转必须转向多功能农业生产，包括粮食生产、养殖、经济作物、有机农业和生态旅游，通过产业化的运作，增加农业产业的竞争力。

（3）劳动力转移是解决农地流转的一个重要内容，应通过农村新型社区建设逐步化解户籍制度、土地资产化对劳动力转移的退出障碍，从根本上解决劳动力的完全性转移。

（4）农村新型社区建设必须有相应的农业产业为依托，必须以公共产品和公共服务的提供为主要内容，必须以房产的资产运营管理为突破，使农民的资产能够交易和升值。

第五节　本章小结

（1）中国农村住区（社区）是以自然村落为基本单位，集生产、生活、社会管理于一体的社会基层组织。随着市场化的改革与经济转型，城镇化和工业化的快速发展，农村住区形态也开始发生转变，呈现出城镇化的萌芽，但是，由于受到传统二元制度因素的制约，与传统农业相适应的旧的农村形态无法通过正常的途径自发解体，并向城镇化形态发展，而只能在距离中心城市较近的区域以非正常途径发展。

（2）工业化不仅仅是指城市产业部门和制造业的工业化，也包括农村区域和农业的工业化，农业和工业、城市和乡村的发展是不可分割的，共同推进社会的现代化发展。从耕作方式上看，农业先后经历了传统农业、常规农业、有机农业和多功能农业（后两种也可认为是可持续农业）等耕作方式。与此相适应，乡村形态也必然由传统的、封闭的农村住区，向现代的、开放的农村新型社区转变。中国目前正在以迂回的方式对传统农业进行现代化的改造和转型，相应地，在乡村形态的发展上，也必然以城乡一体化的方式对乡村区域进行城镇化建设。

（3）中国目前的农业生产仍然表现出浓厚的"维生经济"的痕迹，表现出十分传统的小农户经营的特征，已经不能完全适应工业化和城市化对现代农业发展的要求，尤其是市场空间的提供，成为"四化"协调发展的短板。中国现代农业的主要目标是保障粮食安全，提高农民收入，修复生态资源和农业的可持续发展；发展的主要任务是农业的产业化与提升全球竞争力，应围绕现代农业经营体系、农产品的地域与产品品牌、农产品物流、休闲农业等方面进行。

（4）现代农业发展本质上是一种生产方式的转变，不仅对农业生产本身产生影响，也将对农村区域产生根本的影响。新的农业生产方式确立之后，必然会产生以此为基础的生活方式的转变，以及由此导致的社区性质的改变，即与工业化相适应的城镇化。所以，农业的产业化为乡村的城镇化建设提供了产业支撑。但另一方面，乡村城镇化的发展也为农业的产业化提供了基础，二者是相互影响的。

第七章

粮食主产区的乡村城镇化及其形态

本章是在前面两章的基础上对乡村建设进行的一个规范与实证分析。从理论上说，农村新型社区是城乡一体化进程中一种就地城镇化的模式。所谓就地城镇化就是在农村的土地上直接进行城镇化建设，并同时将农业化的生产方式转变为非农业生产方式，其根本的动力在于一定的产业基础和就业驱动。与大城市周边农村的就地城镇化模式不同的是，农村新型社区是根植于现代农业的发展而形成的产业园区，其依托的产业基础一定是农产品深加工、现代农业物流、设施农业与有机农业等形成的产业集群。农村新型社区建设是一个循序渐进的过程，要尊重经济发展的规律，一定要在具有乡村城镇化萌芽的基础上去加以规划、引导和扶持。

第一节 乡村城镇化建设的主要内容与目标

一 乡村城镇化是粮食主产区城乡一体化的基本路径

从区域经济发展的角度看，粮食主产区作为国家重要的粮食生产基地，应该如何实施城乡一体化？事实上，粮食主产区的区域发展存在严重的发展困惑。长期以来，我国在农业生产和农产品供给的发展上实施城市化和工业化偏向策略，其结果导致了粮食主产区产出增长与收入下降的矛盾，出现了粮食生产与经济增长的两难选择：实施区域赶超战略势必影响粮食生产；保持粮食生产会进一步拉大区域发展差距。[①] 粮食主产区一般

---

① 张良悦、程传兴：《农业发展中的收入提升与产出增进：基于粮食主产区的分析》，《河南社会科学》2013 年第 11 期。

是经济发展较为落后的地区，如果要赶上先进的发展区域，就必须加大对第二、第三产业的投资力度和政策倾斜。而在目前的发展模式下，这首先意味着要有大量的耕地转化为工业用地、基础设施用地和城市发展用地等方面的"刚性"用地；其次在目前的发展模式下还要通过土地的开发来积累资本。这两方面必然导致大量的农业耕地消失，直接影响粮食生产。另一方面，由于农业收入低下，不仅农民种粮积极性不高，而且产业资本进入不高，地方政府也因为不能从农业产业中获取足够的财政收入而不具有支持农业发展的动力。所以，从区域内部寻找发展动力、市场和资金，解决好"钱从哪里来，人往哪里去"，成为其发展不可回避的现实问题。基于这一背景，粮食主产区实施乡村城镇化，立足于农村腹地推进城乡一体化，就成为一个现实的选择（见图7-1）。

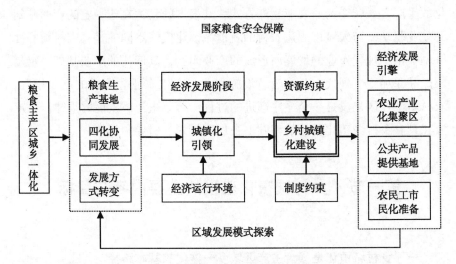

图7-1　城乡一体化中的乡村城镇化

从图7-1可以看出，粮食主产区建设包括国家粮食生产基地、四化协调发展与发展方式转变的主要内容；城镇化的引领，受到保障国家粮食安全从而必须保障耕地资源的约束，以及大量农村劳动力无法城镇化移民的制度性约束。在这样的经济发展水平、区域化资源禀赋制约及其制度"瓶颈"下，乡村城镇化就成为一个现实的选择。其建设的内容包括对空心村的整治、现代农业的发展、劳动力的就地转移以及公共产品的提供。所以，通过乡村建设，既解决了国家粮食安全问题，又解决了农村居民的城镇化诉求，实现了就地城镇化，同时还保证了城镇化引领的战略实施。概括地说，乡村城镇化的基本特点是：

（1）粮食生产和现代农业是乡村城镇化的产业基础，乡村建设不是盲目的产业园区和类同的产业结构布局，一定是基于农业产业化基础上的人口集聚和劳动力转移。

（2）乡村城镇化是城乡一体化发展理念下的一种就地城镇化。城乡差别的主要标志是公共产品的供给和需求，但是，公共产品的供给又是以一定的需求量为基础，乡村城镇化的建设便于对农村区域的综合规划布局，能够提供满足公共产品供给的最低需求。

（3）乡村城镇化能够激活农村土地资产价值，便于土地资产的运作和社区建设内部资金的积累，土地资产不仅是土地资源价值的体现，更是社会经济发展的结果，由于公共产品的提供，农村社区居民的房产价值将被激活并显现，从而增加农民的土地资产，通过资产运作能够在最大限度上获取发展资金。

二　乡村城镇化建设的基本目标

（1）乡村城镇化建设应成为现代农业服务园区的集聚区。乡村社区的建设必须切合粮食主产区建设的根本要求，即积极探索不以牺牲农业和粮食，生态和环境为代价的发展路径。农村社区的产业化构建应主要瞄准农业的产业化，并大力发展劳动密集型产业，最大限度地提供非农就业岗位。例如，农产品加工业、农产品冷链物流、农业旅游观光服务等产业。

（2）乡村城镇化建设应成为农村居民公共产品和服务的提供地。如教育、医疗、社会保障的提供。这样，一方面提供了乡村社区居民的社会福利水平，并相应地节约了公共财政的投资，另一方面也带来了一定的就业机会，依据要素集聚的外部规模效应，人口集聚自然会带来许多生活和娱乐方面的社会服务。同时，随着对公共产品的消费，社区居民的生活方式也将逐步由乡村方式转向城镇方式。

（3）乡村城镇化应成为"农民工"的生活园区，能够有效地遏制农村"空心化"现象。目前，"农民工"将大量的收入都投在了农村的房产上，但在分散的农村中，由于不能充分地享受到公共产品和公共服务，房产价值无法显现，结果农民的收入大量地沉淀。乡村城镇化之后，农民就不会再进行"周期性房屋建设"，而会将大量收入用于生活水平改善，从而更好地拉动内需，这样，将会从生活方式上逐步将农民变成市民，融入城市生活。

　　（4）乡村城镇化应成为农村劳动力"去农化"的起点和序幕。劳动力迁移表面上看是户籍制度的障碍，但本质上却是土地资产化的阻隔，农村居民土地资产无法显现、置换和交易，构成了农民"完全退出农业"的机会成本。① 土地本身并没有任何价值，土地资产和房屋价值是人类社会经济活动的产物。因产业集聚、公共产品的提供、社区环境的改善，农村居民房产的价值就会显现、提升和交易，这就为农民工的城市迁移和城市之间的人口流动提供了可能，可称为农村劳动力迁移的起点和序幕。一般地，在国外发达社会中，老年人都生活在成本较低的中小城镇，而年轻人多在大城市进行创业和就业。小城镇与乡村社区因为在农村腹地，如果生活基础设施好，生活环境优美，尤其是空气质量优，再加上完善的社会保障体系，完全可能成为中老年人生活的选择地。这样，可以通过房产的置换或出租增加城市人口的流动，使城镇化的社区逐步成为农民土地"资产化"运作的平台（见图7-2）。

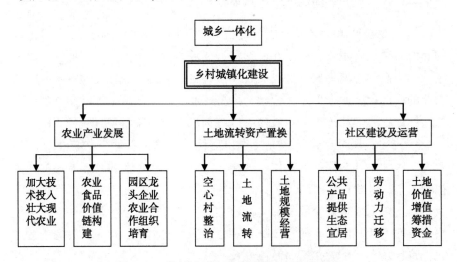

图7-2　乡村城镇化建设的基本目标与内容

三　乡村城镇化建设中的公共产品

（一）公共产品是乡村城镇化的主要标志

从城乡一体化战略以及新兴城市化战略部署和实践情况看，农村公共

---

　　① 张良悦、刘东：《农村劳动力转移与土地保障权转让及土地的有效利用》，《中国人口科学》2008年第2期。

服务落后是一个关键的问题。长期以来，我国农村公共产品的供给处于一种短缺和被忽视的状态。这种短缺已越来越成为我国农村经济发展的重要障碍：一方面，同样作为纳税人的农村居民，不能像城镇居民一样免费或者付费很少地享受到由国家投资供给的公共产品，无形中增加了农民的生活负担，不利于农村经济发展的资本积累和农民生活水平的提高。另一方面，作为基础设施和公共资源的公共产品的开发、供给的短缺和已有公共产品管理的混乱，已成为影响农村经济发展的重要成本因素和制约因素，不利于农业经济产业结构的调整和农村工业化的发展。

农村公共产品从功能上可分为经济发展型、公共服务型、社会保障型、生态保护型四种类型。经济发展型主要指对农业生产和农村经济发展起支持作用的公共产品，如农田水利设施、农业科研、技术推广和农产品市场信息等；公共服务型，主要指保障农村社区稳定和农村基层政权运转的公共物品，如农村基层政权组织的公共管理、公共服务和公共安全；社会保障型，主要指为提高农民社会福利水平和基本生活保障的公共产品，包括农村基础教育、农村公共卫生与医疗、农村养老保险和农村社会救济等；生态保护型，主要指有助于推进农村经济、社会与生态和谐共存，农业与农村可持续发展的公共产品，如生态保护、环境建设、村庄绿化和农业灾害防治等。所以，在城乡一体化乡村公共产品的供给上应明确农村发展中公共产品提供的内容、供给机制和管理运作等理论和现实问题，做到有的放矢。

在公共产品的供给上要充分考虑公共产品的规模特征，注重其"门槛效应"。公共产品，包括基础设施和公共服务，具有自然垄断的特征，固定成本投入非常大，运行成本相对较少，因此，必须有足够大的市场规模才能够分摊其昂贵的固定投入，这就使公共产品的供给有一个"门槛效应"。如果达不到一定的市场规模，公共产品的提供就是无效的，或者是其利用十分低下，或者是其供给的财政负担非常大。例如，新农村建设过程中就出现了这样的困惑：不少村庄修建了完善的基础设施，但其利用很低，多数成为形象工程；农村居民急需的养老、教育、医疗等公共事业和设施，由于村庄的分散和市场的零碎而无法较好地提供和满足。这也是城乡公共产品差别的主要表现和解决的困难之所在。我们认为，农村公共产品的提供必须考虑两个方面：一是其适用性，一定要考虑农村居民的消费结构和消费需求，比如，农村的文化娱乐设施，农村的健身体育设施就没有必要照搬城市的模式。一般来说，农村的教育、医疗、养老、供水是急需的公共产品。二是公共产品供给的"门槛效应"，这就是说，农村公共产品的供给必须有一定的人口规模，这就需要人口的集聚。

（二）乡村城镇化公共产品的供给方式

公共产品的供给涉及经济效率和公共选择问题。公共产品的供给可分为政府直接提供和市场提供两种方式。

1. 公共产品的政府供给

地方政府直接供给，其优势是能尽快解决公共产品的供给，但其缺点也很明显：（1）地方政府的"寻租"行为。地方政府利用公共产品供给的机会，利用隐性的手段继续向农民增加负担。（2）政绩工程。地方政府从自己的官员效用最大化出发供给公共产品，不考虑实际需要，在公共产品的选择上，会偏好于投资短、见效快的产品，而忽视时间长、见效慢的投资。（3）政策资源配置的低效和不公，如有的地区极需提供公共产品，但由于政府在开发上没有认识到而不予供给，或者由于不彰显地方政府政绩工程而争不到政府的政策投资。（4）公共产品的运营管理问题。事实表明公共产品的政府管理和运营效率较低，这和国有企业的运营低效是一致的。由政府直接供给的公共产品，在产权上也必然处于一种虚置状态，不能有效运营。而这又极可能造成两种后果，一方面政府财政难以负担，另一方面公共产品的效率不能得到有效的使用，甚至使政府的公共产品流于形式。

2. 公共产品的民营化

公共产品的民营化，即由政府和民间资本共同开发，或由政府给予政策，完全由私人供给。这种方式有这样几个优势：（1）相应减少政府财政负担，并启动民间资本的投资。（2）公共产品的使用效率会提高，能够使公共产品得到有效的开发、使用和运营。（3）公共产品的供给更能反映农民的需求愿望。但公共产品的民营化也容易产生质量问题和定价问题，如提供质低价高的产品和在供给时产生"设租""寻租"行为。这就需要对其进行监督，如通过公共事业委员会进行监督管理，制定价格标准和质量标准，实行公开招标。

随着我国市场经济的发展和我国农村政务公开化，我们认为，公共产品的民营化供给是一种方向，应尽可能向这一方面努力，比如 PPP 投资模式、BOT 投资模式等。当然，公共产品一般具有投资时间长、投资额度大的特征，民间资本一般不愿意进入。要引导民间资本的进入，政府必须在政策上给予优惠措施，如优惠税收政策、信贷支持政策和政府参与投资等，在财产的收益权上保证私人投资的效益。

（三）乡村城镇化公共产品的维护与运营

"重建设，轻维护"是当前我国公共工程建造和维护制度存在问题的突出表现。传统公共产品理论对公共产品的理解是一种静态的理解，将公共产品理解为一个静态的物，实际上，公共品不能理解为一个静态的物，而是一个动态的效用。这个动态的效用就是公共产品功能的不断发挥，或者说产品使用价值的不断实现。由于传统公共产品仅是对公共产品静态理解，将公共产品的提供看作物品的"一锤子买卖"。因此，传统公共产品不能说明公共产品功能发挥或使用价值实现过程中，公共产品各主体与公共产品客体以及各主体之间的关系。应该从公共产品"生命周期"的角度进行动态的理解。公共产品的功能发挥或使用价值的实现过程是在一段时期之内进行的，这一时期就是公共产品的生命周期，分为建造和维护两个阶段。其起点是公共产品的建造投资，其终点是公共产品的报废。公共产品在建造完成后，其使用过程中必然存在损坏或损耗，这种损坏如果不加以及时维修的话，就会影响公共产品的正常使用，公共产品的功能也就不能正常发挥。①

同样，在公共产品的提供中，应从公共产品"生命周期"的全过程来理解其成本，这样也才便于预算和投资。公共产品生命周期中所耗费的资源包括直接耗费的资源和间接耗费的资源。直接耗费的资源是建造和维护公共产品本身所耗费的资源，是为直接成本。由于公共产品的生命周期分为建造阶段和维护阶段两个阶段，因此，公共产品的直接成本又分为建造成本和维护成本。间接耗费的资源是由于提供公共产品而带来的外部资源的损耗或者外部性，例如对环境的破坏等，成为间接成本，或者外部成本。在现实生活中，人们对公共产品生命周期中的成本认识往往是不完全的。一方面，由于外部成本很少要求进行补偿，因此人们经常会忽视对公共产品的间接成本；另一方面，由于对公共产品的静态理解，在直接成本中人们往往只重视公共产品的建造成本，而忽略公共产品的维护成本。更

① 财政部财政科学研究所课题组：《构建我国公共工程维护制度的初步设想》，《经济研究参考》2009 年第 55 期。

进一步地，因为准公共产品存在建造和维护分离的可能性，所以对于准公共产品，更容易产生"重建设，轻维护"的现象。[①]

（四）乡村城镇化中的准公共产品

在农村公共产品的供给中，一般容易重视对纯公共产品的供给，如公共设施、教育、医疗、社会保障等问题，但是对于准公共产品和一些公共资源的保护容易忽视。这也是城乡一体化建设中必须给予高度重视的问题。

1. 建立政策性农业保障体系

现代经济中，农业是弱质产业和高风险产业，它不仅面临市场风险，而且面临自然风险和技术风险。然而，这种风险的大小可以通过政府的政策加以化解，例如，通过扶持性的农业保险措施来分散风险。但我国长期以来并没有从公共财政的角度加以保护，没有从生产设施的基础环节上加大投入，更没有从政策性农业保险方面加以保护，仅是从一些价格收购的补贴机制上实施保护，不能有效地提高农业的竞争力，从而达到有效保护弱质农业的目的。事实上，发达国家通过建立政策性农业保险体系来分散和降低农业风险，维持农业产出和农民收入稳定增长。例如，美国、加拿大、西班牙、日本、法国对农民所交保费提供高达 50%—80% 的补贴，对经营农业保险的保险公司提供亏损补贴、税收优惠、再保险等支持。一些国家专门成立农业保险公司提供农业保险。农业保险也是世界贸易组织规则允许的政府支持农业的"绿箱"政策之一。目前，世界上有 40 多个国家举办或试办政策性农业保险，把它作为政府支持农业的重要方式。因此，我国政府也应该建立政策性农业保障体系，从产业的角度提高农业产业的竞争力。

2. 水资源的管理开发

从总量上看，我国水资源蕴藏量极为丰富，水资源总量为 2.8 亿立方米，居世界第四位，但从人均上看，我国人均水资源只有 2200 立方米左右，约占世界人均水平的 1/4，世界排名 110 位。应该说，我国是一个水资源严重短缺的国家，但同时又是一个水资源浪费严重的国家，有统计表明，我国农业生产水资源的投入是发达国家的 8 倍。所以必须对这一问

---

① 财政部财政科学研究所课题组：《构建我国公共工程维护制度的初步设想》，《经济研究参考》2009 年第 55 期。

题引起高度的重视，不能再把水资源作为一种免费产品，而应作为一种稀缺的公共资源，从全社会的角度以公共资源的性质加以合理的开发和利用。对水资源的管理开发应该从两个方面进行：一是对农业灌溉系统进行供给，必须修建节水、节能、成本低、效率高、覆盖面广的灌溉水利系统。这种系统的固定成本投入较高，具有规模经济的特征，因此，必须有一定的覆盖区域。二是开发水资源，应充分利用自然的江河湖泊和人工的水库堤坝，对水资源进行开发储存，尽可能地节约地下水资源。对水资源的合理开发利用，不仅是很好地解决农业生产用水问题，同时也是保护生态环境，实施可持续发展的重要内容。

3. 公共卫生安全

"非典"和"禽流感"传染性疾病的暴发充分暴露出我国公共卫生防疫系统的漏洞，公共卫生安全的预防和治疗的供给严重不足，而农村尤甚于城镇更是薄弱环节。随着农村经济的发展和乡镇企业的蓬勃兴起，农村的环境污染日趋严峻，甚至有些地方的水污染和空气污染已经影响到居民的生活安全。公共卫生安全不容再忽视。而这一方面的供给在农村又是最缺乏的，甚至不少地区还是空白。例如，"非典"时期的公共卫生防疫体系，地方政府，尤其是广大农村的县、乡（镇）政府，不仅缺乏专业的公共卫生防疫人员和设施，而且疾病监测、分析报告体系原始，每当疫情危机突发时，不是反应迟缓，就是应对无力。所以，对这种公共产品的需求已迫在眉睫。这种公共产品可以由国家直接供给，也可以由国家卫生部门监督由私人供给。

第二节　乡村城镇化建设中几种形态的剖析

一　河南省"新型农村社区"建设

（一）新型农村社区建设的提出

在区域经济发展中，我国先后出现了珠江三角洲、长江三角洲、闽江三角洲、京津冀经济带、西部大开发、东北老工业基地振兴和中部崛起的发展战略。在中部崛起中，又先后出现了长株潭经济区、武汉经济开发区、皖江经济带和山西资源转型的次区域开发战略。这些区域发展战略不仅明确了本地经济的比较优势和战略定位，为当地经济的发展指明了方向，而且对全国经济的协调发展起到了重要的指导作用。所以，区域经济发展战略越来越成为中国经济发展战略和布局的一个重要内容。

2000—2008 年，中部地区事实上成为区域性政策的"洼地"，不仅制约了中部地区的发展，也不利于东、中、西部之间的均衡互动。在这样的区域发展背景下，河南省提出了中原经济区的概念。中原经济区是一个区域型的国家发展战略概念，主要是指以河南省为主体的综合性经济区，其发展能够起到"东西对接，南北贯通"的功能，促进区域间均衡发展。

2011 年《国务院关于支持河南省加快建设中原经济区的指导意见》指出："河南省是人口大省、粮食和农业生产大省、新兴工业大省，解决好工业化、城镇化和农业现代化协调发展问题具有典型性和代表性。""积极探索不以牺牲农业和粮食、生态和环境为代价的'三化'协调发展的路子，是中原经济区建设的核心任务。"根据这一指示精神，在农村区域发展方面，河南省九次党代会提出了新型城镇化引领战略和新型农村社区发展的路径。"新型城镇化是以城乡统筹、城乡一体、产城互动、节约集约、生态宜居、和谐发展为基本特征的城镇化，是大中小城市、小城镇、新型农村社区协调发展、互促共进的城镇化。"报告认为，推进新型城镇化，有利于拓宽农村人口转移渠道，有效解决农村劳动力亟待转移与城镇承载能力不强的矛盾；有利于促进城乡一体化发展，改善农村生产生活条件，逐步解决城乡差距大、二元结构矛盾突出的问题；有利于推动农业规模化和组织化经营，提高农业劳动生产率和综合生产能力。把加快新型城镇化与建设社会主义新农村结合起来，统筹城乡规划、产业发展、基础设施建设、公共服务、劳动就业、社会管理，促进城乡经济协调发展和基本公共服务均等化。切实解决农民进城的就业、户籍、住房、社会保障、子女入学等问题，逐步使符合条件进城落户的农民真正转为城镇居民，享有平等权益。统筹推进大中小城市、小城镇和新型农村社区建设，加快构建符合河南实际、具有河南特色的现代城镇体系，着力构建城乡一体化发展新格局。

（二）新型农村社区建设的展开

1. 新型农村社区的概念及类型

新型农村社区，是指打破原有村庄的限制，把两个或两个以上的自然村或行政村，统一规划、统一建设组建成新的城镇化社区，达到就地实现城镇化的目的。具有如下六个特征：基础设施城镇化；公共服务社会化；社会管理社区化；生活方式市民化；产业结构现代化；就业结构城市化。

新型农村社区本质上是一种新型城镇化的方式，是就地城镇化，其发展关键是其产业发展。如果没有相应的产业，就不会有社会组织结构的支撑，所以，新型农村社区的建设是"产城一体化"的模式。如何选择产业？在农村腹地，其原有产业基础是农业，所以，产业的选择不能脱离农业。但是，如果仅仅发展传统农业产业，一是无法摆脱旧的生产与生活方式，二是无法支撑集聚的生活成本。所以，必须进行产业升级，引入工业与服务业，实施第一、第二、第三产业融合发展的产业模式，可统称为现代化农业。

基于产业的主导和基础，新型农村社区分为三种类型：（1）农业园区引导的新型农村社区。在新型农村社区及其周边，通过土地流转及新型农村社区建设，实施土地的集约化利用，在社区建设腾出来的土地上，复耕为基本农田，发展现代农业。社区劳动力既可选择从事农业生产，也可以选择非农业生产，如加工业、物流配送、休闲服务业，从而实现就地城镇化。（2）工业园区引导的新型农村社区。通过迁村撤并腾出相应的土地，实施建设用地"增减挂钩"，建设工业园区，依托工业园区形成新的农村社区。这种方式的建设既可以在已经成型的工业产业基础上进行开发，也可以腾出土地进行招商引资。工业园区模式，主要是通过制造加工产业的发展，就地引导农民实现非农就业，实现就地城镇化。这一发展途径类似于20世纪90年代的乡镇企业的模式。（3）旅游产业引导的新型农村社区。将新型农村社区规划建设在景区周边，或者新型农村社区内部发展旅游产业。其产业模式是，以旅游资源为主导，发展休闲、商业、游乐等服务，拓展旅游产业价值链，带动当地居民非农就业。其中又分为休闲商业街为主导的社区发展模式，居住区与商业区相结合的工坊型社区发展模式。①

2. 新型农村社区建设情况

河南省把新型农村社区建设作为统筹城乡发展的结合点、推进城乡一体化的切入点、促进农村发展的增长点，并于2010年9月在全省全面启

---

① 北京绿维创景规划设计院课题组：《旅游引导的新型城镇化》，中国旅游出版社2013年版，第196—197页。

动。截至 2012 年 7 月底，河南省启动新型农村社区试点 2300 个，初步建成 350 个，累计完成投资 631.5 亿元。各地根据区域的实际情况，因地制宜，发挥优势，突出特色，探索出了不同的建设模式。

（1）产业集聚园区带动模式。该模式是通过对产业集聚区范围内的村庄统一规划整合，结合园区整体发展进行的社区建设。

（2）农区整合模式。这种模式涉及的村庄一般是"三无"的纯农业村，即无区位优势、无矿产资源、无工业企业。对村庄进行重新规划，将分散的农户集中起来居住，加大投入基础设施和公共服务，改善村民的居住条件和生活水平。

（3）旅游产业带动模式。该种模式是本地旅游资源比较发达，围绕旅游景点建成的社区，当地农民的收入也主要来自旅游经济。

（4）大企业带动模式。该模式是指企业是农村社区建设的主体，社区管理和服务主要由企业承担，形成以企业为主体的社区管理和服务机制。这类社区建设模式一般适用于经济比较发达、村集体企业实力雄厚的农村地区，企业具有较强的管理和服务能力。

（5）房地产业带动模式。这种模式是指政府在新型农村社区建设中居于主导地位，政府通过强大的行政力量，构筑起自上而下的社区管理和服务体制的模式。这种类型一般存在于人口分布相对比较密集的城镇结合点，是结合旧城改造和城区建设，运用房地产开发模式进行整村拆迁改造、迁村并点、连片开发的新型农村社区建设。

（三）新型农村社区建设中的主要问题

1. 速度快、摊子大

河南省全面启动新型农村社区建设之后，各地市开始了轰轰烈烈的新型农村社区规划布局和建设高潮。在前期主要是借鉴原有村镇体系的编制原则和思路，着重空间布局合理性，后期则逐步演变为盲目追求整村合并、大拆大建、节约用地率等一系列拍脑袋式的跃进思维，越来越脱离乡村发展实际。[①] 可想而知，全省范围内大规模推进的新型农村社区建设是城镇化扩张的一种转换形式，因城镇基础设施投资的规模性、超前性、长期性，短期内大规模新型农村社区建设是不可行的，勉强推进必定会对正

---

① 李俊鹏、王利伟、谭纵波：《城镇化进程中乡村规划历程探索与反思——以河南省为例》，《小城镇建设》2016 年第 5 期。

常的经济运行带来冲击，最为明显的是对民营经济的"挤出效应"，以及随之而来的泡沫破灭效应。

2. 新型农村社区建设缺乏内生基础

全面大规模的新型农村社区建设不是基于"内生"的城镇化发展，而是基于"外生"的城镇化"移植"。因多数社区没有产业开发和产业集群成长的经济环境，社区的进一步发展遇到极大的困难。在这一过程中，盲目的"拆村并点"，忽视了村庄发展的内在规律，对于村庄发展的动力机制、社区布局的合理性、村民就业与社会保障等诸多深层次问题考虑不多，结果，一味地追求节地率，缺乏科学支撑，新型农村社区建设最终成为空中楼阁。据笔者调研，目前河南省不少新型农村社区建设成为"烂尾"工程，如何消化这部分住宅成为未来农村城镇化的一个主要问题。[①]

二 四川省"农村综合体"建设

（一）农村综合体的提出

农村新型社区，既有别于传统的行政村，又不同于城市社区，其建设的目的在于促进土地节约集约、资源共享，提高农村的基础设施与公共服务水平，逐步实现农村基础设施城镇化、生活服务社区化、生活方式市民化。

农村综合体是四川省城乡一体化建设的一种探索模式。所谓农村综合体是一个相对于城市综合体而言的乡村城镇化，旨在为一定区域范围内从事各种生产活动，以及为在农村生活的居民提供一个融生活生产为一体的基础设施配套完善、公共服务均等、环境优美的新型城镇。在该乡村区域内，以旅游为先导，产业为载体，文化为灵魂，物流为支撑，体验为价值，集创意农业、文化旅游、商贸物流、养生养老等为一体的新型城镇。[②]

新农村综合体是四川省委在总结灾后重建以及新农村建设经验基础上提出的新要求，是农村新型社区在满足基础设施之后，进一步强化产业配套、基础设施以及公共服务等方面的升级版本。[③] 四川省委、省政府于

---

① 本书附录1主要介绍了河南省新型农村社区建设的基本情况。

② 陶特立、潘奕伟、严寒、翁勇祥：《小城镇总体规划创新理念的探索——基于"农村综合体"理念导向下的小城镇规化》，《小城镇建设》2015年第12期。

③ 肖达、于亮：《成都市新农村综合体建设的乡村规划问题刍议》，《小城镇建设》2015年第8期。

2012 年颁布了《关于加快建设新农村综合体的意见》，明确了建设新农村综合体的总体要求、规划建设的重点内容、建设的保障措施等。规划打破传统农村的村镇体系概念，按照农村综合体的理念，实施由人口规模、公共服务设施、产业品质、功能联系为标准形成新型乡村地区，实现人口集聚、配套共享、环境改善、产业提升的目标。

（二）农村综合体的环境要求与内容特征

1. 农村综合体建设的基本条件

农村综合体的指向在于深入解决"三农"问题，核心在于建设集中居住点，纽带在于农村产业发展和社会服务，路径是集农业生产与农民生活于一体。因此，更加强调区域空间的聚合性与生产生活功能的配套性，在建设过程中强调一定的环境基础。

（1）农村综合体的建设需要一定的地域空间作为载体，即有相对优越的区位条件，以有效地吸引城市资金、技术、人才等优势要素，成为城乡资源要素流动的枢纽、周边区域的增长点和辐射中心。

（2）作为农村综合体应有适度规模的人口居住，通过集中建设现代化生产和生活服务设施，引导人口分散居住向适度集中居住。

（3）农村综合体必须具备完善的基础设施和城乡均等化的公共服务，以及具备完善的交通、通信、水、电、燃气等基础设施。城乡统筹、新型城镇化的重点在公共服务设施的统筹，小城镇是实现这一目标的载体。

（4）农村综合体区域内应具有较为丰富的土地资源、自然资源，其中，农业用地占有一定的比例。①

2. 农村综合体的主要特征

农村综合体是一种规模大、功能多、效率高、现代性、开放性的农村新型社区，必须具有乡村的基本特征和功能，同时具备城市的生活配套水平，是一种开放式的要素集聚区。

（1）具有乡村的基本特征和功能，必须能充分吸引大城市中心城区的先进要素，同时远离中心城区，以小城镇作为区域的依托。

（2）是一个区域发展的概念，而不是像城市综合体一个单体建筑的概念，是一个生产、生活复合概念，而不是单纯商业经营的概念。

---

① 陶特立、潘奕伟、严寒、翁勇祥：《小城镇总体规划创新理念的探索——基于"农村综合体"理念导向下的小城镇规化》，《小城镇建设》2015 年第 12 期。

（3）是一个全新的规划建设模式，总体布局包括农民集中居住、产业发展、公共服务、基础设施、新型社区管理五大要素。具有迅速集聚人口，带动产业升级、传承乡村文明、优化生产生活条件、助推城乡互助发展的五大功能；具有基础设施的配套性、要素的系统性、功能的复合性、产业的规模化、人口的集聚性、城乡的融合性、发展的现代性七大特性。

（4）农村综合体的最终目的是解决"三农"问题，核心是建设集中居住区、纽带在于集产业发展与农村生活于一体，更加强调区域空间的聚合性和生产生活功能的配套性，突出多种生产生活要素的集约优化配套。[①]

（三）农村综合体建设中的主要问题

1. 缺乏合理的规模研究

我国目前乡村发展中的问题很多根源于大量人口流向城市而带来的经济衰退。农村综合体建设中同样面临着这样的困惑。按照《四川省新农村综合体建设规划编制技术导则》要求，综合体内部的新村（聚居点）可按特大型（大于 1000 人）、大型（601—1000 人）、中型（201—600 人）、小型（50—200 人）四级进行组织。人均综合建设用地面积控制在 50—70 平方米，人均农房宅基地一般不超过 30 平方米。然而，在实际工作中恰恰缺乏对总体规模的控制，对于各个新农村综合体的规模认定，数据一般来源于各村各组的户籍统计，并不与实际居住挂钩，也无法考虑未来家庭成长分户的需求，很可能将不合理的城乡结构进一步固化。另外，按照 300 户以上规模要求建成的新农村综合体，在使用中普遍反映出诸如耕作半径过大、产业基础薄弱、工作机会少、公共设施闲置等问题。[②]

2. 缺乏产业基础

新农村综合体的建设需要加强产业发展研究。对于乡村地区来说，首先，刺激本土就业，增强自身的经济实力；其次，改善乡村的物质结构，提高环境的吸引力；最后，以此为契机，拉动乡村地区的农业产业化、规模化以及专业化。但是，在实际建设过程中，普遍存在重空间建设、轻产业发展的问题。在规划中，对新农村综合体建设完毕后的持续发展问题，

---

① 陶特立、潘奕伟、严寒、翁勇祥：《小城镇总体规划创新理念的探索——基于"农村综合体"理念导向下的小城镇规化》，《小城镇建设》2015 年第 12 期。

② 肖达、于亮：《成都市新农村综合体建设的乡村规划问题刍议》，《小城镇建设》2015 年第 8 期。

以及该地区的产业空间布局，往往缺乏更深入的统筹考虑。结果，导致新建成的聚居点或者综合体缺乏长期发展的经济基础和空间支撑。[①]

三　江苏省的"城镇化农村"

江苏省比较早地进行了新农村建设，在粮食主产区中，江苏省是工业化最发达的省份，而且江苏省省内区域发展差异较大，所以，在进行农村城镇化建设中，并没有实施统一的建设模式，而是给予政策指导，让不同地区进行实践探索。

江苏省金坛市薛埠镇"产城融合"发展[②]

薛埠镇位于长三角的苏南地区，南京都市圈和苏锡常都市圈的交叉地带，山林资源丰富、历史文化积淀深厚，属于山地丘陵地形，55%用地为茅山旅游度假区。第一产业以优质粮油、茶叶、规模畜禽、高效园艺、时令水果为主导；第二产业为建材、机械、电子、化工、纺织服装、食品加工；第三产业为旅游、物流及部分生活性服务业。

在江苏省新农村建设和农村城镇化过程中，薛埠镇抓住产业化和城镇化两大发展驱动力，遵循产城发展的历史轨迹，制定了产城融合发展的策略。主要包括四个方面的内容：

（1）培育核心竞争力。薛埠镇挖掘内生优势，充分利用以茅山为特色的道教文化、革命事迹、生态资源、自然资源等核心战略资源，做优做强茅山旅游度假区。同时，加强茅山旅游度假区与薛埠镇区的互动，促进二者良性发展，培育核心竞争力。

（2）健康集群特色产业。充分发挥优越的生态与自然资源，打造健康产业集群，发展大健康产业。以"健康养生"为主题，第一产业重点发展中草药种植业、健康养殖业、特色茶叶种植业、有机绿色产业、中高端花卉苗木等产业；第二产业重点发展中草药加工、研发、保健食品的生产加工等；第三产业重点发展休闲旅游度假。

（3）提升城镇综合承载力。针对现状基础设施与公共服务设施配套严重不足的问题，规划加大基础设施和公共服务设施建设力度，改善居住

---

① 肖达、于亮：《成都市新农村综合体建设的乡村规划问题刍议》，《小城镇建设》2015年第8期。

② 游宏滔、史环宇：《小城镇产镇融合规划研究与探索——以江苏省金坛市薛埠镇为实证》，《小城镇建设》2015年第7期。

环境和生活条件，提升小城镇的物质与精神生活水平，为小城镇的综合承载力打下坚实基础。

（4）充分利用"互联网＋"的信息优势。"互联网＋"代表一种新的经济形态，充分发挥互联网在要素配置中的优化和集成作用，有利于提高实体经济的创新力和生产力，形成更广泛的以互联网为基础设施和实现工具的经济发展新形态。薛埠镇主要是推动互联网与现代农业、现代物流的融合，实现农业从订单、融资、生产都有互联网与物流网的支撑。利用互联网营销，推动旅游业与第一产业融合发展，重点发展乡村旅游，推动旅游业与现代服务业融合发展，积极发展旅游新业态。

薛埠镇"产城融合"的路径可概括为"三年成势，七年成型，廿年成城"。

（1）"三年成势"（2014—2016年）。用三年时间集中精力加快产业园区、旅游度假区和镇区基础设施建设，打造产业发展载体平台。通过三年的产镇磨合发展，力争跨越工业化的初中期阶段。

（2）"七年成型"（2017—2020年）。全面统筹城乡基础设施和公共服务设施建设，加快中心村和美丽乡村发展，构建以茅山区旅游度假区和薛埠镇区为双核、产业园区载体平台，中心村和美丽乡村为重要据点的城乡空间发展体系。到2020年，城乡统筹、产城互动发展的空间形态基本形成，基本完成工业化的中期阶段。

（3）"廿年成城"（2012—2030年）。在前两个阶段基本奠定产镇互动发展的产业基础和空间形态的前提下，再用十年时间，全面推进茅山旅游度假区和薛埠镇的经济社会发展与建设，实施推进"区镇合一"，把薛埠镇建设成以茅山生态休闲旅游度假为品牌特色，经济发展繁荣，基础设施和公共服务设施完善，生活环境优美，城乡一体化发展的小城市。在这一阶段，通过创新进一步驱动薛埠镇的核心竞争力，实现薛埠镇产镇融合的城乡一体化发展，进入后工业化时代。

在具体规划建设过程中，综合评价体系包括6大类32项指标。

（1）"经济发展"指标：国内生产总值（GDP）、人均国内生产总值（人均GDP）、财政总收入、第一、第二、第三产业产值之比、亩均工业用地增加值、万元GDP能耗、城镇居民人均可支配收入、农村居民人均纯收入。

（2）"城镇建设"指标：常住人口城镇化率、建成区常住人口、人均建设用地面积、人均公共设施用地面积、人均道路广场用地面积、人均绿地面积。

（3）"产镇融合"指标：职住比（就业岗位/居住人口）、园区与城镇平均通勤时间、市政工程设施产镇共有率、公共服务设施产镇共有率、生产职工在城镇居住率。

（4）"市政设施"指标：城镇道路网密度、管道燃气普及率、千人互联网用户数。

（5）"生态环保"指标：城镇生活垃圾无害化处理率、水系整治达标率、城镇绿化覆盖率、城镇生活污水处理率。

（6）"社会事业"指标：社会保障覆盖率、城乡社区服务设施覆盖率、城镇登记人口失业率、中专及以上学历人口占总人口比例、城镇科研机构数量、千人医院床位数。

四　湖北省的"都市圈的小城镇"

1. 湖北省"都市圈"的比较优势

湖北省乡村城镇化建设中，充分发挥大城市的扩散效应，利用大城市产业转移，功能分散、逆城市发展等动力带动大城市周边的村镇发展，形成了"都市圈"型的小城镇发展特色。

2. "三类六型"的乡镇分类

湖北省作为中部内陆地区，地势呈三面高起，中间低平，向南敞开，北有缺口的不完整盆地，其社会经济发展与宏观地理条件具有很大的关联性。根据自然地理特征、城镇职能，可从宏观地理环境和发展路径两个维度将湖北省内的小城镇建设划分为"三类六型"：大城市都市区乡镇、平原地区乡镇、山地地区乡镇；大城市功能组团型乡镇、大城市郊区型乡镇、工业型乡镇、商贸型乡镇、旅游服务型乡镇、工矿园区型乡镇（见表7-1）。

表7-1　　　　　　　湖北省21个示范乡镇分类一览

类	型	个数	示范镇名称	产业特色
大城市都市区乡镇	功能组团型	2	武湖街、龙泉镇	信息产业、物流配送
	郊区新城型	5	五里界街、双沟镇、尹集乡、安福寺	光电子信息产业、生物技术产业、都市农业、旅游产业

续表

类	型	个数	示范镇名称	产业特色
平原地区乡镇	工业型	8	新沟镇、彭场镇、管珰镇、沉湖镇、熊口镇、岳口镇、丁祖镇、潘家湾	农业资源深加工，"农业支撑，工贸驱动"
	商贸型	1	小池镇	工贸联动，商贸流通型乡镇
山地地区乡镇	旅游服务型	3	松柏镇、茶店镇、龙凤镇	"密集型、生态化"产业发展
	工矿园区型	2	陈贵镇、杨寨镇	"生态保育，活化矿业"，引入全局加工等培育替代产业

资料来源：王卓标、黄亚平：《湖北省21个示范乡镇类型与发展特色研究》，《小城镇建设》2015年第2期。

3. 湖北潘家湾镇依托武汉城市圈"四化同步"发展[①]

湖北潘家湾镇作为湖北省2013年"四化同步"试点，采取多规合一规划方法，具有依托都市圈实施乡村城镇化的典型意义。

（1）从城镇发展活力入手，编制产业发展专项规划。产业化是实现城镇全面可持续发展的根本保证，也是推进城镇化的根本动力。因此，产业发展专项规划成为"多规合一"各项规划的先导。潘家湾产业存在的主要问题是：农业大而不强，特色不足；工业层次偏低、小规模企业多、抗风险能力弱的企业多，市场竞争能力强的企业少；科技教育投入强度偏低，难以集聚高端人才，产业环境有待改善等。如何整合各项特色产业，大力发展城镇产业集群，带动全域经济的发展，成为产业专项规划的重大问题。为此，规划提出了"建设新型工业化和农业现代化发展示范区"的战略目标。在此基础上，提出了"坚持环保、集约、高端、高技术方向，壮大新型特色工业，提升经济综合实力"的工业撬动战略，"以农业现代化和工业园区跨越发展，推进一镇双心的镇区发展，以镇区带动现代服务业发展"的产城联动战略。

（2）以实现"四化同步"为目标，统筹村镇发展，重构村镇体系。无论是工业化、城镇化还是信息化和农业现代化都需要在城镇空间上加以落实，城镇体系规划应在满足产业发展和城镇化需求的基础上，调整镇域

---

① 范辉：《"四化同步"背景下镇村规划的多规合——以湖北潘家湾镇"四化同步"规划为例》，《小城镇建设》2015年第5期。

村镇体系，合理确定城镇发展目标、明确城镇职能结构，实现工业化和城镇化良性互动、城镇化和农业现代化相互协调的战略目标。为此，在城镇规划体系中，提出了"咸宁门户、临港新城、活力潘湾"的城镇定位；"区域协调、三产联动、产城互动、城乡统筹、智慧化"五大发展战略。

（3）突出"田园美、村庄美、生活美"，编制美丽乡村体系与村庄规划。乡村是城镇存在的基础，是农业现代化的主要载体，是新型城镇化的重要支撑，是城乡"四化"同步发展战略的重要组成部分。规划提出从"田园美、村庄美、生活美"三方面，按照扩大型、提升型、迁移型三种类型，采取不同措施，打造美丽乡村规划体系：突出村庄活力，打造生活美；突出田园特色，打造田园美；从村庄风貌、环境整治和基础设施完善入手，打造村庄美。

第三节   基于城乡一体化的乡村建设规划

一   乡村城镇化与农村社区建设规划的基本理念

（一）城乡经济社会发展一体化的基本任务①

从城乡经济社会发展一体化内涵出发，规划的两大核心任务是促进生产要素在城乡之间的自由流动和实现公共资源在城乡之间的均衡配置。由此确定，规划由两条线索展开：一条是促进科学发展的发展主线，遵循市场经济的基本规律，强调政府的有效调节，进而形成生产要素在城乡之间自由流动的格局。途径上，主要包括加快城乡经济发展、完善城乡经济结构、增强城乡经济联系三个方面。空间上，通过加大经济密度、缩短经济距离、减少经济分割三个方面的努力，形成城乡之间经济板块泾渭分明、分工有序、联系紧密的格局。另一条为实现和谐社会的公平主线，规划强调基于平等原则的更为主动地调节与引导，进而达到公共资源在城乡之间均衡配置的局面。途径上，主要包括加快城乡社会建设，促进城乡公平发展、合理分配城乡资源等方面。空间上，通过减少城乡之间的通勤时间，

---

① 杨保军、赵群毅：《城乡经济社会发展一体化规划的探索与思考——以海南实践为例》，《城市规划》2012年第3期。

满足不同层面居民多样化需求，强化不同主体之间空间联系等方式，达到城乡之间生活水平界限模糊的状态。

1. 城乡经济社会发展一体化的目标新格局

与传统的城乡一体化规划不同，新时期城乡一体化规划本质上是以构建和谐乡关系为重点的区域规划，既不能单纯地把它看成传统城市总体规划的空间扩大化，也不能认为是城镇体系规划的细化，甚至也不是传统的区域规划。从规划对象上看更复杂，既包括城乡关系，还包括经济与社会关系。规划的内容主题也更复杂，不但包括以空间资源高效利用为重点的传统空间规划的内容，还包括制度创新方面的要求。

构建和谐的城乡关系是城乡规划的永恒主题，这应该成为新时期城乡规划必须遵守的指导思想和基本目标。规划应该紧紧抓住"公共资源在城乡之间均衡配置、生产要素在城乡之间自由流动"这一内涵要求，结合各个地方城乡发展的独特性，有针对性地选择适合自己的发展模式。

2. 增加城乡关联的核心内容

从规划的内容体系来看，整体上包括城乡经济一体化、城乡社会一体化、城乡空间发展一体化、城乡一体化的体制创新与制度保障四大方面，涉及土地利用、城乡规划、产业发展、基础设施建设、公共服务、城乡劳动就业、城乡社会管理和生态环境保护等诸多方面。但在实际的规划中，每个地区都应该在系统判断城乡发展阶段和所面临的核心问题的基础上，有针对性地选择和取舍。当然，不管规划内容如何选择和取舍，"增强城乡关联"应该成为新时期城乡一体化规划必须关注的核心内容。传统的城市规划和新农村建设规划，实际上已经比较系统地解决了城市和乡村各自发展的问题，城乡一体化规划应该也必须将重点放在城乡联系上。具体而言，城乡经济联系可以从产业链内部、产业之间、城乡之间三个不同层次展开思考。城乡社会联系可以从城乡居民享受相同的发展机会和生活质量方面进行切入，空间上，应该由强调空间集聚转移到关注空间关联，由引导要素的单向流动转移到促进要素的双向自由流动。

3. 因地制宜、因时制宜的规划表达

因地制宜、因时制宜是一切规划的灵魂。识别不同地区城乡发展的独特性，明确不同时期城乡发展的阶段性，是城乡一体化规划的第一步，也是确定规划目标体系，选择发展战略的基础。由于城乡地域特征、发展动力、基础条件等的不同，城乡一体化的实现模式在不同地区存在差异，规划应该自始至终贯彻"分区分类"的思想。传统的城乡规划一直存在着"重经济、轻社会"的倾向，以"形成城乡经济社会发展一体化新格局"为目标的新时期城乡一体化规划，应该更加突出社会发展方面的内容，更加充分考虑经济发展与社会发展的协调。事实上，在日益强调规划具有公共政策属性的今天，社会发展的内容应该逐渐成为所有规划的重点。从国际经验看，在引导经济一段时期的快速发展之后，规划的基本导向转变为强调生产与生活的协调，经济与社会的统筹，空间组织的方式，甚至规划的表达都相应地发生了改变。

4. 政策与空间的有效结合的实施保障

政策与空间是经济与社会的"两条腿"，没有政策的保证和空间的安排，任何经济与社会发展的设想和规划，都是"空中楼阁"。从本质上看，城乡一体化的根本目的在于解决城乡二元，但是无论是经济二元，还是社会二元，都是最终表现的结果，其整体都在于制度上的二元。对于发展而言，促进城乡二元结构向城乡一体化演变的主线是制度创新，空间规划的意义在于，通过重点项目的安排和空间有效的引导组织，使制度创新落地。

（二）农村城镇化建设规划中容易忽视的问题

1. 忽视农业生产发展与资源利用粗放

我国传统村镇建设由于缺乏整体规划，土地浪费严重，农村居民点的数量多，自然村落布局分散，内部功能混乱，规划设计整体水平不高，缺乏文教娱乐等公共配套设施。空闲地多、空心村严重、土地资源浪费、土地利用率低。另外，法律规定空白，建设标准滞后，住宅功能失调，设施严重不足。而在农村社区的建设中，由于定位不明确，又造成了规划与发展的不协调。

发展农业生产和改善农民生活是农村社区建设中最重要的问题，生产发展是生活水平提高的基础。由于农村生产水平较为低下，农业生产和农村建设缺少资金和技术的有效支持，新农村规划——"发展农业生产，逐步提高农民生活水平"的核心思想难以起到立竿见影的成效。而短时期内最能体现新农村规划成果的恰恰是农民生活环境的改善和生活质量的提高。因此，当前新农村规划更多地偏重物质环境的改善和居住空间的梳理，这就造成了新农村规划是优先发展生产还是优先改善生活环境的矛盾，规划主导思想在"发展生产"和"改善生活"看似矛盾的两难中徘徊。①

2. 城乡一体化基础设施建设缺乏科学规划做指导

首先，农村基础设施发展滞后。由于农村地区长期发展滞后，城乡基础设施发展和建设水平差距很大，广大村镇在饮用水、供热、燃气、交通系统、垃圾处理、污水处理等各个方面与城市存在显著差异，严重制约了城乡一体化发展进程。其次，城乡基础设施建设存在很大差距，存在标准不统一的现象。最后，目前规划的编制更重视对城市的指引，规划内容很少覆盖到农村地区。村镇基础设施建设缺乏依据，建设的随意性较大，导致基础设施布局、规模不合理等。

3. 布局分散与城乡资源的难以整合

一方面经济欠发达地区村镇布局分散，村镇间距离较远，基础设施共建存在成本高、服务人群有限的现实问题。另一方面村镇较为密集的地区，随着村镇规模不断扩大，村庄间距离不断缩小，许多地区村镇连成一体。但由于各村镇行政分割，基础设施的共建共享在行政上存在障碍，各地重复建设，导致投资浪费，也难以提高基础设施的服务和管理水平。

4. 农村基础设施建设投资与政府财政投入的压力

现阶段我国城市的基础设施建设除政府的投资方式以外，已经较为普遍地引入了市场化的投融资方式，而农村基础设施建设存在向村民摊派建设资金，国家只给予适当补助的现象，为本就不富裕的农民增加额外经济负担。同时，基础设施维护管理问题突出。农村基础设施存在重建设、轻管理的问题，许多地区在开展新农村建设时投入大量资金，但运营、维护资金不足，导致很多基础设施无法正常运行，甚至被闲置。②

（三）乡村城镇化与农村社区建设规划的基本遵循

1. 重视农村社区产业发展的基础

发展生产是新农村建设的关键，改善生活是新农村规划中农民最关注的焦点，两者在内涵上不是对立的，生产发展可以带动生活水平的提高，生活环境的改善可以促进生产的再发展。因此，发展生产与改善生活环境

---

① 叶斌、王耀南、郑晓华、陶德凯：《困惑与创新——新时期新农村规划工作的思考》，《城市规划》2010 年第 2 期。

② 刘明喆、司马文卉：《转型时期城乡一体化基础设施的构建》，《小城镇建设》2012 年第 6 期。

是新农村建设中相辅相成的工作，新农村规划建设不应教条地将两者割裂开来。

规划应明确新农村建设实施收益的主体是农民，始终以服务农民为主要导向。在建设社会主义新农村过程中，应充分尊重农民的意愿，以提高农民生活水平为目标导向，坚持发展现代农业，积极转变农村经济发展方式，调整农业产业结构，增加农民就业机会，提高农村综合生产能力，促进农村经济社会全面发展。通过现代农业的发展，提高农民收入，实现农民生活水平的稳定增长，从而达到发展生产与改善生活环境的有机结合。

2. 建立与资源禀赋功能相一致的差别化规划思路

对于幅员广阔的农村而言，由于区域位置和资源禀赋的差异，不同地区的农村经济社会发展水平相差较大，部分东部沿海地区的农民生活水平已达到小康，而西部地区部分村民基本生活都难以保障。因此，新农村建设应针对不同的地区，根据当地具体社会经济条件和环境特色以及区域发展的实际情况，赋予村庄不同的功能和特色，制定与村庄功能特色相一致的规划建设标准。

城市是人类社会发展到一定阶段的产物，是生产力水平高度化的集中体现。乡村则是城市的后花园，是社会经济发展的重要组成部分。城乡二元结构不是中国特有，新农村建设是要加大城乡统筹力度，缩小城乡差距，使城乡二元结构现象更趋合理化。这个合理化，就是农业与城市产业之间的差距将消除，留下来的是农村生活分散、城市生活集中的形式差别。简单地讲，就是城市更像城市，农村更像农村。所以，新农村建设不能过分追求"农村景观城市化"，而要将城市化的职能体现在农村生产生活中。从空间、政策上实现城市人才、技术、资金向农村的有效转移，发展现代农业生产，提高农民收入，促进农村社会的全面发展。同时，还要充分挖掘村庄的内涵与特色，保护乡村的风貌特色与环境资源。

3. 规划应充分体现城乡一体化的协调发展

在城乡一体化发展的新时期，应理顺城市和乡村之间的关系，城乡之间要实施"工业反哺农业，城市支持农村"的行动策略。城市拥有技术、人才、文化、资金等众多乡村无法比拟的优势，新农村的建设应抓住城市向乡村空间扩展的机会，充分利用城市的人才和技术资源，积极发展农业生产，调整农业产业结构，加快推进乡镇企业进入园区规模化生产的步伐，实现农业产业化和规模化。同时，积极引导农民居住模式和生活方式改变，实现农民住宅由分散向集中的有序过渡，提高农村土地的利用效率。在乡村内部，针对不同村庄的定位，采取差别化的发展思路，通过财政转移支付手段，来促进乡村社会的全面均衡发展。

农村的发展需要城市外力来拉动，但农村在利用城市技术和人才资源发展现代农业的同时，更要注重乡镇企业内涵的提升。现代农业的发展，释放了乡村大量的劳动力，乡镇企业的大力发展可以为这些富余劳动力提供客观的就业机会，在一定区域内，实现人口和空间的有效集聚。规模不断扩大的乡镇企业可以为现代农业发展提供资金和生产要素的补给，现代农业的发展又进一步解放农村劳动力，为乡镇企业的发展提供后续动力，从而在乡村社会内部实现发展的良性循环，为新农村规划建设实施创造一个良好的外部环境。[①]

二　乡村城镇化与农村社区建设规划的基本原则

（一）乡村城镇化规划的基本原则

城乡规划的制定必须遵循城乡建设和发展的客观规律，坚持科学发展观和可持续发展战略，立足国情，面对现实，面对未来，因地制宜，统筹兼顾，综合部署，科学确定城市和村镇的性质、发展方向、规模和布局，统筹安排各项基础设施建设。

1. 城乡统筹原则

在规划的制定过程中，要统筹考虑城市、镇、乡和村庄的发展，统筹规划城乡建设，增强城市辐射带动功能，提高对农村服务的水平，协调城乡基础设施、商品和要素市场、公共服务设施的建设，改善进城务工农民就业和创业环境，促进农村社会发展。统筹考虑城市与周边地区的经济社会联系，协调土地和资源利用、交通设施、重大项目建设、生态环境保护，推进区域范围内基础设施相互配套、协调衔接和共建共享。

2. 合理布局原则

合理布局是城乡规划制定后实施的重要内容。编制城乡规划，要从实现空间资源的优化配置，合理规划功能分区和用地布局，维护空间资源利用的公平性，促进能源资源的节约和利用，保障城市运行安全和效率。综

---

① 陈萍、徐秋实：《新型城镇化背景下乡镇特色产业园区建设实践探索》，《小城镇建设》2012 年第 5 期。

合研究城镇布局问题，促进大中小城市和小城镇的协调发展，促进城市、镇、乡和村庄的有序健康发展。

3. 节约集约发展的原则

节约集约利用土地，严格保护耕地是城乡规划制定与实施的重要目标，应当根据产业结构调整的目标要求，合理调整用地结构，提高土地利用效益，促进产业协调发展。编制城乡规划，必须充分认识我国长期面临的资源短缺和环境容量压力的基本国情，认真分析城镇发展的资源环境条件，推进城镇发展方式由粗放型向集约型转变，建设资源节约环境友好型城镇，增强可持续发展能力。

4. 产城融合原则

在村庄规划中，产业规划和人居环境建设是相互依存、相互制约的。产业规划决定村庄的未来发展方向，而建设规划决定了村庄的空间形态。所以，规划中应把产业发展和建设规划有机结合，在发展经济时着眼于打造有别于城市的生态景观。

5. 基础设施统筹规划原则

要统筹规划交通、能源、水利、通信、环保等市政公用设施；统筹规划城市地下空间资源开发利用；统筹规划城市防灾减灾和应急救援体系建设，建立健全突发公共事件应急处理机制。城乡空间的优化必然会带来城乡公共服务体系重构。城乡公共服务体系的建立应遵循基本公共服务均等化与公共服务分类产别化的原则。基本公共服务均等化是建立在保障公平的基础上，是乡村地区居民权益的保障；公共服务分类差别化体现了通过规划引导调控而非强迫命令。

（二）农村新型社区规划原则及技术难点

1. 农村新型社区规划的基本原则

（1）独立性。无论从技术上、社会上还是从环境上讲，农村住区居民的日常需要应尽可能在当地得到满足。例如，居民在住区里能够得到就业或得到基本的社会服务，减少出行，从而减少在交通上的能源消耗，减少对环境的影响，这与我国传统的自给自足的自然经济很相似。

（2）混合型。在设计上给农村住区里不同的社会基层、经济收入、年龄特征的人们以选择机会，包括出行方式、住宅、工作、服务和开放空间等，尽量采取居住混合、功能混合、适宜步行等基本设计手法。

（3）地方性。农村住区规划与设计应顺其自然，如地理环境、自然景观、水系、生态系统、小气候的条件，不仅增加了每个社区的个性，也保护了赖以生存的自然环境。

（4）综合性。充分考虑人们在地方住区内各种各样的空间联系，如公共场所功用的多样性、复合型，道路使用的多功能性。

（5）开放性。村镇规划与设计应尽可能对未来开放，如公共建筑用途的变更、住宅的扩大、基础设施的增容、多功能的开放空间。

（6）自我管理。村镇规划的决策应放到尽可能低的层次去做。农民是农村住区建设和使用的主体，加强自我建设和管理可以较少破坏、降低运营费用，这是一种可持续的管理模式。①

2. 农村新型社区规划的技术难点

（1）农村住区选址与环境综合评价体系——复杂与缺失性。我国村庄数量多，规模悬殊，生活水平、居住习惯差异大，缺少历史时期的数据积累，需通过实地调研、问卷调研、查阅资料等综合研究，评价现状住区的选址与分布，需建立综合环境评价体系。

（2）住区空间识别与布局集约配置技术——多样性与同一性。基于社区和谐的住区空间识别系统具有因素复杂的特点，而空间集约布局技术方面则存在地域性的巨大差异。要想发展具有可持续性，必然是顺其自然，而顺其自然就必然是多样化的。

（3）公共服务涉及指标与互适性技术——公平性与效益型。农村住区公共服务设施配置技术标准方面由于地域的不同，存在差异性，考虑设施的合理使用存在互适性，界定清楚农村住区公共设施在配置、管理和融资上的属性和功能，包括政府供给的公共设施、政府协助供给的公共设施、市场供给的公共设施、刚性配置的公共设施、弹性配置的公共设施等，即使这样，其公平与效益仍需权衡。

（4）基础设施支撑系统协同规划技术——集中性与分散性。新技术与使用方法在农村的适宜性需要充分研究，简单易用的农村住区基础设施管网系统复合模拟与预测技术、基础设施节能节地措施技术、交通功能与道路布局技术、生活功能配置标准与结构优化技术、水环境优化与综合利用技术及各基础设施系统的协同配置与规划整合技术等方面，因涉及经济支付能力、社会习惯、地域差异等，需建立多目标的决策系统——集中抑

---

① 邹艳丽：《浅议城乡统筹背景下乡村发展格局的调整》，《小城镇建设》2012 年第 5 期。

或分散，适合技术选择组合与应用。

（5）生态景观规划技术及评价标准——复杂与适宜性。我国不同地域生态景观特点多样，建立我国不同地域适合农村住区生态景观规划技术，尤其绿化系统中的植物配置的数据库对于农村生态住区的建设具有重要的意义。其评价标准需要考虑基址原有生境、建筑、气候及地域文脉等多种因素，体系层次多，因子筛选多。①

（三）城乡动态发展与村镇差异化布局

乡村建设规划不能就乡村论乡村，无视乡村发展的差异性，更不能为了经济发展或者短期目标而采取同质化的建设模式。应该根据经济发展的水平、城乡人口流动的预期以及区域资源禀赋与优势进行差异化的发展。

1. 基于人口流动的动态预测

城乡人口一直处于动态的变化过程中，其中城镇人口的主要来源是乡村人口，其增减与城乡关系、城镇化水平、乡村土地流转水平、劳动力的流动等密切相关。所以，乡村城镇化建设也必须充分考虑这些因素，采取"自上而下"与"自下而上"相结合的预测分析，对村镇规模与功能进行定位（见图7-3）。

2. 基于县域城乡体系的农村社区规划

在农村社区规划中，必须基于县域城乡体系，统筹考虑县域、城区、乡镇、乡村之间的关系，打破纯粹的等级规模结构，强调"城—镇—村"三者的作用关系。重点分析城镇吸引力、景区影响力、乡村自我发展动力的作用关系，形成以空间分区为单元的城乡体系结构，由传统的"城镇体系＋村庄体系"转向新型的"城—乡体系"。中心城区、城镇范围内和周边的村庄形成"城—村"片区、"镇—村"片区，风景名胜区范围内和周边村庄形成"景区—村"片区，强调乡村发展建设的地域差异性与多元化，形成"城镇型社区—新村社区（重点村）—混合型居民点—旅游型居民点（特色村）—生活型居民点（基层村）"的复合结构体系。

3. 乡村布局的本土化与个性化

乡村区域的规划建设必须强调其本土化与个性化差异，不能追求同质化的效果，规划时，要采用存量规划方法，打破"一刀切"的、以集聚为核心的中心村布局模式。基于区位条件、外部驱动力和自身资源禀赋差

① 邻艳丽：《浅议城乡统筹背景下乡村发展格局的调整》，《小城镇建设》2012年第5期。

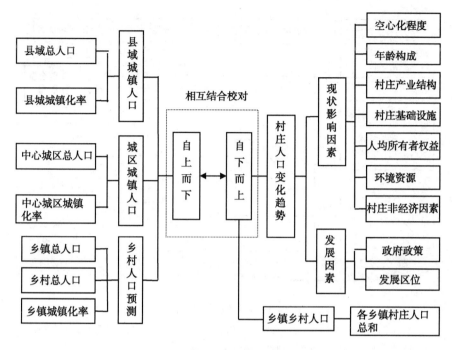

图 7 - 3　基于人口流动的动态规划

资料来源：陈安华、周林：《县域乡村建设规划影响下的乡村规划变革——以德清县县域乡村建设规划为例》，《小城镇建设》2016 年第 6 期。

异，进行"集聚因子—反集聚因子"分析，确定城镇带动、工业发展驱动、交通条件、地缘条件、重大项目带动等有利于乡村集聚建设的因素；分析地形地貌、历史价值、生态保护要求、农业发展、旅游发展、村民意愿、建筑质量（迁建成本）、村庄规模、空间形态肌理等不利的建设因素。在此基础上，以乡镇为单元进行综合评价分析，形成"建设""保留""迁并"相结合的、符合乡村发展建设实际的县域乡村布局模式。①

三　乡村城镇化与农村社区建设实施的思路与路径

（一）农村社区建设的基本思路

1. 统筹协调各类资源及各方利益

在未来相当长一段时间内，城乡一体化基础设施的建设需要充分发挥

---

① 陈安华、周林：《县域乡村建设规划影响下的乡村规划变革——以德清县县域乡村建设规划为例》，《小城镇建设》2016 年第 6 期。

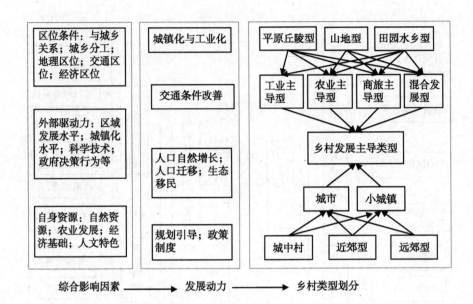

图7-4　乡村城镇化发展类型

资料来源：陈安华、周林：《县域乡村建设规划影响下的乡村规划变革——以德清县县域乡村建设规划为例》，《小城镇建设》2016年第6期。

政府在城乡发展过程中的主导作用，在建设资金的筹措、统筹区域的有限资源、协调利益相关方的利益和建立健全基础设施管理制度等方面，加强政府的主导地位，适时引导社会各方面的力量共同参与。[①]

（1）资金投入。加大国家财政投资的力度，加大银行业支农惠农的力度，积极引进社会资金，适当运用农村集体资金。

（2）统筹资源。城乡一体化基础设施的建设是一项系统工程，应该统筹城乡区域内共有的资源，根据各自的发展目标和社会职能，在城乡间和各乡镇之间两个层面实施资源共享与合理分配。在政府的主导下，对水资源利用、环境保护措施、防灾减灾建设、道路系统建设等方面进行统筹协调，避免各乡镇在规划基础设施建设时，着眼于自身，缺乏合作引发的重复建设、不能衔接等问题。根据各地差异化的发展定位，在区域内统筹安排各类经济项目的选址，避免盲目重复建设同类项目造成的投资浪费。

（3）协调利益。城乡一体化基础设施建设项目涉及十几个分类，相

关的政府部门和办事机构众多，政府应发挥主导作用。基础设施建设需加大投资，对城乡居民的受益程度也高，但在共享共建的区域中，投资和收益不可能做到完全平衡，可以建立利益分享和补偿机制，通过政府或相关组织来协调投资方、建设方与使用方的利益关系，实现各方利益的均衡。

（4）运行管理。对城乡基础设施来说，有效的管理和维护非常关键。政府应发挥其主导作用，建立健全基础设施的管理和维护的各项机制，确保设施建设后能够长期有效地发挥作用。

2. 因地、因时制宜地进行基础设施规划

作为城乡一体化发展规划的重要组成部分，城乡一体化基础设施规划将农村和城市作为一个有机的统一整体全面分析，在明确城乡区域功能定位、统一规划农田保护区、居民生活区、工业园区等城乡用地的基础上，根据不同地区的不同地形地貌特征，适当选择设施共建共享、分片建设或独立建设，针对不同经济发展水平的地区，合理选择不同等级的设施，因地制宜地选择适应当地农民需求、与城市相互协调的基础设施类型，这种强调村镇基础设施的绿色生态、区域统筹、协调可持续发展等属性，使城乡发展能够互相衔接、互相促进。

城乡一体化基础设施建设是与村镇居民生活及村镇面貌息息相关的。在基础设施规划编制过程中，要避免建设形象工程，在基础设施建设的过程中，鼓励居民自发地成立或加入相关组织，对建设情况进行有效的监督，真正维护自身的权益。[1]

村镇特色是地域内自然、产业、社会和文化等各个要素构成的综合体，显著区别于城市和其他地方，并有特定的价值。宏观上乡村特色不会随现代化和城市化而有所改变、消失，但在微观上乡村的特色受自然、经济、社会、时代与文化等因素的影响，并随之变化。所以，在规划上必须保护好农村景观资源，把自然性、生态性与功能性有机结合起来；把自然环境、产业发展与村落有机地融合起来，形成乡村特色的总基调。

（二）农村社区建设的基本路径

1. 现代农业导向型的村镇路径[2]

现代农业是我国村镇建设和发展的重要基础，农业产业化有利于推动

---

① 刘明喆、司马文卉：《转型时期城乡一体化基础设施的构建》，《小城镇建设》2012 年第 6 期。

② 孙振沛、李国新、郑岩、潘丽：《现代农业产业导向型村镇规划方法探索——以四川遂宁新农村及现代农业示范区规划为例》，《小城镇建设》2015 年第 5 期。

农村剩余劳动力转移，成为村镇经济新的增长点。以现代农业为导向的村镇规划，是基于对村镇资源禀赋的全面认知，从现代农业产业发展和村镇建设的角度，形成一个系统的规划体系，进而整合和衔接更多的资源。在规划中需要经历现状认知、农业产业规划、村镇体系规划三个阶段。

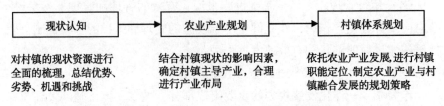

图7-5 现代农业导向型村镇的规划思路

资料来源：孙振沛、李国新、郑岩、潘丽：《现代农业产业导向型村镇规划方法探索——以四川遂宁新农村及现代农业示范区规划为例》，《小城镇建设》2015年第5期。

（1）现状认知。对村镇现状资源的全面梳理是做好村镇规划的基础，主要包括对村镇自身资源的梳理，对外界发展环境的梳理。村镇自身资源主要包括区位条件、自然资源、文化资源、经济和产业发展状况、村镇建设现状、基础设施条件等。外界经济环境包括政策与相关规划、农业产业发展趋势以及周边地区产业的竞争与合作关系等。

（2）农业产业规划。农业产业规划主要包括主导产业选择、产业规模、产业链发展思路、产业组织、保障措施、效益分析等内容，涉及种植业、养殖业、加工业、销售业、研发、物流及观光旅游等领域。在规划中，重点是抓好主导产业与产业空间布局。主导产业在产业结构中处于支配地位，主导产业的相关问题确定之后，其他产业才能随之确定。主导产业的选择要以市场为导向，效益为中心，充分利用特色资源和比较优势。产业布局要充分考虑农业生产、观光休闲的需要，坚持因地制宜的原则进行产业集群与园区建设。根据不同的发展优势，可将园区区划分为农业规模种植区、生产加工区、生产示范区、观光旅游区、休闲娱乐区、管理服务区六大类。

（3）村镇体系规划。村镇体系主要解决农村新社区的职能定位与产村融合问题。基于对村镇的现状认知和农业产业的相关规划，确定农业园区内各村产业发展的类型和重心，强化产业支撑，逐步构建比较完善的特色产业集群。村镇发展要将产业特色与村庄特色融为一体，即村镇职能定位要突出产业发展的方向和目标，产业要有效支撑体现村镇的职能定位。

产村融合最重要的是形成自身的产业特色，围绕主导产业进行产业链的延伸与完善，实现当地居民的安居与就业。

2. 乡村文化遗产保护的路径

历史文化村镇的人居环境的更新建设，既要考虑人与自然的关系，也要考虑人与历史的关系。这些村落的更新建设应该重在保护与传承。

目前，我国历史文化村镇的保护更新中，物质文化方面形成了较为系统的评价和保护体系，但是，在非物质文化与产业开发方面并未找到好的路径，表现出过度的形式化与商业化。主要表现在如下几个方面：（1）传统村镇建设"城市化"。传统的村镇建设与自然和谐融洽，天人合一。村镇与居民通过传统文化、自然环境、生活生产方式等各种因素，使其与山水环境相契合。然而，在村庄更新开发中，一些村镇为追求城市道路的建设标准，不惜破坏原有村镇的空间秩序，不仅与周边环境和空间格局相冲突，也破坏了村镇的原始肌理和空间格局。（2）传统景观环境"人工化"。历史文化村镇景观环境的形成多与居住群体的生产、生活及民俗有关。但在对其更新开发过程中，过于追求城市化的人工景观打造，忽视或者放弃农业景观。（3）传统设施的"现代化"。历史文化村镇中保留的传统基础设施是文化的传承与标识，有些设施即使在科技发达的今天，仍然可以发挥巨大的作用。但是，在对其基础设施进行改造时，很大一部分已被建设活动所破坏，代之以现代化的基础设施。（4）传统风貌的"形式化"。所谓的形式化，一种情况是在村镇建设中，忽视传统文化，大拆大建，照搬城市的建设形式；另一种情况是只注重传统建筑的外表和形式，忽略其内涵与精华。[①]

历史文化村镇是乡村城镇化更新中的重要内容，其产业基础在于文化产业，而文化产业的开发与建设重在保持其活态遗产。所以，以活态遗产为基础的文化产业支撑成为其乡村城镇化的主要路径。

遗产的活态性是国际遗产界在遗产认知与保护领域新提出的概念，与"静态"的保护观念相对应。[②]

活态遗产可从三个方面加以理解：（1）活态整体认识。对于历史文

①　单彦名、赵亮：《基于"文化提升"的历史文化村镇人居环境改善探索》，《小城镇建设》2015 年第 1 期。

②　张琪：《历史文化村镇的活态遗产与保护利用——以合江尧坝古镇为例》，《小城镇建设》2015 年第 4 期。

化村镇遗产的理解应当建立在对"文化遗产的性质、文化语境、时间演进"的考察之上，将物质文化遗产与非物质文化遗产相结合，并将它们纳入结构性的宏观框架之下。（2）活态演变认识。历史文化村镇是随时间发展逐步演化积淀而来，具有形态、意义、功能随时间沿革变化和积累的特征，不是简单的断面和个体，也不是能够通过复制建筑、空间或人工元素在短时间内人为创造的。（3）活态发展认识。重视历史文化村镇在当代的发展。

活态遗产的内容体现在整体性和关联性上，包括形式与内容、材料与物质、用途与功能、传统与技术、地点与背景、精神与情感，以及其他内在与外在的因素。其构成可从两个方面理解：（1）物质文化遗产。包括宏观层面（乡域或镇域）的自然环境因素，独特地质地貌、生态多样性与山水格局，以及重大的人工建设等；中观层面（古镇或村落）的聚落环境因素，如村镇格局、历史街巷、公共空间等；微观层面（古迹遗址）的建筑物及历史环境要素等。（2）非物质文化遗产。包括知识型，即有关自然和宇宙的知识和实践；艺能型，如各种表演艺术、传统的手工艺技能；生活型，如社会风俗、民俗、礼仪、节庆以及传统生活在当下的延续等。

第四节　本章小结

（1）乡村城镇化是粮食主产区城乡一体化背景下就地城镇化的基本路径。建设的基本内容包括农业产业化、公共产品的提供、土地资源的资产化及其运作。建设的主要目标是：现代农业产业的服务园区，农村居民公共产品和服务的提供地，农民工的生活园区和农村劳动力流动的起点。需要说明的是，公共产品是乡村城镇化的主要标志，应从乡村发展的实用性、规模门槛、公共产品的有效运营、城乡统筹等方面着重对公共产品的供给。

（2）粮食主产区的乡村城镇化具有不同的建设形态。例如，河南省的"新型农村社区"，四川省的"农村综合体"，江苏省的"城镇化的农村"，以及湖北省的"都市圈小城镇"，等等。不同的建设形态反映出不同区域经济发展水平、区域特征与发展任务，以及在此基础上地方政府对乡村城镇化的战略意图与主导。从实际建设情况来看，有些做法比较契合实际，有些做法与现实相去甚远；有些区域比较客观和现实，而有些区域则存在着盲目和冒进现象。

（3）乡村城镇化建设中，从城乡一体化的角度进行规划与布局是一个基础和关键性的环节。乡村城镇化建设必须从城乡一体化的格局出发，加强城乡关联，注重产业基础，实施集约节约的原则。在社区建设中，要注重乡村自身的地域优势和文化特色，重视现代农业的产业支撑，从生产、生活和生态方面提升农村居民的福利水平。

第八章

土地资产化、劳动力迁移与乡村建设

粮食主产区农村新型社区建设，不可避免地会涉及土地资产和劳动力迁移问题。例如，空置宅基地的整治、土地流转与规模经营、农村劳动力的流动与资产置换等，都需要对土地资产进行合理的财产评估与分割。可以说，这些问题的解决是农村新型社区建设的前提基础。党的十八届三中全会《决定》强调指出，"城乡二元结构是制约城乡发展一体化的主要障碍""必须推进城乡要素平等交换和公共资源均衡配置""加快构建新型农业经营体系""赋予农民更多财产权利""建立城乡统一的建设用地市场""保障农民公平分享土地增值收益""推进农业转移人口市民化"等内容和政策。这些改革措施为城乡一体化的发展提供了更为明确和丰富的政策资源。本章结合这些新的发展政策，从理论上进一步探讨乡村建设中的土地资产化与劳动力流动问题。

第一节　土地资产成为城乡一体化的焦点

一　土地资产化成为乡村区域发展的重要环节

城乡二元结构在当下的中国直接反映为"三农"问题，农民问题主要为收入问题，农业问题主要为产业问题，农村问题主要表现为区域经济问题。增加农民收入，增加农业产业优势，活跃农村经济活力，必须从根本上促进经济增长和社会发展。城乡一体化就是城市和乡村生产和生活方式逐渐趋于一致的过程，其本质是用发展的方式来解决城乡二元问题，所以，城乡一体化解决"三农"问题，最后必然要落脚到农业现代化、新型城镇化、劳动力转移及乡村整治等具体发展载体和内容上。而这些发展问题的推进最终又离不开土地资产化，或者说，土地问题成为乡村建设的聚焦（见图8－1）。

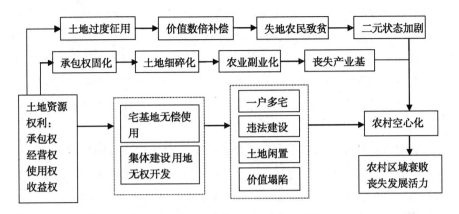

图8－1　农村土地财产权利缺失及其发展后果

长期以来，由于农村集体土地资产权益缺失，再加上就业、户籍、社会保障等各种制度因素的障碍，使集体建设用地无法直接进入市场，不能分享经济发展带来的收益；农民工不可能从根本上完全脱离对土地的依赖，不能真正做到迁移的市民化。其结果是农民不能从根本上脱离土地，一方面造成了农村建设用地蔓延和空心村，另一方面则使土地承包经营权流转不能形成规范的、稳定的长效机制，无法形成起支配作用的家庭农场和粮食生产大户，也不可能形成真正的职业农民群体。我们认为，从农村土地资产这一最核心的制度"内核"切入，能够打开这一系列问题的"死结"：（1）土地资产化后，农民可以通过资产置换，将其房屋财产转移到城镇，减少其安置成本；（2）农民市民化后就会完全脱离土地，可以长久地流转土地经营权并获取资产化收入；（3）土地流转适度规模经营之后，可以提高劳动产出水平，形成稳定的职业农民；（4）规模生产之后会扩大现代农业的社会化服务，从而延长产业链条，增加就业岗位，形成良性循环。

二　土地资产化的运作

土地资产化包括两大类：农业用地流转和建设用地的转让与开发。农业用地流转主要是解决农村集体土地承包经营权流转问题，经过改革开放30多年的发展，我国的"贫困"和温饱问题已经解决，随着农民非农收入在农民家庭纯收入比重的日益增加，农业兼业化和副业化现象越来越严重，必须通过土地流转实现农业的规模化生产，保障和巩固农业的基础地位。农村建设用地也包括两个方面：一是如何使农村建设用地直接入市，使农村区域和居民真正分享土地增值收益，并为农村区域发展提供资金来源；二是农村宅基地资产的置换，怎样使农村宅基地资产资本化，在市场价值评估的基础上使农村宅基地价值能够显现并置换，从而使部分城市化移民的劳动力能够将农村土地资产置换到城市中，同时，通过农村区域的宅基地置换和交易，减少农村空心化现象，为乡村的综合整治提供资产运作平台。

农地承包经营权流转的目的，是在稳定家庭承包经营的基础上，通过大力发展家庭农场和粮食生产大户，推进农业的适度规模经营，提高土地和劳动的产出效率，从而从根本上克服由于"收入问题"对农业产生的副业化影响。集体经营性建设用地直接入市的目的，就是打破以往的"土地征用—土地供给—土地开发"的利用模式，形成"集体建设用地—城镇建设用地市场交易—土地开发"的市场化模式，从而将土地的开发增值收入完全由政府获得转为利益相关者的共同分割。农村集体经济从建设用地交易中获得土地开发收入，为农村区域发展获得资金积累。农村宅基地的流转与置换，能够从根本上废除宅基地的无偿使用，从而有效地遏制空心村的蔓延，并能够有效地促进农村劳动力的城市化转移。乡村整治就是在土地资产运作的基础上，通过住宅置换、废弃地复耕、农村基础设施的统一规划等方式，来消除农村空心化及衰败的生态环境，重构产业、环境、居住的乡村风貌。

三　土地资产化运作与乡村建设的一个综合方案

1. 农村经营性建设用地直接入市与农村居民土地财产收益的分享

城镇化进程中，农村集体建设用地被排除在土地市场之外，不能分享经济发展的成果。党的十八届三中全会提出了农村建设用地直接入市的政策性建议，从而可以使农村集体通过土地开发来获取土地增值收入，并为农村区域发展积累资金。然而，这里面的主要问题是，并不是所有的农村集体建设用地都可以直接入市。所以，农村集体建设用地直接入市必须有严格的约束条件，这就是城乡统一规划。规范地说，农村集体建设用地直接入市，是在统一的城乡规划框架下的土地直接入市。这就需要对集体建设用地入市的条件、市场交易的规则、开发的限制因素、开发收益的分割等加以制度化的规定。

2. 劳动力分层转移、宅基地退出与土地资产置换

改革开放以来，特别是近 20 年的市场化改革以来，中国农地非农化的一大特征是，城市蔓延，农村也蔓延。农村蔓延主要表现为农村的空心化问题。农村空心化与劳动力无法彻底转移、宅基地资产沉淀有直接的关系。要解决这一问题，必须通过劳动力的城市化移民、宅基地资产的置换以及土地整治来解决。这就需要土地的资产化运作，首先，要对农村宅基地进行确权和有偿使用，从物权的角度遏制对建设用地的无止境扩张；其次，建立宅基地的退出通道，使那些能够在城镇安家落户的移民将资产转移到城镇，从而减少其安置成本；最后，对退出的宅基地实施统一规划下的土地整治，包括社区集中建设、废弃宅基地的复耕、建设用地的直接入市。

3. 土地流转、新型农业经营体系构建与现代农业发展

土地承包经营权流转虽然已多年，并出台了一系列相关政策，但从实际效果上看还没有达到适度规模经营的目的，其中一个主要原因是没有形成稳定的新型职业农民经营体系。土地流转必须与资产化相结合，与劳动力的转移相结合，使那些完全转移到城市的移民能够彻底"退出"土地；同时，还要将转移劳动力的土地经营权进行资产收入证券化，实行长时期甚至永久转移，这样才能逐步培育出稳定的家庭经营农场和新型职业农民。另外，土地流转还必须与农业产业化结合起来，通过产业的扩张来增加农业的竞争力，增加就业岗位促进农民就地转移，形成"劳动力转移与土地流转"的良性循环。再者，土地流转还必须与社会化服务相结合，这就需要大力发展政府的公益性服务和农民专业合作组织。

4. 乡村建设综合更新与城乡发展一体化

集体经营性建设用地直接入市、宅基地资产化及其流转、土地承包经营权资产收入证券化、现代农业发展，其根本目的就是通过这些土地资产化的运作，对农村区域进行综合整治，以便从发展的角度和内生的机制上遏制并消除农村的空心化和乡村区域的衰败。建设用地直接入市可以为乡村整治提供发展资金，或者为乡村新型社区统一规划进行土地置换；宅基地退出机制的建立便于部分劳动力"市民化"并完全"退出"土地，从而为乡村整治提供可能性；现代农业发展为农村区域发展提供了产业支撑，注入并维持了乡村区域发展的活力。通过以土地资产为中心环节的一

系列发展制度和措施的实施，使城乡之间在空间规划、要素流动、产业布局、公共产品支撑等方面协调起来，从而达到城乡发展一体化的根本目标（见图 8 – 2）。

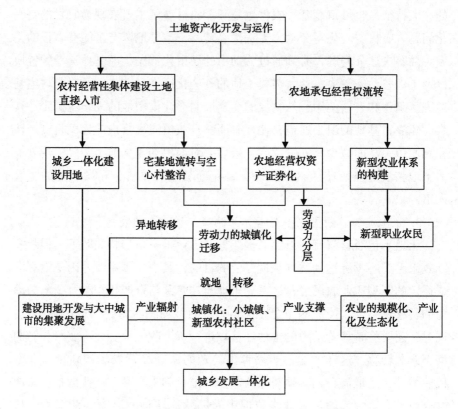

图 8 – 2　土地资产化与乡村建设的综合方案

第二节　土地资产化及其运作：一个理论分析

一　农村土地资产的产权化改革

（一）产权、产权分割及其经济意义

产权是财产权或财产权利的简称。从经济学的意义上来看，产权是指由物的存在及关于它们的使用所引起的人们之间相互认可的行为关系，产权不仅是人们对财产使用时拥有的权利束，而且确定了人们的行为规范，

是一系列的制度安排。①

　　产权更为复杂的理解和运用是产权权利束的分解和衍生，这也是产权作为一种工具在经济发展中的意义所在。根据财产关系，产权是一组权利束，每一种权利还可以进行更细致的分解和交易，产权分解的过程也就是权利界定的过程，产权的分解产生了多个权利主体。产权只有在多个权利主体之间进行权利界定时才有意义，权利界定给哪一方，则该方相对于其他方来说就拥有产权；反之，其他方就不拥有产权。离开了其他方权利主体，面对一个单独存在的权利主体，就无从谈及产权的归属问题，这就是产权的相对意义。②

　　产权的可分割性增进了专业化和知识搜寻的创益，这就是说，可以把权利的集合依财产的特定要素加以分割，从而使财产在不同的环境下更有效率地用于各种规范的目的。不仅如此，所有者权利束的分割是随着人们的需求和创造性不断增进而细化的，即"财产包含着一个无限期的权利束"（an open‑ended bundle of rights）。产权往往只有在被分割的情况下，才能有效地利用大规模集中的财产。产权分解的必要性，取决于经济社会发展及其矛盾冲突。产权由合一到分解是社会分工的发展在产权权能形式方面的具体表现。从动态和发展的角度看，产权并不是把产权视为使用权、收益权和处置权的简单相加，而是可转让条件下产权的全部权利在空间和时间上的分布形态，以及产权内部各种权力之间的边界和相互制约的关系（见图8‑3）。

完全私有	中间状态	完全公有
具有极端排他性，但如果不进行产权的分离与交易，不会产生财产的增值	产权的分离、界定与交易使产权处于"残缺"状态，恰恰是产权的分离使资源配置更加有效	产权不具有排他性，对产权的利用与收益无法界定，导致资源的过度使用

图8‑3　产权的状态依赖及其资源配置效率

　　例如，美国农场主的农地私有权完全归所有者使用、收益和处置，但是这些权利的行使却是有条件的，或者说是被限制的。在美国，联邦和州

① ［美］科斯·阿尔钦·诺斯等：《财产权利与制度变迁——产权学派与新制度学派译文集》，上海三联书店、上海人民出版社1994年版，第204页。

② 卢现祥、朱巧玲主编：《新制度经济学》，北京大学出版社2007年版，第91页。

政府对土地保有三项权力：一是土地征用权，只要政府是用于公共目的征地，并且用适合的市场价格给予原土地所有者补偿，征用土地就是不可抗拒的；二是土地管理的规划权，就是说所有者或者开发商对土地和开发的利用必须符合政府的土地使用规划，使土地资源的利用为公共利益提供更好的效果；三是政府必须征收足额的土地税，尤其是开发方面，严格控制"暴利""暴损"的现象。如果土地不涉及被征用，也不用于开发，那么，政府对其征收和规划权力的行使就不会发生。

（二）中国农村土地产权改革重在财产权的诉求

在中国，农村土地对农民而言既是一种生存权利，又是一种发展权利。但目前，由于土地财权产权主体不清，产权界定滞后，产权交易制度空缺，特别是城乡二元土地制度，导致中国农村产权关系的简单化和静态化，无法适应快速发展的城乡经济，必须对中国农村土地制度进行改革。所谓产权主体不清，是指在财产的运作过程中，产权的权利束主体不清，产权收益的排他性不清，产权的"公共领域"和非排他性内容过多，例如，关于土地财产的开发权，政府、集体和农民都有索取权利，权力的大小是模糊的。①

集体所有和土地利用管理制度，是中国农村土地制度的基本原则，中国农村土地制度改革必须沿着明晰产权、放活市场、管好用途的主线展开。改革的基点是在坚持集体所有的制度基础上，推进农村土地制度沿着产权分割、产权明晰、产权流动的路径进行，改革的目标是充分保障农民的土地权利，有序促进农民向市民转化，最终通过构建更有效率的农村土地制度，从根本上支撑城乡经济社会一体化的实现。

目前，农村土地已经形成了三种权利束：集体土地所有权、农民土地承包权和土地经营权。农户的土地使用权虽然相对充分，但财产权严重不足，必须赋予农村土地发展权（开发权）。实现城乡土地产权对等，使农村集体土地使用权与国有土地使用权拥有同等的、完整的用益物权属性，包括农业用地、宅基地、农村集体建设用地。城乡土地产权的对等可以使土地使用权在城乡之间依照市场机制自由流动，从而保障在土地要素的市场化配置中农民的土地权益得到体现。为此要进行如下改革（见图

---

① 杨继瑞：《科学发展观的经济学解析——基于社会主义基本经济规律的视角》，《马克思主义与现实》2012 年第 3 期。

8－4）：

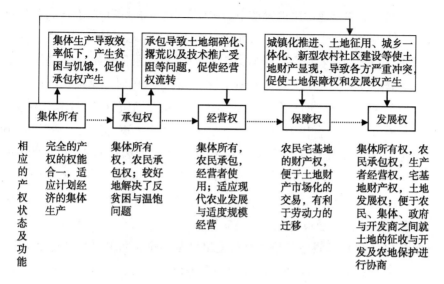

图8－4　中国农村土地产权制度的演变及经济发展

（1）使土地承包权永久化和物权化，农民的土地承包经营权本质上是一种物权，而不是债权，从而使其具有排他性，能够对自己的土地财产加以保护。

（2）使农户宅基地及其房产财产化，明确农户拥有其宅基地上的住房与城市居民私宅同样的财产权利，核发权证，允许异地交易、置换和银行抵押，改变"一户一宅"无偿使用、无限期分配宅基地的制度。

（3）将集体建设用地股权化，允许农民集体经济组织在一定范围内市场化开发利用非农建设用地，发展农村第二、第三产业和集体经济。

二　农村土地资产化及其收益

资本与资产的最大区别在于它具有增值功能或收益性。在中国，农村集体土地长期以来产权实现形式凝固单一，其流动性和收益性较低，农民只有有限的土地发展权。农村土地制度改革将土地使用权、收益权完全界定给农民，并且通过建立规范的产权交易平台支持农民根据自身需要流转土地使用权，这就使农村土地具备了实现资本化两个最为重要的基本条件，即流动性和增值功能。这种发展态势主要体现在两个方面：一是农村宅基地指标通过土地整理项目被置换到区位更好的区域用于非农开发；二是将承包地出租或者折价入股成立股份合作经济组织，农民获得土地租金或者成为股东获得分红。①

　　宅基地是农村建设用地置换中的主要部分，同时也是与农民利益和长远生计最为相关的土地财产，目前的宅基地没有体现出其经济价值。国土资源部《关于加强农村宅基地管理意见》等政策条例规定"宅基地属于农民集体所有，农民个人只拥有使用权"。剥夺农民对宅基地的自由交易权导致了对宅基地的低效利用及农村大量的"空心村"现象。例如，1990—2010 年农村居住人口由 7.92 亿人减少到 7.69 亿人，1990—2006 年居住人口由 7.84 亿人减少到 7.14 亿人，而人均居住面积却由 1990 年的 20.3 平方米增加到 2010 年的 31.6 平方米。② 说明农村的宅基地面积在快速地增加。为此，应该从以下四个方面创新农村宅基地制度：（1）加强宅基地立法体系建设，充分提高农民对宅基地的资产价值意识，明晰宅基地产权；（2）探索宅基地的有偿退出机制，建立完善规范的转让程序，对于自愿放弃宅基地的农民，应保障其利益不因放弃宅基地而受损；（3）建立农民节约利用宅基地的激励机制，使其能够参与整理节约出来的建设用地的利益分享；（4）完善"宅基地换房"等方面的置换制度，充分保障农民宅基地占有、使用和收益的权利，保障农民集体对宅基地的所有权。

　　合理的土地转让不仅能够促进土地生产率的提高，而且能够增加农民的财产性收入，降低城乡收入分配的不平等程度。因而，要赋予土地资源合法转让权，在明晰产权主体的基础上，充分发挥市场的作用。土地产权交易市场的存在能够让农民或其代理人成为交易的主体，有效地配置土地资源，实现多方共赢。培育土地产权交易市场是土地制度改革中非常关键的一环。

三　农村土地资产化的运作途径

　　农村土地财产增值可通过两种途径来实现：农村土地承包经营权流转、适度规模经营与现代农业发展；农村土地的开发、农村土地发展权交易和城乡建设用地增减挂钩。

---

　　① 杨继瑞：《科学发展观的经济学解析——基于社会主义基本经济规律的视角》，《马克思主义与现实》2012 年第 3 期。

　　② 国研网数据中心。

（一）土地整治、土地流转与现代农业

农村土地流转集中和适度规模经营已经成为农村发展的趋势和主流。一方面，快速城市化带动大量农村劳动力向城市流动，农村人口向城市集中带来了纯农户和兼业农户的数量不断减少，因劳动力外出务工而空置的承包地客观上要求向纯农户、公司等流转和集中。另一方面，家庭承包责任制以来日益分散和小规模经营的传统农业耕作方式，越来越表现出不利于农业技术的推广和应用，亟须适度规模化经营和转变耕作方式。由于农村土地的供求双方均具有流转土地的迫切愿望，农村土地流转呈现出集中和规模化的态势，或者采取土地租赁的方式，或者采取土地入股的方式，或者在集体组织内部流转集中，或者向公司等外部主体流转和集中。为此，需要地方政府出台相关政策加以引导和规范：鼓励土地向粮食生产大户、农业企业和农民合作组织流转；耕地必须严格用于粮食生产和农业生产；在土地流转的基础上着力培育新型农业主体，促进农业的产业化经营，并带动当地就业；粮食生产补贴和各种农业生产补贴用于新型农业主体。

"二战"后法国小农经济的改造可以为我国的土地流转与适度规模经营提供借鉴。[1]

"二战"后，法国开始了以土地集中为核心的对小农经济的大规模改造。

首先，推行调整农业结构的政策，该政策的目的是通过土地集中，扩大小农场规模，同时限制农场面积的无限扩大，建立最适合规模的农场——中型家庭农场。

（1）法国建立了土地整治和农村安置公司。这种公司是受国家控制的区域性非营利性机构，公司董事会由政府官员和农业行业的代表组成。其股东主要是各省的农业行业组织，资金来源于政府资助、地区农业信贷银行的低息贷款和购买土地的提成。土地整治和农村安置公司有收购土地和农场的优先权，分散的土地收买之后通过合并、整治、改良和规划，使土地达到"标准经营面积"再出售。整治后的土地按规定转卖给下列人员：具有资本意愿投资的人；具有较高农业技术和经营管理水平的人；对

---

[1]　杨澜、付少平、蒋舟文：《法国小农经济改造对中国的启示》，《世界农业》2008 年第10 期。

土地最需要的人；有经营能力的小农场和代表着农业未来的青年农民。

（2）设立调节农业结构的社会行动基金。基金的基本任务之一是发给自愿出让农场的退休农场主可观的退休金补贴，任务之二是设立了"非退休的补足金"，发给提前退休的男性农业经营者，直到他领取退休金为止。

（3）全国农场整治机构中心还为改换职业的农民提供培训的路费和生活费，使迁移者更容易进入和融入城市。

其次，鼓励农民建立互助合作组织。合作组织不改变土地所有制和农机具的所有权，但能使用更大面积的土地，在劳动、购买、使用机械上分工协作，共同抵御风险，并争取到国家对互助合作组织的各种优惠。

最后，法国政府为了避免土地过分集中，通过税收和价格限制经营规模过大的农场，保护中型农场。

我们是否可以建立像法国土地整治和农村安置公司那样的机构，大量优先购买离乡转业农民所放弃的土地，对他们在土地上的投入和劳动、对集体土地所有权进行补偿，然后通过整治、改良，化零为整，达到一定规模后出租给"纯农户"或"种粮大户"，建立适度规模的家庭农场。既能有效地防治农地非农化使用倾向的加剧，还能起到土地集中和安置就业的作用。但这一措施的实施需要有相应的制度保障，特别是户籍制度、就业制度和社会保障制度（我们在后面将要分析）。在法国，土地在农业中体现的是生产要素的生产功能，农民的社会保障功能由社会来承担。而对中国农民来说，土地的基本功能是生产资料和生活保障。在中国社会保障制度不健全的情况下，土地的承包责任制不仅没有弱化或剥离土地对农民的生活保障功能，反而使之得到强化，造成农民兼业行为的泛化。

需要注意的是，农村土地流转是农村土地流转地域的城市化、工业化与农业现代化进展到一定程度的经济现象，既要尊重社会经济发展规律，又要"四化"协调发展，在推进新型工业化、信息化、新型城镇化的过程中，同步推进新型农业现代化。①

农村土地流转的根本目的在于使农民和业主都能够得到更高的收益，这是农村土地流转的绩效所在。理论和实践都充分证明，农村土地流转的

---

① 杨继瑞：《正确处理农村土地流转中的十大关系》，《马克思主义研究》2010 年第 5 期。

价格定位，与农村土地流转地的城市化、工业化和农业现代化的进程息息相关。当农村土地流转地的城市化、工业化与农业现代化程度较高时，农村土地流转的频率高、其流转价格也高，从而农村土地流转的绩效高；反之，当农村土地流转地的城市化、工业化与农业现代化程度较低时，农村土地流转的频率低，其流转价格也低，从而农村土地流转的绩效低。在现代化程度较低时，农村土地流转不会应运而生，如果不适当地用外力来推进农村土地流转将是事倍功半，还会出现很多矛盾与问题。应该遵循社会经济发展规律审时度势、因地制宜、因势利导和循序渐进，不能强制推进、加快推进。

农村土地流转往往需要一定的规模与数量，而且还要方便产业化运作，因此，农地可以通过土地整理，把分散的农地连成片，以便于受让人接受。农地整理主要是通过对农地，包括对田、水、路、林、村综合整治，归并零散地块等措施，提高耕地质量和增加有效耕地面积。特别需要指出的是，农村建设用地的流转，关键在于通过农村土地整理使不同空间的、零碎的各类建设用地整理复耕为农业用地，再把这些建设用地指标进行置换。农地流转后也需要进行最佳的土地整理。通过整理农地的合理流转，以业主经营和集中承包等模式，可以在整理出来的土地上进行农业产业化经营，将一些民间投资与社会资本，甚至外资引入农业生产领域，推动农业规模化生产、集约化经营、企业化管理。

（二）农村建设用地的整治与置换

农村建设用地流转是农村集体建设用地存量在空间与时间上的重新组合。农村集体建设用地流转有利于土地资源的优化配置和国家对耕地的保护。由于农村居民居住分散、平均宅基地面积过大、空心村现象大量存在以及乡镇企业用地大量闲置等原因，农村集体建设土地的利用一直处于一种低效率的状态。农村集体建设用地使用权通过出租、抵押、拍卖、入股等方式流转，可以为乡镇企业和小城镇发展集聚资金，有利于土地资源的优化配置和国家对耕地的保护。由于农村集体建设用地使用权的流转实现了土地与资本的市场流动，从而能够使其产生最佳效益。

农村土地的开发、农村土地发展权交易和城乡建设用地指标"增减挂钩"是农村土地资产增值和资产运作的主要内容。农村土地开发主要适合紧邻中心城市的郊区农村，由于中心城市经济发展的带动和辐射，土地具有开发的潜在价值，能够通过土地开发获得增值收益，但土地开发必须符合经济发展的需要，符合地域和城市规划的要求。城乡建设用地指标"增减挂钩"适合距离较近的城乡、城镇、农村和中心社区之间的资产运作，其根本要求一定是通过置换使双方都能获得增值收益。土地发展权交易适合基本农田保护区，是通过国家发展战略规划对粮食主产区的农地保护，以及对经济发展成果的分享。在这一方面，一定要通过对国家区域发展政策的影响来获取土地应有的资产收益。

农村土地资产的运作必须处理好城乡土地建设挂钩问题，做好土地整治，充分提高土地效率。2005 年国土资源部《关于规范城镇建设用地增加与农村建设用地减少相挂钩试点工作的意见》中提出，"将若干拟复垦为耕地的农村建设用地地块（即拆旧地块）和拟用于城镇建设的地块（即新建地块）共同组成建新拆旧项目区，通过建新拆旧和土地复垦，最终实现项目区内建设用地总量不增加、耕地面积不减少、质量不降低、用地布局更合理的土地整理工作"。在 2008 年《城乡建设用地增减挂钩试点管理办法》中进一步明确了增减挂钩政策非常重要的原则：增减挂钩项目区由建新地块和拆旧地块组城，拆旧地块和建新地块要一一对应；项目区设置要合理科学，拆旧地块和建新地块尽可能接近；项目区在试点市、县辖区内设置，原则上控制在县级行政单元内；项目区选址优先考虑城乡接合部地区，参与整理的行政村尽量集中成片；项目区拆旧整理复垦耕地面积大于建新占用耕地面积的，剩余部分不得作为建设占用耕地指标在项目区外使用；周转指标由项目区内拆旧建设用地整理复垦耕地归还，其他地类整理复垦的耕地不能用于核定归还指标。

（三）土地资产化运作与劳动力的非农化

农村土地资产的运作必须与农村劳动力的迁移，或者与农民的非农化就业相联系。在现有的户籍制度下，由于户口与住房、消费、教育、医疗、养老和其他社会保障等利益直接挂钩，因而造成城乡割裂，加剧了社会分化。所以，这里关键的问题是如何为进城农民工落实社会福利的资金来源，尤其是在目前地方政府财政相对吃紧的情况下。

现代农业的发展必须适度规模经营，规模经营的前提是土地经营权流转，土地流转的要求是非农就业岗位的提供和劳动力的转移，农村新型社区成为就地城镇化的模式。在这个过程中三者相互影响，例如，如果新型农村社区建设得好，农民十分满意，那么，土地流转就比较顺畅，土地流转顺畅农业产业化发展就会较好，非农劳动力就业机会就会增加，从而形成良性循环。所以，在农村新型社区建设中，必须做好农地流转和劳动力转移工作。

中国的农民大致分为两类：一类是一般农业型农村地区的农民，另一类是大中城市郊区的失地农民和沿海发达地区的农民。一般农业型地区农民，受区位条件限制，农民一般不能从土地上分享土地非农化所产生的级差收益。他们的收入来源有两个方面：一是土地上的农业收入；二是外出务工收入。务农的收入可以保证家里温饱，务工的收入可以改善经济条件。他们在外出打工时仍然要保留耕地和宅基地。不能完全脱离土地。城郊地区和沿海发达地区农民，有第二、第三产业的快速发展及因此带来的各种机会，特别是土地升值，可以使他们从中分享发展的成果。他们可以在当地较为方便地获得第二、第三产业的就业机会。他们利用土地升值的机会，可以通过房产和其他集体经济获得收益，其收入水平不仅远远高于一般农村居民，甚至可能高于当地市民的平均收入水平。

与此相应，农民向市民转化的途径也主要有两条：一是进入城市务工的农民以产业工人的身份在城市安家落户；二是在自然村落户逐步向城市聚合或演变的过程中，以各类非农就业的身份在家乡过上城市生活。这两条路径分别可以对应上述两种农民的类型：一般农业型地区农民主要通过第一条途径实现城市化，成功的概率较低，有大量农民进城失败后返乡，称之为个体可逆转的城市化途径。城郊型农民大多通过第二条途径实现城市化，确切地讲是"被城市化"，称为个体不可逆转的城市化。

个体不可逆转的城市化道路是中国城镇化道路的一种现实情况，如果能够利用好，则便于农村的发展和农民身份的转换，可以做到城乡一体化。这种方式也可称为政府主导的城市化道路。在当前的中国，这种方式是城市化的主导途径。在这种方式下，由于农民失去了土地等农业生产必需的生产资料，所以从个体来说是不可逆转的。但是由于城郊型农民自身的经济基础较好，又具备较好的就业机会和专业技能，这种城市化方式的概率比较高，不会产生大面积的贫民窟，引发大面积社会问题的概率也比较低。从这一视角看，农村新型社区作为政府主导的城镇化和城乡一体化具有可行性。

第三节　土地资产置换与农村劳动力城市化迁移①

一　是户籍还是资产阻隔了劳动力的迁移？

（一）　土地资产化与劳动力流动的相互促进

土地资产化与劳动力流动是一种互为促动的关系：一方面，农村土地资产化后便于流动人口在乡城之间进行置换，从而能够减少劳动力迁移的安置成本和退出成本；另一方面，劳动力的正常流动使部分农村居民能够退出对土地的高度依赖，因而又会促动土地资产的交易，从而促进土地承包经营权的流转和农村宅基地的整合。因此，土地资产化更深层次的作用在于促进农村社会经济结构的变动，促进人口流动，并在农业产业化的基础上进行城镇化的乡村建设。

党的十八大报告在城镇化发展中提出了"加快户籍制度改革，有序推进农业转移人口市民化，努力实现城镇基本公共服务常住人口全覆盖"的发展目标，对于中国城镇化的健康发展是一个很好的指导。然而，在农民工市民化问题上，不少学者都将研究视角定位在城市户籍制度的简单废弃上，而没有进一步思考为什么现行制度下城市户籍的福利制度不仅没有废止，反而在日益凸显，比如，低收入阶层住房问题仍然局限于城市户籍。也有不少学者认为，将农民的土地私有化后即可解决。其实，农民工迁移和户籍制度改革必须思考这样两个问题：第一，城市经济的运行离不开对公共产品的供给，包括城市基础设施、社会保障、人力资本的提高等方面。在我国目前经济的转轨过程中，公共产品提供的缺口巨大，但地方政府财力有限，怎么解决？第二，在一个土地资源十分稀缺的国家，如果仅强调对土地财产的占有权，而不强调土地的利用效率、社会外部效应以及社会公平等问题，是否更加有利于中国经济的发展？我们认为，这两个问题的解决必然涉及土地资产的处置问题，即房地产税和土地资产置换。房地产税收可以为城市政府解决公共产品供给的资金来源，土地资产的置

---

① 这一部分内容主要来自作者已发表的论文，程传兴、张良悦、赵翠萍：《土地资产置换与农村劳动力城市化迁移》，《中州学刊》2013 年第 9 期。

换能够解决农村劳动力城市化的安置成本，降低城市化移民的门槛。同时，城乡土地财产税的设置还能迫使人们提高对土地的利用效率，将沉淀的土地财富转化为运行的社会资本。所以，必须换一个角度来审视农村劳动力的城市化迁移问题。

（二）土地资产置换的不可能是劳动力流动不畅的根本原因

从社会经济发展的过程来看，城市化与人口的迁移相联系，城市空间扩张、人口积聚与城市经济发展是一个同步过程，而且，三者之间共同决定了城市的边界和规模效应。[1] 但目前中国的城镇化是一种不协调的城镇化：一是城市建设用地过度扩张，人口集聚相对不足，土地城镇化快于人口城镇化;[2] 二是人口与产业集聚不协调，产业城镇化快于人口城镇化；三是城乡发展不协调，城乡居民收入差距呈扩大趋势。[3] 同时，中国的城镇化又是一种典型的不完全城镇化：一方面农民工"被城市化""迁而不转"；另一方面则是"转而不迁"，大量农民工虽然到城市就业，但其身份、社保、住房等生活方式没有发生根本性变化，[4] 不能享受城市提供的基本公共产品。从本质上说，房产是一个社会公民财产的基础，住房的空缺必然限制人们的消费和相关投资，进而严重阻碍城市化的进程以及城市劳动力的供给。[5] 所以，农民工不能享受城市经济适用房和廉租房待遇，无异于将农民工的生活排斥在城市经济社会之外，形不成城市化的内需。这些情况表明，中国的城镇化在空间区域上没有边界约束，而在城市化的内容上（人口的城市化）却有严重的隐性制约，农村劳动力的城市化移民已成为中国城市化健康发展的一个"瓶颈"。

---

[1]　Black Duncan and Henderson Vernon, A Theory of Urban Growth, *The Journal of Political Economy*, Vol. 107, No. 2, 1999, pp. 252 – 284; Ding Chengri, Knaap Gerrit and Hopkins Lewis, Managing Urban Growth with Urban Growth Boundaries: A Theoretical Analysis, *Journal of Urban Economics*, 1999, Vol. 46, pp. 53 – 68.

[2]　陶然、曹广忠：《"空间城镇化"、"人口城镇化"的不匹配与政策组合对应》，《改革》2008 年第 10 期；张良悦、刘东：《城市化进程中的若干节点及制度解构》，《改革》2010 年第 1 期。

[3]　熊小林：《统筹城乡发展：调整城乡利益格局的交点、难点及城镇化路径——"中国城乡统筹发展：现状与展望研讨会暨第五届中国经济论坛"综述》，《中国农村经济》2010 年第 11 期。

[4]　倪鹏飞：《中国城市化的挑战与提升》，《中国土地》2010 年第 6 期。

[5]　许成刚：《国家垄断土地所有权带来的基本社会问题》，《中国改革》2011 年第 4 期。

　　空间上的无边界约束是政府主导城市化的结果。土地是城市化的发动机，是解决地方财政困惑的基本手段，城市化变成了城市建设的发展与空间扩张。① 人口城市化的隐性约束与户籍制度有着重要的联系。现行的二元户籍制度将居民的迁徙自由、接受教育和享受社会福利等方面的基本权利限定在户籍所在地的区域内，将大量有落户要求的外来人口阻隔在城市之外。② 在这种情况下，如果外来人员迁入城市，则增加了其安置成本，包括私人消费成本、住房成本和享受公共产品如教育等方面的成本。③ 为此，不少学者认为，户籍制度改革的取向应该是取消它与社会公共产品之间的联系，④ 赋予城乡居民同等的福利待遇。然而，在实际中我们却看到，城乡户籍制度与社会公共产品分享数量和质量上的差别，某种程度上是政府在供给不足条件下的无奈选择。⑤ 所以，尽管大家都认识到户籍制度的"阻隔"，但到目前阶段，户籍制度改革基本没有改变其"高门槛、高待遇"特征，尤其是教育资源和住房保障成为城市化移民的最大"瓶颈"。⑥ 吴开亚等的实证研究表明，户籍制度涉及宏观经济调控和现代社会管理，既是地方政府进行公共资源分配的工具，也是地方政府竞争发展资源供给的手段。推进移民准入条件的理由不仅仅来自公共资源配置的压力，也来自追逐财富的动力。⑦

　　上述分析表明，表面上户籍制度阻碍了人口的自由迁移，但要从根本

---

　　① 蒋省三、刘守英、李青：《土地制度改革与国民经济成长》，《管理世界》2007 年第 9 期；张良悦、刘东：《城市化进程中的若干节点及制度解构》，《改革》2010 年第 1 期；卢洪友等：《土地财政根源：竞争冲动还是无奈之举——来自中国地市的经验证据》，《经济社会体制比较》2011 年第 1 期。

　　② 熊小林：《统筹城乡发展：调整城乡利益格局的交点、难点及城镇化路径——"中国城乡统筹发展：现状与展望研讨会暨第五届中国经济论坛"综述》，《中国农村经济》2010 年第 11 期。

　　③ 纪月清、刘迎霞、钟甫宁：《中国农村劳动力迁移：一个分析框架——从迁移成本角度解释 2003—2007 年农民工市场的变化》，《农业技术经济》2009 年第 5 期。

　　④ 王美艳、蔡昉：《户籍制度改革的历程与展望》，《广东社会科学》2008 年第 6 期。

　　⑤ 余佳、余佶：《制度变迁视角下的中国户籍制度改革：政策效应与目标路径》，《中国浦东干部学院学报》2010 年第 5 期。

　　⑥ 王列军：《户籍制度改革的经验教训和下一步改革的总体思路》，《江苏社会科学》2010 年第 2 期。

　　⑦ 吴开亚、张力、陈筱：《户籍改革进程的障碍：基于城市落户门槛的分析》，《中国人口科学》2010 年第 1 期。

上解决这一问题，则城市化的人口迁移就由户籍制度转化为土地财产问题。第一，城市化的扩张必须为集聚的城市人口提供必需的基础设施，必须为集聚的人口提供必要的就业和社会保障，才能保证城市经济和生活的正常运转。例如，陶然和刘凯认为，以城市最低生活保障为主的社会救助服务，以经济适用房和廉租房补贴为主的政府补贴性住房安排，以及城市公立学校平等就学的机会是必需的公共服务。[1]　而要提供这些公共产品，需要城市政府有相应的财政来源。第二，迁移人口如何将自己的资产进行置换，如果迁移的劳动力不能将自己在农村中的土地资产顺利地转入城市，就会有退出成本。[2]　这种制度安排使农民既不愿种地，也不愿放弃土地，无法彻底脱离农村土地到城市生活，[3]　特别是普遍的"空心村"和"闲置住宅"已经造成了严重的资源浪费，并固化了城乡之间的二元特征。

　　如果跳出户籍制度的视野从发展的角度去认识，则需要在发展战略和政策设计上加以反思。首先，在劳动力的迁移上，目前的政策还是基于农民工只是暂时地在城市工作、生活而设计的，[4]　没有将农民工城市生活的融入作为城市化的根本内容，城市政府自然不会去考虑农民工享受的社会保障，尤其是保障性住房。这可以说是户籍福利制度的问题。其次，与此相适应，唐茂华和黄少安认为，均分化的农地制度使中国劳动力的迁移决策，有别于其他国家无地或少地农民的"受迫型"迁移，而是有地农民的"自主型"迁移；有别于他国农地经营和进入工资经济的替代性决策，而是将二者互补，共同维持生活。[5]　这表明没有将农村人口的减少作为经济发展的重要内容，仍然是基于城乡二元的格局去推动城市化的发展。这应该说是发展战略问题，有悖于经济发展是不断减少农民过程的基本规律。再次，张良悦认为，在考虑户籍制度的福利时，不仅要看到城市户籍的公共福利，也要认识到农村户籍的公共资源，如社区农民无偿地对土地

①　陶然、刘凯：《中国户籍制度改革的突破口》，《人口与发展》2009 年第 6 期。

②　张良悦、刘东：《城市化进程中的若干节点及制度解构》，《改革》2010 年第 1 期。

③　唐健：《让农民"带地进城"》，《中国土地》2010 年第 7 期。

④　欧阳慧：《改革开放三十年我国农村劳动力转移政策演变路径》，《经济研究参考》2010 年第 3 期。

⑤　唐茂华、黄少安：《农地制度、劳动力迁移决策及其工资变动——基于"收入补充论"的分析框架》，《制度经济学研究》2009 年第 3 期。

的占有权和使用权，农村劳动力的城市化移民需要户籍对价。① 这说明在城市化的发展中没有充分地考虑到资源约束的困难，没有重视土地资产存量的运作，涉及城市化的发展对土地资源社会总体利用的问题。最后，在中国的劳动力跨区域流动中，真正因为户籍、基本公共服务和社会保障的歧视而受到流动限制的是技能较低的劳动者，而恰恰是这一部分人才是城市化进程中所要解决的移民问题，② 这是城市化的工作重心。

总之，从根本上说是土地资产而不是户籍阻碍了农村劳动力的迁移，单纯的户籍制度改革是不可行的，不能真正解决农村劳动力城市化迁移问题，也不能推进中国城市化的健康发展。城市化的健康发展、农民工市民化、地方政府资源配置与土地资产的有效处置才是解决问题的根本出路。

二　土地财产置换与农村劳动力的城市化迁移

按照发展经济学的一般规律，城市化的内容是人口的城市化，是农村人口不断向城市迁移，并由此逐步消除二元经济差距的过程。而城市移民所要解决的根本问题是就业、城市住宅和公共产品，这是城市移民的前提。目前的城市政府对低收入阶层提供的住房仅仅限于已有的城市居民，不利于外来移民。同时，这种低收入住房提供的资金来源主要是政府的公共财政和部分土地收入，对城市政府是一种负激励，进一步限制了外来移民的介入。所以，如何为城市政府寻找一种对外来移民提供城市住宅的解决方法和激励措施，就成为农村劳动力城市化移民的关键环节。我们的基本思路是，将农村劳动力移民的土地资产进行置换来解决移民的城市住宅，对城市居民的所有住宅实施房产税收作为城市公共产品供给的基础。我们首先从产权的角度对土地财产的置换进行理论分析，之后，将通过托达罗模型对农村劳动力迁移的启动条件加以分析。

（一）土地产权及其资产处置③

如何利用土地及房地产资源在很大程度上被我们社会经济活动规范的制度因素所决定。某种意义上说，房地产资源不仅仅是一个物质产出，而

---

① 张良悦：《户籍对价、劳动力迁移与土地流转》，《财经科学》2011 年第 1 期。

② 陆铭：《建设用地使用权跨区域再配置：中国经济增长的新动力》，《世界经济》2011 年第 1 期。

③ Barlowe Raleigh, *Land Resource Economics*, Fourth Edition, Prentice - Hall, Inc., New Jersey, 1986, pp. 523 - 526.

是自然资源与人类社会制度的完美结合。人们对土地资源有一种贪婪，并希望自己占有和享用。为了限制这一行为，便设计出了制度安排，允许个人和集团实施某一特定的具有排他性的房地产资源的所有权、占有权和使用权，从而为土地资源的利用和配置提供了一个标准和基础。但是，这并不表明财产所有者在土地资源利用上的"为所欲为"，而仍要受到财产制度、土地利用规划和资源稀缺的外部性约束。

1. 政府政策对土地资源利用的节约制约

通常意义上的财产被界定为对某一事物排他性的占有、使用和处置，但从土地政策和管理上看，土地产权却十分"残缺"。某种程度上说，几乎土地资源的所有和使用都会受到公共政策的制约和土地管理的限制。例如，房地产税是对房地产所有者每年所征收的税负，通过这种强制力量使土地使用更加精细化；遗产税可以削弱财产的过度集聚，促使人们将资产更多地用于经济发展；征收权可以被用来对不愿意出售的财产进行公共征用；政府的警察权，作为最高的权力可以制定和实施用于保护财产权、防止欺骗的制度和规则，并强迫公民按照公共利益的原则进行土地利用。总的来看，基于公共利益的性质，四个重要的权力束从来不包括在完全的所有权中，它们是税收的公共权力、公共使用的征收权、管制的权利和无继承人的国家转归权。特别是，土地税可用来鼓励对土地更广泛和有效地利用，达到土地保护和环境保护的目标，提高作为私人占有的所有权的保护，引导某一类型的投资，或者提升产权价值。同样，税收也可以作为大棒和处罚措施使人放弃或禁止与上述目标相反情况的土地开发。

2. 政府在土地资源管理和开发上的警察权

在今天，土地利用的政治经济学问题正变得越来越重要。随着人口的增加和经济的发展，越来越多的人"被迫"从他们的土地上分开，土地潜在的利用者和现有使用者之间的竞争越来越激烈，且导致土地利益上的冲突。显然，其结果是对土地利用"公共利益"导向的需求越来越多；同样，也会出现这样的趋势，随着公共利益实施的扩展，政府对土地私有利用的约束会带来土地财产权的明显改变，因为绝大多数的公共土地利用规划，规划者很少涉及自己的土地资源。所以在这种情况下，有效地按规划实施就会受到"公共权力"指导的约束：开发者在土地资源的利用上受到规划措施的影响、指导或者对决策的控制。特别是，在土地的开发和利用上，如果不能由市场规则达成协议，国家就会动用至高无上的"警察权"，直接进行征收和处置。警察权是政府为了土地改善、土地保护和对公共卫生、安全、道德、福利等公共利益而由立法赋予的内在权力。[①]

3. 土地资源稀缺性及其公共利用的最大福利

在土地资源的利用上，公共和私人的目标是多元的，但对共同使用的追求是长期的。如果我们想要享受对土地的各种开发带来的利益和产出，对我们的土地资源有序、高效和有成果的利用感到满足，那么，共同体和其土地拥有者的公民就必须为了共同的目标而一同承担责任。所以，为了使土地最有效地利用和社会福利最大化，对公众进行教育强调人类与土地之间的重要关系，强调土地财产权以社会为基础的法律权利的性质，就成为一个重要的内容。这在我国经济转轨过程中显得尤为重要，因为人们往往在土地产权上"各持一束"而相互冲突。无论土地政策的内容是什么，必须确定这样一个原则，即对土地资源的开发、管理、使用和保护的方式对于国家、社区和全体公民的福利有着重要的意义。社会授予其公民确定的私人财产所有权是非常重要的，但对这些权利的拥有并不仅仅代表一种优先使用权，它还涉及责任，这种责任不仅是个人所有者，也同样在社区和社会对土地的利用上。

以上三方面的内容表明：土地财产涉及一系列社会制度规则，国家有责任保护公民和团体的土地财产；对土地资源的利用和开发必须兼顾效率和社会公共福利，不能对稀缺的土地资源造成浪费。[②] 在对土地的利用开发上，土地财产税收是促使土地资源集约利用的一种有效的经济方式，警察权是对土地管理的一种重要手段。基于这样的认识，中国城市化的健康发展在推进城市化的移民过程中应该对土地资产进行合理的制度安排与处

---

① 这是政府独特的功能，即在其由立法给予的支配中，为了保护和推进公共福利可以实施的权力。但这一权力必须是合理的，不能没有法律程序或者是平等的法律保护就剥夺他人的权力，法律程序和平等保护限制了其实施的"随意性"。

② 世界各国（地区）在土地的开发和利用上都设置了财产税收制度以促使经济的发展和社会公共产品的供给。例如，我国台湾地区 1977 年的"土地税收法"主要分为两类：土地资产税和土地增值税。土地资产税是地方政府税收的基础，土地增值税是为了控制对土地的投机和对土地未来发展的收益进行公平分配，1995 财政年度台湾地区地方政府 75.3% 税收收入来自土地税。再如，我国香港政府 1970—1991 年通过 20 世纪 70 年代的土地租借，获取了土地增值收入的39%，而其中 55% 的增值收入用于此间的年度基础设施投资。参见 Andelson Robert and Samuels Warren, Land–Value Taxation around the World, *American Journal of Economics and Sociology*, Vol. 59, No. 5, Supplement, 2000.

置。首先，赋予农村居民"宅基地财产权"，通过产权的界定结束农村居民宅基地"无偿取得、无期限使用、无成本持有"的模糊状态，从而使农村居民"沉淀"于土地资源的投资显现出"财富效应"。其次，基于中国土地稀缺的现实背景，城乡所有土地的使用都应设置财产税收；城市房地产税收的设置，应提高对城市土地的有效利用和更好地对城市公共产品的供给；农村房地产税收的设置，除提高和改善农村公共产品的供给外，还可以从根本上遏制"一户多宅"和超标准住宅问题。最后，必须对城市化移民的农村居民的土地财产进行合理的资产置换，使其主动退出农村宅基地及其房产，从而有效地解决农村的"空置住宅"问题。

（二）土地资产的置换与城市化移民

1. 农村劳动力城市化迁移的分层及资产置换模型

托达罗（1969）对发展中经济城乡劳动力迁移的分析中认为，只要迁移者城市的工资性收入高于农村的农业收入，就会导致农村劳动力向城市的迁移。但在中国，这种启动条件还有许多制度性的障碍，需要不断地去调适。由于各种制度因素的制约，目前中国的城市移民仅仅表现为一种工作场所的变化，而不是生活方式的转变，所以，他们被称为农民工，而不是城市居民。但在这些农民工中，有些已经具备城市居民的资格，而有些仍处于兼职化的状态。如果能够消除一些制度因素，一些农民工就会举家迁入城市，融入城市社会，成为城市居民。所以，对城市化的移民应该给予分层次、有序迁移的制度安排。为了分析问题的方便，我们这里仅仅分析那些具备城市化移民的农民工的迁移情况，并作如下假设：

（1）在城市有稳定的就业，家庭主要依靠工资性收入，有条件进行举家城市化迁移的农村移民；

（2）城乡户籍福利制度保持不变，即城市户籍可以获得城市公共产品，农村户籍能够保障对所在社区土地的占有和使用；

（3）由于土地资源稀缺，城乡土地资源都给予一定的财产税收；城市土地财产税主要用于城市公共产品的供给，农村土地财产税收主要用于对土地有效利用的激励；

（4）城市生活优越于农村生活，城市生活效用大于农村，所以，主要的移民趋势是农村转入城市；

（5）为了分析问题的方便，不考虑城乡居民生活水平和房地产资产价值的差异。

在上述假设条件下，我们借鉴托达罗模型建立如下农民迁移的资产置换模型：

设 t 时期农民农村劳动的收入为：

$$V_R(0) = \int_{t=0}^{n} Y_R(t) e^{-rt} \mathrm{d}t \tag{8-1}$$

式中，$V_R(0)$ 代表 t 时期内期望的从事农业生产的实际收入现值，$Y_R(t)$ 为 t 时期内土地带给农民的收入，r 为贴现因子。

设 t 时期农民农村宅基地的资产为：

$$V_{RP}(0) = \int_{t=o}^{n} Y_{RP}(t) e^{-rt} \mathrm{d}t \tag{8-2}$$

式中，$V_{RP}(0)$ 代表 t 时期内市场化条件下农村居民住宅带来的预期收入现值，$Y_{RP}(t)$ 为 t 时期内农村居民住宅在市场化条件下带给农民的资产预期收入，这一收入反映农民对土地资产的拥有。

设 t 时期内城市就业的农民工可支配的净收入为：

$$V_U(0) = \int_{t=0}^{n} p(t) Y_u(t) e^{-rt} \mathrm{d}t - C(0) \tag{8-3}$$

式中，$V_U(0)$ 代表 t 时期城市净实际收入的现值，$Y_U(t)$ 为从事非农就业的工资期望收入，$C(0)$ 表示由农村迁往城市的资产置换成本，即将农村的土地资产转换为城市资产的成本。$p(t)$ 是农民能够获取城市工作的就业概率。

2. 农村劳动力城市化迁移的启动分析

比较式（8-1）、式（8-3），我们可以发现，按照一般的发展经济学的迁移理论，只要 $V_U(0) \geq V_R(0)$，就会顺利实现农村居民向城市的迁移，我们称之为农村劳动力城市化移民的一般启动条件。但是，在我国由于制度的约束，农村土地的资产从法律上只有使用的权利，没有资产置换的诉求。这就是说，如果农村劳动力移民到城市，那么农村的土地经营权和宅基地资产就必须放弃。如果说农村土地承包经营权可以流转的话，那么，农村居民的宅基地资产则是完全被沉淀的，居民在农村居住只能显示出其建设成本，而在迁移时则显示不出其资产的价值。这样，作为一个理性的农村居民，这一块资产就成为其转移到城市的退出资本。由此我们得出如下结论。

结论1：在现有制度约束下，由于农民工城市化迁移有退出成本，即使在城市就业获取的现值收入大于在农村从事农业生产获取的现值收入，也不会正常迁入城市。

由于农村居民住宅资产不能被置换到城市去，这样，农村移民到城市的安置成本就会大大提升，不再表现为资产置换的成本 $C(0)$，而是表现为对城市住宅的重新购置。

设 t 时期内移民城市住宅的资产价值为：

$$V_{CP}(0) = \int_{t=0}^{n} Y_{CP}(t) e^{-rt} \mathrm{d}t \tag{8-4}$$

式中，$V_{CP}(0)$ 代表 t 时期内农村移民城市购置住宅的现值，$Y_{CP}(t)$ 为 t 时期内农村移民城市对住宅的现金支出，这一价值反映农村移民对城市住宅资产拥有的购置成本。

如果将这些因素考虑进去，则农村劳动力向城市移民的启动条件就变为：$V_U(0) - V_{CP}(0) \geqslant V_R(0) + V_{RP}(0)$。这个启动条件表明，农村向城市移民增加了城市房地产的购置，同时，又有了农村土地资产的退出成本。从而增加了农村劳动力迁入城市的困难，也增加了农村劳动力退出农村的困难。显然，非常不利于农村劳动力的迁移，即使能够长期在城市打工，也不会改变农村的生活方式。另外，从土地资源的利用效率上看，一个农村劳动力到城市打工或者移民便拥有了城市和农村两处土地资产，增加了对房产投资的持有成本，无论是对个人，还是社会都是一种土地资源的低效利用。在这一分析的基础上，我们得到如下结论：

结论2：农民工在其土地资产不能置换的情况下，大大增加了其迁入城市的安置成本，且由于农民工在城乡两处拥有土地（房产）资产，造成土地资源的低效利用。

当然，从上面的启动条件分析来看，如果鼓励农村劳动力向城市移民，则必须首先将农民的住宅资产进行置换。如果能够进行资产置换，则农村劳动力向城市移民的启动条件就回到正常的状态，即，$V_U(0) \geqslant V_R(0)$。但另一方面，城市政府是否愿意提供这种置换条件？在现有的财政制度下，让城市政府为农村移民提供城市住宅并提供相应的公共产品很难满足，也不乐意为移民创造条件。所以，在对低收入阶层提供住房保障上一般不把农民工纳入覆盖范围。这也是为什么城市户籍福利制度不可能取消，即使"单方面取消"也不能带来大规模城市移民的真正原因之所在。

现在的问题是，如何激励地方政府为农村移民提供住宅产品及相应的公共服务。从目前的城市政府来看，缺少的是提供城市移民的住房保障和公共产品的资金来源，而不是土地空间，土地只是预算外收入的主要来源。在住房保障建设上，现在的政策是，土地出让收入的 10% 要用于保障房建设，为筹集更多的建设资金，政府还会求助于"土地财政"，继续扩张土地，导致城市空间的扩张。所以，要解决这一问题，必须改变城市保障房的受益主体和城市公共产品资金的来源方式。

经过十多年的城市住房改革，应该说城市居民的住房已经有了很大的改观，目前的城市商品房的空置率相对较高，即使保障性住房也出现空置现象。如果再将保障性住房局限于城市低收入阶层，帕累托效率改进的空间不大，所以，应该将受益对象主要给予城市低收入移民阶层。另一方面，随着城市居民的增加，城市公共产品的供给必然增加，如果仍然让所有居民享受几乎免费的城市公共产品，将会严重增加城市政府的财政负担，其结果是公共产品的供给要么短缺，要么限制消费主体。所以，要保障城市公共产品的有效供给，必须实行居民的付费制，即房地产税。

根据上面的分析，我们认为，住宅权的解决可以将农村移民对农村土地资产的使用权转换为城市保障房住宅的使用权和城市土地的发展权，并且要与城市低收入住房的建设相挂钩。移民退出农村宅基地的资产，可以相应地获取城市住宅的置换权，其权证价值依据不同的城市规模设置不同的价值等级，让移民自由选择城市。移民退出农村宅基地的土地发展权要与城市建设开发相结合，只有接纳城市移民，才能获取相应的城市土地的发展权，进行城市建设和开发。① 这就为城市土地的开发设置了城市移民的约束条件，要比单纯的城乡建设用地挂钩更具有针对性和城市化的实质内容，也有利于对土地更有效地利用。城市公共产品供给应该采用财产税的方法。采用财产税之后，一方面可以为城市政府提供公共产品的财政来源，从而减少地方政府对土地财政的过度依赖；另一方面随着城市政府对土地出让收入依赖的减少，加之房地产税对房产投机的抑制，城市房产的价格就会相应地回落，从而进一步降低城市移民的门槛。

当然，也有这样的情况，即使在 $V_U(0) - V_{CP}(0) \geq V_R(0) + V_{RP}(0)$ 移民启动条件下，也有一部分农村劳动力成功移入城市。在这样的情况

---

① 从某种程度上说，相当于土地发展权的转让和购买。土地发展权是发达国家，特别是美国在土地利用上的一种制度安排。土地发展权是对土地开发的一种限制，某一宗地想进行开发，即使符合土地规划，但是没有得到开发权也不能进行开发。设置开发权的目的主要是提高土地的利用效率以及平衡地区间土地开发的利益分配。

下，城市移民就会占有城乡两处地产，导致土地资源的低效利用，目前农村大面积的空心村就反映了这一状况。① 甚至还有一种情况是，一些农村居民在城市购置房产，一些城市居民在农村购置别墅，例如小产权房。尽管在一定程度上反映出房地产的市场价值，但对稀缺的资源却不是有效地利用。因此，我们主张对农村的土地财产也应该设置财产税，尤其是对闲置的宅基地可以设置惩罚性税收。这样，就会迫使有能力移民城市的劳动力放弃农村土地资产，完全融入城市。这时城市移民的启动条件就会变为：

$$V_U(0) - [V_{CP}(0) + T_C] \geq V_R(0) + [V_{RP}(0) - T_R] \qquad (8-5)$$

式中，T_C 表示城市房地产税收，T_R 表示农村房地产税收。在这样的条件下，城市房产的持有成本增加，可以减少对房产的投机需求，一定程度上会促使房产价格回落。农村房产的持有成本使其退出成本减少，直至 $V_{RP}(0) - T$ 趋于零甚至为负资产。从而，迫使移民"主动"放弃农村土地资产，尽快进行资产置换。综合以上分析可得出如下基本结论：

结论3：城市化移民中对农民土地财产的置换有利于农民有序地分化、退出土地和城市迁移，有利于城市土地资产有序、合理地开发，有利于城市政府税收来源的合理过渡和公共产品的有效供给，进而促使城市化的健康发展。

（三）土地资产化还是农地非农化的政策工具：有关试点地区的辨析

在中国土地所有权和土地利用管理制度未根本变化的大制度背景下，在城乡统筹的发展过程中，为了取得更多的建设用地、促进城市人口的增长以及对"空心村"的有效治理，部分地区依据各自的情况出台了相关措施进行试验。例如，成都与重庆的"地票"交易制度、嘉兴与苏州的"土地换保障"制度、天津的"宅基地换房"制度与以及全国更广范围内的"城乡建设用地增减挂钩"等措施。其共性的特点是：（1）农村居民放弃农村土地资产；（2）城市移民获取城市保障住房；（3）城市移民获取城市相应的社会保障（公共产品）。应该说这些都是城市化推进的重要尝试，其基本思路值得肯定，但在一些具体操作上确有许多不妥之处，应进一步加以改进和制度完善。首先，改革设计的目的是人口的城市化，还是农地非农化的政策工具？如果改革设计的目的是为了更好地推进人口的

---

① 据典型调查，目前农村空闲住宅用地约占村庄建设用地总量的 10%—15%。参见刘守英《博弈"增减挂钩"》，《中国改革》2011 年第 6 期。

城市化，则可能在土地资产的处置上更加注重市场化的原则，注重城市移民的能力和条件，比如能否在城市实现完全的工资性收入，应该是有选择地进行，而不是强制性的被迫城市化。再如，成都城乡一体化对农民土地财产进行的"还权赋能"，重庆的"地票"交易制度都是为农民土地资产的置换创造条件，值得进一步探索。如果改革的目的是为了另辟蹊径寻找农地非农化的工具，则这些操作就会压低农民的土地资产，不去充分考虑农民城市化的就业能力。因为政策的目的主要是为了获取农民的建设用地，进行资产的置换和再开发，进而获得土地收入，所以农民的资产可能只是名义上的城市社保和公共产品。其次，城市化的财政来源是土地增量，还是土地存量？从目前的情况看，各地在对城市移民的住房保障和公共产品的提供上，仍然依赖土地开发的增量收入，而不是城市已有土地的存量资产（财产税）。这样的方法和操作是不可持续的，也不具有进一步推广的借鉴意义。因为，这种发展方式仍是城市蔓延，没有对城市发展的边界约束，到头来会进一步增加城市运行的负担。最后，城市移民的生活方式有没有转变？如果仅仅是为了获取建设用地，仅仅是将农村人口转变为城市人口，但没有相应的产业发展，没有带来城市集聚效应，不考虑农村移民的分层问题，那么，这些移民的就业如何解决？其生活来源如何保障？如果仅仅靠城市救济保障措施，则无疑是将农村原有的生活方式转变为城市的"贫困"生活方式。此外，这种置换仅仅是考虑城市建设用地，没有考虑原有土地的复耕和相应的土地流转，偏离了城市化与农业现代化的协调发展。

三　以土地资产化改革促使农村人口流动

上述分析表明：

（1）城市化的主要内容是人口的城市化。城市化与农业现代化同步发展的本质在于促进农村劳动力的城市化移民，通过城市化来形成真正的内需市场，进而促进经济的进一步发展；通过现代农业的发展来缩小城乡之间的差距，进而取得城市化移民的一个平衡点。

（2）农村劳动力城市化迁移的主要障碍并不是城市户籍的福利制度，而是迁移者城市住宅获取的困难及其土地资产置换的困难。单靠废除城市户籍的福利制度并不能有效解决农村劳动力的城市化迁移，必须从土地资产的置换上降低城市移民的进入门槛，减轻城市政府的财政负担。

（3）城市化的健康发展和劳动力的城市化迁移需要与土地资产制度有效地结合。中国目前土地十分稀缺，在土地的利用上必须兼顾效率和社会公平，无论是城市土地，还是农村土地都大量存在低效利用和闲置现象，应该尽快设置土地财产税提高土地的利用效率。房地产税是城市公共产品供给的财政来源，必须尽快实施；城市化农村移民的土地财产必须给予保障，并通过资产置换的方式加以合理解决。

基于以上分析，我们给出如下的政策建议：

（1）应加快对农民土地资产的确权，特别是农民"宅基地财产权"的确权，便于农民"土地财富"的显现和"土地资产"的运作。

（2）以农村集体为实施主体，尽快制定农民土地资产置换的交易规则，鼓励有条件的农民彻底脱离土地，完全融入城市。

（3）城市化的住房保障必须尽快取消城市化偏向，主要面向城市移民的低收入阶层，城市移民住宅的获取应以农村土地资产的退出为前提。在全国范围内实施"土地发展权证"的交易制度，做到土地资产的置换必须将农村移民宅基地的退出与城市土地的开发相结合，城市空间的扩张必须与人口的集聚相结合。真正做到城乡建设用地增减挂钩，并在此基础推动土地流转，促进现代农业的发展。

（4）在全国城乡范围内尽快实施房地产税制度，提高土地的利用效率，并为城乡公共产品的供给提供财税来源。

第四节　本章小结

（1）城乡一体化解决"三农"问题，必然要落脚到农业现代化、新型城镇化、劳动力转移及乡村整治等具体发展载体和内容上。而这些发展问题的推进最终又离不开土地资产化，或者说，土地问题成为乡村建设的聚焦。只有从农村土地资产这一最核心的制度"内核"切入，才能够打开农村区域发展的"死结"。土地资产化的综合解决方案包括：①农村经营性建设用地直接入市与农村居民土地财产收益的分享；②劳动力分层转移、宅基地退出与土地资产置换；③土地流转、新型农业经营体系构建与现代农业发展；④乡村建设综合更新与城乡发展一体化。

（2）在中国，农村土地对农民而言既是一种生存权利，又是一种发展权利。由于城乡二元土地制度，导致中国农村产权关系的简单化和静态化，无法适应快速发展的城乡经济，必须对中国农村土地制度进行改革。目前，农村土地已经形成了三种权利束，即集体土地所有权、农民土地承包权和土地经营权。但财产权严重不足，必须赋予农村土地发展权（开发权），实现城乡土地产权对等。农村土地资产的运作包括两个方面：一是农村土地承包经营权流转、适度规模经营与现代农业发展所带来的产业增值；二是农村土地的开发、农村土地发展权交易和城乡建设用地增减挂钩所带来的土地增值收益。

（3）表面上看是户籍制度阻碍了人口的自由迁移，但从根本上则是土地财产问题。在现有制度约束下，由于农民工城市化迁移有退出成本，即使在城市就业获取的现值收入大于在农村从事农业生产获取的现值收入，也不会正常迁入城市。农民工在其土地资产不能置换的情况下，大大增加了其迁入城市的安置成本，且由于农民工在城乡两处拥有土地（房产）资产，造成土地资源的低效利用。城市化移民中对农民土地财产的置换有利于农民有序地分化、退出土地和城市迁移，形成正常的乡—城人口流动，从而从根本上促进乡村的城镇化发展。

第九章

粮食主产区乡村建设的政策建议

第一节　正确理解城乡一体化的政策和发展内涵

一　从新农村建设到城乡一体化

新农村建设和城乡一体化都是解决"三农"问题的政策和措施，但是其发展内涵不一致：

（1）新农村建设体现出一种二元的发展观，是解决农村区域发展的一种"外生"机制；城乡一体化则是从一元的视域强调农村的发展，更加强调农村区域发展的"内生"机制。

（2）反映在发展的具体内容上，新农村建设主要体现在对农村发展的支持上，例如，改善农村基础设施，改善农村生活条件等，是一种"反贫困"的战略；城乡一体化则从新型城镇化的角度，强调农村区域经济发展"恢复活力"，乡村更新是其发展的主要路径，通过乡村更新来对空心村落进行整治，对农业结构进行调整，对劳动力实施有序转移。

（3）新农村建设主要强调对农村区域的"政策偏向"，是单向解决农村区域的发展问题；城乡一体化不仅强调解决"三农"问题，同时也解决城市化问题，强调的是双向互动，更加注重统筹发展。

这一区分有助于我们把握乡村建设的内涵，这就是应该从乡村区域"内生"的机制上实施农村新型社区建设：着重于社区的产业培育与构建，着重于乡村更新的角度对乡村区域进行规划与整治，着重于城镇化的发展思路去提升农村公共产品与福利水平。或者概括地说，变新农村建设的"输血"机制为乡村城镇化的"造血"机制。

二 乡村城镇化是粮食主产区城乡一体化的发展路径

农村新型社区是从城乡一体化的角度对粮食主产区农村区域的发展，虽然名称上为农村新型社区，但本质上却是城市化的生产方式和生活方式，是城镇化的一个组成部分和发展形式。与已有的新农村建设和城镇化相比较，具有这样几个优势：

一是以突出居住功能区为特征的就地城镇化。农村新型社区作为一个居民功能区，人口相对集中，便于公共设施的提供和维护，便于公共服务的全面覆盖；同时，人口的相对集聚自然产生服务品需求市场，进而带动农村生活方式的转变，以及农民向市民身份的转变。

二是突出了粮食主产区粮食生产和现代农业的地域城镇化特征，便于土地流转与整理、现代农业发展与劳动力转移。调查显示，目前农村住宅有20%—30%的空置率，农村劳动力迁移最担忧的是其房产和土地经营权，农民一直把其养老和社会保障寄托在土地上，阻碍了农村经济的发展和农民生活水平的有效提高。通过新型农村社区建设，将农村居民原有的住宅置换成社区的居民住宅，从而使农民的土地资产价值得以显现和释放，并在一定程度上进行交易。这就为农村建设用地的整理与复耕、土地经营权的流转、现代农业的发展与农产品价值链的拓展、农民就地非农化与异地劳动力转移提供了驱动力，进而带动整个农村生产方式的转变。

三是突出宜居和生态建设。城镇和乡村是一个循环的整体，在工业化和城镇化的社会形态中，城市是主要的物质产品和精神文化产品的提供者，而乡村则是粮食和生态产品的提供者。目前，乡村面源污染严重，垃圾堆积如山，白色污染随处可见，70%的江河湖泊不同程度地受到生活垃圾和化肥农药残留的污染。通过农村新型社区建设，对农村生活垃圾进行有效的统一处理，通过现代农业发展改变传统的生产方式，降低农业面源污染，从而将农村建设成为没有城市拥堵、噪声和尾气但拥有城市现代生活品质、空气清新、生活恬静、山水优美的新型宜居社区。

三 必须以城镇化的理念推进农村新型社区建设

正确认识农村新型社区是乡村健康发展的关键。城乡一体化是解决"三农"问题的根本途径，就是要求在乡村建设中紧紧围绕农民问题（劳动力转移与就业）、农业问题（现代农业的产业支撑）、农村问题（新型社区建设）进行。新型城镇化的动力机制就是在城乡统筹的发展战略下，按照社区化的方式进行城镇化的公共服务设施的更新改造和产业结构的重构，实施城镇化资源集约利用和经济的集聚与扩散效应，促使农村经济发展，实施产村互动，遏制和消除农村的衰落。

1. 农村新型社区是乡村区域的发展中心

农村社区规划建设中，不能仅仅就村庄而论村庄，需要全面整合村域资源，促进全域合力，强化与相邻区域的协调，对区域性设施建设做出统筹安排，确保农村社区与区域整体发展的协调统一。在进行农村新型社区布点过程中要依据农村村庄优势、大小、产业发展、区域地位进行整合。

2. 农村新型社区建设必须按照城镇社区化的理念进行建设

农村新型社区建设必须按照城镇社区化的理念进行建设，在基础设施、公共服务、住宅等方面进行城乡统筹规划。城镇化就是追求城镇公共服务和基础设施，就是群众要享受比农村更高层次的生活服务。在社区建设中，必须高度关注就业、居住与资金三个问题：就业关系到劳动力转移和农民生活水平的持续提高问题，没有非农就业，就不可能有农民从土地上的彻底退出，也就不会有土地的综合治理。所以，农村社区建设必须以现代农业发展作为产业支撑；居住是社区建设的关键，在社区建设中，只有有效地提供公共产品，才能真正使农民的生活水平得到提高，也才能真正体现出城镇化的乡村建设；新区建设既涉及新的住宅建设问题，又涉及部分老住宅拆迁问题，建设资金缺口非常大，必须处理好资产的置换和资金的来源。

3. 乡村城镇化必须解决好"去农化"和"乡村发展活力"问题

其中两个关键环节是土地资产化改革和农村劳动力转移。产业支撑是农村劳动力转移和新型社区建设的根本。农村社区健康发展需要强有力的产业支撑，一方面要通过优化产业结构和生产力布局，谋划村庄产业发展类型和路径，提高经济增长率，保障社区居民生产和生活需要；另一方面要促进社区空间和产业发展有效结合，制定合理的功能布局，逐步通过产村一体化发展模式，为农村社区整体健康发展提供有力支撑。在农村的更新建设中必须实施土地由单纯的资源属性向"资源—资产—资本"属性转变。

4. 农村新型社区建设应将地方政府的主导作用与制度建设结合起来

城乡发展支撑体系主要包括实体性服务设施和制度性政策供给两类内

容：实体性服务设施主要包括城乡公共服务设施、城乡交通工程设施、城乡市政设施等内容，是城乡统筹发展的物质基础；制度性政策供给则主要涉及土地、户籍、社会保障、教育、医疗等方面的制度设计和政策内容。而这两类内容实际上是城镇化发展中的公共产品和发展政策措施问题，都离不开政府的主导与支持。

第二节　城乡一体化必须坚持的基本原则

一　必须充分认识现代农业发展是城乡一体化的产业基础

首先，现代农业发展和农村新型社区建设互为驱动。一方面，现代农业发展为农村新型社区建设提供了产业基础。产业是城镇的支撑，如果没有产业的良好发展，就不可能有很好的人口集聚，就不会有城镇的健康发展。可以这样说，农村新型社区在短期内完全可以建设起来，但要持续健康地发展下去，离不开一定的产业基础。有了产业基础，就有了就业岗位，就能够集聚人口，就能够有财政收入；有了人口集聚就会有财富积累，就可以有财产税收。而这些都可以作为社区公共产品供给的资金来源。另一方面，农村新型社区为现代农业产业的发展提供了产业工人、人力资本和市场空间。现代农业的发展需要一定的劳动投入，要有大量的农业产业工人（比如，德国现代农业产业占其就业人口的1/10）。随着收入水平的提高，食品结构发生了相应的变化：粮食的直接消费在减少，肉食、水果、蔬菜在增加；即使粮食消费，成品、半成品、加工过的产品等需求也是持续增加。这些被加工过的食品（或者称为工业化食品）需要分送，这就需要大量的生产性服务，包括食品加工、冷链物流、农超对接、餐饮服务等。很显然，农村新型社区就地转移的产业工人要比城镇产业工人从事农业加工生产更具有优势。同时，农村新型社区为农业产业的发展也提供了部分市场空间。

其次，现代农业的发展必须走规模化、产业化、标准化的道路。现代农业是一种规模化、产业化和标准化的农业，是用现代工业技术和产业经营理念对传统农业的改造，涉及第一、第二、第三产业的产业链延伸。现代农业的发展是对传统农业生产方式的转变，是农业微观主体的再造。

　　走规模化道路，主要是解决农业技术的推广与应用。目前的家庭化经营越来越表现出土地耕作的"细碎化"，导致技术应用和推广的限制、劳动力投入的减少，甚至农业的副业化现象。所以，必须走适度规模经营，相应地提高农业收益，并进一步提高农业的产出效率。

　　走产业化的道路，主要是提升农业产业的竞争力和不断满足人们的多样化需求。一方面，人们食品结构的转换对"加工食品"提出了市场需求，从而推动食品供给围绕食品价值链不断拓展和延伸；另一方面，产业化生产形成的农产食品链，能够克服农业生产的产业弱势，提高农业生产效率。农业产业化的路径是，在市场竞争的基础上，围绕食品链去扩大社会分工，提供精深加工，增加就业岗位，发现增值空间，促进技术进步，提高产业竞争力，将传统的弱势农业改造成包含研发投入、产品加工、物流服务、餐饮配送等在内的现代农业。农业产业化和产业集群的发展为农村劳动力转移提供了大量的非农就业岗位，便于劳动力的就地转移。

　　走标准化的道路，一方面是适应产业化的发展，另一方面是食品生产安全方面的要求，便于食品质量的监控。这种标准化生产包括食品链条的产前、产中和产后各个环节。为了更好地发展现代农业，提升产业的竞争力，食品质量安全必须给予高度重视，食品安全将成为一个贯穿整个产业链条的基本要求。随着农业产业化的进一步发展，食品的跟踪和追溯制度将逐步完善。

　　总之，农业产业化是农村新型社区的产业基础，现代农业发展得越好，农村新型社区的建设越能够健康地发展。在这一方面，必须引起我们的高度重视。

二　城乡一体化建设必须做到资源节约集约利用

　　目前，我国城镇化"摊大饼"式的蔓延非常严重，不仅城市在蔓延，而且农村也在蔓延，对我国资源环境造成巨大的压力。我国是一个耕地资源严重短缺的国家，人均耕地面积仅有 1.38 亩，为世界平均水平的 40%。如果不从根本上注重土地资源的节约集约利用，很难保证 18 亿亩耕地的"红线"。所以，农村新型社区建设必须做到资源的节约集约利用。

　　首先，必须定位好农村新型社区的建设目标——城市化的生活内涵。农村新型社区建设便于公共产品的提供，并相应节省公共财政支出；能够有效地解决"空心村"问题，起到资源的节约集约利用；能够提高农村居民社会福利水平，有力地解决农村"空巢"老人和"留守儿童"问题；转变农民生活方式，有利于内需的启动。农村新型社区建设的理想目标应该是：现代农业服务园区的集聚区；农村居民公共产品和服务的提供地；"农民工"的生活园区。

其次，解决好农村新型社区建设要的主要问题——土地资产问题。农村新型社区能够激活农村土地资产价值，土地资产不仅是土地资源价值的体现，更是社会经济发展的结果和社会制度设计的产物。由于公共产品的提供，农村社区居民的房产价值将被激活并显现，增加农民的土地资产。在土地资产的基础上，城乡土地统筹规划、土地流转与适度规模经营以及农村劳动力转移便迎刃而解。农村新型社区围绕土地资产必须解决好三个基本问题：土地流转与农业适度规模化经营，为现代农业的发展创造条件；土地节约集约利用，通过解决"空心村"问题，释放更多的土地空间和耕地资源；土地资产增值收益的合理公平分配与农民资产的顺畅置换。

最后，农村新型社区的建设应避免的问题——资源的浪费与"返贫"。农村新型社区的建设应避免如下三个问题：增减挂钩不仅没有带来土地的节约集约利用，反而使城镇近郊的大量土地变为建设用地，"摊大饼"式愈演愈烈；整理出来的耕地质量差，难以从数量和质量上保障耕地占补平衡和城乡建设用地挂钩；地方政府成为政策执行的主导者和受益者，导致农民"上楼致贫"。

三　生态文明建设是农村新型社区建设的根本要求

现行的农业生产仍是以"石化农业"为主导的常规农业生产，大量依靠化肥、农药、人工合成饲料等外部要素。这些要素在提高粮食产出的同时，也带来了严重的环境问题，如土壤退化和沙漠化、土壤风蚀、水土污染、肥力降低等，使农业的可持续发展受到严重威胁。农业生产有很强的正外部性，除了生产粮食之外，还提供净化环境的功能。随着农业技术的开发和应用，粮食生产能力不断增加，当农业满足粮食消费需求之后，农业生产的副产品——生态环境的价值将日益凸显。所以，农村新型社区的建设从某种程度上说，是一种农村的更新建设，这种更新是对土地的整理，是对环境的修复。这就要求我们在农村新型社区建设中，不仅要重视现代农业的发展，还要重视农村经济的活力和农村产业结构和就业结构的调整。例如，发展有机农业和多功能农业。有机农业就是减少对石化能源和有机化学产品的过度使用，转向对农业内部元素的更佳利用，如传统有机粪肥，逐步向有机农业耕作方式转变等。多功能农业就是，农业除了生产粮食的基本功能外，还塑造风景和保护土地，提供对自然资源的可持续管理和生物多样性的延续，以及保持乡村地区社会经济的活力。这就是说，农业地域既是生产的空间，也是生态的空间，还是生活的空间，是一个完整的"生存空间"。再如，在农村经济结构和就业结构调整中，要大力发展农产品加工业和生态旅游业。按照常规的农业生产模式，随着农业规模化和专业化的生产之后，从事农业的人口下降，乡村就业机会减少，地区活力丧失，大量的"空心村"和农村的凋敝景象便应运而生。所以，新型现代农业的发展思路不是将农业仅仅局限在食物的生产和提供，还要将生产活动延伸到第二产业和第三产业。今天，城市居民对于乡村地区有了新的要求和期望，除了食品供应，乡村地区还应该担负起娱乐、教育、度假、休闲、疗养等功能。此时，城乡之间的分工将更为明确，城市提供物品，乡村提供环境，以乡村娱乐、生态旅游为主要内容的休闲服务将成为重要的服务型产业。这样看来，现代农业的发展和生态文明的建设本身就是合二为一的问题，所以，农村新型社区建设必须以生态文明建设作为根本要求。

四 应循序渐进推进农村新型社区建设

在推进农村新型社区建设过程中，应该按照经济发展水平、产业结构调整的要求、生态环境的承载能力去逐步推进。

首先，产业发展有一个发现、培育和生长过程。经济发展本身是一个过程，从经济体大的产业结构调整，到区域结构调整都有一个逐步回应的过程。在这个调整过程中，有的新兴产业一开始发展非常迅猛，但经过一段时间之后可能没有发展前景，或者在核心竞争力上不再具有向前发展的动力；相反，有的产业在刚开始时发展前景并不乐观，但是，由于具有内在核心竞争力，能够顺应市场，最后反而能够发展壮大。在一个区域内，如果还没有形成一定的产业集群，仅仅是有了一个企业，甚至仅仅是有了一个设想，就去建设农村新型社区，是非常不合时宜的。社区建设起来了，产业没有了，这是一个非常尴尬的情形。

其次，资金建设有一个总量限制。在经济发展起飞时期，投资缺口非常大，资本相对稀缺。城镇化尽管是我国未来经济增长的引擎，但是，在城镇化建设中也不能人为地去推动，毕竟资本的增量（储蓄）是有限的。国家审计局披露，我国各级地方城市政府，尤其是县级地方政府，在城镇化开发中通过地方政府融资平台积累了严重的隐性债务。这一事实表明，未来一段时间内为了消化掉已有的债务，资金（投资）趋紧是一个必然的趋势。在这种大的环境下，不宜再大规模地展开新型社区的建设。

最后，土地开发有一个时序化过程。土地的开发在于其价值增值和经济效益，但是，我们必须明白，土地本身并没有价值，土地只有在经济发展提出对其强烈的需求时，才具备开发的价值，才能实现相应的经济收益。如果不顾经济发展对土地需求的意愿，一味地增加土地的供给和开发，最终必将会导致土地资产的大幅贬值，直至土地泡沫的破灭。所以，必须遵从经济发展规律，对土地进行时序化开发。

第三节　粮食主产区城乡一体化发展的政策扶持

党的十八大提出了主体功能区战略，从理论上和发展战略上明确了粮食生产和生态产品"地域性"特征和公共产品的特性，应该通过公共产品的供给方式加以解决，这就为解决粮食主产区城乡一体化的发展困惑提供了新的思路。

一　应从功能规划的角度为城乡一体化争取政策资源

农业生产中的"粮食问题"与"收入问题"是发展中经济发展过程的阶段性问题。一般说来，在经济起飞的初级阶段容易出现"粮食问题"，即如果粮食出现短缺，必将引起物价普遍上涨并带动工资水平的上涨，从而使工业化成本增加。而当工业化进入中后期阶段后容易发生"收入问题"，即粮食生产的进一步增加并没有带来农民收入的增加，反而可能带来收入的减少，从而使农民不再有动力进行粮食生产。目前，我国粮食主产区已经出现这一现象，且产出增加与收入滞缓的矛盾会带来如下的困惑：第一，容易产生农业副业化现象；第二，地方政府财政补贴负担加重，影响区域经济发展；第三，农业生产过度依赖"外部要素"投入，容易导致生态环境问题。所以，当这一问题出现之后，必须从产业结构和收入结构上进行调整和补偿，实施农业发展的区域政策从根本上解决。我们通过对相应的数据整理发现，粮食主产区多数省份农民的转移收入低于全国的平均水平，说明中央政府对粮食生产扶持的"普惠"性政策，对粮食主产区的生产不仅没有起到应有的激励作用，反而造成了粮食主产区对非粮食主产区农民补贴的"逆配置效应"。这就需要从区域发展政策上制定粮食主产区的农业扶持政策。

发达国家的农业政策，尤其是欧盟的共同农业政策，为粮食主产区的区域发展从"收入问题"的角度解决粮食和农业发展问题，提供了可资借鉴的经验，也为城乡一体化的发展提供了思路。战后，欧盟通过共同农业基金先后解决了欧盟的粮食短缺、产业结构调整（收入问题）和乡村发展（环境问题）。目前实施的《2007—2013 年的乡村发展政策》，把农业发展和乡村发展结合起来，明确提出了三项基本目标：实施农业结构调整以提高农业的竞争性；加强土地管理以改善环境和改善乡村；推进乡村地区的经济多样性以提高乡村地区的生活质量。我国也应该尽快制定和实施扶持粮食主产区的专项发展政策和基金项目。

二　利用土地发展权撬动粮食主产区域的城乡一体化

土地发展权是指改变土地用途的权利，一般是指土地开发获取更高土地增值收益的权利，是土地产权束中的一束。根据产权理论，产权是由一组产权束组成，且每一束产权可分离并进行交易。在城乡一体化发展形态下，城市主要提供物质产品和服务产品，集聚人口，乡村则主要提供粮食和生态产品，保持自然景观。在这个发展过程中，土地、人口、村落和城镇会发生新的组合和配置，而要保证资源合理有效地配置，必须高度重视土地发展权。

从理论上说，任何土地都内含有土地发展权，在未被开发之前，这一权利处于"沉睡"状态，一旦经济环境成熟，必将被"唤醒"，使其处于显性状态。在目前的制度安排下，由于土地的开发能够获取"暴利"，因而，利益驱动往往促使人们去主动唤醒土地发展权。如果大家都这样做，那么，就很容易导致"公地悲剧"，例如，放弃粮食种植导致的粮食安全，没有规划过度地、无序地开发导致的环境恶化等。要控制这一现象的发生，就必须使土地发展权维持"沉睡"的常态，其措施就是对土地发展权的购买（或者跨区转让），保持土地的正常利用。

那么，谁来购买土地发展权呢？有两种解决方式，一种是国家支付，因为，粮食安全与生态环境属于"准公共产品"，只有国家购买才具有可行性；另一种是市场化运作，即设立土地发展权权证，跨区域交易，设立发展权权证实际上是对土地开发进行"许可"管理，开发区域只有购买未开发区域的土地发展权证才能进行开发。从我国的现实情况看，实行国家购买较为可行。在以往的粮食生产补贴中，主要是采用对所有农户进行补贴的"普惠制"措施，实践表明，其激励的边际效益逐步降低。与其这样，还不如将所有的"三农"补贴改为对粮食核心区土地发展权的购买。国家对发展权的购买形成粮食核心区"土地储备金"（或者土地银行），可分为两部分使用：一部分用作对粮食生产大户、农民合作组织以及农业企业的补贴，鼓励土地流转，大力发展包括种植养殖、加工、物流在内的现代农业产业；另一部分则用来对农民住宅权的购买，使部分农民退出农业生产和原有居住地，迁移到农村新型社区，促进城乡一体化发展。

土地发展权购买的运作思路如下：第一，国家对"三农"发展的补贴资金、对粮食主产区的扶持资金打包形成粮食主产区的"土地储备金"，用于购买土地发展权。第二，粮食发展区依据区域内经济发展的自然集聚状态和比较优势，逐步对条件成熟的区域进行农村新型社区开发，这些条件包括有很好的产业支撑，有宜居的自然环境，具有自然和历史的文化传统，适合公共产品的提供和开发，符合城乡一体化的规划等综合条件。第三，土地储备基金一部分用作现代农业发展基金，鼓励土地流转和规模经营，一部分用作农村新型社区的开发启动资金，进行农村新型社区开发，再一部分用作对农村迁移农民的土地资产置换和空心村的土地整治，鼓励人口向社区集中，鼓励土地更好地复垦和规模流转。第四，"土地储备基金"运作组织必须对整个运作过程进行严格的监督，包括对社区建设、部分农民的退出与迁移、退出后的土地整治、土地流转及其效率等，如果运作绩效不佳，国家可以问责，直至拒绝对发展权购买的支付。

所以，从理论上和实践中，我们认为"土地发展权"是一个切实可行的政策资源，可以通过土地发展权来撬动农村新型社区的建设，带动城乡一体化的健康发展。

附录 1

乡村城镇化 "新型农村社区" 的剖析

河南省把新型农村社区建设作为统筹城乡发展的结合点、推进城乡一体化的切入点、促进农村发展的增长点，并于 2010 年 9 月在全省全面启动。截至 2012 年 7 月底，河南省启动新型农村社区试点 2300 个，初步建成 350 个，累计完成投资 631.5 亿元。三年来，河南省在城乡一体化推进和新型农村社区的建设上，既取得了宝贵的经验，也有不少发展中的问题，促使我们认真思考。不仅从经验教训中思考，也从理论源头进行思考。诸如，如何理解城乡一体化，什么是新型农村社区？城乡一体化仅仅是解决 "三农" 问题途径，还是城镇化发展的一种形式？新型农村社区建设最根本的决定因素是经济发展，还是政府规划和主导推进？新型农村社区重在基础设施建设，还是产业培育？等等。这些问题需要我们从理论和发展思路上搞清楚，我们应该明白是在发展方向上出了问题，还是在具体的发展方式上出现了错误。带着这些问题，作者先后对鹤壁、舞钢、济源、巩义、偃师、商丘、新乡、安阳等地区进行了实地调研。

第一节 河南省新型农村社区建设的基本成就

一 探索出不同的建设模式

河南省城乡一体化实施以来，各地根据区域的实际情况，因地制宜，发挥优势，突出特色，探索出了不同的建设模式。

（一）产业集聚园区带动模式

该模式是通过对产业集聚区范围内的村庄统一规划整合，结合园区整体发展进行的社区建设。其特点是统筹规划园区与 "园中村" 和园区近郊村，统筹布局园区基础设施建设，集中建设住宅小区，解决"园中村"居住混乱、生产混杂交叉、浪费土地等问题，形成产业发展与农民生活条件同步改善的良好局面。一般来说，产业集聚区按照"政策引导、群众自愿、保障生活、节约土地、资源共享、改善环境"的原则，以土地流转为突破口，通过对区内的行政村进行土地、村庄双整合的统一规划①，集中建设"两区"（产业集聚园区、新型农村社区）。这种模式能够有效破解"三农"难题（农业产业效益低、农村面貌落后、农民增收缓慢），加快实现"三化"（农业企业化、农村城市化、农民市民化），从根本上解决新型农村社区建设过程中"钱从哪里来、人往哪里去、民生怎么办、粮食怎么保"的问题。

案例1：济源市阳光社区位于济源市环城南路，由蓼坞苑和祥和源两部分组成，容纳了坡头镇蓼坞村和轵城镇王虎村两个村1300余户近5000名群民。蓼坞村因支持国家重点工程小浪底大坝建设，王虎村因服务市虎岭产业集聚区煤化工基地建设而整体搬迁至此。该社区占地198亩，2008年年初规划建设，2009年一期入住，现建成住宅楼25栋，18.8万平方米，总投资1.4亿元。社区建设资金主要来源于移民补助资金、企业补偿金、土地收益等。

济源市滨湖花园社区、新乡市长垣县城南魏庄镇参木社区、长垣县南蒲社区、新乡市牧野区化学与物理电源产业园曲韩新村社区、商丘民权龙塘镇中心社区（龙东新区）、安阳滑县锦和新城农村社区、平顶山舞钢六合社区、枣林镇枣园社区、周口市扶沟县凤翔社区等均属于这种依托产业集聚区发展的新型农村社区。

（二）农区整合模式

这种模式涉及的村庄一般是"三无"的纯农业村，即无区位优势、无矿产资源、无工业企业。对村庄进行重新规划，将分散的农户集中起来居住，加大投入基础设施和公共服务，改善村民的居住条件和生活水平。

---

①　所谓土地整合，就是使区内农村由过去按户包地、分散耕作模式向集中地块、规模经营过渡，真正实现"农业企业化""农村城镇化""农民市民化"的目标，由政府主导加快土地流转的速度和力度，规划建设产业集聚区。所谓村庄整合，就是出台专门奖励办法对社区内的村进行拆建合并。

农户集中居住，能节约集约土地，同时也有利于土地流转和土地集中，集中起来的土地发展现代农业。这一模式又有两种情形：

一是在传统村庄的基础上，通过多种形式进行重新规划，将原来居住比较分散、基础设施比较落后的村庄进行拆旧建新，同时吸纳周围村庄的农户入住。由村集体筹措资金、完善基础设施建设，并在旧村改造过程中，坚持把新型农村社区一体化服务中心纳入村庄整合建设的整体规划中，坚持把土地节约集约利用贯穿于村庄整合建设过程，将村庄整合改造成环境优美、配套完善、功能齐全的新型农村社区，将周边村庄整体拆除复垦，实施土地流转，进行规模经营。该模式的最大特点是，便于对社区公共基础设施和公共服务的提供。

案例2：长垣县常村镇同心同悦社区，常村镇辖40个行政村，47个自然村，4.8万人，区域面积75.14平方千米，根据河南省城乡一体化进程和新乡市 "三位一体" 系统工程要求，按照膨胀县城、发展集镇、建设新村的思路，将现有村庄整合为八个新型农村住宅社区，同心同悦社区即为八个社区之一。同心同悦社区建设涉及六个村庄，首先以三个 "人少、户多、地多" 的村庄为基础进行拆迁建设。社区用地大约382亩，其中原宅基地的面积约为100亩，普通农用地300亩左右，占用的农地按1200元/亩支付年租金。目前涉及农地占用的村已经进行土地调整，平均每人兑出2分地给失地农民。一部分土地进行流转，流转的土地用于花卉种植及建厂。鹤壁市浚县 "中鹤" 社区也是采用此种模式。

二是农民在自己宅基地的基础上，按村里规划，建设标准一致的小楼房，而村里道路、供水、排污等由政府出资负担，提升农民的生活环境及生活质量。该模式的特点是节约建设成本，保持乡村的自然和文化特色。

案例3：济源市梨林镇范庄村就是这种模式。该村共有143户，518口人，耕地面积585.8亩，是典型的无区位优势、无矿产资源、无工业企业的 "三无" 农业村。该村按照 "围绕市场调结构，发展种养促增收" 的发展思路，2008年投资250万元建成了存栏5000头的生物环保养猪场。之后，依托猪场建成了200座高标准日光温室蔬菜大棚，500立方大型沼气池，形成了 "猪—沼—菜" 的循环生产模式，走出了一条发展生态循环经济，带动全村乃至周边村群众发展的新路子。由大户承包废弃场地，进行水产品养殖，包括中华鲟、娃娃鱼等名贵产品，已经初具规模。2011年，农民人均纯收入达到17315元，同比增长15.3%。村里统一进行规划，农民在自己宅基地上建成了二层小楼，村里的物业费及垃圾处理费等由村委会负担。

（三）旅游产业带动模式

该种模式是本地旅游资源比较发达，围绕旅游景点建成的社区，当地农民的收入也主要来自旅游经济。

济源王屋镇愚公新社区，紧邻愚公山旅游景点，社区在统一规划的基础上，依路而建，每户均建成二层小楼，发展农家乐。

巩义庐苑大社区，因杜甫故里重建占用土地，为了安置拆迁农户而建，政府投入部分资金，其余由农民自筹。

巩义新中镇社区（浅山区），发展旅游产业，建立社区，集中土地进行流转，流转土地发展现代观光农业。

（四）大企业带动模式

该模式是指企业是农村社区建设的主体，社区管理和服务主要由企业承担，形成以企业为主体的社区管理和服务机制。这类社区建设模式一般适用于经济比较发达、村集体企业实力雄厚的农村地区，企业具有较强的管理和服务能力。此类模式是将企业的发展与新兴农村社区住宅建设统筹规划，借助企业的经济实力，提供资金支持，强力推进新型农村社区建设的统筹规划。其特点是以互惠互利为导向，引导支持各类企业对相关村庄进行搬迁建设、整体改造，对腾出的土地及相关资源进行开发，实现企业扩张发展、村居条件改善的"双赢"。采用这种模式，需要积极动员有实力、有需求、有辐射带动能力的龙头企业参与新型农村社区建设，把解决社区产业发展、群众就业和企业用地等需求紧密结合起来，实现企业与新型农村社区融合发展、互利共赢。

这类模式也包括以原有村企业为主体进行的新型农村社区建设，其组织设置特点是：社区实行村委会、村办企业、社区管理组织"一套班子、三块牌子、交叉任职"，社区居民既是企业的员工，也是社区成员，还是社区集体经济组织成员，具有多重身份。社区规划、基础设施建设、社会福利、基本公共服务、行政管理都由企业承担，并以集体企业强大的实力形成集教育、村民议事、便民服务、社区医疗、民事调解、健身娱乐、物业管理等功能于一体的邻里中心或服务中心。通过各类协商活动形成教育、管理与服务"三位一体"，引导不同群体参与社区活动，交流互动，实现社区的融洽相处、和谐发展，实现了从传统农业向现代城市社区的转型，形成了社区自我管理和服务体制。总体上来看，这类社区建设模式充分发挥了企业主体的能动作用，企业成为凝聚社区成员、共建和谐的推动主体，而政府则成为社区建设的辅助者。

巩义豫联社区、竹林镇社区；安阳市龙安区南田社区、安阳县西柏涧社区；鹤壁市的中鹤社区等都是这一模式。

（五）房地产业带动模式

这种模式是指政府在新型农村社区建设中居于主导地位，政府通过强大的行政力量，构筑起自上而下的社区管理和服务体制的模式。这种类型一般存在于人口分布相对比较密集的城镇结合点，是结合旧城改造和城区建设，运用房地产开发模式进行整村拆迁改造、迁村并点、连片开发的新型农村社区建设。这种建设模式一般出现在靠近中心城市的郊区，重点突出"城市化""社区化"的发展理念，按照"符合全市控规、更加靠近市区、方便群众生活、利于群众就业、尊重群众意愿"的指导思想，采取"政企合作、市场开发"的运作方式，将辖区内的行政村规划为几大新型社区，对区内的行政村改造完成市场化运作，把村改造包装开发项目进行招商推介，村庄土地全部转变为国有建设用地，企业（开放商）出资进行村庄拆迁和土地开发，由政府投资进行社区内外的道路、供排水、电力等基础配套设施建设。同时，通过行政化力量实施社区综合服务中心建设，便民服务站、卫生服务站、图书阅览室、文体活动室、便民超市等一应俱全，集便民服务、村民自治、文体娱乐于一体。政府利用企业（开发商）资金组织村民的补偿安置，并对企业的开发行为进行指导和管理。

案例4：新乡市牧野区天南乡孙聂寨社区就是采取上述建设模式推进新型社区建设，该社区为城郊村改造的典型，石武高铁站区建设征用大量土地，其中两个村位于站区规划的宏力大道和东孟河改道范围内，需整体搬迁。为配合城市建设，为城市发展提供空间，按照"政府主导、企业出资、农户受益"的原则，对四个村进行城镇化改造。社区借助石武高铁建设所带来土地升值的优势，招标企业出资建设社区，解决了资金筹资的难题；农户交旧宅住新居，减轻了农户入住新社区的资金负担；产业区的建设解决了失地农户的就业问题，提升了农户的工资性收入；村庄节约集约用地高效利用，增加地方政府财政。

二　注重城乡统一规划，努力提高乡村社区福利水平

各地区按照城乡一体化的政策内涵，对城乡一体化的发展进行了很好的战略规划（见表1）。

济源市制定了充分发挥全域规划的先导作用、产业发展的支撑作用、中心城区的承载和辐射作用、新型社区的战略基点作用、改革创新的动力作用的发展战略，以"三个集中"（工业向产业集聚区集中、农民向城镇和新型农村社区集中、土地向适度规模经营集中）为路径全力推进城乡一体化。

淇县按照城乡一体化标准高质量编制了三类规划，即县域城镇体系规划、各乡镇镇域总体规划以及市县确定的20个新农村建设示范村和3个贫困村的整体规划编制。在城乡一体化的发展路径上，着力推进"三集中""六统筹""四实现"的目标。"三集中"就是做到人口向社区集中、产业向园区集中、耕地向规模经营集中；"六统筹"就是统筹城乡规划、产业发展、基础设施、创业就业、公共服务、社会管理六个一体化。"四实现"就是就地实现土地节约集约、农民转移转换、生产集聚集中和农民生产生活方式转变。加快产城融合，实现"三化"协调科学发展。

表1　　　　　　　　河南省部分市县城乡一体化规划内容

区域	城乡一体化规划的主要内容
鹤壁（淇县）	"三集中""六统筹""四个实现"；"三集中"就是做到人口向社区集中、产业向园区集中、耕地向规模经营集中；"六统筹"就是统筹城乡规划、产业发展、基础设施、创业就业、公共服务、社会管理六个一体化。"四个实现"就是就地实现土地集约节约、农民转移转换、生产集聚集中和农民生产生活方式转变
济源	"市域一体、城乡一体、产城一体、三规合一"，基本形成以"中心城区—复合型组团—小城镇—新型农村社区"为主格局；一是均衡城乡教育事业发展；二是均衡城乡社会保障；三是均衡城乡基本医疗服务；统筹城乡环境建设，实现生态环境一体化
舞钢	"一城四镇十七个中心区"；完善公共设施、均等的公共服务、优美的居住环境

续表

区域	城乡一体化规划的主要内容
巩义	高起点规划、高标准建设、高功能配置；社区道路、供排水、便民超市、游园绿地等方面完善基础设施；修建学校、幼儿园，扩建医院等扩大公共服务
偃师	"城乡总体规划、土地利用规划、产业布局规划、城乡路网规划"四规合一；完成 29 个新型农村社区布点规划，合理确定建设节点；远期目标 2020 年建成 29 个新型农村社区，中期目标 2015 年确保开工 20 个，近期目标 2012 年开工建设 7 个；基础设施"十完善"，公共服务设施"十健全"

资料来源：笔者根据调研整理。

洛阳市在新型农村社区建设过程中，实施了"村村整治、千村达标、百村示范"工程，强调农村基础设施和公共服务设施建设，促使农民生产方式和生活方式改善。

安阳市在新型农村社区建设中坚持"四个整合，一个服务圈"的建设方向，对城区近郊、产业集聚区、乡镇政府所在地、偏远山区等地进行村庄整合，率先建设新型农村社区；提出要建设"中心城区 + 4 个卫星县城 + 18 个骨干乡镇 + 800 个新型农村社区"的安阳都市区建设，初步构建城乡一体化的城市发展框架。

三　发挥区域和产业优势

产业是城乡一体化建设的基石，脱离产业支撑的城乡一体化建设是低层次的、不可持续的。

济源市着力把产业发展与中心城区建设、城市功能完善、新型农村社区建设、农民转移就业等工作有机结合，互为促进、互为补充，为城乡一体化的深入发展提供有力保障。一是强力推进工业经济发展。大力实施"工业强市"战略，已形成钢铁、铅锌、能源、化工、建材、机械制造等支柱产业，玉川、虎岭、高新技术 3 个省级产业集聚区。富士康、特步等一批知名企业相继落户，吸纳劳动力超过 6 万人，带动第三产业年均增长 11.7% 以上。二是着力走出农业发展新路径。强力提升农业的组织化、标准化、规模化水平，加大土地流转力度，促进了土地规模经营，着力打造产业核心区、生态集聚区、农业高效园区，形成畜牧养殖、蔬菜、薄皮核桃、烟草、冬凌草五大产业基地。农民从土地中解放出来，就近转化为产业工人、自由就业者、个体老板，培育和发展了现代农业、工业、商贸流通、旅游服务业等，实现了农民由"身份"向"职业"的转变。三是大力繁荣服务业。完成王屋山、五龙口、九里沟旅游景区体制改革，依托篮球城发展体育文化产业，CBA、WCBA等赛事和明星演唱会提升了第三产业的层次，服务业呈现出良好的发展势头。

淇县在推进城乡一体化中提出了"三大战略"：一是大力发展优势产业。以园区建设为载体，加快纺织服装、煤电化工、食品加工、环保纸品、新型建材等优势产业发展步伐，提高规模和档次，提升质量和效益，为城市支持农村，工业"反哺"农业，提供强大动力。二是大力发展劳务经济。充分发挥食品加工、纺织服装等劳动密集型企业的优势，加快农村剩余劳动力就地转移步伐。目前，淇县农村劳动力在本县企业中就业有2万人以上。劳务经济的壮大，既促进了农民增收，又促进了农民生活方式的转变，为加快农民向城镇聚集创造了条件。三是大力发展特色经济。立足于全省畜牧强县的优势，充分发挥大用、永达国家级龙头企业及绿佳、众发等市级龙头企业的带动作用，全县农村建设规模化商品鸡场达到了165个，规模化商品猪场42个，奶牛养殖小区7个；依托国家4A级风景区云梦山等旅游资源，大力发展旅游业，规划建设了旅游快速通道5条、农家宾馆40多家，采摘园5处，旅游观光农业园区3处，旅游运输车发展到180多辆；发挥交通和区位优势，大力发展物流业，初步形成了以豫北石油配送中心、北阳粮食交易市场、高村货运配载中心为主的区域性物流中心。四是大力发展"卫星"工厂。以新亚服装公司、绿佳公司为突破口，采取公司与农村、农户联营的方式，加快卫星工厂建设，加快推进"以工促农、以城带乡"战略的实施。目前，仅新亚服装公司已建成农村服装卫星工厂30多家，安排农村劳动力就地转移600多人，年促进每位农民增收6000多元（见表2）。

表2　　　　　河南省部分市县城乡一体化产业规划建设内容

区域	城乡一体化产业发展的主要内容
鹤壁（淇县）	一是大力发展优势产业，加快纺织服装、煤电化工、食品加工等优势产业；二是大力发展劳务经济，充分发挥食品加工、纺织服装等劳动密集型企业的优势，加快农村剩余劳动力就地转移步伐；三是大力发展特色经济，立足于全省畜牧强县的优势，充分发挥大用、永达国家级龙头企业的带动作用，依托旅游资源，大力发展旅游业；四是大力发展"卫星"工厂，采取公司与农村、农户联营的方式，加快推进"以工促农、以城带乡"战略的实施
济源	一是强力推进工业经济发展，大力实施"工业强市"战略，规划建设了玉川、虎岭、高新技术3个省级产业集聚区，吸纳劳动力超过6万人；二是着力走出农业发展新路径，形成畜牧养殖、蔬菜、薄皮核桃、烟草、冬凌草五大产业基地；三是大力繁荣服务业，旅游、体育文化产业已成为支柱产业

区域	城乡一体化产业发展的主要内容
舞钢	每个社区培育1—2个支柱产业，扶持农民专业合作社及龙头企业，鼓励自主创业，提供公益性就业岗位；新型现代农业、新型工业带动、新型商贸流通、新型旅游服务
巩义	现代农业规模化种植和养殖，生态旅游
偃师	每个社区周边规划产业用地，明确主导产业，推动产业就业项目配套，规划建设居民创业园，每个社区有一个与创业相配套的产业体系，做到每户至少1人就近非农就业，80%以上社区居民从事第二、第三产业

资料来源：笔者根据调研整理。

四　进行制度创新，出台了相应的发展措施

济源市在推进城乡一体化建设中出台了如下措施：一是加快土地流转步伐。市财政每年列支2000余万元专项资金，用于土地流转奖励，全面推动土地流转，一方面促使农业向集约化、标准化发展，培育了一大批农业合作经济组织和职业农民；另一方面极大地解放了农村劳动力，使越来越多的农民走进工厂、走进城市。目前，全市土地流转率达到83.9%，53个村实现了整村流转，千亩以上大户达21个；全市农民专业合作社达518家，入社农户有3万余户。二是建立城乡居民就业服务体系，促进人力资源的合理流动。把公共就业服务平台延伸到社区，构建市、镇（街道）、社区三级公共就业服务体系。率先在全省出台城乡居民就业服务均等化政策，实施无差别的城乡就业创业服务，建立全省最高标准就业补贴，全面提高居民就业创业能力。三是积极开展居民产权确权登记工作。开展农村集体土地确权登记试点，实施了农村集体土地所有权、集体建设土地使用权、宅基地使用权、土地承包经营权的确权和小农水利工程所有权的确权登记，发放《土地使用权证》和《房屋产权证》，启动村级集体资产股份改革试点和小型农田水利工程管理体制改革，推动城乡要素加快流动。

淇县成功推进新型农民社区建设，关键在老房拆迁和新房入住上实现农民利益最大化。在探索中有两类典型的安置模式，一是困难前置式，最大特点就是将社区商业门面房作为群众入住后稳定收入来源，进行建设分配；二是困难后置式，最大特点就是将农民传统的宅基地权利作为财产进行高额补偿，为农民入住社区提供了充足资金（见表3）。

表3　　　　　　　　河南省部分市县城乡一体化过程中的制度创新

区域	相关的制度创新内容
鹤壁（淇县）	"一换二转三就"安置方式。"一换"即以宅基地置换新住房。"二转"即将农业户籍转为城镇非农户籍和将农民社会保障转为城市居民社会保障，享受城镇居民待遇。"三就"即对村民就学、就医、就业政策优先落实。 一是推进农民薪金收入，使"农民"转变为产业工人和农业工人，促进农民薪金收入。二是推进农民租金收入，鼓励农民以出租和入股等形式，推动土地向农业专业合作组织和种植大户集中，提高农业附加值，实现农业增效、农民增收。三是推进农民股金收入，保证村集体留用一定数量的土地，用于发展二产、三产，农民可以获得土地入股的股金。四是稳定惠农资金补助。入住新型农村社区的居民，是责任田的主人，仍然是国家各项惠农资金补助政策享有者
济源	开展农村集体土地确权登记试点，实施了农村集体土地所有权、集体建设土地使用权、宅基地使用权、土地承包经营权的确权和小农水利工程所有权的确权登记，发放《土地使用权证》和《房屋产权证》，启动村级集体资产股份改革试点和小型农田水利工程管理体制改革。 群众入住新型农村社区以后，可以办理房屋所有权证或集体土地房产证，允许在全市一定范围内交易、转让、互换、抵押、继承。同时，对农村土地承包经营权、集体林权等农村物权进行确权登记，继续享受国家对农民的各项优惠政策
舞钢	根据自愿原则转为非农业户口，享受城镇居民的医疗、低保、养老、就业等待遇；实行土地确权，办理房产证；允许社区内居民宅基地流转，允许居民房屋所有权在一定范围内转让、允许房屋出租、抵押；允许土地承包经营权抵押贷款
巩义	旧村旧宅复垦结余的建设用地指标，每亩12万元收储，将承包地以入股、转包等形式流转
偃师	"村民委员会"改为"居民委员会"，辖区村民由农村户口改为居民户口，原有村委会集体资产进行股份制改造，股权界定到人

资料来源：笔者根据调研整理。

第二节　新型农村社区建设中存在的主要问题

　　河南省城乡一体化以新型农村社区为平台在全省范围内大规模展开，尽管各地依据不同的区域优势和实际情况，探索出了不同的社区建设模式，取得了比较宝贵的经验。但是，不可否认，由于社区建设启动过快、规模过大，在社区建设上还存在着资金缺口严重、入住率低、复耕困难、产业支撑不明显、现代农业发展未给予应有重视等不可忽视的问题。

一 新型农村社区建设认识上的偏差

(一) 正确认识新型农村社区是健康发展新型农村社区的关键

新型农村社区是河南省城乡一体化发展的平台和切入点,那么,在新型农村社区建设中就应该从城乡一体化的角度去把握,从城乡一体化的角度去解决"三农"问题。城乡一体化通俗地说,就是城乡资源流动、配置的均衡,在发展中要做到城乡资源的一体化配置,包括产业、就业与福利水平:产业发展要充分体现城乡之间的比较优势;就业一体化是城乡劳动力的流动,这里更多的是强调农村劳动力的就地转移;福利水平的均等则是指要从公共产品供给的角度消除城乡差别。无论我们以什么方式构建新型农村社区,这些发展内容必须充分考虑。然而,我们在调研中发现,不少地区规划部门将目标放在了"土地"节约上,将城乡建设用地"增减挂钩"作为主要的规划内容和考核目标,比如,大都会这样描述"建成之后将节约多少土地"。而具体到建设执行方面,则主要将房屋建设作为考核目标,将重点内容放在土地资产的置换和运作上,从而不可避免地会出现忽视农民意愿或强迫农民搬迁的现象(见表4)。

表4 河南省部分市县新型农村社区建设"土地增减挂钩"目标

区域	城乡建设用地"增减挂钩"的目标及转让方式
鹤壁(淇县)	全县新型社区建设,节地率在65%以上;一是用于土地复垦,发展高效农业、休闲农业。二是部分调剂为建设用地,用于社区基础设施、公用事业及社区工业建设,培育产业支撑,解决农民就近就地就业。三是结余建设用地采用增减挂钩的办法,有偿调剂到城镇、产业集聚区及重点项目集中使用
济源	用城乡建设用地增减挂钩政策,实施旧村拆迁改造腾出的建设用地指标,除用于新型农村社区建设和公益事业建设外,剩余部分交由市政府统一调配使用,由市财政按每亩12万元的标准进行奖补
舞钢	全面盘活存量建设用地。190个村由原占地7.11万亩减至4.3万亩,节约61%;推动土地规模经营
巩义	"城镇社区抓改造,煤矿沉陷区抓安居,贫困山区抓搬迁";合村并城、合村并镇、合村并点;土地综合整治和建设用地增减挂钩,旧村旧宅复垦,预计可节约土地1.1万亩,节约率超过60%
偃师	"统一规划、分期建设,整村推进、先建后拆,典型示范、滚动发展";节约出来的土地流转到公司型专业合作社;29个新型农村社区节地70863亩,节地率84.8%

续表

区域	城乡建设用地"增减挂钩"的目标及转让方式
安阳	全市共确定了4个整体推进县（市、区），1个三化协调发展示范县，14个整体推进乡镇。已经启动建设新型农村社区153个，主要集中在城市近郊、县城近郊、乡镇政府所在地和产业集聚区内，全部建成后可腾出和节约集约土地21万亩。

资料来源：笔者根据调研整理。

（二）对公共产品的理解存在着偏狭

我们说城乡差别主要是公共产品，所以，解决公共产品的差别是一个重要任务。但地方政府对公共产品往往存在着简单化的理解。公共产品包括公共设施和公共服务，其中，公共设施主要是指道路、供水、供电、污水处理等有形的产品；公共服务是指教育、医疗、社会保障、文化娱乐等无形的服务产品。在我国长期以来实施工业化发展战略，强调基础设施的投资，所以，在城市化推进过程中至今仍将城市公共产品的供给放在基础设施的建设上，而忽视教育、医疗、社会保障等公共服务内容。这样的发展摸式同样表现在新型农村社区的建设上。在我们的调研中，一般社区建设都会列出道路、供水、供气、供暖、社区文化办公室、居民健身设施等公共设施，以及对老年人和儿童补助的社会救济。但真正涉及完整的教育、医疗保障、社会养老体系等服务性内容却乏善可陈。这就是说，社区建设仅仅提供了一个可以入住的基础设施，并没有提供一个运行良好的公共服务和保障机制。而这些恰恰是农民真正需要的。

例如，我们在对滑县、汤阴、宝莲寺、水冶镇等地的调研中发现，农民最担心的是社会保障和户籍问题，而户籍问题实际上就是指能否得到城市户籍所隐含的公共服务的福利问题。调查显示，农民进入城镇居住，最担忧的是社会保障难以解决，占27.49%，其次是户籍难解决，占22.75%，担心就业、子女上学和住房问题分别占16.27%、10.63%和14.48%。这些问题反映的都是公共服务，而不是公共基础设施。

（三）对产业支撑的理解还不到位

地方政府也提到产业支撑就是"制造业—招商引资—产业园区"的思维模式。在这样的模式支配下，社区建设必然是以"土地节约"为最大化，以城乡建设用地"增减挂钩"为最主要的政策工具，以开发园区建设为最理想的建设结果。有了这样的建设理念，那么，社区建设就可以完全由地方政府从村庄合并的角度进行规划，不必考虑区域的经济布局和产业优势。因为，产业支撑完全可以由产业园区去填补，建成之后再"招商引资"。在这样的理念和规划下，就很容易产生建设的冲动和冒进，很容易形成产业的同构和园区的空置现象。我们在调研中也发现了这一问题，如有的社区虽然已经建成，但入住率不高，甚至出现了返还现象。因为，农民最担心的是他们的就业问题，如果没有就业，农民就不可能支付其相对于原有农村生活的较高生活成本，所以，也就不可能在社区生活下去。

从我们调研的情况来看，务工人员更希望在本地就业，在所居住的县市范围之内；而直接出省务工，是为了获得较高的经济收入和更多的工作机会。尽管有超过半数的在外务工人员希望回乡就业，但是由于家乡的工作机会较少和经济收入原因，他们还是会外出务工。

（四）对新型农村社区建设路径的理解简单化

我们前面提出的五种社区建设模式，除农村园区整合模式和乡村旅游模式外，另外三种带有明显的"工业化"移植的痕迹。而在实际建设中，各地更是把精力放在"工业城镇化"的路径上，没有对"乡村更新"和现代农业发展的路径给予应有的重视。例如，安阳市在新型农村社区建设中，采取了在城市近郊、县城近郊、乡镇政府所在地、产业集聚区内的村率先启动发展策略，并总结出"产城融合、扶贫搬迁、企业援建、分期启动、中心镇吸纳"五种建设模式。

新型农村社区的建设可概括为两个路径：一个是城市周边区域的农村社区建设，其发展动力来自城市的辐射力；另一个是农村腹地的社区建设，其发展动力主要是区域集聚力。城市辐射式带动型的新型农村社区比较容易建设，条件相对成熟，但是容易形成城市蔓延。所以，郊区城镇化怎么控制城市边界是一个主要问题，产业支撑要注重发挥都市农业的作用。乡村城镇化最大的问题是乡村更新和产业调整。乡村更新主要是对乡村进行整理、解决农村衰退和农村建设用地蔓延问题，例如，空心村和空巢老人问题。土地整理的目的在于提高土地的利用效率，其中一个主要内容是土地的资产运作，包括宅基地的评估与置换，农村劳动力转移及其土地退出，土地承包经营权的流转等。产业支撑主要解决产业结构调整问题。农业结构调整是乡村城镇化的主调，主要目的在于，在保障粮食安全的前提下，增加农民收入，发展多功能农业维持生态环境。

所以，对新型农村社区产业支撑的寻找必须注重充分发挥城市和乡村的区域和产业优势，注重产业的关联性，注重就业岗位的提供。

二　新型农村社区建设融资方面的主要问题

（一）建设投资规模过大，建设资金难以维续

从新型社区建设的具体情况来看，河南省在建设过程中显然存在着大规模快速推进的"急躁"现象：建设规模过大，且全面铺开整体推进，投资缺口过大，超过了经济发展的承载能力；难以找到合适的产业支撑，无法获得园区内稳定的财税来源；不能较好地解决移民安置问题，入住率较低；部分社区后续资金不到位，形成了"烂尾楼"等，村庄复垦困难，形成了新的土地资源浪费（见表5）。

表5　　河南省新型农村社区部分县市建设资金来源状况

区域	新型农村社区建设资金来源
鹤壁（淇县）	一是设立专项财政引导资金，每年不低于县财政4%，整合项目资金，统筹安排集中投放，采取以奖代补的方式；二是拓展融资平台，通过政府控股的经投、城投、建投等投融资公司投资；三是吸引社会资金，引入企业、个人、村集体开发，引导社会资金注入；四是搞好商业运作；五是引导群众筹资；六是用好增减挂钩，部分腾出土地通过城乡增减钩挂方法取得的土地级差效益；七是银行借贷，鼓励银行对社区建房农户提供低息小额信贷
济源	市财政部门要整合打捆相关资金，集中用于支持新型农村社区建设；市财政每年安排一定的资金用于社区基础设施和公共服务设施建设奖补。对因建房、购房资金紧张且符合贷款条件的农户，可申请金额不超过3万元、期限不超过3年期住房贷款，政府给予贴息
舞钢	土地资产收益（增减挂钩指标节约部分50%运作经营）1.1亿元，市财政1.95亿元，整合涉农资金1.3亿元，社会帮扶8.95亿元，城乡建设投资公司融资平台1.5亿元，金融贷款1亿元
巩义	财政资金，每年3000万元，整合各类涉农资金，社会集资，2011年全市累计完成投资8.2亿元
偃师	多元筹资：财政投入以奖代补，每建成一个奖励3000万元，涉农资金打捆8000万元，部门联动资金（新农村建设）2000万元，税费减免，土地增值收益，社会资金，商业设施市场化运作，国有土地出让金，企业捐建，村民自建
安阳	县区财政资金6.9亿元；整合省市级土地、建设、交通、林业等项目资金1.6亿元；银行项目贷款4.07亿元；统筹使用电力、通信、广电、天燃气等国有企业资金1.5亿元；吸纳社会投资2.57亿元，农民自筹资金4.26亿元；其他渠道筹集资金5.85亿元
长垣	中央和地方财政项目整合资金2000万元，县乡财政筹措2000万元，商铺销售获取资金3亿元，农民自筹建房

资料来源：笔者根据调研整理。

　　我们以安阳市为例来分析社区建设资金的来源情况。社区建设资金来源主要包括这几个方面：财政资金、支农资金、银行贷款、对口扶持、农民自筹资金；全市已经开工的153个社区，预算总投资620多亿元，目前已完成投资99.8亿元，后续投资规模还非常大。从社区建设的进展和资金的筹措方面来看，并不乐观，由于受到各方面的政策及经济环境的影响，绝大多数社区建设的后续投资都存在着严峻的困难。据有关部门初步估计：16个已经基本建成的社区因设施不配套群众无法入住；137个正在建设的社区因资金链断裂将成为半拉子工程。

　　这一方面反映了我们在社区建设上摊子铺得过大，推进力度过猛，没有很好地考虑经济发展的承受能力，出现了与经济发展水平不协调的问题；另一方面也反映出我们在社区建设上，只注重"输血"，不注重"造血"功能的"大拆大建"模式的不可持续性。在我们的规划认识中，我们认为只要将社区建设起来，能够入住，就万事大吉。根本没有考虑到，所有的社区建设都是基础设施建设，是短期内需要政府公共财政支出的投资，而政府的公共财政对城市的基础设施投资尚存在缺口，怎么能够在短期内覆盖新型社区的建设。从已建成城市社区的运行来看，必须有足够的财税来源，才能够维持社区的正常运行，而财税来源又必须依靠有竞争力的产业发展。所以，一个社区，如果没有产业支撑，没有正常的税源保证，即使能够建成，也会在运行上出现困难。国外美国汽车城底特律的破产和美国加州地方政府的几次破产申请足以说明这一问题。实际上，从安阳市建设比较成功的锦和新城社区的情况也可以看出这一困境。

　　滑县锦和新城一期规划18个村，二期规划15个村，总投资33.04亿元。目前已有的投资来源：县区财政资金6.9亿元；整合省市级土地、建设、交通、林业等项目资金1.6亿元；银行项目贷款4.07亿元；统筹使用电力、通信、广电、天燃气等国有企业资金1.5亿元；吸纳社会投资2.57亿元，农民自筹资金4.26亿元；其他渠道筹集资金5.85亿元。

　　实际上，其他渠道的资金仍然来自银行贷款，这就是说，银行贷款是建设资金的主要来源。且不说建设成本的高低问题，如果再建设这么大的社区，银行是否能够再拿出这么多资金？还有，国有企业整合资金，实际上是通过准行政命令的方式，让相关企事业单位拿出的对口帮扶资金。这些帮扶资金建一个社区还可以，但是如果再多建几个，这些企事业单位是否还能拿得出来？再者，这里面一个最为普通和基本的问题是，这些企事业单位和银行资金投到社区之后，就无法再投到其他的企业，特别是民营企业。而这种"挤出效应"对经济的伤害是非常明显的。这样的融资渠道显然是不可复制和无法持续的。也就是说，社区的建设经验没有办法推广。

表5是河南省部分市县新型农村社区资金来源情况，从中可以看出，在资金来源上主要依靠外部融资，或者是银行贷款，或者是融资平台项目贷款，或者是企事业单位帮扶资金。例如，在社区建设方面比较成功的舞钢市，通过单位帮扶、企业援建筹资8.95亿元，通过城投公司（地方融资平台）融资1.5亿元。这么大的融资规模对经济发展一定会产生强大的"挤出效应"，影响企业的正常发展。

（二）"土地资产"运作的恶性竞争

各地区在新型农村社区建设中，都寄托于"土地资产"的运作，其基本模式是"村庄合并—新区开发—原有村庄复垦—土地节约—建设用地"。但这一模式的运作依赖于两个重要的环节，第一个是节约的土地能否作为建设用地高价出让，或者说能否被核准进行城乡建设用地增减挂钩；第二个是村庄能否顺利合并节约出合理的土地。从实际运行情况来看，这两个环节做得都不到位，一是未腾出预期的土地，二是即使部分社区腾出了土地，也没有达到工业土地出让的增值效益。出让土地资产效应不高，无法满足新型农村社区公共基础设施和公共服务供给的需要。这种情况的出现，我们认为是同样多的社区"资产运作"模式导致的，是全省范围内"土地资产"运作恶性竞争的结果。

造成这种状况的根本原因主要在于经济发展水平的制约。城镇发展的内在机制在于其集聚效应和扩散效应：集聚效应使城市的资源效率得到最佳的利用，土地的级差收益就是一种明显的表现；扩散效应是城市发展对周边地区的辐射和带动。同样，新型农村社区的发展也必须有集聚效应和扩散效应，如果资源聚集到一起不能产生集聚效应，则就不可能形成城镇或社区，在这种情况下，土地就没有开发价值，或者开发价值极低。从这一角度说，土地的开发增值收益是经济社会发展的结果，而不是人为炒作的结果。现在的问题是，如果城乡一体化或者新型农村社区在全省全面铺开，全部寻找产业支撑、全部搞产业开发、全部进行招商引资，则必然造成在全省地域内的"恶性竞争"，进一步降低土地资产的开发收益。所以，这里的关键必须给予产业一个足够的"培育"时期。

（三）拆迁成本的严重低估

我们在社区建设规划上，没有充分地考虑搬迁成本，存在严重的低估现象，造成了社区搬迁的诸多困难。据对相关部门调研发现，新型农村社区建设存在的主要问题是建了新社区，老房子拆不了。例如，安阳市计划拆迁16.4万户，目前拆迁1.5万户，仅完成9%。拆迁难的主要原因有这样几个：一是部分农民刚刚建好新房，拆迁成本不能弥补建筑成本；二是农民对社区生活收入的预期不高，因为农民对其生活是建立在永久收入之上的，如果他们搬迁到社区之后，不能获得稳定的工作收入，就不可能弥补其社区生活成本；三是没有针对新型农村社区的拆迁补偿标准，群众或认为补偿少，不愿意拆迁。老房子拆不了，就腾不出土地，就还不了先期占地，整个链条就有断裂的风险。

我们在实地调研中发现，不少居民房屋的建设成本要远远大于拆迁成本，而社区在拆迁补偿的标准上又不能有较大的变动幅度，无法解决。特别是，越是邻近城市周边的村庄，居民原有的建筑造价越高，越是难以拆迁。相反，不发达地区，建筑成本较低地区的拆迁成本相对较低，拆迁难度较小。

从实际情况来看，不少居民房屋建设很完整，也很美观，有的甚至刚建好不久。这些房产花费了他们不少积蓄，但是，如果搬迁就必须拆迁。一方面，从感情上说有些不忍；另一方面，搬迁的补偿成本不足以弥补其建设成本。这就造成了很大的困难。如果从居住的角度考虑，农民可以不拆除其原有房屋，也减少补偿支出费用。但是，如果从规划的角度来看，新的社区已经建成，大家都不搬迁，原有的村庄就无法进行土地复耕。这样也是造成更大的浪费。所以，这就要求我们必须在事前进行科学的规划，准确估算搬迁的人口，最好不要征用土地和新区规划，要依托原有的村庄进行更新改造，实行填充式发展。

在搬迁过程中还要注意一种"过度投资"和"敲竹杠"的现象。过度投资是指原有土地使用者在预期到土地被征用时，对其土地进行过度的开发，比如说加大建设力度，以此作为对土地征用或搬迁的要挟筹码。敲竹杠现象是指，由于提前获取信息，临时进行简陋的土地开发，以此来争取补偿的费用。如果这两种现象不能进行正确的处理，将会对搬迁居民造成不公平的影响，特别是那些投机者，并没有投入多少建房投资，却也获得了丰厚的补偿回报，很容易伤害群众的感情。

此外，我们在调研中还发现其他一些问题，如透明公正，我们在滑县的调研过程中发现，现在搬进新区的居民已经对建筑等级的差异表示不满和不公，有的居住面积大，有的居住面积小。有的社区对住宅建筑质量表示不满，还有的社区对住宅环境有意见，比如，有的社区出现了饮水困难的问题。这些"细节"问题也是社区建设中应该注意的问题。

三　新型农村社区土地资产置换方面的主要问题

（一）资产置换理解上的差异

政府和农民在对资产置换上的理解有所差异。在政府看来，农民的资产权利主要包括承包经营权和房屋权。农民放弃的是宅基地及其房屋产权，保留了其承包经营权。但是，农民认为除了房屋权还有宅基地资产权和土地的保障权。由于居民的居住权利及其房屋资产被置换到新的社区，远离了土地经营，从而使其就业也受到了影响。即使退一步说，农民在外打工，如果打工不成仍旧可以回到原来的土地上。所以，这里面，农民把土地当成了其社会保障功能，即具有了保障权。所以，为了弥补这一产权功能，必须重视宅基地的资产置换和土地保障功能的替代。这就要求在产业发展和就业支持上下功夫，使农民不仅能够走进社区，还能够完全脱离土地。

（二）劳动力分层与逐步迁移

农民的搬迁有一个逐步适应和分化的过程，按照一般的规律，如果农民对土地依赖较低，则很容易搬迁，如果对土地依赖较高，则很难搬迁。农民对土地的依赖主要表现在两个方面：一是职业的依赖；二是生活的依赖。职业依赖已经大大降低，专业化甚至兼业化的农民一直在减少，但有一个关键的问题是，农民在城市的工作多是非正式就业，具有不稳定性，这也影响了他们生活方式的转变。生活依赖则没有发生根本变化，绝大多数农民仍然是农村的生活方式，无法融入城市生活，这里面最根本的因素是无法支付城市的安置成本，其次是个体素质不能适应城市生活的要求，有一个逐渐的转变过程。

（三）现代农业和土地经营权流转

土地流转有利于规模化经营和现代农业发展，而现代农业的发展能够为农民收入提高及就地非农化提供机会，从而促进新型农村社区发展，为城乡一体化的发展提供产业支撑。那么，在社区建设中实际情况如何呢？我们以安阳市为考察点进行了问卷调查。

在我们对安阳市进行的 3000 份问卷调查中，在所有被调查对象中，43.0% 的人是全部自己耕种、经营自家的耕地，25.8% 的人将自己的耕地全部转租给其他个人或机构。这种情况在不同地域有不同倾向。居住地离城市或县城越近的地区居民，或土地数量较少的居民越是不愿意转让土地，越倾向于自己耕种，他们也更担心流转土地后的生活难以保障问题。

（四）社区物业和公共服务设施缺少合理的运营机制

在物业的运营管理方面，不少社区缺少有效合理的管理机制。据我们调研所知，有的物业管理主要由原有的村集体支付，有的干脆仍由政府直接支付。这样，无形中就增加了政府的管理成本。

在城市公共设施的运营中，居民应该支付合理的费用。这样做有两个方面的原因：一是增加居民对公共服务的合理使用，避免对公共设施的过度消费造成的资源浪费；二是公共基础设施是由政府先期投入的，是可以通过居民付费来加以回收的投资，即使不对公共基础设施加以回收，基础设施也有一个维护费用，这些也需要一定的资金。所以，居民对公共服务的付费，实际上是政府投资基础设施的折旧费用，是为了提供更好的公共服务所必需的资金。但是，我们在这一方面缺少市场化运营的理念和对居民进行公共服务产品消费必要的教育。

然而，这里面也有一个农民在社区安置的成本问题。如果采取市场化的公共产品的运作方式，将会增加居民的生活成本，而原有村民如果不能在城市找到稳定的就业岗位，将很难支付在社区较高的生活成本，这反过来又进一步降低了社区的入住率。所以，在以后的社区规划中，要充分考虑农民的分层问题，不一定要对农民做整体的搬迁。

第三节　河南省新型农村社区建设的评估与启示

一　河南省新型农村社区建设的综合评估

（一）基于定性的综合评估

目前，我国的城镇化建设主要表现为基础设施的建设和空间的扩张，在产业集聚和人口迁移方面明显滞后，这里面除了制度原因之外，最根本的是经济发展的内在决定因素。城市空间扩张、人口积聚与城市经济发展是一个同步过程，三者之间共同决定了城市的边界和规模效应。

2010年9月新型农村社区建设在全省全面启动，截至2012年7月底，新型农村社区试点2300个，初步建成350个，累计完成投资631.5亿元。这无疑是在全省区域内城镇化的扩张，在一定程度上可以说，是将城镇化的集聚效应在全省区内的转移和"摊薄"。

在一个区域经济体内，在经济总量给定的情况下，居民储蓄也是给定的，所以，投资总量也是给定的，当然，在一定的条件下，可以通过对内、对外负债进行投资，但这只是调剂，不可持续。因此，如果投资总量给定，那么，中心城区的投资增加，必定会减少其他区域的投资，基础设施的增加，必定会减少企业再发展的投资；同样，如果新型农村社区大规模投资，一定会减少中心城区的投资，新型农村社区的大规模基础设施投资，一定会减少企业的发展投资。我们把这种情况称为"挤出效应"。我们在调研中发现，各地在后续的新型农村社区建设中都陷入了资金短缺的"困境"中，例如，周口某地方政府公开坦诚，已开工的新型农村社区主要是地方政府财力支持、迁移农民自建的模式，如果再进行二期开发，地方政府财政根本拿不出相应的建设资金；安阳市有接近一半的社区出现资金紧张和断链的风险，等等。

评估1：目前全省范围内大规模推进的新型农村社区建设是城镇化扩张的一种转换形式，因城镇基础设施投资的规模性、超前性、长期性，短期内大规模新型农村社区建设是不可行的，勉强的推进必定会对正常的经济运行带来冲击，最为明显的是对民营经济的"挤出效应"，以及随之而来的泡沫破灭效应。

在大规模推进新型农村社区建设过程中，我们忽略了对产业培育和挖掘的过程，没有对现代农业发展给予应有的重视，仍然是工业化主导的城镇化，所以，新型农村社区在一定程度上表现为中心城区建设的"复制"，是工业化在低水平上的重复建设。社区建设表现出严重的产业同构现象，没有形成中心城区对周边区域正常的产业转移和应有的区域优势分工。例如，可能是某个社区建设很好，某个县城产业很好，但这种产业转移并不是正常的经济发展所形成的梯度转移的结果，而是带有某种"运作"的成分。这种情况可能是靠低土地成本吸引和环境管制放松的结果，极有可能导致中心城市区域的衰落，形成中心城市的产业空心化。我们在调研中发现，不少社区的产业支撑多是计划性的，对未来发展的预期非常乐观，但实际上并不具有可行性，而且，还有不少企业实际上是国家禁止发展的高能耗、高污染企业。

所以，与其对一个发展还非常不确定的区域进行全新的城镇化建设，还不如将主要精力用于对企业的发展，对产业结构的调整上。就河南省的经济发展情况来看，在目前资金极度紧缺的情况下，应该考虑怎样将资金用于中心城市的产业创新，发展以服务业和精加工为主的产业，而不是简单地向新型农村社区低水平的移植。我们在调研中发现，不少建成的社区入住率非常低，原有村庄的土地复垦现象更是鲜见，而这两个问题不解决，所有对新型农村社区建设的美好规划都只能是徒然。对新型农村社区投入的资金越多，资金使用的效率就越低，同样，投资沉淀的风险也就越大。这是我们应该特别关注的问题。

评估2：河南省全面大规模的新型农村社区建设不是基于"内生"的城镇化发展，而是基于"外生"的城镇化"移植"。因多数社区没有产业开发和产业集群成长的经济环境，社区的进一步发展将会遇到极大的困难。我们的判断是，不少社区极有可能成为"睡城"或社会生活区，即使达到这样的标准，也需要中心城区提供更多的非农就业岗位。

目前全球经济仍然处于艰难的复兴过程中，我国经济又处于经济发展方式转变的关键时期，特别是中央政府对地方政府债务的清理，使得地方政府在近年来依靠"土地财政"模式主导的经济发展已经不合时宜，将会逐步淡出。那么，在这种情况下，再去依靠原有的模式进行大规模的新型农村社区建设已不可能。面对未来资金极度短缺的困境，已经开工的社区可能面临资金断链的风险，不少社区极有可能成为半拉子工程。因为非农用地和基础设施建设具有不可逆性，所以，如何将新型农村社区建成功能完善、能够入住的完整的社区，将是未来一段时间社区建设的主要任务。

评估3：河南省城乡一体化的总趋势必定是放缓新型农村社区建设步伐，"严禁增量，消化存量"是社区未来发展的根本任务。未来社区的发展中，必须依据城乡一体化的本质含义，重点探索现代农业发展和乡村城镇化，实施乡村更新的发展路径。

（二）基于宏观经济走势与政策的专项具体评估

1. 整体推进速度与规模

（1）严控增量。从建设本身来看，每个社区都相当于重新建一个小城镇，城镇建设不是在短期内一下子就可以建设起来的。即使能够很快地将住宅建设起来，也不一定能够很快有效地运转。这就是说，城镇的集聚虽然主要是人口，但不仅仅是人口，而是人口、资本、要素与制度共同的集聚。其中，在前期最主要的是资本与生产要素的集聚，在后期则是人力资本与制度要素的集聚。城镇发展较快的案例是资源型城市，因为资源开发市场空间大、效益高，对人口和其他的要素需求空间大。但目前，新型农村社区这类情况占少数，绝大多数产业支撑还未形成稳定的产业集聚。因此，目前必须停止社区的增量建设，尽快消化现有存量。

（2）政策因素。2013年"中央一号文件"提出："不提倡、不鼓励在城镇规划区外拆并村庄、建设大规模的农民集中居住区。"实际上，已经发现新型社区建设中存在的一些问题，比如，以城乡建设用地"增减挂钩"名义进行的事实上的城市空间扩张，严重威胁到耕地保护的"红线"；农民被迫"上楼"导致农民生活成本的提高，对和谐社会的建设不利。

（3）区域因素。中原经济区是国家"粮食生产和现代农业建设的试验区域"，粮食生产、现代农业发展是其区域优势，也是不可忽视的任务。从保护耕地的角度看，也不可能另行征地进行大规模的社区建设。

（4）宏观政策环境。目前，经济仍处于艰难的复苏过程中，产业结构调整和发展方式转变是经济发展的主要任务。如果社区建设仍放在粗放化的"城市建设"的复制上，则其发展空间不大；如果置于现代农业和生态环境建设的重心上，则社区建设可能大有作为。

（5）制度因素。中国目前改革的一个主要问题是制度供给的滞后，比如，土地资产的确权制度、户籍改革制度等不能适应现在农村区域经济的发展。如何在全省区域内营造一个较好的制度环境，是社区发展的一个重要因素。

表6　　　　　　　　　　　新型农村社区建设分项评估

	问题	风险或困难	对策
推进速度	过快、过大	风险高	消化存量、停止增量
建设资金	缺口大	风险高	内部挖掘
公共设施	不完善	风险中	合理运作机制
居民搬迁	入住率低	风险中	就业支撑
土地复垦	非常低	风险高	全省域内置换
产业支撑	很弱、不具备	困难大	制度供给、培育

2. 社区建设资金

（1）经济发展本身放缓，储蓄下降、投资趋缓，再进行大规模投资成本较高，且资金短缺，无法弥补。

（2）地方政府融资平台建设模式已被限制，中央政府正在全面清理地方债务，整顿影子银行，利用负债融资的建设模式已基本行不通。

（3）房地产发展已呈过剩状态，土地资产泡沫破灭风险加大，中央各种政策向实体经济发展引导，社区建设资金也会受到政策控制。据2013年7月各大网络报道，在全国12大"空城"中，河南就有郑东新区、信阳和鹤壁三个地市，说明河南省房地产发展也处于一种严重的过剩状态。

（4）基础设施建设资金严重挤压企业发展资金，经济结构的调整也不利于大规模的社区建设。

3. 公共设施的供给与运营

（1）公共设施建设有一个完整的周期，它不仅仅是初期的建设，还涉及后期的维护与更新，后续资金如何解决是一个现实的困难。

（2）公共设施建设必须有内在的"财源"支撑，不能全部靠上级"外生"资金的提供。不少新型农村社区反映出这一问题，楼房建好，但水电、物业等基本公共服务未能及时跟上，结果无法入住。

（3）公共服务缺少产业化的运作机制。

（4）财税制度改革与居民的接受程度。比如，在财产税的认识上，财产税是城市区域维护正常的公共产品和服务的最基本的政府收入来源，是地方政府的主体税种，是取之于民，服务于民。但居民能否接受，政府能否正常征收，都是一个不确定的因素。

4. 社区居民的搬迁入住

（1）就业问题，与区域产业发展有很大的关系。现在很多社区对工业发展非常有兴趣，而对现代农业发展不重视，但工业发展的基础设施及技术条件很难适应，所以，很多企业建成之日即是破产之时。

（2）收入问题，农民是否有正式就业，如果主要是非正式就业，就不能很好地解决农民的收入。农民在搬迁过程中主要是基于永久性收入，而不是临时性收入。而要实现永久性收入的增加，必须依靠产业的发展。

（3）资产置换，最主要的是宅基地的资产化、土地保障权。这涉及如何让农民最终摆脱土地问题，必须依靠经济的发展，不是简单的行政命令推进所能解决的。

（4）公共服务的提供。社区的集聚效应影响到公共产品的供应，但是不能为了方便公共产品的供应，就大规模地拆并村庄。应考虑如何在大型村庄和有典型乡村价值的村庄的基础上进行乡村的集聚。

（5）土地整治力度。新型农村社区的建设主要目的之一就是对农村土地进行整治。而农村土地整治是村庄、产业与土地的综合整治。这需要相应的政策和财政支持。

5. 废弃及闲置土地的复垦

（1）居民搬迁率。土地的复垦首先取决于原有居民村庄的搬迁，如果新社区住宅入住率很低，则原有村庄的复垦无法进行。

（2）空心村整治力度。对空心村的整治一方面需要大量的资金，另一方面要做好土地资产的置换，还需要为整理的土地规划好更有效的利用方式。

（3）现代农业发展状况。现代农业的发展提出对土地规模经营的要求，规模化经营会促进土地整治的有效利用。

（4）土地规划利用。土地的规划不能就村庄而村庄，必须从乡村建设全域的角度进行土地利用的规划，做到社区、产业、生态的协调发展。

（5）国家土地整治执行情况。国家从城乡一体化的角度进行政策、制度和资金等方面的扶持。

二　河南省新型农村社区建设的基本启示

（一）新型农村社区是否是正确的城乡一体化的方向

城镇化是工业革命的产物，一个区域是否进行城镇化，关键是传统的前工业革命的生产方式是否能够持续，现有的生产方式和产业基础是否能够形成集聚的产业效应，足以支撑该区域在空间上的集聚与扩散。

改革开放之后，随着我国农村温饱问题解决之后，随着工业化和市场经济的深度发展，传统的以家庭为主的农业生产方式已经越来越不适应整个经济发展的要求，农村形态的经济基础正在逐步趋于瓦解。首先，传统的家庭农业生产已经不能解决农民的就业与收入问题，农业越来越兼业化直至副业化。其次，在传统农业生产内部无法完成分化的情况下，完全同质的家庭农业促使农民进行相同的经济决策，即从事城市非正式就业的"农民工"。当然，这里面并不排除部分在土地流转基础上的家庭农场，但是，从我们调研的情况来看，能够保证农民收入的家庭农场为数并不多，且主要是在政府诱致下形成的。这样，在农民大量从事非正式的非农就业的情况下，就出现了"无法退出又不得不退出"的困境，这就形成了农村的空心化和虚假的城镇化现象。所以，从第一个因素来看，传统生产方式的瓦解提出了城镇化的要求。

从第二个因素来看，目前多数农村并没有形成支撑非农就业的产业基础。从这一方面看，农村区域城镇化的基础还未形成，但这一状况是由制度因素造成的。首先，农村劳动力无法完成城市化迁移，实现异地城市化。其次，在部分农民无法完成应有的异地城市化的情况下，传统的家庭经营在应该解体的情况下无法自然解体，也不能正常地发展现代农业生产经营体系，形成与工业化对接的产业基础。最后，我国在城镇化过程中，实质上实行的是城镇化偏向战略，是一种对农村资源的"抽取"，也不利于就地城镇化的产业发展。

从上面的分析来看，新型农村社区正是在现有制度约束下，传统的农村生产方式瓦解并形成严重的空心村的情况下，通过城乡一体化所进行的乡村更新建设，或者说是就地城镇化。这就是说我们选择的路径是正确的，但我们在怎样建设上没有走好。

（二）新型农村社区是就地城镇化还是大城市的扩散与带动？

在做出正确选择的情况下，为什么没有建设好？这主要是我们没有正确理解城乡一体化的本质含义，对新型农村社区采取了经验主义和教条主义的做法。城乡一体化是城乡之间经济社会发展趋于一致的过程。这一过程包括两个方面：一是中心城市对其区域的辐射带动作用，是城镇化的扩散效应；二是农村腹地自身的中心带动效应，逐渐形成小城镇或新型社区并与大中型城市相衔接。但我们在进行农村社区的建设中，主要采取了城市扩散效应的城镇化模式，而没有注意农村腹地就地城镇化模式。因此，在推进新型农村社区建设中，采取传统工业化、城镇化的简单"移植"，结果事与愿违，形成许多无法入住的空宅建设。

（三）新型农村社区应该怎样建设？

首先，要有产业基础。这一产业基础一定是以农业产业为主的产业体系，包括种植、加工与物流，乃至旅游、生态与休闲。所以，在一开始的时候就要拒绝城市落后工业的转移与移植。其次，应该对农村的资源进行整合，包括住宅、土地经营权流转等，在整合的基础上形成农村社区发展的内生机制。最后，要从公共产品的供给上提高农村居民的福利水平，使农民能够在当地享受到现代化发展的成果。在这一过程中，产业的培育是基础，资源的整合是难点，要真正把新型农村社区建设看作是产业结构的调整与社会组织的变革。

（四）政府在新型农村社区建设中应该发挥什么作用？

政府在社区建设中要做好规划作用。尽管传统农村的经济基础已经不复存在，而且基层政府组织也不能很好地发挥管理作用，但是，整个村庄的形态却在旧有制度下仍然在放大负面效应。特别是，在这一变化过程中，具有核心制度内核的土地财产诉求不能通过恰当的方法加以解决。这就需要政府在新型农村社区建设中做好制度的供给，积极引导社区的居民分层、人口流动、资产置换、产业重构、村庄重新布局等发展内容。此外，由于土地资产的特殊性，在资产开发上必须行使政府的最高规划权威，不能在没有规划下随意地开发。在公共产品的供给上，政府也应当发挥主导作用。

所有这些问题都需要我们进行理论方面的思考。

附录 2

关于空心村调研

地址：_____ 省_____ 市_____ 县_____ 乡_____ 村

本调研的目的是了解农村村貌现状及土地非农化情况，特别是农村建设用地的粗放利用。数据仅仅用于科学研究，您的回答不会给您造成任何不良影响，谢谢！

1. 本村现有_____ 户；有_____ 户迁出村外另建新房。

迁出户中：原有旧房完全空置的有____ 户；原有旧房完全废弃的有____ 户。

2. 本村有__ 户因外出务工，家中只剩下老人居住，房屋处于半空置状态。

3. 本村农民的主要收入来源是：

（1）种粮　（2）经济作物　（3）外出务工

（4）其他：_____

4. 本村存在空置房的原因主要有：

（1）农民变富　（2）无须持有成本　（3）无法律和政策约束

（4）其他：_____

5. 如何解决严重的空置房问题？

（1）政府强制收回　　　　　（2）进行房产置换

（3）重新规划（拆村并点）　（4）征收房产财产税

（5）其他：_____

6. 本村建设住房是否有占用耕地现象？

（1）有　（2）没有

7. 本村是否有将废弃的建设用地恢复为耕地的情况？

（1）有　　（2）没有

8．本村是否有合村并点进行新型农村社区建设？

（1）有　　（2）没有

9．您认为进行新型农村社区建设有助于农村土地节约利用吗？

（1）有　　（2）没有

10．您认为合村并点对解决空心村问题有利吗？

（1）有　　（2）没有

11．您认为合村并点是否有利于更好地节约利用土地？

（1）有　　（2）没有

12．您认为将农村房产进行确权登记，然后流通有助于解决房产空置吗？

（1）有　　（2）没有

13．您认为农村房产空置是否有法律和政策的约束？

（1）有　　（2）没有

14．您认为农村空心村与不健康的城镇化有关吗？

（1）有　　（2）没有

15．本村农民建设住房的审批程序是什么？过去与现在有什么不同？

16．您对新型农村社区建设有什么建议？＿＿＿＿＿＿＿＿＿＿

参考文献

白永秀、王颂吉：《城乡发展一体化的实质及其实现路径》，《复旦学报》
2013 年第 4 期。

［英］保罗切尔希、［美］埃德温·S. 米尔斯主编：《应用城市经济学：
区域和城市经济学手册》第 3 卷，安虎森、朱妍、谌雪莺、袁燕、孙
希芳等译，安虎森校订，经济科学出版社 2003 年版。

倪鹏飞：《中国城市化的挑战与提升》，《中国土地》2010 年第 6 期。

蔡昉、王德文、都阳等：《农村发展与增加农民收入》，中国劳动社会保
障出版社 2006 年版。

蔡昉、杨涛：《城乡收入差距的政治经济学》，《中国社会科学》2010 年
第 4 期。

蔡国立、徐小峰：《地方宅基地退出与补偿典型模式梳理与评价》，《国土
资源情报》2012 年第 7 期。

财政部财政科学研究所课题组：《中原经济区建设的全局意义、历史机遇
及优劣势分析》，《经济研究参考》2011 年第 43 期。

岑迪、周剑云：《新型城镇化导向下中小城镇规划探析》，《小城镇建设》
2010 年第 4 期。

陈安化、周林：《县域乡村建设规划影响下的乡村规划变革——以德清县
县域乡村建设规划为例》，《小城镇建设》2016 年第 6 期。

陈鹏：《基于城乡统筹的县域新农村建设规划探索》，《城市规划》2010
年第 2 期。

陈腾：《"三化同步、三生融合"理念下的山地小城镇规划研究》，《小城
镇建设》2013 年第 9 期。

陈明：《中国城镇化发展质量研究述评》，《规划师》2012 年第 7 期。

陈乔柏：《中国乡村的"空心村"现象原因分析》，《古今农业》2012 年

第 2 期。

陈萍、徐秋实：《新型城镇化背景下乡镇特色产业园区建设实践探索》，《小城镇建设》2012 年第 5 期。

陈武雄：《通过农村再生条例不能拖》，《桃园区农业专讯》1998 年第 68 期。

陈宵：《农民宅基地退出意愿的影响因素——基于重庆市"两翼"地区 1012 户农户的实证分析》，《中国农村观察》2012 年第 3 期。

程必定：《中国两类"三农"问题及新农村建设的一种思路》，《中国农村经济》2011 年第 8 期。

程必定：《区域的"城市性"与中国新型城市化道路》，《浙江社会科学》2012 年第 1 期。

程必定：《新市镇：城乡发展一体化的空间载体》，《城市发展研究》2013 年第 5 期。

程传兴、张良悦、赵翠萍：《土地资产置换与农村劳动力城市化迁移》，《中州学刊》2013 年第 9 期。

程世勇：《"地票"交易：模式演进与体制内要素组合的优化》，《学术月刊》2010 年第 5 期。

成德宁：《论城市偏向与农村贫困》，《武汉大学学报》（哲学社会科学版）2005 年第 2 期。

［美］D. 盖尔·约翰逊著：《经济发展中的农业、农村、农民问题》，林毅夫、赵耀辉编译，商务印书馆 2004 年版。

戴燕燕：《上海农村宅基地退出机制研究》，《上海国土资源》2012 年第 1 期。

邓立丽：《江苏城乡经济一体化研究》，《上海经济研究》2012 年第 2 期。

范辉：《"四化同步"背景下镇村规划多规合———以湖北潘家湾镇"四化同步"规划为例》，《小城镇建设》2015 年第 5 期。

冯海发：《对十八届三中全会〈决定〉有关农村改革几个重大问题的理解》，《农业经济问题》2013 年第 11 期。

Ganesh Thapa：《亚洲和拉美地区经济转型过程中小规模农业面临的挑战和机遇》，《中国农村经济》2010 年第 12 期。

甘立勇：《对成都市在"城乡一体化"改革中创新突破的调查和研究》，《学术探索》2012 年第 5 期。

高宁、华晨、Georges Allaert：《多功能农业与乡村地区发展》，《小城镇建设》2012 年第 4 期。

高尚宾、张克强、方放、周其文等：《农业可持续发展与生态补偿：中国—欧盟农业生态补偿的理论与实践》，中国农业出版社 2011 年版。

顾朝林、李阿林：《从解决"三农"问题入手推进城乡发展一体化》，《经济地理》2013 年第 1 期。

辜胜阻、易善策、李华：《中国特色城镇化道路研究》，《中国人口·资源与环境》2009 年第 1 期。

国研网宏观经济研究部：《国研专稿：关注中国城乡发展问题》，国研网《宏观经济》月度分析报告，2012 年 9 月 29 日。

国务院发展研究中心：《我国产业结构升级面临的风险与对策》，《经济研究参考》2010 年第 13 期。

国务院：《国务院关于支持河南省加快建设中原经济区的指导意见》，济南大学出版社 2011 年版。

国家发改委社会发展研究所课题组：《我国居民收入差距问题研究》，《经济研究参考》2012 年第 25 期。

郭书田、刘纯彬：《我国农村城市化道路的再探索》，《求是》1988 年第 7 期。

郭熙保：《"三化"同步与家庭农场为主体的农业规模化经营》，《社会科学研究》2012 年第 3 期。

韩非、蔡建明：《我国半城市地区乡村聚落的形态演变与重建》，《地理研究》2011 年第 7 期。

何为、黄贤金：《半城市化：中国城市化进程中的两类异化现象研究》，《城市规划学刊》2012 年第 2 期。

贺勇、孙佩文、柴舟跃：《基于"产、村、景"一体化的乡村规划实践》，《城市规划》2012 年第 10 期。

洪银兴、陈雯：《城市化和城乡一体化》，《经济理论与经济管理》2003 年第 4 期。

洪银兴：《城乡差距和缩小城乡差距的优先次序》，《经济理论与经济管理》2008 年第 2 期。

洪银兴：《城乡互动、工农互促的新起点和新课题》，《江苏行政学院学报》2009 年第 1 期。

胡东东、黄晓芳、莫琳玉：《新型城镇化背景下农村社区规划编制思路探索》，《小城镇建设》2013 年第 6 期。

胡铭：《以第三方物流为中心的农产品交易规制研究——基于交易费用理论的分析》，《农业问题研究》2012 年第 3 期。

胡霞：《中国农业成长阶段论——成长过程、前沿问题及国际比较》，中国人民大学出版社 2011 年版。

黄莉新：《大力推进"三化同步"　加快江苏省"三农"发展步伐》，《农业经济问题》2012 年第 1 期。

黄宝连等：《产权视角下中国当前农村土地制度创新的路径研究》，《经济学家》2012 年第 3 期。

黄祖辉：《现代农业经营体系建构与制度创新——兼论以农民合作组织为核心的现代农业经营体系与制度建设》，《经济与管理评论》2013 年第 6 期。

黄祖辉、邵峰、朋文欢：《推进工业化、城镇化和农业现代化协调发展》，《中国农村经济》2013 年第 1 期。

黄云鹏：《农业经营体制和专业化分工——兼论家庭经营与规模经济之争》，《农业经济问题》2003 年第 6 期。

姬亚岚：《欧盟共同农业政策的第二支柱及其启示》，《世界农业》2008 年第 1 期。

纪月清、刘迎霞、钟甫宁：《中国农村劳动力迁移：一个分析框架——从迁移成本角度解释 2003—2007 年农民工市场的变化》，《农业技术经济》2009 年第 5 期。

嘉兴市统计局课题组：《统筹城乡发展中"嘉兴模式"研究》，《调研世界》2012 年第 3 期。

蒋省三、刘守英、李青：《土地制度改革与国民经济成长》，《管理世界》2007 年第 9 期。

［美］科斯、阿尔钦、诺斯等：《财产权利与制度变迁——产权学派与新制度学派译文集》，上海三联书店、上海人民出版社 1994 年版。

柯武刚、史漫飞：《制度经济学——社会秩序与公共政策》，商务印书馆 2000 年版。

邰艳丽：《浅议城乡统筹背景下乡村发展格局的调整》，《小城镇建设》2012 年第 5 期。

邰艳丽：《中国农村住区规划建设的思考与借鉴》，《小城镇建设》2011年第 11 期。

邰艳丽、于新芳、宁海：《现代资源型城镇可持续发展》，《小城镇建设》2011 年第 10 期。

李爱民：《我国新型城镇化面临的突出问题与建议》，《城市发展研究》2013 年第 7 期。

李宾、马九杰：《城镇化能够推动城乡统筹发展吗？——基于 1991—2010 年数据的分析》，《中国农村观察》2013 年第 2 期。

李兵弟：《城乡统筹规划：制度构建与政策思考》，《城市规划》2010 年第 12 期。

李春海等：《农业产业集群的研究现状及其导向：组织创新视角》，《中国农村经济》2011 年第 3 期。

李红玉：《城乡融合型城镇化》，《学习与探索》2013 年第 9 期。

李欢：《城乡统筹下重庆市乡村规划的探讨》，《小城镇建设》2011 年第 8 期。

李杰义：《农业产业链的内涵、类型及其区域经济效益》，《理论与改革》2009 年第 5 期。

李俊鹏、王利伟、谭纵波：《城镇化进程中乡村规划历程探索与反思——以河南省为例》，《小城镇建设》2016 年第 5 期。

李文钊、谭沂丹、毛寿龙：《中国农村与发展的制度分析：以浙江省湖州市为例》，《管理世界》2011 年第 10 期。

李佐军：《我国应该走"新型城镇化"道路》，《小城镇建设》2012 年第 10 期。

厉以宁、程志强：《中国道路与新城镇化》，商务印书馆 2012 年版。

刘翠：《欧盟城乡聚合的一体化与多样化研究》，《规划师》2012 年第 8 期。

刘鹤：《"十二五"规划〈建议〉的基本逻辑》，载《比较》第 54 期，中信出版社 2011 年版。

刘明喆、司马文卉：《转型时期城乡一体化基础设施的构建》，《小城镇建设》2012 年第 6 期。

刘世锦、张军扩、侯永志、刘培林：《陷阱还是高墙：中国经济面临的真实挑战与战略选择》，载《比较》第 54 期，中信出版社 2011 年版。

刘祖云、武云龙：《农村"空心化"问题研究：殊途而同归——基于研究文献的理论考察》，《行政论坛》2012 年第 4 期。

刘彦随等：《中国乡村发展研究报告——农村空心化及其整治策略》，科学出版社 2011 年版。

刘永亮、王孟欣：《城乡失衡催生"城市病"》，《城市》2010 年第 5 期。

卢洪友等：《土地财政根源：竞争冲动还是无奈之举——来自中国地市的经验证据》，《经济社会体制比较》2011 年第 1 期。

卢现祥、朱巧玲：《新制度经济学》，北京大学出版社 2007 年版。

卢艳霞、胡银根、林继红、戴勇毅：《浙江农民宅基地退出模式调研与思考》，《中国土地科学》2011 年第 1 期。

陆学艺：《城乡一体化的社会结构分析与实现路径》，《南京农业大学学报》（社会科学版）2011 年第 2 期。

陆铭：《建设用地使用权跨区域再配置：中国经济增长的新动力》，《世界经济》2011 年第 1 期。

罗赤、王璐：《农工因素与生活需求影响下的县域村镇空间——以宜都为例》，《小城镇建设》2015 年第 3 期。

罗吉、王代敬：《关于城乡联系理论的陈述与启示》，《开发研究》2005 年第 2 期。

罗异铿：《面向城乡一体的广东省村庄规划编制体系》，《小城镇建设》2015 年第 12 期。

马光荣、杨恩艳：《中国式分权、城市倾向的经济政策与城乡收入差距》，《制度经济学研究》2010 年第 1 期。

马晓河、胡拥军：《中国城镇化的若干重大问题与未来总体战略构想》，《农业经济问题》2010 年第 11 期。

马晓强、梁肖羽：《国内外城乡社会经济一体化模式的评价和借鉴》，《福建论坛》（人文社会科学版）2012 年第 2 期。

马永欢、张丽君、徐卫华：《科学理解新型城镇化，推进城乡一体化发展》，《城市发展研究》2013 年第 7 期。

毛丽云、陈乙文、张凌：《加强中心村规划编制工作的思考》，《小城镇建设》2012 年第 7 期。

牛文元：《中国新型城市化战略的设计要点》，《战略与决策研究》2009 年第 2 期。

欧阳慧：《改革开放三十年我国农村劳动力转移政策演变路径》，《经济研究参考》2010 年第 3 期。

欧阳敏、周维崧：《我国城乡统筹发展的主要模式及其对成渝地区的启示》，《农村经济与科技》2010 年第 10 期。

潘晓棠、李捷、魏曦、张晓彤：《新农村社区发展模式研究》，《小城镇建设》2010 年第 8 期。

朴玉、金洪云：《农产品产地间竞争研究：一个动态研究框架》，《烟台大学学报》（哲学社会科学版）2012 年第 2 期。

彭长生、范子英：《农户宅基地退出意愿及其影响因素分析——基于安徽省 6 县 1413 个农户调查的实证研究》，《经济社会体制比较》2012 年第 2 期。

彭作军、段立志：《农村集体建设用地权益资本化探析——基于重庆地票实践》，《建筑经济》2011 年第 5 期。

庞兵：《社会主义新农村建设过程中治理"空心村"的探讨》，《西南农业大学学报》（社会科学版）2012 年第 7 期。

仇保兴：《我国小城镇建设的问题与对策》，《小城镇建设》2012 年第 2 期。

仇保兴：《科学规划，认真践行新型城镇化战略》，《小城镇建设》2010 年第 8 期。

仇保兴：《"共生"理念与生态城市》，《城市发展研究》2013 年第 8 期。

曲福田、田光明：《城乡统筹与农村集体土地产权制度改革》，《管理世界》2011 年第 6 期。

单卓然、黄亚平：《"新型城镇化"概念内涵、目标内容、规划策略及认知误区解析》，《城市规划学刊》2013 年第 2 期。

单彦名、赵亮：《基于"文化提升"的历史文化村镇人居环境改善探索》，《小城镇建设》2015 年第 1 期。

宋洪远、赵海：《我国同步推进工业化、城镇化和农业现代化面临的挑战与机遇》，《经济社会体制比较》2012 年第 2 期。

孙久文等：《走向 2020 年的我国城乡协调发展战略》，中国人民大学出版社 2010 年版。

孙振沛、李国新、郑岩、潘丽：《现代农业产业导向型村镇规划方法探索——以四川遂宁新农村及现代农业示范区规划为例》，《小城镇建设》

2015 年第 5 期。

孙自铎：《城市化就是人口城市化和农民市民化——与程必定同志商榷》，《安徽决策咨询》2003 年第 6 期。

世界银行：《2008 年世界发展报告：以农业促发展》，清华大学出版社 2008 年版。

[日] 速水佑次郎、神门善久：《发展经济学——从贫困到富裕》，社会科学文献出版社 2009 年版。

唐健：《让农民"带地进城"》，《中国土地》2010 年第 7 期。

唐茂华、黄少安：《农地制度、劳动力迁移决策及其工资变动——基于"收入补充论"的分析框架》，《制度经济学研究》2009 年第 3 期。

陶然、曹广忠：《"空间城镇化"、"人口城镇化"的不匹配与政策组合对应》，《改革》2008 年第 10 期。

陶然、刘凯：《中国户籍制度改革的突破口》，《人口与发展》2009 年第 6 期。

陶特立、潘奕伟、严寒、翁勇祥：《小城镇总体规划创新理念的探索——基于"农村综合体"理念导向下的小城镇规化》，《小城镇建设》2015 年第 12 期。

田莉、戈壁青：《转型经济中的半城市化地区土地利用特征和形成机制研究》，《城市规划学刊》2011 年第 3 期。

田国强：《中国改革的未来之路及其突破口》，载《比较》第 64 期，中信出版社 2013 年版。

王碧峰：《城乡一体化问题讨论综述》，《经济理论与经济管理》2004 年第 1 期。

王春光：《农村流动人口的"半城市化"问题研究》，《社会学研究》2006 年第 5 期。

王国栋：《中国中部地区和东部地区就地城市化的差异——基于中原城市群与海西城市群的比较研究》，《创新》2010 年第 5 期。

王列军：《户籍制度改革的经验教训和下一步改革的总体思路》，《江苏社会科学》2010 年第 2 期。

王兆华、褚庆泉、王宏广：《粮食安全视域下的我国粮食生产结构再认识》，《农业现代化研究》2011 年第 3 期。

王兆林、杨庆媛、张佰林、臧波：《户籍制度改革中农户土地退出意愿及其影响因素分析》,《中国农村经济》2011 年第 11 期。

王美艳、蔡昉:《户籍制度改革的历程与展望》,《广东社会科学》2008 年第 6 期。

吴丰华、白永秀:《城乡发展一体化:战略特征、战略内容、战略目标》,《学术月刊》2013 年第 4 期。

吴开亚、张力、陈筱:《户籍改革进程的障碍:基于城市落户门槛的分析》,《中国人口科学》2010 年第 1 期。

吴业苗:《城郊农民市民化的困境与应对:一个公共服务视角的研究》,《中国农村观察》2012 年第 3 期。

向德平、蕾茜:《社会互构论视野下的统筹城乡发展模式研究——以"惠州模式"为例》,《云南民族大学学报》(哲学社会科学版)2012 年第 2 期。

项继权:《城镇化的"中国问题"及其解决之道》,《华中师范大学学报》(人文社科版)2011 年第 1 期。

肖达、于亮:《成都市新农村综合体建设的乡村规划问题刍议》,《小城镇建设》2015 年第 8 期。

熊小林:《统筹城乡发展:调整城乡利益格局的交点、难点及城镇化路径——"中国城乡统筹发展:现状与展望研讨会暨第五届中国经济论坛"综述》,《中国农村经济》2010 年第 11 期。

许成刚:《国家垄断土地所有权带来的基本社会问题》,《中国改革》2011 年第 4 期。

杨保军、赵群毅:《城乡经济社会发展一体化规划的探索与思考——以海南实践为例》,《城市规划》2012 年第 3 期。

杨晨:《行动规划下乡镇规划项目库编制内容与方法研究》,《小城镇建设》2015 年第 3 期。

杨昌鹏:《基于"三化同步"的欠发达地区城镇化研究》,《江海学刊》2012 年第 2 期。

杨继瑞:《正确处理农村土地流转中的十大关系》,《马克思主义研究》2010 年第 5 期。

杨继瑞、王锐、马永坤:《统筹城乡实践的重庆"地票"交易创新探索》,《中国农村经济》2011 年第 11 期。

杨继瑞:《科学发展观的经济学解析——基于社会主义基本经济规律的视

角》，《马克思主义与现实》2012 年第 3 期。

杨继瑞：《房产税征管系统完善与现实把握：源自渝沪试点》，《改革》
　　2011 年第 3 期。

杨林、张仁寿、黄小军：《国内统筹城乡发展、促进共同富裕的模式借
　　鉴》，《城市观察》2012 年第 1 期。

杨澜、付少平、蒋舟文：《法国小农经济改造对中国的启示》，《世界农
　　业》2008 年第 10 期。

尹成杰：《加快推进中国特色城乡一体化发展》，《农业经济问题》2010
　　年第 10 期。

叶斌、王耀南、郑晓华、陶德凯：《困惑与创新——新时期新农村规划工
　　作的思考》，《城市规划》2010 年第 2 期。

叶齐茂：《发达国家乡村建设考察与政策研究》，中国建筑工业出版社
　　2008 年版。

叶裕民：《中国统筹城乡发展的系统架构与实施路径》，《城市规划学刊》
　　2013 年第 1 期。

游宏滔、史环宇：《小城镇产镇融合规划研究与探索——以江苏省金坛市
　　薛埠镇为实证》，《小城镇建设》2015 年第 7 期。

余佳、余佶：《制度变迁视角下的中国户籍制度改革：政策效应与目标路
　　径》，《中国浦东干部学院学报》2010 年第 5 期。

袁赛男：《家庭农场：我国农业现代化建设的路径选择——基于家庭农场
　　与传统小农户、雇工农场的比较》，《南方农村》2013 年第 4 期。

张本神、赵国友：《我国村镇适度规模探析——基于人口数量和辖区面积
　　角度》，《人口与经济》2012 年第 2 期。

张建华：《城乡一体化进程中的新型城乡形态》，《农业经济问题》2010
　　年第 12 期。

张金富：《我国东部地区城乡一体化探索与实践》，《特区经济》2012 年
　　第 5 期。

张良悦：《农地功能、制度变革与产权完善》，《改革》2008 年第 1 期。

张良悦、刘东：《农村劳动力转移与土地保障权转让及土地的有效利用》，
　　《中国人口科学》2008 年第 2 期。

张良悦、刘东：《城市化进程中的若干节点及制度解构》，《改革》2010
　　年第 1 期。

张良悦：《户籍对价、劳动力迁移与土地流转》，《财经科学》2011 年第
　1 期。

张良悦、程传兴：《农业发展中的收入提升与产出增进：基于粮食主产区
　的分析》，《河南社会科学》2013 年第 11 期。

张良悦、郭素玲等：《现代农业发展、城乡一体化与生态文明建设——地
　方区域经济发展研究》，经济科学出版社 2013 年版。

张良悦：《粮食主产区城乡一体化的发展内容与政策扶持》，《区域经济评
　论》2014 年第 2 期。

张培刚：《张培刚经济文选》，中国时代经济出版社 2011 年版。

张培刚、张建华：《发展经济学》，北京大学出版社 2009 年版。

张琪：《历史文化村镇的活态遗产与保护利用——以合江尧坝古镇为例》，
　《小城镇建设》2015 年第 4 期。

张强：《中国城乡一体化的研究与探索》，《中国农村经济》2013 年第
　1 期。

张占仓：《如何破解"三化"协调难题》，《中州学刊》2011 年第 6 期。

张振龙：《城乡一体化规划理论与实施机制研究：以苏州市为例》，《现代
　城市研究》2012 年第 4 期。

张正峰、杨红、刘静、吴沅箐：《城市边缘区城乡统筹的一体化土地整治
　策略》，《中国土地科学》2011 年第 7 期。

张怡然、邱道持、李艳、骆东奇、石永明：《农民工进城落户与宅基地退
　出影响因素分析——基于重庆市开县 357 份农民工的调查问卷》，《中
　国软科学》2011 年第 2 期。

赵科科、孙文浩：《"产城融合"背景下生物医药产业园区的规划策
　略——以文山三七产业园区高片区为例》，《小城镇建设》2016 年第
　7 期。

赵华勤、张如林、杨晓光、周焱：《城乡统筹：政策支持与制度创新》，
　《城市规划学刊》2013 年第 1 期。

赵敏：《基于链式共生模型的城乡空间发展研究》，《小城镇建设》2012
　年第 2 期。

赵四东等：《中国西部河谷型城市城乡统筹模式研究——以兰州市为例》，
　《城市规划》2012 年第 6 期。

赵群毅：《城乡关系的战略转型与新时期城乡一体化规划探讨》，《城市规

划学刊》2009 年第 6 期。

赵云旗：《我国粮食直补政策"效应递减"问题研究》，《经济研究参考》2012 年第 33 期。

甄峰、席广亮：《中国经济社会转型中城市化的质与量》，《规划师》2012 年第 7 期。

郑江淮、高彦彦等：《一体化与平等化——长三角城乡互动、工农互促的协调发展道路》，经济科学出版社 2012 年版。

周祝平：《中国农村人口空心化及其挑战》，《人口研究》2008 年第 2 期。

朱海波：《城乡统筹背景下的县域城乡总体规划编制探索》，《小城镇建设》2013 年第 6 期。

住房和城乡建设部课题组：《"十二五"中国城镇化发展战略研究报告》，中国建筑工业出版社 2011 年版。

Andelson Robert and Samuels Warren, 2000, Lard – value Taxation around the World, American Journal of Economics and Sociology, Vol. 59, No. 5, Supplement, pp. 1 – 490.

Barlowe Raleigh, *Land Resource Economics*, Fourth Edition, Prentice – Hall, Inc., New Jersey, 1986.

Black Duncan and Henderson Vernon, 1999, A Theory of Urban Growth, *The Journal of Political Economy*, Vol. 107, No. 2, pp. 252 – 284.

Chenery, H. B. & Syrquin, M., 1975, *Patterns of Development*, 1950 – 1970. London: Oxford University Press/World Bank.

Ding Chengri, Knaap Gerrit and Hopkins Lewis, 1999, Managing Urban Growth with Urban Growth Boundaries: A Theoretical Analysis, *Journal of Urban Economics*, Vol. 46, pp. 53 – 68.

Harris, J. & M. Todaro, 1970, "Migration, Unempolyment and Development: A Two – Sector Analysis", *American Economics Review*, 60 (March): pp. 126 – 142.

Jackson, P., Ward, N., Russell, P., 2006, "Mobilising the Commodity Chain Concept in the Politice of Food and Farming", *Journal of Rural Studies*, Vol. 22, pp. 129 – 141.

Kannappan, S., Urban labaur Markets and Development, Research Obsrver, 3, pp. 189 – 206.

Kelley Allen and Williamson Jeffrey, 1982, The Limits to Urban Growth: Suggestions for Macromodeling Third World Economies, Economic Development and Cultural Change, Vol. 30, No. 3, Third World Migration and Urbanization: A Symposium, Apr. , pp. 595 – 623.

Khush G. S. , 2001, Green Revolution: The Way Forward, Nature Review, *Genetics*, No. 2, pp. 815 – 822.

Lewis, W. A. , 1954, "Economic Development with Unlimited Supplies of Labor", *The Manchester School* of Economic and Social Studies, Vol. 22, No. 2, pp. 139 – 191.

Lipton, Michal, 1977, *Why Poor People Stay Poor: A Study of Urban Bias in World Development*, Cambridge: Harvard University Press.

Lipton, M. , 1993, "Urban Bias: of Consequences, Classes and Causality", *Journal of Development Studies*, Vol. 29, pp. 229 – 258.

Lucas, R. , 2004, "Life Earning and Rural – urban Migration", *Journal of Poliical Economy*, 112 (51), pp. 529 – 559.

Martin, M. A. , 2001, The Future of the World Food System, *Outlook on Agriculture*, Vol. 30, No. 1, pp. 11 – 19.

Morgan K. , Murdoch J. , 2000, Organic vs. Conventional Agriculture: Knowledge, Power and Innovation in the Food Chain, *Geoforum*, Vol. 3, pp. 1159 – 1173.

Nolan Peter and White Gordon, 1984, "Urban Bias, Rural Bias or State Bias? Urban – rural Relations in Post – Reverlutionary China", *Journal of Development Studies*, Vol. 20, No. 3, pp. 52 – 81.

Porceddu E. and Rabbinge R. , 1997, Role of Research and Education in the Development of Agriculture in Europe, *European Journal of Agronomy*, No. 7, pp. 1 – 13.

Prandl – zika Veronika, 2008, From Subsistence Farming towards a Multifunctional Agriculture: Sustainability in the Chinese Rural Reality, *Journal of Envirnmental Management* , No. 87, pp. 236 – 248.

Pugh Cedrie, 1996, Urban Bias, "The Politicol Economy of Dovelopment and Urbam Policies for Peveloping Countries", Urhan Stadies, Vol. 33, No. 7, pp. 1045 – 1060.

Stolze Matthias and Lampkin Nicolas, 2009, Policy for Organic Farming: Rationale and Concepts, *Food Policy*, No. 34, pp. 237 – 244.

Varshney Ashutosh, 1993, Introdultion: Urban Bias in Perspective, Journal of Development Stadies, Vol. 29, pp. 3 – 22.

Vereijken P. H. , 2002, Transition to Multifuntional Land Use and Agriculture, *NJAS* 50 – 2, pp. 171 – 178.

Todaro Michael, 1969, A Model of Labor Migration and Unemployment in Less Developed Countries, *The American Economic Review*, Vol. 59, No. 1, pp. 138 – 184.

致　谢

本书获"河南省高等学校哲学社会科学优秀学者"项目（2015 – YX-XZ – 12）、安阳师范学院"豫北区域经济协同创新中心"资助。

城乡一体化是我博士后工作期间研究的主要内容。本书是在我博士后出站报告的基础上修改而成，我的合作导师程传兴教授对报告的完成倾注了大量心血，在此表示感谢！

中国社会科学出版社的李庆红女士不辞辛劳、严谨认真，为本书的出版给予了大力支持与无私奉献，值此出版之际一并致谢！

张良悦

2017 年 4 月 20 日